KB147308

오늘의 백일몽
So Disruptive Today

내일은 일상이 되다
So Ordinary Tomorrow

오늘의 백일몽
So Disruptive Today

내일은 일상이 되다
So Ordinary Tomorrow

김기호 지음

한스컨텐츠

서문

學而時習之 不亦說乎
배운 것을 세상을 위해 펼쳐 나가니
이 얼마나 기쁘고 보람 있는 일인가?

《논어(論語)》 중에서

학교에서 배운 것을 새로운 기술의 연구개발에 응용하고, 미래 비전을 바탕으로 세상을 행복하게 할 제품과 솔루션으로 구현하는 일을 하면서 연봉까지 받아 가며 참으로 기쁘고 보람된 세월을 보냈다. 이 모든 것을 가능하게 한 전자공학을 평생의 업으로 선택한 나는 정말 운(運)이 좋았던 사람이다.

KAIST 전기 및 전자공학과를 졸업하고 입사했던 KBS 기술연구소에서 방송기술이라는 최고의 성능과 품질을 요구하는 기술을 접할 수 있었고, 하이테크(High Tech)뿐만 아니라 하이터치(High Touch)의 중요성도 일찍 배울 수 있었다.

The University of Texas at Austin ECE 박사학위를 마치고 입사한 삼성전자 종합기술원에서 8년에 걸쳐 ADSL 기술 연구개발을 하면서 핵심 기술 태동부터 표준화, 시제품(Prototype) 개발, 칩 개발, 상용화까지, 기술과 제품 개발의 춘하추동 생애 주기(Life cycle)를 경험할 수 있었던 것은 큰 행운이었다.

ADSL 연구개발 경험을 살려 2000년 경쟁사들보다 앞서 시작한 4G 이동통신 연구개발은 최고경영진의 전폭적인 지원을 바탕으로 산학협력을 통한 아웃소싱(Outsourcing) 병행, 삼성 4G 포럼(Forum) 개최 및 세계 최초 4G 시연(Demo), 치열했던 4G LTE 표준화 활동, 기지국과 모뎀 칩 개발 그리고 최초 상용화와 사업 성공에 이르기까지 지금 돌이켜보면 더는 완벽할 수 없는 연구개발의 새로운 패러다임을 만들어냈다.

이 책은 ADSL 및 4G 연구개발 과정, 삼성전자 종합기술원 Future IT 연구소장, 삼성전자 DMC 연구소[현 삼성 리서치(Samsung Research)] 연구소장, 프린팅솔루션 사업부 사업부장(CEO)으로 재직하면서 배우고 고민하고 체계화한 연구개발 방법론과 상용화 및 사업을 경영하는 과정에서 경험하고 터득한 경영 노하우들을 나 혼자만의 자산으로 그대로 묻어두기 아까워, 연구개발에 몸담고 있는 이 땅의 후배들이 좀 더 효과적이고 효율적으로 연구개발을 기획하고 실행하고 성공적으로 상용화해 사업적으로 성공할 수 있도록 도움을 주기 위해 기록으로 남기는 것이다.

대학에서 연구개발에 대해 체계적으로 배울 기회가 없다 보니 대학 연구실과 기업 연구소에서 이루어지고 있는 연구개발은 다분히 경험적이고, 교수나 선배에게 도제(徒弟)식으로 배운 것에 의존하고 있는 실정이다. 공학 기술 연구개발을 할 때 상용화에 대한 고려나 경험

없이 이론에만 매달리는 것은 학이불사즉망(學而不思則罔), 즉 이론에 만 치우치고 실제적인 응용을 고려하지 않아 깊이가 없고 허점이 많다 [罔]. 근본적 원리에 대한 이해와 이론적 근거 없이 무작정 연구개발과 상용화에 매달리는 것은 사이불학즉태(思而不學則殆), 자기만의 환상에 빠져 헛되이 시간을 낭비하거나 위험한[殆] 사이비 기술에 말려들기 쉽다.

지식(Knowledge)이라는 것은 체계적으로 배운 이론의 뼈대 위에 치열하게 고민하고 경험한 결과들이 합쳐져 만들어지고 발전하는 것이다. 부디 이 기록이 대학에서 미래기술을 연구하는 연구원에게는 효율적이고 효과적인 세계 최고/최초의 기술 개발 방향과 목표를 수립하는 데 도움이 되고, 대기업에서 제품 개발을 담당하는 개발자에게는 고객의 요구와 제품 특성을 체계적으로 연결하는 개발 전략 수립과 사업화를 고려한 제품 설계에 도움이 되기를 기대한다. 스타트업(Start-up)을 시작한 CEO, CTO에게는 기술과 제품의 춘하추동 변화를 미리 예상하고 준비하여 소중한 기회를 사업으로 발전시키는 데 도움이 되고, 연구개발 조직을 체계적으로 운영하고 소통하여 최고의 성과를 올리려는 기술 임원, CTO에게는 연구개발 경영을 좀 더 체계적으로 이해하는 디딤돌이 되기를 기대해 본다.

2020년 가을에 이 책의 초안을 완성하고, 성균관대학교 정보통신대학에서 〈기술 혁신과 사업 경영〉 강의를 하면서 빠뜨린 부분을 보충하기는 했지만, 한 권의 책으로 모든 것을 다 전달할 수 없다는 "변불변(辯不辯), 말로 다 말하지 못한다"를 절감하고 있다. 하지만 연구개발을 직접 경험한 사람들은 이 책 내용의 행간(行間)을 읽어 낼 수 있을 것이고 이 책에서 언급한 내용을 자신의 연구개발 영역에 응용하여 발전시켜 나갈 수 있을 것이라 믿어 의심치 않는다.

이 책의 내용은 많은 영역으로 가지를 뻗치기보다는 연구개발을 위해 필요한 순서로 구성했다. 첫 편 〈기起: 미래 준비하기〉에서는 관련 분야의 미래 흐름을 체계적으로 제대로 예측하는 방안에 대하여, 두 번째 편 〈승承: 새로운 구상과 전략〉에서는 미래 예측을 바탕으로 연구개발 과제를 기획하고 전략을 수립할 때 챙겨야 할 것들에 대하여 정리했다. 세 번째 편 〈전轉: 성공적인 팀〉에서는 실행 주체가 되는 연구개발 조직 팀의 구성과 소통 및 관리 철학에 대하여, 마지막 편 〈결結: 성공적인 비즈니스〉에서는 생산, 영업, 품질 및 서비스를 고려하여 연구개발 단계에서 준비해야 할 것들과 성공적인 사업을 위해 필요한 조건, CEO의 역할과 자세에 대하여 정리했다.

회사 생활을 통해 많은 것을 배우고 고민할 수 있게 도와주었던 존경했던 CEO들, 연구소 선배들, 동료 임직원들, 특히 함께 도전적인 목표를 놓고 고민했던 KBS 기술연구소, 삼성전자 종합기술원, DMC연구소의 연구원들, 마지막으로 프린팅솔루션사업부의 라인(Line)과 스태프(Staff)로서 연구개발 인사 지원 구매 생산 품질 마케팅 국내/해외 영업에서 함께 동고동락했던 임직원들 모두에게 깊은 감사를 전하고 싶다.

신축(辛丑)년 여름,
강남(江南) 도곡(道谷)에서
김기호

CONTENTS

전 轉 : 성공적인 팀

팀의 정의와 구성

사람과 사람

팀의 발전과 유지

성공하는 팀

起

기

미래 준비하기

The past is a source of knowledge, and the future is a source of hope.
Love of the past implies faith in the future.

스티븐 앰브로즈(Stephen Ambrose)

사업도 그렇지만 특히 연구개발의 시작은 항상 미래에 대한 통찰과 비전에서부터 시작한다. 5~6년 후의 미래 세상을 분명히 알 수 있다면 불확실성이 해소되어 수많은 가치 있는 기회를 미리 준비할 수 있다. 연구소장으로 재직하는 동안 미래 연구개발 과제를 선정하기에 앞서 가장 먼저 던졌던 질문은 "5~6년 후의 세상은 어떤 모습일까?" 하는 것이었다. 4년 후도 아니고 7년 후도 아닌 5~6년 후를 예측한 데는 나름 분명한 논리가 있었다. "요즘처럼 아이디어가 시장에서 제품 개발로 바로바로 연결되고 재빠르게 곧바로 상용화가 이루어지는 세상에 이 무슨 구석기 시대의 논리인가?"라는 의문을 던질 수도 있다. 하지만 적어도 우주에 흔적을 남기거나 시대의 패러다임을 바꿀 새로운 개념의 제품과 서비스를 기획하고 개발하는 일이라면 서두르다 실패를 반복하기보다는 체계적으로 접근해야 한다.

대학이나 기업 연구소에서 스타트업이나 사업부로 기술적인 성과를 넘겨주면 ① 차기 제품의 상품 기획에 반영해서 시제품을 구현하고, 생산 후 시장 진입(Go to Market: GTM)하는 데까지 빠르면 1년에서 최대 2년이 걸린다. ② 대학이나 기업 연구소에서 연구개발 과제를 시작해서 대규모 인력을 투입한 뒤 완성도 높은 연구개발 결과를 도출하려면 난이도에 따라 다르지만 적어도 2년에서 4년이 걸린다. ③ 몇 개의 유망한 연구개발 주제를 선정해서 이 주제가 연구개발을 해볼 만한 가치가 있는지 판단하고 걸러내는 타당성 조사(Feasibility Study)도 6개월에서 1년은 잡아야 한다. 주제 선정과 타당성 조사에 6개월 ~1년, 과제 연구개발에 2~4년, 사업부 상품 기획, 기술 구현 및 시장 진입에 1~2년을 모두 더하면 적어도 4~7년 후의 미래의 모습과 변화에 대한 청사진이 필요하게 된다. 4년 후 사업화할 연구개발은 사업부 개발실에서 직접 하게 하고, 7년 후의 미래는 5~6년 후의 세상을 예측하다 보면 어느 정도 그림이 그려진다.

회사가 추구하는 업(業)의 특성, 연구개발 조직의 역량, 연구개발 조직과 상용화 조직 간의 역할 분담, 해당 기술의 발전 및 성숙 속도에 따라 예측해야 하는 미래의 시기는 달라질 수 있다. 중요한 것은 상용화될 미래 시점의 시장 요구사항(Why)과 킬러 앱(What), 상용화 시점에 활용 가능한 따끈따끈한 신기술(How)을 정확히 예측하고 활용해서 구현해야만 시장에서 가장 경쟁력이 있는 최고의 성능과 최고의 가격 경쟁력(The Best)을 가진 제품을 가장 먼저 개발하고 상용화(The First)할 수 있다는 점이다.

미래의 변화 모습을 그려내는 방식은 크게 분류해보면 ① 시장 주도(Market driven)형 고객의 욕구를 기반으로 한(Needs based) 미래 변화와 ② 기술 주도(Technology driven)형 혁신 기술을 기반으로 한(Seeds based) 미래 변화 두 가지로 나누어 예측해볼 수 있다.

이러한 미래 변화는 거시적인 측면에서 어떤 새로운 패러다임(Paradigm)이 태동하고 주도하는지, 어떤 패러다임이 수명을 다하고 사라져 가는지를 봐야 하고, 그 변화를 담아내는 그릇인 지배적 디자인(Dominant Design)은 무엇인지를 봐야 하고 그 지배적 디자인을 구성하는 플랫폼(Platform)은 어떤 것이 있는지를 파악해야 한다. 구체적인 제품(Product)과 기술(Technology) 측면에서는 어떤 플랫폼을 어떤 회사가 주도하고, 그 플랫폼을 바탕으로 어떤 제품들을 만들어냈고, 앞으로 만들어 갈 것인지를 제품 생애 주기(Product Life Cycle: PLC) 측면에서 짚어보고, 이 제품들을 이끌어가는 핵심 기술은 기술 생애 주기(Technology Life Cycle: TLC) 측면에서 어느 단계를 지나고 있는지를 살펴보아야 한다. 지배적 디자인과 플랫폼 전쟁이 진행 중이라면 경쟁 현황, 즉 누가 언제 무엇을 진행하고 있는지 항상 구체적으로 파악하고 추적하고 있어야 한다.

可勝在敵 不可勝在己

내가 적을 이길 수 있었던 것은 적이 실수한 때문이고

내가 적을 이기지 못하는 것은 나에게 원인이 있다.

《손자병법(孫子兵法)》 중에서

미래는 미래를 준비하는 혁신가들에 의해 만들어지는 것이다. 이 혁신의 승자가 되려면, 고객의 다양한 욕구와 비즈니스 모델(Business Model) 그리고 가치사슬(Value Chain)에 연결된 이해관계자(Stakeholder)들의 요구사항들을 만족시켜야 할 뿐만 아니라, 비(非)경쟁전략이 아닌 경쟁전략이 작용하는 치열한 게임과 경쟁에서도 승리해야만 한다. 적어도 지피지기(知彼知己), 즉 경쟁자가 누구이고 무엇을 하고 있는지, 어디쯤 가고 있는지 알고 있어야 백전불태(百戰不殆), 이 혁신의 전쟁에서 지지 않을 수 있다. 승리를 차지하기 위해서는 불가승재기(不可勝在己) 나는 최선을 다해서 움직이고, 가승재적(可勝在敵) 경쟁자가 실수하기를 기다려야 한다.

요즘 세상은 개의 시간(Dog Year)의 속도로 빠르게 변화하고 있다. 지금의 6년은 과거의 40년에 해당하는 시간이니 6년 후의 변화를 예측하는 것은 절대 쉬운 일이 아니다. 하지만 미래 예측은 반드시 필요하고 해야만 하는 일이다. 과거에서 현재를 지나 미래로 이어지는 시대의 큰 흐름을 읽고, 무엇이 더 중요하고 무엇이 의미 없어지는지, 그래서 어디에 집중하고 무엇을 버릴 것인지를 시행착오를 거치더라도 계속 예측하면서 교훈을 얻고 통찰을 얻어야 한다. 미래에 대한 통찰이 있어야만 미래의 변화를 앞서서 준비할 수 있고, 세상이 만드는 운명과 위험에서 벗어나 자신의 운명을 희망하는 대로 스스로 만들고 개척할 수 있다.

기술 혁신과 세상의 변화

트렌드와 패러다임

和而不流
세상의 흐름과 함께 하되, 결코 휩쓸려 떠내려가지 마라.

《중용(中庸)》중에서

세상의 변화는 당시에는 예측하고 판단하기 어렵지만, 지나고 보면 분명히 큰 흐름이 존재하고 있었다는 것을 알게 된다. 이 흐름을 정확히 이해하고 현재의 상태를 잘 살펴서 흐름에 순응하는 판단을 한다면 엄청난 기회를 잡을 수 있을 뿐 아니라 뜻하지 않은 위험과 손실을 막거나 미리 대처할 수 있다. 버려야 할 것을 찾아내어 미련 없이 버리고, 집중해야 할 것을 가려내어 과감하고 끈기 있게 투자하는 지혜를 발휘할 수 있다.

세상을 바꾼 기술이 세상에 모습을 드러내고 획기적인(Disruptive) 기술에 밀려 사라지는 과정은 그림 1-1의 Gartner's Hype Cycle[1]에

---

1 Hype Cycle은 Gartner Research에서 개발한 방법론으로 기술의 과대 포장 여부, 언제 기술과

그림 1-1 Gartner's Hype Cycle

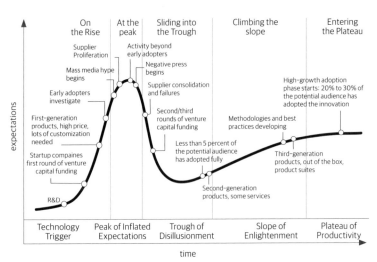

설명된 것처럼 봄 여름 가을 겨울의 사계절을 거친다. 처음 새로운 기술(Novel technology)이 세상에 소개되고 아직 성숙하지 않은 신기술이 가져올 미래의 혁신 가능성이 미디어를 통해 알려지면, 소위 기술의 전도사(Technology evangelist)들은 예언자처럼 이 기술이 가져다줄 새로운 세상이 금방 다가올 것처럼 떠벌리고, 기술은 잘 모르지만 욕심 많은 사람이 몰려들며 세상은 소위 꿈과 현실을 구분하지 못하는 소란스러운 **위험한 희망, Hype 단계**에 빠져든다.

대박(大舶)을 꿈꾸는 사람들과 탐욕스러운 자본이 앞다퉈 뛰어들

사업이 성숙할지 예측하여 기술 투자와 사업 진입에 도움을 주는 수단이다. **Understanding Gartner's Hype Cycles** by Jackie Fenn & Marcus Blosch, August 2018(https://www.gartner.com/doc/3887767)의 자료를 참고하기 바란다.

고 투자되면서 제품과 솔루션이 개발되어 시장에 나오지만, 아직 성숙하지 못한 신기술은 허점을 드러내고 시장의 요구사항과는 거리가 있는 제품과 솔루션은 실망과 실패를 남긴다. 소위 **죽음의 계곡**(Valley of Death)에 빠져들게 되면 철새들은 급격히 실망하여 냉정하게 썰물처럼 빠져나가고, 남은 소수의 전문 그룹들이 기술적 난관을 열정과 끈기로 해결하면서 아직 드러나지 않은 시장의 요구사항을 찾아 필사적으로 노력하며 킬러 앱(Killer App)을 발굴한다. 어떤 기술은 영원히 죽음의 계곡을 빠져나오지 못하고 사멸하고, 어떤 기술은 빠져나오지만 경쟁 기술의 부상으로 다시 경쟁력을 잃고 죽음의 계곡으로 빠져든다. 다행히 기술적 난관을 극복하고 킬러 앱을 찾아낸 소수의 선두 그룹은 절차탁마(切磋琢磨), 확보한 플랫폼으로 새로운 패러다임을 만들어내고 안정된 고수익 비즈니스를 선점해 소위 가장 쉽게 수확할 수 있는 열매(Low hanging fruits)를 마음껏 향유한다.

많은 기업이 기술에 대한 깊이 있는 지식과 미래 흐름에 대한 적확한 사실 확인과 기술과 제품에 대한 전략 없이 시류(時流)에 휘말려 위험한 희망에 철없이 뛰어들었다가 죽음의 계곡에서 황급하게 포기하고 후퇴한다. 그러다가 세월이 흘러 죽음의 계곡을 무사히 통과한 유니콘(Unicorn)들이 새로운 패러다임을 주도하며 폭발적으로 성장하는 모습을 보면서 뒤늦게 가슴을 치고 후회한다. 죽음의 계곡에서 어떤 기술적 문제점이 있었고 해결이 필요한 핵심 문제는 무엇이며 필요한 시간이 얼마인지, 시장에서 요구하는 사항과 잠재적 숨은 욕구에서 무엇을 놓치고 있었는지 정확히 파악한다면 ① 기술 성숙을 관망하며 좀 더 기다리거나, ② 유망한 회사를 선별해 투자하고 기다리거나, 혹은 ③ 과감하게 인재를 채용해 죽음의 계곡을 가장 먼저 통과하는 데 집중하는 적절한 전략적 선택을 할 수 있게 된다.

자세히 보아야

예쁘다

오래 보아야

사랑스럽다

나태주, 〈풀꽃〉 중에서

트렌드의 판단과 예측

일시적 유행(Fad)처럼 1년 정도 지속되다 사라지는 유행이 있는가 하면, 2~5년간 지속되는 트렌드(Trend)가 있고, 특정 영역에서 부분적 단기적으로 지속되는 마이크로 트렌드(Micro Trend)도 있다. 가장 눈여겨봐야 할 것은 10년 이상 광범위한 영역에서 지속되는 변화의 흐름인 메가 트렌드(Mega Trend)와 한 세대(30년) 이상 지속되는 컬처(Culture)와 같은 중/장기적인 세상의 변화들이다.

해마다 1월 초가 되면 미국 라스베이거스에서 열리는 CES에 새로운 트렌드를 잡아보려는 사람들이 몰려들고, 뉴스는 온통 새로운 기술의 등장과 환상적인 응용서비스로 도배된다. 전문가를 자칭하는 사람들은 올해의 새로운 트렌드라며 CES에서 보고 들은 것을 떠벌리고 다닌다. 이러한 정보의 홍수 속에서 중요한 트렌드를 잡아내기 위해서는 해야 할 것과 해서는 안 될 것이 있다.

해서는 안 될 것은 그저 보고 들은 사실만을 나열하고 요약한 뉴스에 휘말려 근거나 논리 없이 판단을 내리지 않는 일이다. 새로운 트렌드로 자리 잡을 만한 근거와 논리들을 잘 살펴야 잠시 유행하다 사라지는 일시적 유행이나 오래 계속되는 트렌드로 자리 잡지 못하고 결국 밀려나는 마이크로 트렌드에 현혹되지 않는다. 3년 전이나 4년 전의 CES 뉴스를 찾아보고 과연 그때 새로운 트렌드나 새로운 상품, 새로운 서비스라고 주장했던 것들과 그때 내가 열광했던 것들이 지금 Hype Cycle의 어떤 단계에 있는지, 왜 그렇게 되었는지, 언제 어떻게 변화할 것인지를 정리해보는 것도 교훈을 얻는 데 도움이 된다.

반드시 해야 할 것은 해마다 반복되는 정보의 홍수에 파묻히지 않고, 새로운 흐름에 대해 나름대로 근거와 논리를 만들어 요약하면서 여러 해에 걸쳐 예측과 변화를 비교하고 새롭게 정리하는 일이다. 예를 들면 지난 몇 년간 CES에 있었던 새로운 흐름이나 새로운 상품, 새로운 서비스가 올해 CES에서는 어떻게 변했는지 요약해보는 것이다. 돌이켜보면 한때 꽤 떠들썩했지만 일시적 유행으로 사라진 것들이 있고, 조용히 부상하고 있었지만 눈치채지 못한 트렌드도 있다. ① 사라지고 있는지, ② 유지하고 있는지, ③ 새로운 모습으로 변해 가고 있는지, ④ 더욱 강해지며 다양한 모습으로 분화하고 있는지, ⑤ 새롭게 떠오른 것은 무엇인지 추적하여 근거와 논리를 정리해야 한다. 이러한 관찰과 추적을 통해 트렌드의 미세한 시작을 남들보다 먼저 감지할 수도 있고, 일시적 유행이나 마이크로 트렌드로 사라지는 것을 놓치지 않고 파악할 수 있으며, 대세로 떠오르는 트렌드의 변화와 상태, 즉 세분화와 진화를 선점할 수 있게 된다.

새로운 트렌드와 메가 트렌드들은 일반적으로 기존의 패러다임과 공존하며 새로운 패러다임으로 대체해 나가는 과정을 수반한다. 이 과정에서 경험이 없는 초보자들이 흔히 범하는 실수는 과장의 오류를 범하는 것이다. 새로운 트렌드와 패러다임은 아무리 강력해도 절대로 기존의 트렌드와 패러다임을 쉽게 바꿔 놓지 못하며, 완전히 대체하지도 못한다. 기존의 패러다임은 사람들에게 필요한 가치를 제공하고 있고, 나름의 근거와 논리로 사람들에게 믿음을 심어주면서 뿌리를 내린 강력한 사회적 경제적 배경과 관성을 가지고 있다.

예를 들어 신(神)이 모든 가치의 중심이었던 유럽의 중세 봉건 체제가 붕괴하고 르네상스를 거쳐 사람 중심의 새로운 패러다임으로 전환하는 데는 14세기부터 16세기 사이의 전쟁과 역병 같은 극단적인 사회적 격변을 거치며 오랜 세월에 걸쳐 기존 가치의 붕괴와 다양한 새로운 가치의 시도, 투쟁과 희생을 거쳐야 했지만 현재까지도 바뀌지 못하고 남아 있는 잔재도 있다. 새로운 패러다임이 자리 잡기 위해 건너야 할 수많은 기술적, 경제적, 사회적 장애물(Chasm)들이 존재하기 때문에 그것들을 극복하고 다수의 대중(Mass Majority)이 요구하는 수준에 도달하는 데는 낙관적인 희망보다는 훨씬 더 긴 시간의 숙성이 필요하다.

COVID-19와 같은 매우 긴급한 지구적 문제가 발생하면 시장은 잠재되어 있던 가치를 발견하고 관련 기술 개발을 가속하여 시장에 빠르게 안착하게 한다. 예를 들어 COVID-19를 극복하기 위해 비대면 화상회의나 음식 배달문화와 같은 새로운 생활양식과 일하는 방식에 대한 새로운 시도가 사회적 필요와 합의 속에서 시작되고, 기술

개발이 가속되면서 관련 인프라와 서비스가 혁신되어 다시는 돌아갈 수 없는 생활양식의 일부로 정착한 경우를 들 수 있다. 또한 건강, 안전, 배려와 같은 가치가 강조되고 사회 전체가 이를 경험하면서 문화로 정착하는 속도도 빨라지게 된다. 이러한 긴급한 사회 문제에 대한 시장의 반응은 항상 과도한 반응, 오버슈트(Overshoot) 혹은 언더슈트(Undershoot)를 만들어 세상이 완전히 바뀌는 것으로 사람들을 잠시 착각하게 만든다. 하지만 시간이 흘러 문제가 해결되고 나면 과도기(Transient Period)에 필요했던 대응 조치들에 대한 재평가가 이루어져 어떤 변화는 살아남아 새로운 패러다임으로 자리 잡지만, 어떤 시도와 대응 조치들은 버려지고 잊힌다. 유용함이나 비용과 같은 경제적 욕구와 편리함이나 안전함과 같은 인간적 욕구를 만족시키지 못한 변화들은 자연스럽게 도태되어 사라진다. 그러므로 과도기적 반응에 호들갑 떨지 말고 가치의 지속 가능성을 냉정하게 분별하고 판단해야 한다.

또한 과거의 트렌드와 패러다임에 몸담은 이해관계자들 역시 살아남기 위해 최선을 다해 적응하는 과정에서 새로운 트렌드와 패러다임과 경쟁하며 새로운 물결(Wave)에 저항하고 대항하는 반(反)물결(Anti-wave)을 만들어내며 패러다임의 전환을 막거나 지연시킨다. 따라서 대부분의 경우 새로운 트렌드와 패러다임은 과거의 트렌드와 패러다임과 경쟁하면서 일정 기간 공존한다. 과거의 트렌드와 패러다임은 일반적으로 반물결을 일으키며 천천히 사라지거나 새로운 트렌드와 패러다임에도 영향을 미치며 융합하기도 하지만, 때로는 거센 반물결이 새로운 물결을 무력화시켜 일시적 유행으로 전락하게 하거나 특정 영역의 일시적 마이크로 트렌드로 만들어버리기도 한다.

따라서 복잡다단한 세상의 변화를 새로운 트렌드와 패러다임으로 묶어 정리하는 일이나 기존 트렌드와 패러다임과의 상호 역학관계를 규명하는 작업은 오랜 기간 관찰하고, 정리하고, 깊이 고민할 때 겨우 가능하다. 인내심이 필요한 어려운 작업인 만큼 큰 그림을 볼 수 있는 명민한 인재들과 변화의 춘하추동(春夏秋冬)을 경험한 인재들을 함께 모아 변화하는 트렌드와 패러다임을 조사, 정리, 분석하게 하는 것이 대단히 중요하다.

기술 혁신과 패러다임 전환의 역사

智則知時化　知時化則知虛實盛衰之變　知先後遠近縱舍之數
지혜로운 것은 시대의 변화를 아는 것이요
시대의 변화를 아는 것은 허실, 성쇠의 변화를 알고
선후, 원근, 활용하고 버리는 방법을 아는 것이다.

《여씨춘추(呂氏春秋)》 중에서

　인류가 약 24만 년 전 지구상에 등장한 이후 가장 처음 만들어낸 패러다임 전환(Paradigm Shift)은 1만 년 전쯤 정착 생활을 시작하면서 일궈낸 농업혁명이라고 한다. 농업혁명을 통해 정착하게 된 인류는 지적인 경험을 기록하고, 누적하고, 전수하면서 다양한 문명의 개화를 이루어냈다. 이러한 인류의 누적된 지적 자산과 역량은 일부 지배계급의 전유물로 인식되다가, 15세기에 인쇄술이 발달하고 난 후 일반 대중들이 대량으로 인쇄된 지적 자산에 접근하기 시작하면서 비로소 임계질량(Critical Mass)을 넘어 지적 자산과 역량이 폭발적으로 성장했고, 르네상스와 산업혁명과 같은 새로운 차원의 지적 혁신의 단계로 진입할 수 있었다.

　1760년대 시작된 산업혁명 이후 지난 약 260여 년의 변화는 진화

(Evolution)라기보다는 혁명(Revolution)에 가깝다. 지난 260여 년의 변화를 논리적으로 설명하고 요약하는 다양한 방법론들이 존재하지만 분명한 것은 몇몇 중요한 기술 혁신이 새로운 패러다임의 씨앗(Seeds)이 되었다는 점이다. 새로운 혁신적 기술의 등장은 일반적으로 기술 혁신을 지지하고 강화하는 새로운 재료와 에너지의 혁신을 수반한다. 새로운 혁신 기술의 도입에 의해 생산성이 크게 향상되고 새로운 시스템, 효율적인 프로세스와 패러다임이 탄생하고 정착한다. 이러한 기술 혁신과 새로운 시스템 프로세스의 등장에 따라 새로운 사회적 변화가 필연적으로 발생하고, 기술 혁신과 사회 변화의 상호작용을 통해 안정적인 새로운 문화가 정착하기 시작한다.

첫 번째 변화의 물결은 18세기 후반 증기기관(Steam Engine)의 발명으로 촉발된 산업혁명을 통해 농업사회에서 산업사회로 변화하게 된 것이다. 인간의 노동력이 기계로 대치되면서 농업 생산성이 혁신되고, 방적기와 같은 기계의 활용으로 의류와 같은 생필품 산업이 발달하면서 삶의 질이 향상되고 공중위생 또한 크게 개선되었다. 기계의 내구성을 향상하기 위해 목재를 대체하는 철강 산업이 자연스럽게 발달했고, 석탄을 에너지원으로 하는 철도와 증기선을 중심으로 한 교통 시스템이 등장했으며, 철도 인프라를 구축하기 위한 건축과 토목 기술도 획기적인 발전을 거듭했다.

삶의 질이 향상되면서 인구가 증가했고, 생산성 향상과 물류비용 감소에 따라 유럽 국가들을 중심으로 국내 시장이 형성되면서 자본이 축적되기 시작했다. 블루칼라 노동자들이 등장하고, 책과 신문을 통해 지식이 대중화되고, 과학기술에 대한 사회적 요구가 늘어나면서 과학기술의 발전이 가속화되고 지속적인 기술 혁신의 토대도 형성되었다. 사회적으로는 인구가 밀집한 도시가 발달하고 자본주의가 발달했지만, 식민지 개척과 제국주의의 등장 등 부작용도 나타났다.

두 번째 변화의 물결은 19세기 후반 전기의 사용이 대중화(Electrification)되면서 산업사회에서 고도 산업사회로 발전해 간 것이다. 전기모터의 등장으로 컨베이어 벨트가 발명되어 공장은 대량 생산 체제로 바뀌고, 밤을 낮처럼 밝혀주는 조명의 등장으로 근무시간도 늘어나면서 생산성은 다시 한번 크게 향상된다. 새로운 에너지원으로 석유가 등장하여 석탄을 대치해 나가고, 석유의 부산물들을 활용한 플라스틱, 비닐 등 새로운 화학 재료들이 소재의 혁신을 주도한다. 전기를 이용한 가정용 전기 제품들이 등장하고, 트랙터, 오토바이, 자동차, 선박, 비행기 등 석유 기반의 기계들이 발전하면서 자동차 중심의 교통 물류 시스템이 구축되고, 시장은 국경을 넘어 국제적으로 확대되면서 국가 간 무역도 활성화된다.

초기 자본주의의 모순과 국가 간의 과도한 경쟁은 두 번에 걸친 세계대전을 불러오지만, 전쟁의 영향으로 지식의 체계적인 연구개발이 정착되고, 전쟁 목적으로 개발한 혁신적인 기술들이 2차 세계대전 후 또 다른 혁신을 견인할 토대를 마련한다. 전후 복구 및 원조 과정을 거치며 미국 및 달러화 중심의 세계경제 체제가 구축되고 세계질서는 미소 중심의 냉전체제로 진입한다.

세 번째 변화의 물결은 20세기 중반 전자공학과 통신공학의 발달로 반도체, 집적 회로, 컴퓨터, 인터넷, 휴대전화 등이 차례로 발명되고 널리 확산되면서 산업사회에서 정보통신사회로 변화한 것이다. 전자공학의 지속적인 발달로 대형 컴퓨터가 소형화되고, PC가 대중화되면서 개인, 기업, 공공기관의 생산성이 수십 년에 걸쳐 기하급수적으로 혁신되어 전 지구적인 변화를 주도했다. CMOS 반도체를 위한 실리콘 재료에 이어 동영상 기록을 위한 CCD, 평판 디스플레이(Flat Panel Display)를 위한 LCD 등 혁신적인 전자 재료들의 등장은 전자기기의 소형화 고도화를 가능하게 했고 고도 정보사회로의 변화를 더욱 가속화했다. ADSL, 광통신, 이동통신, Wi-Fi의 발달로 인터넷과 스마트폰이 빠르게 대중화되면서 누구나 언제 어디서든 거의 모든 정보와 지식에 접근해 새로운 콘텐츠(Contents)를 생성하고 SNS(Social Network Services)를 통해 쉽게 공유할 수 있는 시대에 진입했다. 굴뚝산업으로 대변되던 기존의 산업들이 이러한 새로운 정보통신기술을 통해 다시 태어났고 일부는 온라인을 중심으로 한 새로운 패러다임에 밀려 대체되고 사라지는 변화를 겪고 있다.

이러한 변화의 물결을 주도하던 무어의 법칙(Moore's Law)이 어느 정도 한계에 다다르면서 기술 발전의 속도가 느려지고 있지만, 반도체 집적 기술과 정보통신, 소프트웨어 기술의 발전에 따른 변화와 혁명은 계속되고 있다. 바이오 자동차 등 주변 산업으로 그 적용 분야를 넓혀가고 있을 뿐만 아니라 클라우드(Cloud), 인공지능(Artificial Intelligence: AI)과 빅데이터(Big data) 등 새로운 기술들의 발전에 따라 양적인 변화를 넘어 질적인 변화가 새롭게 시작되고 있다. 세 번째 변화의 핵심이 되는 정보통신기술, 즉 ICT(Information and Communication Technology)의 혁신 및 변화 과정은 다음 장에서 좀 더 자세히 살펴보기로 하자.

미래, No Ordinary Disruption

此非一日之事也 有漸以至焉
이런 일들은 하루아침에 일어난 것이 아니다. 조금씩 발전하여
거기까지 도달한 것이다.

《설원(說苑)》중에서

최근에 일어나고 있는 변화와 앞으로 전개될 변화를 개인 차원에서 예측하고 속단하는 것은 참으로 어렵고 위험한 시도라 할 수 있다. 따라서 오지 않은 미래를 다양한 증거와 정보를 모아 체계적으로 통찰력 있게 미래 트렌드를 분석한, 가장 공감이 갔던 책 내용을 소개하고 필자의 의견을 추가했다. 변화와 혁신에 대한 예측과 자문을 하는 오랜 전통과 글로벌 조직을 갖춘 매켄지(McKinsey and Company)는 2015년에 발간한 《No Ordinary Disruption》[2]이라는 책을 통해 향후 미래를 이끌어 갈 4개의 획기적 원동력(Disruptive Forces)을 다음

---

2 2015년에 발간된 책이기는 하지만 지구촌의 거시적 변화를 구제적 자료와 논리를 바탕으로 제시했기 때문에 여전히 미래에 대한 통찰을 얻을 수 있는 책이다.

그림 1-2 Book《No Ordinary Disruption》

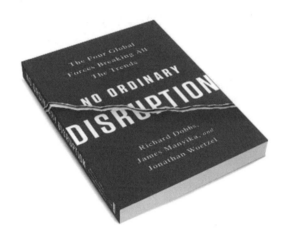

과 같이 요약했다.

첫 번째 원동력은 도시화(Urbanization)이다. 중국, 인도, 아프리카 등에서 경제 발전에 따른 소득 증가와 생활수준 향상에 따라 인구가 증가하고 있는데, 이 사람들이 새로운 기회가 넘치는 도시로 몰려들면서 인구 100만이 넘는 새로운 도시들이 중국, 인도, 아프리카 등에서 속속 생겨나고 있다. 이 도시들을 중심으로 가처분소득을 보유한 중산층이 빠른 속도로 늘어나고 있고, 이들 중산층이 새로운 수요를 견인하며 경제 사회적 변화를 주도하고 있다. 대한민국 역시 2020년을 기점으로 인구가 줄어들고 있지만, 수도권의 주요 도시는 여전히 작은 지방의 인구를 끌어들이며 팽창을 거듭하고 있다. 선진국 대도시들도 새로운 정보통신기술과 건축기술 등을 활용해 도시를 스마트시티(Smart city)로 재개발하고 발전시켜 나가면서 인구의 대도시 집중은 여전히 계속되고 있다.

두 번째 원동력은 가속화되는 기술 변화(Accelerating Technological Changes)이다. 기업 간, 국가 간 무한경쟁을 통해 새로운 기술들이 속속 등장하고 있을 뿐만 아니라, 개발된 기술들이 다양한 분야로 확대 적용되고 상호 융합되어 시너지를 내면서 이러한 기술 혁신의 혜택들이 인터넷과 스마트폰과 같은 정보통신 플랫폼을 통해 인류 전체의 생활 전반에 빠르게 파고들고 있다. 가속화되는 기술 혁신의 폭과 규모 그리고 경제에 미치는 영향이 상상을 초월하는 속도로 커지면서 단순히 '세상을 바꾸는 것'이 아니라 '세상을 바꾸는 방법'을 바꿔놓고 있다. 2007년 스마트폰이 발명된 이후 10여 년 만에 지구촌의 문화가 스마트폰을 중심으로 상상할 수 없는 수준으로 완전히 개편되었다. 과연 앞으로 10년 동안 어떤 새로운 기술과 새로운 서비스 모델이 튀어나와 2030년의 모습을 바꾸어 놓을지 상상하기 어려운 것이 최근의 기술 변화 속도라 할 수 있다.

세 번째 원동력은 고령(Getting Old)사회로의 진입[3]이다. 공중보건 향상과 의료기술의 발전으로 평균수명이 지속해서 증가하고 있다. 선진국에서는 전후 베이비붐 세대[4]의 은퇴와 함께 출산율의 감소, 인구 감소가 지속되고 있으며, 중국마저도 한 자녀 낳기의 영향으로 고령인

---

3 UN의 정의에 따르면 65세 이상이 7% 이상이면 고령화 사회(Ageing society), 14% 이상이면 고령사회(Aged society), 20% 이상이면 초고령사회(Super-aged society)라 부른다. 일본, 이탈리아, 독일, 스웨덴, 프랑스는 이미 초고령사회로 진입했다. 한국은 2000년에 고령화 사회에 진입했고, 2017년에 고령사회로 진입했다.

4 베이비붐 세대는 일반적으로 3.0 이상의 높은 출산율이 일정 기간 연속적으로 유지된 인구 집단을 지칭한다. 미국은 1946년에서 1964년에 태어난 세대를, 일본에서는 1947년에서 1949년에 태어난 단카이 세대를 말한다. 한국은 1955년에서 1963년에 태어난 세대를 1차 베이비붐 세대, 1969년에서 1975년에 태어난 세대를 2차 베이비붐 세대라 부른다.

구가 빠르게 증가하면서 그 비중이 커지며 전 세계적인 고령화가 진행 중이다. 이러한 글로벌 인구구조의 변화는 젊은 노동 인구의 감소, 사회 복지 및 의료 건강 비용의 증가, 소비 패턴 변화 등 기존과는 다른 사회 구조와 패러다임을 요구하고 있다.

2차 세계대전 이후 현재까지 세계 경제의 변화를 주도한 것은 미국과 유럽을 중심으로 인구 비중이 매우 컸던 전후 베이비붐 세대였다. 베이비붐 세대가 어렸을 때는 아동을 위한 산업이, 학생일 때는 로큰롤 음악과 같은 10대 틴에이저를 위한 산업이 발달했고, 대학 졸업 후 직장에 취업하고 결혼을 할 때는 자동차와 생활가전, 주택 건설이, 이들이 중년이 되어 활발한 경제 활동을 할 때는 정보통신산업과 레저 산업이 발전했다. 이제 나이가 든 이들이 은퇴하면서 바이오 및 실버 산업이 수요에 맞춰 발달하고 있다. 그동안의 세상 변화를 살펴보면 '변화를 주도하는 힘'은 결국 '돈, 즉 부(富)의 흐름'이었다는 것을 알 수 있다. 어떤 나이대에 인구가 많이 밀집되어 있고, 어떤 나이대에 부가 축적되어 있는지, 돈 많은 다수는 누구이고, 그 사람들은 어디에 돈을 쓰고 있으며, 앞으로 어디에 돈을 쓸 것인지 살펴보면 사회의 변화를 어느 정도 예측할 수 있다.

네 번째 원동력은 전 세계의 연결(Global Connection)이다. 통신과 교통의 발달에 따라 통신과 교통비용이 급격히 감소하면서 자본, 사람, 정보의 이동과 무역이 전 세계로 확대되었다. 이로 인해 전 세계는 하나의 지구촌으로 밀접하게 연결되었고, 좋은 측면과 나쁜 측면 모두에서 의존도가 점점 심해지고 있다.

글로벌 기업들이 경제적이고 효율적인 국가를 찾아 전 세계로 공급망 관리(SCM)를 확대하고, 온라인을 통해 전 세계가 사실상 하나의 시장이 되면서 모든 기업은 전 세계 기업들과 무한 경쟁을 해야 하고, 젊은이들도 전 세계 인재들과 일자리 경쟁을 해야 하는 세상이 되었다. 글로벌 규모의 자본 조달과 생산 아웃소싱이 가능해지면서 일 년도 안 되어 글로벌 규모를 갖춘 신생 기업들이 만들어질 수 있게 되었다. 새로운 패러다임을 민첩하게 파악하고 대응해 움직이지 않으면 거대 기업도 순식간에 경쟁력을 잃고 무너지거나 사라지는가 하면, 신생 기업도 빠르게 글로벌 강자로 부상할 수 있는 시대가 도래한 것이다. 전 세계가 하나로 연결된 세상에서 살아남기 위해서는 글로컬라이제이션(Glocalization = Globalization + Localization)이 필요하다. 전 세계에 공급하는 제품과 솔루션의 기술과 플랫폼은 규모의 경제를 이룰 수 있도록 글로벌라이제이션(Globalization)을 통해 표준화되어 가격 경쟁력을 갖춰야 하지만, 플랫폼에 탑재되는 솔루션과 서비스는 서로 다른 지역의 문화와 세대에 맞게 최적화하는 로컬라이제이션(Localization)이 반드시 이뤄져야 한다. 한국의 H 자동차가 성능 좋은 수입차의 가격 공세에도 여전히 자동차 시장에서 경쟁우위를 점할 수 있는 것은 한국의 특성에 맞춘 최적화된 솔루션과 서비스가 수입차보다 훨씬 경쟁력이 있기 때문이다.

2020년 전 세계로 COVID-19가 빠르게 확산하면서 연결된 세계의 취약점이 드러나자, 세계화에 대한 반물결(Anti-wave)이 힘을 얻고 있다. 어떤 전문가는 세계화 대신 탈(脫)세계화, 공유경제 대신 고립경제, 대면(對面) 대신 비대면(非對面)으로 바뀔 것이라고 주장한다. 하지만 한 가지 분명한 것은 코로나 이후(After Corona) 시대에도 연결된 세계는 여전히 계속될 것이라는 사실이다. 과거에도 많은 글로벌 기업들이 지진이나 해일과 같은 천재지변 혹은 1차 공급자의 치명적인 화재 발생 등으로 인해 COVID-19 때문에 겪고 있는 SCM 붕괴와 같은 문제를 이미 경험했었지만, 글로벌 기업들은 공급자를 다변화하면서 위험을 줄이는 선택을 했지 세계화에서 얻는 경제적 이익을 절대 포기하지는 않았다. 중요한 것은 세계화냐 아니냐, 공유냐 고립이냐와 같은 수단에만 현혹되는 것이 아니라 안전 보장이나 안정적 공급, 접근성, 연속성과 같은 중요한 본질적 가치에 집중해서 판단을 내리는 것이다. 정보통신기술과 교통수단의 발달은 앞으로도 지구촌을 좀 더 연결된 세계로 만들면서 상호의존도를 높여 갈 것이고, 지구촌은 앞으로도 세계화에 따른 이익을 절대 포기하지 않을 것이다. 대신 COVID-19로 드러난 연결된 세계의 문제점과 한계, 비대면과 고립경제에 필요한 새로운 정보통신 인프라의 요구를 진지하게 받아들이고 고민하면서 부족한 기술적 사회적 경제적 정치적 시스템을 개선하며 정반합(正反合)으로 발전해 갈 것이다.

起 - II

ICT 혁신과 세상의 변화

ICT의 정의와 구성 요소

Only the paranoid survives.
변화무쌍한 ICT 세상에서는 오직 편집광만이 살아남는다.

앤디 그로브(Andy Grove)

지난 70여 년간 글로벌 혁신을 주도했고, 앞으로도 주도해 나가게 될 정보통신기술(Information and Communication Technology: ICT)을 먼저 정의하고, 이 기술이 어떤 구조로 되어 있고, 어떤 제품, 어떤 플랫폼들을 통해 발전해 왔는지 살펴보자.

ICT의 정의는 시간이 가면서 조금씩 변하고 있으나, 일반적으로 "ICT is defined as the collection of technologies, products and services that turn data into useful, meaningful and accessible information and knowledge"로 정의한다. ICT는 일반적으로 디바이스(Devices), 인프라(Infrastructure), ICT 서비스

그림 1-3 ICT의 기본 구조: 정보, 콘텐츠, 지식의 생성, 처리, 저장, 전송 및 소비

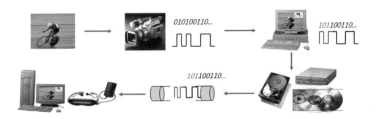

(ICT Service)[5]의 세 가지 구성 요소를 포함한다. 부연하면 ICT는 혼돈(Chaos)의 세상에서 받아들인 데이터를 송신 측 디바이스와 인프라를 통해 쓸모 있고(useful), 의미 있는(meaningful) 그리고 활용 가능한(accessible) 정보(Information), 콘텐츠(Contents) 또는 지식(Knowledge)으로 생성하고, 가공 처리하고, 저장하고 전송하여 수신 측 디바이스와 인프라를 통해 고객[6]이 소비, 활용할 수 있도록 제공하는 기술, 제품, 솔루션 및 서비스를 의미한다.

올림픽 이벤트 중계를 예로 들면, 결승 경기 중계와 같은 소비자에게 제공하고자 하는 서비스의 대상이 카메라와 같은 입력 디바이스(Input Device)를 통해 디지털 데이터로 변환되어 콘텐츠가 만들어

---

5 여기서 정의하는 서비스는 ICT 인프라를 통해 제공되는 좁은 의미의 서비스로, 뒤에서 정의하는 제품(Product), 솔루션(Solution), 서비스(Service)와 구별하기 위해 ICT 서비스라고 정의하고 구별했다. 뒤에서 정의한 넓은 의미의 서비스는 솔루션보다 더 넓고 큰 개념으로 정의했다. 서비스는 특정 회사나 특정 개인의 요구사항을 만족시키는 솔루션과 그 솔루션을 설치, 유지, 관리하고 제거하기까지 전 과정을 제공하고, 지원하는 모든 활동을 포함한다.

6 이 책에서 '고객'과 '소비자'는 모두 영어의 Customer를 가리킨다. 일반적인 경우는 '소비자'란 표현을 사용했다. '고객'은 구매자와 소비자를 포괄하는 표현으로, 공급자와 구매자의 입장을 강조할 때는 '고객'이란 표현을 선택했다. '소비자'의 사용 측면을 강조할 때는 '사용자(User)'라고 표현했다.

진다. 만들어진 콘텐츠는 편집기와 같은 방송 장비 등을 통해 가공 (Process)되고, 클라우드와 같은 인프라에 저장(Store)되며, 인터넷과 같은 인프라를 통해 전송(Transmit)되어 가정용 TV와 개인용 스마트 폰과 같은 소비자의 출력 디바이스(Output Device)를 통해 재생(Play) 되고 소비된다. 이 간단한 ICT 시스템의 디바이스로는 카메라, 스마트 폰, PC, TV와 같은 입력 디바이스와 출력 디바이스 등이 있고, 인프라 로는 방송 시스템, 클라우드, 인터넷, 정보 저장장치 등이 있으며, ICT 서비스로는 정보, 지식 및 콘텐츠의 제작, 저장, 처리, 전송, 재생 등이 포함된다.

디바이스, 인프라 및 ICT 서비스

디바이스(Device)는 ICT 기술의 사용자와 인프라를 연결해주 고, 서비스를 사용할 수 있게 하는 매개체로서 과거에는 ① 매스 커 뮤니케이션(Mass communication) 영역의 라디오, TV와 같은 오 락 디바이스(Entertainment Devices), ② 데이터 커뮤니케이션(Data communication) 영역의 PC, 서버와 같은 컴퓨팅(Computing) 및 정 보 저장(Storage)을 위한 정보 디바이스(Information Devices) 그리고 ③ 텔레커뮤니케이션(Telecommunication) 영역의 유선전화기(POTS), 휴대전화(Mobile phone)와 같은 통신 디바이스(Communication Devices)로 세분되어 있었다. 디지털화로 미디어가 멀티미디어 (Multimedia)로 통합되고, 디바이스의 성능이 충분히 강력해지면 서 필요한 기능들이 소비자를 중심으로 통폐합이 이루어지는 융합 (Convergence)이 진행되어 이제는 ④ 스마트폰과 같은 오락, 정보, 통신 및 비즈니스에 필요한 기능들을 모두 갖춘 올인원 디바이스(All-in-one Device)로 발전했고, 이러한 올인원 디바이스들이 전통적인 디바이스를 대체하고 있다.

인프라(Infrastructure)는 업무(Business), 오락(Entertainment), 정보(Information), 통신(Communication) 등을 위한 다양한 ICT 디바이스들을 서로 연결해주는 유/무선의 방송, 통신 네트워크(Network)와 각 산업 분야 및 기업의 핵심 프로세스를 유지, 관리, 지원하기 위한 서버, 클라우드 및 저장장치를 포함한다.

1980년대 말만 해도 인프라는 크게 3개의 서로 다른 영역으로 분리되어 있었다. ① 라디오와 TV와 같은 오락 산업을 이끌어가는 매스 커뮤니케이션 영역의 방송국들은 유선으로 구성된 제작, 송출 인프라와 무선으로 구성된 송신소와 같은 별도의 방송 인프라를 가지고 있었다. ② 전화, 팩스와 같은 기본적인 통신 서비스를 제공하던 KT와 같은 통신 사업자들은 코어 네트워크(Core network), 액세스 네트워크(Access network)와 교환기와 같은 시스템으로 구성된 통신 인프라를 가지고 있었다. ③ 컴퓨터 간의 연결은 데이터 커뮤니케이션을 위한 초기 인터넷과 같은 별도의 데이터 통신 인프라 혹은 기업의 데이터 커뮤니케이션을 위한 전용선, 라우터 등과 같은 데이터 통신 인프라를 가지고 있었다.

ICT 서비스(ICT Service)는 ICT 디바이스들과 인프라를 활용하여 소비자가 누리는 ① 영화, 게임 등의 오락 서비스, ② 뉴스, 주식 등의 정보 서비스, ③ 전화, SMS, SNS 등의 통신 서비스와 ④ 특성에 맞게 설계된 솔루션을 이용한 B2C 및 B2B 비즈니스 서비스를 포함한다.

ICT 서비스는 개인을 위한 퍼스널 서비스(Personal Service), 가족 등 소규모 집단을 위한 프라이빗 서비스(Private Service), 일반 대중을 위한 퍼블릭 서비스(Public Service), 다양한 비즈니스를 위해 특화된 비즈니스 서비스(Business Service) 등 소비자의 성격과 요구사항에 따라 특성을 달리한다.

또한 데이터, 정보, 콘텐츠 등이 처리되고 송/수신되는 데이터 계층(Data Plane), 데이터 계층을 연결하고 조정해주는 제어 계층(Control Plane), 그리고 보안, 과금, 유지 관리를 담당하는 관리 계층(Management Plane)으로 서비스 구조를 분류할 수 있다.

ICT의 발전과 정보통신 혁명의 시작

No one will need more than 637KB of memory for a personal computer.

빌 게이츠(Bill Gates)

현재의 기술 혁신과 이에 따른 사회적 변화는 다른 어떤 산업보다도 20세기 후반에 가속된 정보통신기술의 발전에서 그 원동력을 찾을 수 있다. 1947년 트랜지스터가 발명되며 시작되어, 현재까지 약 70여 년간 지속하고 있는 정보통신 혁명, 즉 기술과 산업의 변화, 혁신, 확산은 크게 네 가지 단계로 정리해볼 수 있다.

첫 번째 단계는 1965년 발표된 무어의 법칙에 따라 컴퓨팅(Computing) 성능이 폭발적으로 강력해지고 메모리 가격이 빠르게 떨어지며 디지털화(Digitalization)가 진행된 Being Digital의 시대다. 두 번째 단계는 1993년 정보고속도로 이니셔티브(Information Superhighway Initiative)에 따라 전 세계적으로 가속화된 기간 광통신 및 라스트 마일(last mile) ADSL 기술 혁신으로 전 세계가 초고속

통신망으로 연결되고, 인터넷(Internet)이 대중화되며 시작된 Being Connected의 시대다. 세 번째 단계는 1991년 GSM의 상용화로 시작된 휴대전화의 대중화, Wi-Fi, 3G/4G/5G 이동통신 기술의 혁신과 함께 진행되고 있는 Being Mobile and Wireless의 시대다. 그리고 현재 진행형인 네 번째 단계, Being Intelligent의 시대는 2007년 아이폰(iPhone)의 등장과 함께 스마트폰이 대중화하며 시작되었고 클라우드의 보편화, 빅데이터의 확산, 인공지능 기술의 진보와 함께 빠른 속도로 혁신을 거듭하고 있다.

Being Digital 디지털 시대

1947년 트랜지스터가 발명되고, 실리콘을 기반으로 한 값싼 트랜지스터가 등장한 후, 1958년에는 처음으로 IC(Integrated Circuit, 집적 회로)가 발명된다. 집적 회로 기술의 발달로 1971년에는 처음으로 마이크로프로세서(Microprocessor)가 등장하여 IC 기술이 다양한 응용 분야에 편리하게 적용될 수 있는 기틀을 마련한다. "18개월이면 반도체의 집적도가 2배씩 늘어난다"라는 무어의 법칙이 1965년 발표되면서 반도체 기술의 혁신 속도는 2015년 무어의 법칙이 공식적으로 폐기될 때까지 약 50년간 유지되었다.[7] 무어의 법칙에 따른 반도체 기술 혁신으로 5년이면 같은 성능의 로직(Logic)과 메모리(Memory) 가격이

---

7 2015년 IEEE Spectrum 4월호는 "무어의 법칙이 수명을 다했다"고 선언했다. 설계 비용과 Fab 비용의 과도한 증가로 비록 집적도 향상의 속도가 무어의 법칙에 비해 느려지긴 했지만, 혁신이 멈춘 것은 아니다. 무어의 법칙에 따라 1.5년마다 가격이 반으로 떨어지거나 집적도가 두 배로 늘어나는 것은, 15년에 2^{10} = 1,024배, 즉 5년에 약 10배의 가격 하락 혹은 집적도 향상을 의미한다.

그림 1-4 '무어의 법칙'이 죽었다고 선언한 IEEE Spectrum 2015년 4월호 표지

1/10로 떨어지거나, 같은 가격으로 10배의 성능을 가진 로직과 메모리를 이용할 수 있게 되었다. 돌이켜보면 지난 50년 동안 프로세서와 메모리의 성능은 대략 10^{10}배, 100억 배 정도 성장했다.

이러한 반도체 LSI(Large Scale IC, 대규모 집적 회로)의 발달은 다양한 혁신을 가능하게 했다. 1980년대 초만 해도 8-bit Video ADC/DAC는 A4 크기 2장 정도의 보드(Board)가 필요해 억대의 방송 장비에서만 활용이 가능했지만, 불과 10년 후인 1990년대 들어서는 가정용 기기에 TV 신호용 ADC/DAC IC를 넣을 수 있을 정도로 가격이 내려가고 소형화되면서, 거의 모든 영역의 아날로그(Analog) 신호들이 디지털 데이터로 변환되면서 PC로 처리할 수 있게 되었다. 이러한 디지털 변환을 통해 A/V 신호 등 다양한 아날로그 신호들이 하나의 데이터로 통합되는 멀티미디어(Multimedia) 시대가 열리면서 이 멀티미디어를 활용해 방송, 통신, 가전, 산업 분야에서 다양한 응용 솔루션 및 서비스들이 데스크톱(Desktop) PC를 통해 처리되기 시작했으며, 방송, 게임, 통신, 오디오와 비디오를 위한 다양한 디지털 디바이스들이 개발되면서 Being Digital[8] 디지털 시대가 본격적으로 전개되었다.

디바이스의 변화와 혁신

또한 메인프레임(Mainframe)으로 대표되던 컴퓨팅 디바이스는 LSI 기술과 메모리 집적 기술이 발달함에 따라 일반 기업이 사용할 수 있는 미니컴퓨터(Mini-computer)와 같은 엔터프라이즈 디바이스(Enterprise Device), 가정에서 사용할 수 있는 데스크톱 PC와 같은 홈 디바이스(Home Device)를 거쳐 개인들이 휴대할 수 있는 노트북 PC, 태블릿(Tablet)과 같은 퍼스널 디바이스(Personal Device)로 점차 소형화되고, 가격이 내려가며 대중화되었다.

무어의 법칙에 따른 혁신으로 디바이스의 가격이 지속해서 내려가면서도, 디바이스의 컴퓨팅 성능과 메모리 용량은 점점 늘어나 그래픽 컨트롤러(Graphic Controller), USART와 같은 통신 칩 등 다양한 주변 기능들을 하나의 SoC(System On a Chip), 하나의 디바이스로 통합할 수 있게 되었다. 무어의 법칙에 따라 크기와 무게도 점점 작아졌고, 낮은 전압에서 구동 가능한 IC들이 개발되었지만, 무엇보다도 LCD와

---

8 1995년 1월 MIT Media Lab의 니콜라스 네그로폰테(Nicholas Negroponte) 교수가 출간한 책의 제목이다. 이 책은 디지털 기술의 역사를 요약하고 미래를 전망한 책으로 큰 반향을 일으켰다.

그림 1-5 Being Digital 시대의 변화

1960s~   1980s~   1990s~   2010

Command line   Touch/Haptic   +Natural(Voice, Gesture)
UI / GUI   UI   UI

같은 평판 디스플레이 기술의 발달과 고성능 배터리 기술이 함께 발달함에 따라 휴대 가능한 제품으로 발전했다.

1980년대에는 학교나 기업에서 수백 명에서 수십 명의 사람이 하나의 메인프레임 컴퓨터나 미니컴퓨터를 공유했다면, 1990년대에는 집에서 데스크톱 PC나 노트북 PC를 가족들이 공동으로 사용할 수 있게 되었고, 2010년대에는 한 사람이 자신만의 노트북 PC나 휴대전화를 사용하는 것을 넘어, 여러 개의 강력한 디바이스들을 소유하고 활용할 수 있는 수준으로 발전했다.

사용자 인터페이스 UI(User Interface)도 키보드에서 커맨드(Command)를 입력하던 라인 인터페이스(Line Interface)에서 출발하여 마우스를 함께 사용하는 마이크로소프트 윈도(Microsoft Windows)와 같은 화면 전체를 활용하는 GUI(Graphic User Interface)로 발전했다. 또한 브라운관이 얇고 가벼운 LCD 화면으로 대치되어 휴대가 가능해지면서, 화면 위에서 직접 동작시킬 수 있는 터치(Touch) UI 및 햅틱(Haptic) UI와 같은 GUI들이 등장했다. 최근에는 음성인식 UI의 성능이 크게 개선되면서 헤이 구글(Hey Google)이나 알렉사(Alexa)를 통해 누구나 말로 디바이스를 사용할 수 있게 발전하고 있다.

비록 무어의 법칙 폐기로 하드웨어의 혁신 속도가 느려지기는 했지만, 집적 회로와 재료의 지속적인 발전으로 여전히 컴퓨팅 성능의 성장과 메모리 용량의 증가는 계속되고 있고, 디지털화는 개인 주변에서부터 많은 시간을 머무는 집과 자동차 등으로 그 영역을 넓혀가고 있다.

제일 먼저 그동안 단말기(Terminal)로 불렸던 스마트폰 같은 개인용 프라이머리 디바이스(Primary Device)들이 주변에 앱세서리(Appcessary = App + Accessary)와 같은 값싸고 강력한 주변 기기(Satellite Device)들을 거느리기 시작하며, 허브 디바이스(Hub Device)로 그 역할을 변화시키고 있다. 지난 10년간 센서와 근거리 통신 소자의 가격과 데이터 저장 비용이 크게 떨어지면서 다양한 사용 사례(Usage case)에서 경제성을 확보하고 있다. 사람이 가장 많이 활동하는 집에서 홈 디바이스(Home Device)들이 근거리 통신 소자를 통해 서로 연결되고, 다양한 센서의 도움을 받아 집을 스마트 홈으로 변화시키고 있다. 또한 사람들이 이동 수단으로 사용하는 자동차, 지하철, 노선버스들도 각종 센서로 무장한 강력한 지능의 ICT 디바이스들을 장착하고, BTLE, Wi-Fi 및 4G/5G 통신 기기를 통해 스마트한 도시 인프라와 소통하면서, 편리한 정보와 다양한 콘텐츠를 제공하는 스마트한 이동수단으로 진화하고 있다.

기업들은 PC, 서버와 같은 강력한 ERP(Enterprise Resource Planning) 인프라와 함께, 다양한 센서들과 통신 기능을 갖춘 디바이스들을 스마트 공장과 같은 특수한 기업 환경에 적용하여 빅데이터를 수집, 분석하면서 프로세스를 개혁하고 생산성을 혁신하는 데 활용하고 있다. 또한 정부 부처, 시청, 구청 등의 공공 부문(Public Sector) 역시 시민들이 머물고 움직이는 일상생활 공간 및 인프라에 강력한 통신 인프라를 설치하여 시민들의 프라이머리 디바이스와 소통하면서 우리의 삶을 좀 더 편안하고 안전하고 편리하게 만드는 솔루션들을 제공하고 있다.

Being Digital 시대의 지배적 디자인과 플랫폼

Being Digital 시대의 지배적 디자인[9]은 PC라고 할 수 있다. PC는 대표적인 프라이머리 디바이스로 기업에서는 콘텐츠 생성, 업무 흐름(Workflow)의 혁신, 각종 자료의 보관 및 관리 등의 중추적인 역할을 했고, 집에서는 가정과 개인의 데이터 관리, 정보 접속, 오락 및 게임의 주도적인 디바이스로 아직도 시장을 지배하고 있다. PC 산업을 위해 개발된 하드웨어와 소프트웨어가 모든 산업 분야로 확산되었고, PC를 통해 구축된 규모의 경제가 무어의 법칙을 유지하는 원동력이 되었음을 부인하기 어렵다.

---

9 지배적 디자인은 한 시대 시장의 흐름을 주도하는 실질적인 설계 기준(a de facto standard)을 지칭한다. 시장의 요구사항을 반영한 주요 기능들과 기술들이 시장을 주도하는 실질적인 표준으로 자리 잡으며 제품의 디자인과 아키텍처로 정착된다. 이러한 지배적 디자인은 몇 개의 주요 플랫폼들이 통합되어 구성된다. 지배적 디자인을 구성하는 플랫폼들과 이해관계자(Stakeholder) 그리고 이들 사이의 가치사슬이 비즈니스 모델을 만들어낸다. 예를 들어 Wintel이 구축한 지배적 디자인 PC의 표준 구조는 플랫폼 간의 영역을 분리하여 수평 통합(Horizontal Integration)이 가능하도록 했고, 이러한 표준화된 구조는 다양한 플레이어들의 시장 진입장벽을 낮추어 경쟁을 통한 가격 하락과 시장 확대를 촉진했다.

이러한 PC 산업의 주요한 플랫폼[10]들을 주도한 기업은 Wintel 로 대표되는 인텔(Intel)과 마이크로소프트이다. 인텔은 PC에 들어가는 CPU, 중앙 연산처리장치 및 주변 프로세서들의 아키텍처(Architecture)를 선점하고 고집적 생산을 주도하여 PC의 하드웨어 플랫폼을 장악했고, 마이크로소프트는 PC에 들어가는 운영체제(Operating System: OS)인 윈도를 선점하고 주도하여 PC의 소프트웨어 플랫폼을 장악했다. 인텔과 마이크로소프트처럼 핵심이 되는 프라이머리 플랫폼을 장악하지는 못했지만, 삼성전자는 지배적 디자인 PC의 하드웨어 플랫폼에서 필수적인 한 축을 담당하는 메모리 플랫폼을 성공적으로 장악했다.

일반적으로 플랫폼을 장악한 회사들이 지배적 디자인의 발전을 오랫동안 주도해 나갈 뿐만 아니라, 지배적 디자인 관련 산업에서 발생하는 이익의 대부분인 약 80% 정도를 차지하고, 나머지 회사들이 나머지 20%를 겨우 나누어 가지게 된다. 따라서 새로운 트렌드, 패러다임이 출현할 때 가장 중요한 전략적인 목표는 경쟁자들보다 먼저 지배적 디자인을 선점하여, 핵심이 되는 플랫폼을 장악하고, 시장을 주도해 나가는 것이 되어야 한다. 시장을 장악하기 위한 비즈니스 콘트롤

---

10 플랫폼은 지배적 디자인의 다양한 요구사항을 수용할 수 있는 효과적인 서브 시스템(Sub-system)과 인터페이스(Interface)의 집합체로 정의할 수 있다. 흔히 이러한 플랫폼들은 치열한 경쟁에서 살아남은 효율적이며 지속 가능한 아키텍처를 가지고 있으며, 주요 특허(Patents)와 노하우(Knowhow)에 의해 구축되고 보호된다. 대표적인 플랫폼으로는 Wintel, 안드로이드(Android)와 같이 기술적 체제(Technology framework)를 제공하는 혁신 플랫폼(Innovation platform), 아마존(Amazon)이나 우버(Uber)와 같이 온라인에서 소비자와 공급자를 연결하는 거래 플랫폼(Transaction platform) 그리고 애플(Apple), 알리바바(Alibaba)와 같이 두 플랫폼을 함께 지원하는 통합 플랫폼(Integrated platform)이 있다.

포인트(Business Control Point)와 플랫폼에 대해서는 별도의 장에서 논의했다.

Being Connected 연결의 시대

The irony of all this is, Internet was created to save us time.

디바이스 간의 네트워크 연결(Being Networked)을 시작으로 사람들이 서로 연결되는 연결의 시대(Being Connected)의 시작은 1993년 미국 클린턴 행정부에 의해 시작된 정보고속도로 이니셔티브[11]에 그 뿌리를 두고 있다.

Being Digital에 의해 1980년대 초반 PC가 보급되고 그래픽 카드가 개발되어 WYSIWYG[12]이 가능해지고 페이지메이커(PageMaker)

---

11 정보고속도로 이니셔티브는 자동화와 같은 단순한 하드웨어 생산성의 향상이 아닌 축적된 정보와 지식의 소통을 활성화하여 소프트웨어 지식산업 중심으로 산업의 패러다임을 전환하여, 미국이 산업 주도권을 다시 탈환하려는 전략적인 정책의 일환이었다. 1980년대 말 미국 산업은 자동화 등 하드웨어 혁신을 앞세운 일본 기업에 A/V, 가전 사업 등의 주도권을 빼앗기면서 침체하고 있던 시기로, 새로 들어선 클린턴 행정부는 ICT 기술을 통한 새로운 혁신을 모색했다.

12 WYSIWYG은 What You See is What You Get의 약자(略字)이다.

와 같은 초기 워드프로세서(Word processor)와 레이저 프린터(Laser Printer)가 등장하면서, 오피스(Office)를 중심으로 타자기를 대신해 PC에서 다양한 콘텐츠를 작성하고 하드카피(Hardcopy)로 출력하는 데스크톱 퍼블리싱(Desktop Publishing: DTP)이 활성화되었다. 1980년 후반에 MS 워드, 엑셀, 파워포인트 등으로 대표되는 응용프로그램(Application program)들이 대중화되면서 생산성이 크게 향상되었고, 개인과 기업들은 다양한 콘텐츠와 멀티미디어들을 생성하고 저장했지만 이들을 전송할 통신 인프라의 진화는 지지부진하여 IT 발전의 걸림돌(Bottleneck)이 되고 있었다. 특히 기업과 공공기관 등을 중심으로 생성된 막대한 양의 정보와 지식을 쉽고 싸고 빠르게 공유할 수 있는 강력한 통신 수단에 대한 요구에 부응하여, 다양한 통신 인프라 혁신이 사회 전체의 화두로 대두하게 되었다.

NTSC TV 방송 한 채널에 해당하는 디지털 정보, 약 1.5Mbps를 모든 가정에 자유롭게 전송할 수 있는 통신 인프라를 구축하는 것을 목표로 1993년 미국 클린턴 행정부는 '정보고속도로' 구축을 선언하고 정책적 지원에 나서게 된다. 미국의 뒤를 따라 유럽, 일본 등 선진국들도 정보고속도로 구축에 뛰어들면서 1990년대 후반 통신기술 및 장비업계에 엄청난 자금이 유입되어 광통신 기술, ADSL 기술, 케이블 모뎀(Cable Modem) 기술 그리고 Wi-Fi 기술 등이 비약적으로 발전하고 속속 상용화되기에 이른다.

특히 유선 전화 POTS(Plain Old Telephone Service)를 위해 이미 깔린 구리선(Twist Pairs)을 이용해 라스트 마일에서 MPEG 비디오 한 채널, 1.5Mbps 이상을 다운 링크(Down link) 방향으로 전송할 수 있게 한 ADSL 기술은 별다른 인프라 공사 없이 모든 가정에서 인터넷을 사용할 수 있도록 하여 1996년의 인터넷 혁명, 인터넷 대중화를 선도했다.

광통신 기술의 발달로 코어 네트워크의 용량이 혁신적으로 늘어나고, 액세스 네트워크의 광대역(Broadband)화가 진행되었으며, 음성 중심의 회선 교환(Circuit switched) 네트워크가 통계적 다중화(Statistical Multiplexing)[13] 개념을 바탕으로 한 인터넷과 같은 패킷 교환(Packet switched) 네트워크로 지속해서 교체되었다. 이와 더불어 멀티미디어 콘텐츠가 MPEG과 같은 데이터 압축 기술의 발달로 파일 크기가 작아지면서 통신비용(Communication cost)은 매우 빠른 속도로 감소하게 되어 일반 대중들도 부담 없이 인터넷을 활용할 수 있게 되었다.

또한 전문가들만 사용하던 인터넷의 사용자 인터페이스가 쉽고 편리하게 발전하면서 인터넷의 대중화에 크게 이바지하게 된다. 1989년에 World Wide Web(WWW)이 발명되어 인터넷상에 흩어진 웹 콘텐츠(Web Contents)들을 쉽게 연결하고 접속할 수 있게 되었고, 1994년 넷스케이프(Netscape)가 처음으로 인터넷 내비게이터

---

13 통계적 다중화 개념을 활용함으로써 인터넷이나 클라우드가 전용선이나 전용서버와 같은 경쟁 기술과 비교했을 때 혁신적으로 비용을 절감할 수 있었다. 많은 사용자가 인터넷을 접속할 때 특정 시간대에 통계적으로(Statistically) 어떤 사용자는 접속하고 있고, 다른 사용자는 접속하지 않고 있는 점을 이용해 교대로 사용하도록 함으로써(Multiplexing) 통신회선의 사용 효율을 최대한 끌어올려 비용을 절약할 수 있게 한 것이다. 클라우드 역시 싼 통신비용을 이용해 서로 다른 지역의 사용자 혹은 동일 지역의 많은 사용자가 같은 서버 인프라를 서로 다른 시간 혹은 서로 다른 지역에서 번갈아 사용함으로써 서버의 유지 관리 비용을 비약적으로 줄일 수 있게 되었다.

그림 1-6 Being Connected 인터넷 연결의 시대 패러다임 변화

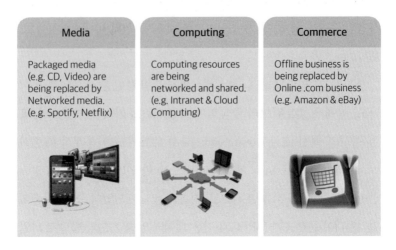

Media	Computing	Commerce
Packaged media (e.g. CD, Video) are being replaced by Networked media. (e.g. Spotify, Netflix)	Computing resources are being networked and shared. (e.g. Intranet & Cloud Computing)	Offline business is being replaced by Online .com business (e.g. Amazon & eBay)

(Navigator)를 개발하면서 PC에서도 인터넷을 쉽게 사용할 수 있게 되어 인터넷의 대중화가 가속화된다.

Being Connected 시대의 지배적 디자인과 플랫폼

Being Connected 시대의 지배적 디자인은 누가 뭐래도 인터넷(Internet)이다. 인터넷은 빠른 속도로 수도, 전기와 같은 기본 인프라(Utility)의 하나로 자리를 잡으면서, 사람들이 거리에 구애받지 않고(Distance Free) 빠른 속도로 정보를 얻고, 공유하고, 비즈니스를 할 수 있는 새로운 패러다임을 만들었다. 통신비용이 급격히 감소하면서 CD나 VHS 카세트와 같은 패키지 미디어(Packaged Media), 즉 저장 미디어들 대비 네트워크 연결을 통한 콘텐츠 소비 비즈니스 모델이 가격 경쟁력을 확보하게 된다. 결국 MP3와 같은 통신망을 활용한 서비스, 네트워크 미디어(Networked Media)가 패키지 미디어를 대체하면서 블

록버스터(Blockbuster)와 같은 오프라인(Offline) 상점들이 파산하고 넷플릭스(Netflix), 스포티파이(Spotify)와 같은 새로운 기업들이 등장해 시장을 주도하고 있다.

항상 사용하지 않아 투자 대비 활용도가 떨어지는 사내 전용 서버(Server)와 같은 컴퓨팅 자원들도 값싼 통신비용을 활용하는 아마존 클라우드 서비스(Amazon Cloud Service: ACS)와 같은 Global Networked and Shared 클라우드 서버로 대치되고 있다. 클라우드도 인터넷과 마찬가지로 제한된 자원을 사용 시간대가 다른 여러 사용자가 통계적 다중화를 통해 공유함으로써 사용 효율이 크게 개선되어, 사용자의 투자 및 유지비용을 크게 절감할 수 있게 되었다.

인터넷을 통한 통신 인프라의 혁신으로, 먼저 B2B 영역에서 전 세계의 공급자와 소비자가 온라인을 통해 편리하게 정보를 주고받고 연결되면서 SCM이 온라인을 중심으로 재편되었고, 뒤따라 B2C에서도 소비자들이 온라인을 통해 원하는 제품 공급자를 찾아서 구매하기 시작했다. 상점 유지비용의 감소, 다양한 제품 정보의 빠른 제공, SKU(Storage Keeping Unit) 재고 비용의 절감, 소비자들의 쉬운 접속과 결제 등 온라인의 강점을 제공하는 플랫폼들이 등장하면서 경쟁력 있는 온라인 상점들, 즉 인터넷 상거래가 기존의 오프라인 상점들을 속속 밀어내고 시장 주도권을 점령해 가고 있다. 지난 20여 년 동안 파괴적 혁신으로 세상을 속속들이 바꾸어 놓은 인터넷은 이제 그 무대를 스마트폰과 모바일 인터넷(Mobile Internet) 영역으로 옮겨 또 다른 파괴적 혁신을 계속하고 있다.

Being Connected 연결의 시대의 플랫폼 전쟁 역시 치열하게 전개되고 있다. 인터넷의 커뮤니케이션 플랫폼은 라우터(Router) 시장과 인터넷 프로토콜(Interner protocol: IP)을 주도하는 시스코가 아직도 장악하고 있지만, 사용자와 인터넷을 연결하는 관문, 인터넷의 첫 페이지(First Page)를 장악하는 웹 플랫폼은 여러 번에 걸쳐 주인이 바뀌고 있다.

처음 내비게이터 시장을 개척했던 넷스케이프는 제대로 된 비즈니스 모델을 구축하지 못하고 포털(Portal) 서비스를 내세운 야후!(Yahoo!)에 주도권을 빼앗겼다. 하지만 야후! 역시 사용자의 요구에 민첩하게 대응하지 못하고 강력한 검색엔진(Search Engine)과 간결한 사용자 인터페이스를 가진 구글에 플랫폼의 주인 자리를 내주고 말았다. 구글은 인터넷의 첫 페이지를 장악하고 검색 순위와 인터넷 광고를 활용한 강력한 비즈니스 모델을 구축하고, 이를 바탕으로 다양한 웹 서비스들을 확대 제공해가며 플랫폼의 주도권을 여전히 유지하고 있다. PC 소프트웨어 플랫폼의 강자 마이크로소프트의 거센 도전을 성공적으로 막아내었을 뿐만 아니라, 오히려 안드로이드 운영체계의 선점을 통해 모바일 인터넷의 플랫폼인 첫 페이지도 장악했다.

Being Networked로 시작한 연결의 시대는 처음에는 디바이스와 디바이스를 연결하며 거리에 구애받지 않는 인터넷 연결의 시대를 열었지만, Being Mobile의 시대가 도래하면서 스마트폰 같은 개인용 프라이머리 디바이스가 대중화되어 이제는 사람과 사람을 온라인으로 편리하게 이어주는 사람 연결의 시대로 진화했고, 페이스북(Facebook), 유튜브(YouTube), 트위터(Twitter), 카카오톡과 같은 사람과 사람을 연결하는 SNS가 또 다른 플랫폼으로 발전하여 새로운 서비스 혁신을 주도하고 있다. 인터넷 연결의 시대에 구글이 검색엔진을 통해 인터넷의 정보 관문(Information Gateway)을 장악했다면, 아마존이나 알리바바는 인터넷 상거래 관문(eCommerce Gateway)을 장악하여 사람과 사람, 사람과 상점을 연결하는 강력한 플랫폼을 구축했고, 페이스북이나 카카오톡은 다양한 콘텐츠를 통해 사람과 사람을 연결하는 소셜네트워크 관문(SNS Gateway)을 장악하여 차별화된 SNS 플랫폼을 구축하고 있다.

Being Mobile and Wireless
스마트폰 시대

We live in an era of Smart Phones and Stupid People.

Being Mobile 스마트폰 시대는 1991년 유럽의 보다폰(Vodafone) 이 처음으로 GSM 서비스를 시작하면서 씨앗이 뿌려졌다고 할 수 있 다. 아날로그로 시작한 휴대전화(Analog Mobile phone)는 음성 통화 라는 킬러 앱을 바탕으로 초기 비즈니스 용도로 주목을 받았으나 열 악한 통화 품질과 비싼 서비스 가격, 벽돌 같은 디바이스의 크기와 무 게, 사용지역의 한계 등 많은 문제점을 해결하지 못했다. 그러나 제2세 대 디지털 휴대전화 규격인 GSM 표준을 통해 통화 품질이 개선되고, 서비스 가격이 하락하고, 전 세계 어디서나 로밍(Roaming)이 가능해 지면서부터 폭발적으로 대중화되기 시작했다. 2000년 3G, WCDMA 가 표준화되고, 대량의 SMS(Short Message Service) 및 데이터 전송이 가능한 HSPA(High Speed Packet Access)가 상용화되고, 삼성전자에

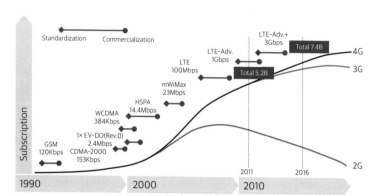

그림 1-7 Being Mobile 스마트폰 시대의 도래

의해 LCD 화면을 가진 휴대전화가 처음으로 등장하면서 응용 분야도 인터넷으로 확장되기 시작했다.

2000년대 초반 카메라폰이 등장하고, 2007년 애플이 편리한 터치 UI를 가진 아이폰으로 스마트폰을 성공적으로 대중화하고, 2010년 전후 유선 인터넷 수준의 비디오 송신과 수신을 할 수 있는 4G, LTE, LTE-A 표준이 완성되어 스마트폰에 적용되면서, 사용자가 폭발적으로 늘어나고 응용 분야 또한 사진 비디오 영역으로 크게 확장되었다.

또한 IEEE 802.11b, 약 1Mbps 통신 표준으로 시작한 Wi-Fi 무선 근거리 통신망(Wireless LAN: W-LAN) 기술도 가정과 사무실은 물론 대중이 많이 모이는 핫스팟(Hot spot)에서 거의 무료로 Mbps급의 무선 통신을 제공하면서 이동통신의 보완재로 크게 주목을 받았다. 이후 IEEE 802.11a/g/n, Wi-Fi 5, Wi-Fi 6로 진화하며 스마트폰을 위한 저전력 표준이 추가되고, 새로운 주파수 대역이 할당되어 최대 6 Gbps 전송속도를 지원하며 WPA3의 도입으로 보안도 강화되어 이제는 명실공히 수 Gbps의 인터넷 접속, 데이터 통신을 지원하는 무선 연결의 시대, Being Wireless 시대를 주도하고 있다.

또한 무선 전화기(Cordless Phone)부터 시작하여 블루투스(Bluetooth: BT), NFC(Near Field Communication)와 같은 짧은 거리에서 유선을 무선으로 교체하는 테더리스(Tetherless) 통신 기술들도 우리의 일상생활을 편리하게 만드는 Being Tetherless 시대를 가속화하고 있다.

4G 이동 통신 기술, Wi-Fi와 같은 W-LAN 기술, BT와 같은 무선 기술들은 언제 어디서나 위치에 구애받지 않고 다양한 서비스를 이용할 수 있는 모빌리티(Mobility)라는 킬러 앱을 가능하게 하면서, Being Connected 시대의 거리로부터 자유로운(Distance free) 패러다임을 Being Mobile, Wireless and Tetherless 시대의 장소로부터 자유로운(Place free) 패러다임으로 바꾸어 놓았다.

음성 통화와 SMS와 같은 전통적인 킬러 앱뿐만 아니라, 인터넷 접속, 음악, 음성, 사진 및 비디오 송/수신 등 유선 인터넷에서 활용 가능한 서비스들이 무선/이동 환경에서도 저렴한 비용으로 동일하게 사용할 수 있게 되면서, 인터넷 활용은 더욱 확대되고 응용 분야를 넓혀가고 있다. 특히 GPS 등의 위치 정보와 지도를 활용한 휴대기기에서만 가능한 위치기반 서비스들은 장소 검색, 길 찾기, 배달, 택시 호출 등 실시간 서비스로 개인에 특화된 응용 분야를 넓혀가고 있으며, 우버나 에어비앤비(Airbnb)와 같은 공유경제 서비스를 가능하게 하고 있다.

또한 개인이 소유한 퍼스널 디바이스란 특징을 활용한 SNS는 사람과 사람을 연결하는 새로운 킬러 앱이자 서비스 플랫폼으로 자리 잡으면서 새로운 소통 문화를 만들어내고 있다. 개인들은 SNS를 통한 온라인 소통을 넘어 개인이 제작한 가치 있는 지식과 콘텐츠를 생산하고 공유하기 시작했다. 2010년대에 들어서면서 이동/무선 통신 인프라가 비용에 구애받지 않고 비디오를 소비하고 유통할 수 있는 4G로 진화하면서, 지식과 콘텐츠의 유통이 문서와 사진에서 비디오로 확장되었고 이에 따라 유튜브와 같은 비디오 기반의 SNS가 주류로 떠올랐다.

Being Mobile and Wireless 시대는 개인이 소유한 스마트 디바이스가 정보, 지식, 콘텐츠를 내려받아 소비하는 피처폰(Feature Phone)에서 소비뿐만 아니라 양질의 정보, 지식, 콘텐츠를 개인이 생산하고 공유할 수 있는 스마트폰으로 진화하면서 개인의 역할도 단순 소비에서 생산과 공유로 혁신적으로 확장되었다. 스마트폰의 카메라가 혁신적으로 진화하고, 메모리 용량도 수십 GB 수준으로 확대되고, 다양한 저작 도구들(Authoring tools)이 앱 혹은 웹을 통해 공급되면서, 전문가가 아니더라도 일반인들이 얼마든지 수준 높은 콘텐츠나 지식을 제작할 수 있게 되었다.

구글의 초기 비즈니스 모델이었던, 사람들이 필요로 하는 정보와 지식을 연결해주면서 광고를 통해 이익을 내는 방식으로 개인이 제작한 지식 콘텐츠들이 유통되고 수익을 올리면서 전문가와 기업을 중심으로 이루어지던 지식과 콘텐츠의 생산, 유통이 개인으로 확대되고 있다. 이러한 개인 콘텐츠는 기존의 유통채널을 거치지 않고 SNS를 통해 빠르게 퍼져나가고 있다. 일인 방송 사업자가 등장하는가 하면 아예 개인 유튜버처럼 유튜브에서 콘텐츠를 생산 유통하는 것을 직업으로 하는 사람도 생겨났다. 기업들도 개인이 제작한 콘텐츠를 마케팅이나 홍보용으로 활용하고 있고, 방송사도 개인이 제작한 뉴스 콘텐츠를 유료로 수집하여 방송에 활용하고 있다.

하지만 사람과 사람 사이의 연결을 온라인으로 쉽고 빠르게 대치하는 SNS의 순기능과 달리, 인스타그램이나 유튜브 등에서 인플루언서(Influencer)라 불리는 SNS의 권력자가 등장하고, 이들의 대중적 영향력에 의해 정보의 쏠림, 과도한 확대 재생산에 의한 사회적 오버슈트와 언더슈트가 일어나고 있다. 또한 '가짜 뉴스(Fake News)'나 '딥페이크(Deep Fake)'처럼 의도적으로 정보, 지식, 콘텐츠를 악의적으로 왜곡 전파하는 디스인포메이션(Disinformation)[14]의 부작용이 나타나 사회적 문제를 일으키고 있다.

Being Mobile and Wireless 시대의 지배적 디자인과 플랫폼

Being Mobile and Wireless 시대의 지배적 디자인은 모바일 디바이스라 할 수 있는데, ICT 기술의 진보와 더불어 플랫폼은 진보를 거듭하고 있다. 모토로라가 주도한 아날로그 폰으로 시작한 휴대전화는 디지털 시대로 접어들면서 노키아가 주도한 디지털 피처폰(Digital Feature Phone)으로 진화한 후 PDA(Personal Digital Assistant) 등으로 발전하다가, 드디어 2007년 아이폰이 등장하면서 스마트폰이라는 새로운 플랫폼으로 진화하게 되었다.

스마트폰은 제조사와 통신 사업자에 의해 일방적으로 선택된 기능

---

14 Misinfromation이 잘못된 정보(false information)를 나쁜 의도 없이 공유하는 것이라면 Disinformation은 의도적으로 거짓말과 선동을 만들고 퍼뜨리는 것을 의미한다.

그림 1-8 지배적 디자인과 플랫폼의 진화와 경쟁

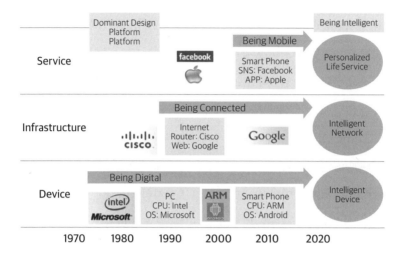

이 제공되던 피처폰과는 다른 구조와 특징을 가지고 있다. 기존의 PC 처럼 프로세서와 메모리를 갖추고 있지만, 이동/무선 통신 기능을 기본으로 내장하고 있고, 모바일 환경에 적합한 iOS나 안드로이드와 같은 운영체계를 장착하고 있어 피처폰과는 근본적으로 차별화된, 다양한 솔루션과 서비스를 제공할 수 있는 하드웨어 플랫폼을 갖추고 있다. 스마트폰 플랫폼을 발전시킨 애플은 처음부터 앱스토어(App Store)와 같은 서비스 플랫폼을 구축해 다양한 응용 서비스가 앱과 같은 기성 제품(Off-the-shelf) 응용 프로그램을 통해 제공될 수 있게 했고 오픈 생태계(Open Ecosystem)를 통해 개발된 앱은 앱스토어를 통해 관리되고 소비자에게 판매되는, 안정적 비즈니스 모델을 구축하였다.

지배적 디자인, 스마트폰의 플랫폼 전쟁은 아직도 진행 중이다. 모바일 CPU와 같은 하드웨어 플랫폼은 ARM이 여전히 주도하고 있지만, 모바일 운영체계와 같은 소프트웨어 플랫폼은 애플의 iOS가 선점해 독자적인 영역을 구축했고, 구글이 안드로이드를 통해 플랫폼의 주도권을 차지했다. 서비스 플랫폼은 모바일에서도 구글이 웹 플랫폼을 여전히 장악하고 있으나 SNS 플랫폼은 페이스북, 트위터, 인스타그램, 유튜브 등이 각각 다른 영역에서 강력한 플랫폼을 구축하고 있다.

Being Digital 시대의 하드웨어와 소프트웨어 플랫폼의 강자였던 인텔과 마이크로소프트는 PC라는 지배적 디자인에 집착하다가, 모바일이라는 새로운 영역의 새로운 시장 요구사항들을 올드 플랫폼 기반으로 대응하다가 새로운 변화와 요구사항에 부응한 ARM이나 안드로이드에 플랫폼의 주도권을 내주고 말았다. 아날로그와 디지털 휴대전화의 강자였던 모토로라와 노키아 역시 과거의 성공에 매달리며, 새로운 시장 요구사항을 과거의 강점으로 해결하려다 새로운 변화를 주도한 새로운 플랫폼에 밀려 이제는 존재조차 찾아보기 어려운 상태로 전락했다.

Being Mobile and Wireless의 미래

Being Mobile and Wireless 스마트폰 시대는 아직도 혁신이 진행 중이다. 2021년 현재의 많은 기능이 이미 소비자들을 충분히 만족시킬 수 있는 성능 수준에 도달해 새로운 기능과 성능으로 차별화가 쉽지 않은 성숙 단계에 진입한 것처럼 보이지만, 새로운 혁신 기술들이 등장하면서 또 다른 도약을 할 수 있는 가능성은 여전히 무한하다.

디바이스 측면에서는 플렉서블 디스플레이(Flexible Display)가 상용화되면서 새로운 폼팩터(Form factor)의 등장과 함께 다양한 사용성(Usability), 사용자 인터페이스를 선보이며 새로운 플랫폼으로 등장하고 있다. 지속해서 발전을 거듭하고 있는 스마트폰의 차세대 카메라 역시 다수의 렌즈 모듈을 장착하거나 줌(Zoom) 기능을 추가하고, 지속적으로 늘어난 화소를 바탕으로 스마트폰 사진과 비디오의 한계를 상상 이상으로 혁신, 확장해 나갈 것이다. 또한 속속 개발되고 있는 드론(Drone)과 같은 다양한 로봇(Robot)들이 Being Digital, Being Mobile and Wireless와 결합한 새로운 카테고리의 주변기기로 등장하여 좀 더 어렵고 복잡한 업무들을 자동화 영역으로 편입하고, 그 응용 영역을 지상에서 산, 하늘, 바다 등의 공간으로 확장해 나가게 될 것이다.

인프라 측면에서도 새로운 기술들의 등장이 예고된다. 3G HSPA, 4G의 등장, Wi-Fi의 대중화, BT와 NFC, GPS 등 다양한 통신기술이 가능하게 한 '언제 어디서나 누구나 무엇이든 할 수 있는 세상'은 차세대 통신기술 5G의 확산, 차세대 Wi-Fi 표준, 주변을 연결하는 Zigbee나 UWB 같은 W-PAN 솔루션, 그리고 cm 단위로 정밀해지는 차세대 GPS의 등장으로 좀 더 정밀한 실시간 광대역 솔루션과 서비스들을 가능하게 할 것이다.

예를 들면 5G는 5G의 차별화된 특징을 활용해 스마트공장과 같은 제한된 공간에 특화된 비즈니스 혹은 프라이빗 서비스들을 우선 활성화할 것이고, 다양한 5G 상용화의 기술적 난제들이 해결되고 스마트폰용 5G 칩 가격이 충분히 내려가면 5G의 저지연(low latency)을 활용한 실시간 게임 등 개인을 겨냥한 응용 서비스들로 확장해 갈 것이다. 유튜브의 활성화에 이어 5G의 늘어난 통신용량을 활용하는

AR(Augmented Reality), MR(Mixed Reality), XR(Extended Reality)과 같은 3차원의 콘텐츠도 값싸게 실시간으로 전송하는 것이 가능해진다. UWB 솔루션과 차세대 GPS 기술의 실용화로 인프라를 통한 통신뿐만 아니라 디바이스 간의 정밀한 거리 측정(Ranging)이나 양방향 직접 통신도 가능해지며, cm 단위의 위치 정보를 기반으로 한 새로운 차원의 위치기반 서비스들이 가능해질 것이다.

Being Digital이 좀 더 진행되면 강력한 프로세서와 메모리, 통신 기능, 강력한 배터리로 무장한 특화된 기능의 새로운 주변기기들이 Being Mobile and Wireless를 통해 스마트폰과 같은 프라이머리 허브 디바이스와 서로 연결된 소위 IoT(Internet of Things), 사물인터넷 시대가 도래하게 된다. IoT는 우리와 가장 가까운 집과 자동차, 사무실 환경, 공공 인프라를 거쳐 서서히 우리 주변 환경으로 침투하게 될 것이다. 이러한 변화를 통해 궁극적으로는 우리의 업무 공간과 생활공간이 항상 관찰할 수 있고(Observable) 원하는 대로 바꿀 수 있는 (Controllable) 공간으로 탈바꿈하게 되어, 모든 공간이 혁신적인 솔루션과 서비스의 주체이자 대상이 될 것이다.

Being Intelligent 지성의 대중화

By far, the greatest danger of Artificial Intelligence is that
People conclude too early that they understand it.

엘리저 유드코프스키(Eliezer Yudkowsky)

Being Digital은 디바이스의 성능을 지속적으로 혁신하고 소형화하고 동시에 가격을 혁명적으로 떨어뜨려 대중화하면서 아날로그 세상을 디지털 ICT 영역으로 끌어들여 응용 가능한 정보와 지식, 콘텐츠, 솔루션, 서비스 영역을 거의 모든 분야로 확장한 것이다. Being Connected는 디바이스에 통신 기능을 추가하고 디바이스와 디바이스, 즉 점과 점 사이를 선으로 연결하는 인프라의 성능을 지속적으로 혁신하여 더 많은 디바이스가 거리에 구애받지 않고 서로 연결되어 정보와 지식, 콘텐츠를 소통하고 융합하는 응용 가능한 서비스의 조합을 거의 무한대로 확장한 것이다. Being Mobile and Wireless는 공간에 고정된 점, 디바이스들을 자유롭게 움직일 수 있도록 3차원 공간으로 확장함으로써 디바이스와 인프라를 함께 혁신함과 동시에 응용 가능한 서비스를 디바이스 중심에서 사람 중심으로, 특정 장소가 아닌 현재 위치 중심으로 확장하고 전환한 것이다.

Being Digital, Being Connected, Being Mobile and Wireless를 통해 혁신을 거듭하고 있는 디바이스, 인프라 및 서비스는 점차 새로운 차원의 시너지와 혁신을 거듭하고 있다. 지금까지는 인터넷 어디에 어떤 중요한 정보가 있는지, 어떤 앱을 사용하면 어떤 스마트한 솔루션과 서비스를 이용할 수 있는지를 아는 스마트한 사람들이 일과 생활 모두에서 경쟁 우위를 확보할 수 있었던 소위 Being Smart 시대였다. 이와 달리 앞으로 전개될 Being Intelligent 시대는 스마트한 사람이 아니더라도 누구나 전 세계에 산재한 데이터, 정보, 지식, 지성을 쉽고 편리하게 솔루션과 서비스로 활용할 수 있게 되는 시대라고 할 수 있다.

데이터가 모여 처리되고 체계화되면 정보가 되고, 정보가 이론과 경험을 만나 축적되고 응용되면서 지식이 된다. 이러한 지식이 융합되어 배우고 분석하고 판단하고 실행하는 지성(Intelligence)이 되고, 올바른 깨달음을 갖춘 지혜(Wisdom)로 발전한다. 전통적인 방식의 지식 분석 솔루션들은 특정 응용 분야에 특화된 디지털 디바이스들이 특정 시스템에서 생성된 각종 데이터와 센서를 통해 수집한 소규모의 데이터를 필터링(Filtering)하여 원하는 정보만을 선별하고, 이 정보를 해당 시스템에 최적화된 알고리즘으로 체계적으로 분석하여 개인과 기업에 필요한 지식과 분석 및 판단을 만들었다. 최근의 인공지능 기술은 머신러닝(Machine Learning: ML)을 통해 단순한 과거의 지식을 활용한 배움(Supervised learning)에서 벗어나, 새롭게 주어진 데이터를 분석하고 설명하며(Unsupervised learning), 현재의 지식과 새로운 영역의 탐험(Reinforcement learning) 사이의 균형을 찾아가는 강력한 인공지능 기술로 발전하고 있다.

앞으로는 이러한 AI를 활용해 좀 더 쉽고 편리해진 사용자 인터페이스와 학습 능력을 갖춘 인공지능 알고리즘으로 무장한 앱, 웹 솔루션, 그리고 과거에는 활용하지 못했던 빅데이터를 활용한 지능적인 올인원 디바이스를 소유하는 것만으로 충분히 지능적인(Intelligent) 서비스들을 활용할 수 있는 '지성의 대중화'가 가능한 시대가 다가오고 있다.

사용자 인터페이스

AI를 기반으로 점점 편리하게 진화한 사용자 인터페이스는 헤이 구글이나 알렉사처럼 언어로 자유롭게 의사소통할 수 있는 수준에 이르렀고, 사용자가 더 많이 사용할수록 과거 이력을 바탕으로 사용자의 취향과 특성에 맞춰 학습하고 진화하면서 사용자의 맥락을 정확히 이해하여(Context aware), 사용자 맞춤형(Customized) 서비스를 제공할 수 있게 발전하고 있다. 향후 IoT가 좀 더 확산되면 디바이스뿐만 아니라 주변 환경에 대한 정보를 수집하고 누적된 빅데이터를 활용할 수 있게 되어, 미래의 사용자 인터페이스는 이들 디바이스와 주변 환경에 대한 데이터와 정보를 사용한 좀 더 지능적인 개인 맞춤형 사용자 경험(UX)을 제공할 수 있게 될 것이다.

이처럼 사용자가 더 많이 사용할수록 학습을 통해 좀 더 똑똑해지는, 더 나은 기능과 성능으로 성숙하게 진화하는 AI 기반의 사용자 인터페이스 기술은 소프트웨어 업그레이드가 필요 없도록 설계 철학을 바꾸어 놓았을 뿐만 아니라, 학습을 통해 모은 빅데이터를 분석해 미처 발견하지 못한 사용자의 숨겨진 습관이나 요구사항을 새롭게 발견하고 대안을 제시하며 스스로 진화하고 있다. 아마존 알렉사의 스킬(skill) 수는 2016년 1월 30개에 불과하던 것이 1년 만에 1만 개를 돌파하고 3년 만에 8만 개에 도달했다. 2018년 491개를 이해하고 답변의 정확도가 61.4%에 불과하던 것이 2019년에는 799개를 이해하고 정확도는 79.8%로 개선되었다.

빅데이터

太山不辭壞石 江海不辭小流 所以成大也
큰 산은 흙덩이와 돌을 사양하지 않으며
강과 바다는 작은 물줄기를 사양하지 않는다.
그리하여 능히 커질 수 있었다.

《설원(說苑)》 중에서

Being Intelligent 시대에 진입하며 달라진 점 중 하나는 Being Digital을 통해 확보한 충분한 메모리 용량과 컴퓨팅 성능을 활용해 세상에서 만들어지는 모든 데이터를 버리지 않고 저장할 수 있게 되었고, 그 속에 숨어 있는 정보와 지식을 추출해 활용할 수 있게 되었다는 것이다. 의도적이고 체계적으로 수집한 **스마트 데이터**(Smart Data)

와 달리 소위 빅데이터[15]는 일반적인 디바이스에서 수집되었거나, 인터넷 접속 정보나 인터넷을 돌아다니는 의미 없어 보이는 정형화되지 않은 다양한 데이터의 집합이다. 이러한 데이터 대부분은 저장되었으나 구조화되지 않은, 사용할 계획은 없지만 버리지도 못한 소위 **다크 데이터**(Dark Data)였다. 엄청난 속도와 분량으로 생산, 저장되고 있는 빅데이터를 분석해 의미 있는 인과관계 혹은 상관관계를 찾아낼 수 있는 기술이 발달하면서 다양한 응용 분야에서 그 효용성을 증명하고 있다.

정보이론에 따르면 세상에서 일어나는 활동에는 엔트로피(Entropy), 즉 정보가 포함되어 있다. 그동안의 알고리즘들이 Trash In Trash Out 개념에 의존해 의도적으로 설계된 시스템을 통해 체계적으로 수집된 엔트로피가 충분한 양질의 데이터에서 정보를 추출하고 원하는 지식을 얻어냈다면, 빅데이터는 그동안 엔트로피가 적거나 없다고 판단되어 버려졌거나 활용이 쉽지 않았던 데이터에서 정보와 지식을 찾아내는 새로운 차원의 혁신이다. 빅데이터는 일부 Hype에서 주장하는 것처럼 데이터를 모아 놓는다고 모든 것이 해결되는 만병통치약이 아니다. 여기저기 흩어져 있는 아주 약간의 정보량이 담긴, 엔트로피를 포함한 데이터를 많이 모아 이들 빅데이터 사이에 숨어 있

---

15 빅데이터는 볼륨(volume): 양이 엄청나게 많고, 버라이어티(variety): 다른 성격과 형태를 가진 조직화되지 않은 데이터(unstructured data)이고, 벨로시티(velocity): 생성되는 속도, 처리해야 하는 속도가 빠른 특징을 갖는다. 비즈니스 인텔리전스(Business Intelligence)나 산업 빅데이터(Industrial Big data)와 같은 양질의 데이터를 특정 분야의 전문 지식(domain knowledge)을 활용하여 처리, 분석하는 방식들도 넓은 범주에서는 빅데이터에 포함된다.

는 상관관계를 발견하거나 혹은 물리법칙으로 연결된 인과관계를 찾아내 숨어 있던 잘 보이지 않던 정보와 지식을 추출해 활용하는 기술이다. 예를 들어 구글의 홈페이지를 드나드는 정보나 개인 스마트폰의 위치 정보 하나하나는 엔트로피가 별로 없지만, 이러한 데이터와 정보가 개인이나 위치를 중심으로 혹은 어떤 주제를 중심으로 관련된 정보가 모이고 연결되면 의미 있는 큰 강이 되고 산맥이 되는 것이다.

빅데이터는 주로 과거와 현재의 데이터를 중심으로 현상(Where we are)을 보여주며, 인과관계보다는 상관관계를 주로 분석해준다. 다크 데이터를 데이터 분석(Data Analytics)의 영역으로 끌어들여 더 많은 정보와 통찰을 얻을 수 있지만, '빅데이터로 얻을 수 없는 정보와 영역'에는 한계가 있다는 것을 인정하고 슬기롭게 활용하기 위해 노력해야 한다. 사소해 보이지만 결정적인 단서를 제공해주는 **스몰 데이터(Small Data)**는 주로 사람의 감성에 대한 정보를 제공하기 때문에 사람의 감성과 문화적 특성 뒤에 감춰진 인과관계를 밝혀주어 미래 변화의 단서를 제공함으로써 혁신과 변화의 디딤돌 역할을 하기도 한다.

인공지능

인공지능은 알파제로(AlphaZero)처럼 혁신적인 심층 신경망(Deep Neural Network: DNN)과 딥 러닝(Deep Learning: DL) 같은 머신러닝 기술을 바탕으로 스스로 학습하고, 강화하고, 균형을 잡아가는 AI 알고리즘과 AI 전용 프로세서, 즉 NPU(Neural Processing Unit)와 같은 하드웨어가 함께 발전을 거듭하여 특정 분야에서는 이미 인간의 한계를 뛰어넘고 있다. 알파제로는 이미 바둑, 장기, 체스와 같은 특화된 분야에서 지성의 3대 요소(배우는 능력, 분석하고 추리하는 능력, 문제 해결 능력)를 갖추어 이 분야의 최고봉인 이세돌, 커제와 같은 고수를 완전히 압도하는 단계에 이미 도달했다.

한발 더 나아가 딥마인드(DeepMind)에서 개발한 알파스타(AlphaStar)는 스타크래프트 2(StarCraft II)와 같은 실시간 전략(Real Time Strategy) 게임에서도 세계 최고의 프로 선수들을 압도하는 결과를 보였다. 스타크래프트 2와 같은 실시간 전략 게임은 바둑과는 달리 상대방에 대해 불완전한 정보를 가지고 있고, 장기적인 계획을 세워 실시간으로 성격이 다른 많은 자원을 관리해야 하며, 가위-바위-보처럼 정답이 없는, 선택한 전략에는 허실(虛實)이 반드시 존재하는 난해한 게임이다. 사람처럼 카메라의 눈으로 화면을 보고 실행 속도(Action rate)도 사람과 같은 수준으로 설정했음에도 불구하고, 알파스타 파이널은 그랜드마스터 수준(Grandmaster level)에 진입하여 AI가 복잡하고 변화무쌍한 활동 변수가 많은 분야에서도 성공적으로 활용될 수 있음을 증명했다.

OpenAI(OpenAI.com)의 숨바꼭질 시뮬레이션에서 드러난 것처럼 AI 알고리즘은 빠른 학습능력을 활용해 사람들이 생각하지 못한 아이디어들을 창의적으로 찾아내는 능력을 보여주고 있다. 아직 인간의 뇌와 지능에 대한 규명도 충분히 되어 있지 않은 상황에서 인공지능이 스스로 배우고 창의적으로 문제 해결을 하고, 소설과 희곡까지 창작하는 재빠른 혁신과 응용 분야의 확산을 지켜보면서 한편으로는 인공지능의 한계가 무엇인지 어디까지 발전해 나갈 것인지 기대되기도 하지만, 다른 한편으로는 이러한 AI 기술 발전의 잠재적 파괴력을

그림 1-9 AI의 혁신적 발전에 따라 예상되는 미래의 위협은 과연 무엇일까?

인류가 감당할 수 있을지 우려가 되기도 한다.

하지만 AI는 지성 자체가 학문적으로 아직 분명하게 규명되지 않았다는 근본적인 한계뿐만 아니라, 다양한 분야에서 전문성과 경제성을 갖춰 대중화하기 위해서는 아직도 많은 투자와 충분한 시간이 필요하다. 애플 카드나 구글 얼굴 인식 엔진에서 드러난 AI 알고리즘의 편견(Bias) 문제와 AI에 의존하다가 발생할 수 있는 보안과 안전(Safety) 문제 등 초기 버전의 AI를 응용하는 과정에서 다양한 문제들이 드러나고 있어, AI의 투명성을 확보하기 위해 미국 DARPA에서는 Explainable AI(XAI) 프로젝트를 시작하고, 유럽에서는 General Data Protection Regulation 법률을 제정하는 등 다양한 보완 방안을 찾고 있다.

AI의 역사를 돌이켜보면 1970년대부터 2000년대까지 여러 차례에 걸쳐 Hype와 Chasm을 반복하는 AI의 겨울(AI Winter)을 거쳐, 2010년대에 들어와 구글 번역, 구글 이미지 서치, 알파고(AlphaGo)의 성공으로 이제 겨우 AI의 봄(AI Spring)을 맞고 있다. 현재의 과도한 Hype에 매몰되지 말고, 다가올 Chasm을 냉철하게 경계하고 인내심을 가지고 대응해야 한다. 분명한 것은 인공지능 AI는 효용성이 크고 경제성이 확보된 분야(의료, 과학적 발견) 등에서 시작하여, 단계적으로 활용 분야를 늘려가면서, 인터넷 시대가 우리에게 가져다준 '지식의 대중화' 시대를 넘어, 누구나 인공지능에 접속하여 활용할 수 있는 '지성의 대중화' 시대를 열기 위해 끊임없이 진화하고 발전해 갈 것이라는 점이다.

Being Intelligent 시대의 지배적 디자인과 플랫폼

지성의 대중화는 인공지능뿐만 아니라 사용자와 전문가를 연결하는 지성 플랫폼을 통해서도 이루어진다. 인간과 인간을 연결하고 자유롭게 소통하게 만든 SNS는 지성을 공유하고, 사고 팔 수 있는 플랫폼으로 진화하고 있다. 예를 들면 유튜브를 통해 개인의 창의성과 전문성을 대중에게 공개하고 가르쳐 사람들이 콘텐츠와 전문성을 활용할 수 있게 하여 가치를 창출하고 매출과 수익을 얻는 비즈니스 모델이 생겨났다. 또한 네이버 엑스퍼트(eXpert), 프리랜서 마켓을 표방하는 크몽(kmong), 숨은 고수를 찾아주는 숨고(Soomgo)와 같은 앱 및 웹 서비스는 전문 지식과 지성을 활용한 서비스를 요구하는 사용자와 각 분야의 전문가를 연결하는 플랫폼을 제공하면서 전문가의 지식과 지성을 누구나 활용할 수 있게 만들면서 지성의 대중화 시대를 열어가고 있다. 인공지능은 알파제로를 활용하는 프로 바둑 기사처럼 그 자체로 특화된 분야에서 지성의 공급자 역할을 할 뿐만 아니라, OpenAI처럼 전문가의 창의성을 자극해 AI를 활용하여 도움을 받고 성장하도록 하는 안내자 역할을 하며 Being Intelligent 시대를 이끌어 갈 것이다.

Being Intelligent, 지성의 대중화를 이끌어 갈 지배적 디자인을 특정하기는 아직 어렵다. 아직은 많은 벤더(vendor)가 각자의 영역에서 최적화된 솔루션을 만들어 가는 수직 통합(Vertical Integration)[16]의 단계를 벗어나지 못하고 있고, 기득권을 쥐고 있는 전문가 집단의 조직적 반발, 즉 반물결을 극복해야 하는 상황이다. 최고의 성능을 보이며 가장 효율적인 플랫폼이 시장 표준 혹은 실질적인 표준으로 부상하고, 수평 통합(Horizontal Integration)을 통해 생태계를 구축하기 위해서는 아직은 건너야 할 Chasm이 많이 남아 있다. 하지만 분명한 것은 인터넷, 스마트폰, SNS와 같은 사람들이 가장 많이 사용하는 기존의 플랫폼에 Being Intelligent를 주도할 플랫폼의 단서가 숨겨져 있다는 점이다.

소프트웨어 측면에서는 음성인식과 같은 편리한 사용자 인터페이스를 갖추고 많은 사용자가 만들어내는 빅데이터를 활용할 줄 아는,

---

16 수직 통합은 공급망(supply chain)을 기업 내부에 모두 소유하는 것을 의미한다. 예를 들면 원재료, 재료 가공, 생산, 물류, 마케팅, 판매 등을 모두 한 기업 내에 둔다. 이는 독점할 수 있지만 규모의 경제를 이루기 어려운 단점이 있다. 반면 수평 통합은 서로 다른 기업이 공급망의 서로 다른 역할을 분담하여 공급함으로써, 그 분야의 전문성과 규모의 경제를 추구한다.

특정 전문 분야의 똑똑한 인공지능 및 다양한 인간 전문가와 사용자를 연결하는 인텔리전스 플랫폼이 주도권을 장악하게 될 것이다. 하드웨어 측면에서는 음성인식과 같은 사용자 인터페이스와 인공지능 알고리즘을 가장 효과적으로 처리할 수 있는 프로세서 NPU 구조를 확보한 SoC 공급업체가 하드웨어 플랫폼[17]의 주도권을 장악할 것이다. 인공지능을 위한 소프트웨어 플랫폼과 하드웨어 플랫폼을 최적으로 조합해 최고의 성능과 가격 경쟁력을 갖출 수 있다. 여기에 고객 정보와 빅데이터라는 엄청난 가치를 활용하면 파괴력을 가진 새로운 비즈니스 모델을 구축하는 것이 가능하다. 경쟁력 있는 플랫폼으로 새로운 가치, 킬러 앱을 제공할 수 있는 Being Intelligent 시대의 새로운 지배적 디자인은 아직 Chasm을 완전히 건너지 못하고 그 실체를 드러내고 있지 않다.

---

17 인공지능의 주도권을 장악하기 위해서는 소프트웨어의 성능을 근본적으로 좌우하는 인공지능 전용의 프로세서인 NPU를 반드시 확보해야 한다. 실리콘밸리의 많은 인공지능 선도업체들은 이미 상당한 수준의 NPU를 포함한 SoC 개발을 진행했다. 또한 신생 스타트업들이 Edge 영역에서 센서와 결합한 특화된 AI NPU를 개발하는 데 뛰어들고 있다. 인공지능은 궁극적으로 문제를 해결하는 솔루션 관점에서 바라보아야 한다. 인공지능을 소프트웨어의 영역에서만 바라보는 어리석음을 피해야 하고, DNN 기반의 인공지능이 만능이라는 위험한 편견에 빠져서도 안 된다.

起 - III

기술과 제품의
춘하추동

●

제품의 춘하추동
Product Life Cycle

大江東去 浪淘盡千古風流人物
江山如畵 一時多少豪傑
큰 강은 동쪽으로 흐르고
물결은 천고의 영웅호걸 쓸어가 버렸네.
강산은 그림 같은데 한때 얼마나 많은 호걸이 있었던가?

소동파(蘇東坡), 《적벽회고(赤壁懷古)》 중에서

지난 260여 년의 기술 발전에 따른 여러 차례 변화의 물결을 살펴보면, 춘하추동 계절의 변화와 마찬가지로 한 시대를 주도하는 기술과 제품 역시 발명되고 발전하고 성숙한 후 새로운 기술과 제품의 등장으로 쇠퇴하는 일련의 생애 주기를 갖는다는 것을 알 수 있다.

우선 제품의 춘하추동을 살펴보자. 지배적 디자인을 바탕으로 개발되는 제품들은 크게 나눠보면 세 단계를 거친다. 즉 제품의 초기 출시 단계, 제품의 성능 만족 단계, 제품의 시장 성숙 단계를 거쳐 다른 지배적 디자인의 등장에 따라 시장에서 위축, 퇴출당하는 단계를 밟는다.

첫 번째 제품의 '초기 출시 단계'에서는 아직 기술이 성숙하지 못하거나 소비자의 욕구를 정확히 파악하지 못하여, 제품의 기능과 성능

그림 1-10 제품의 춘하추동 Product Life Cycle

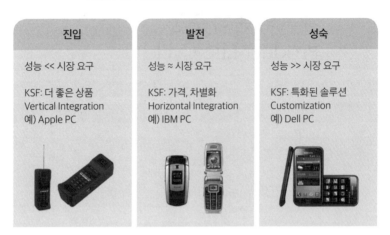

진입	발전	성숙
성능 << 시장 요구	성능 ≈ 시장 요구	성능 >> 시장 요구
KSF: 더 좋은 상품 Vertical Integration 예) Apple PC	KSF: 가격, 차별화 Horizontal Integration 예) IBM PC	KSF: 특화된 솔루션 Customization 예) Dell PC

이 소비자의 욕구와 기대 수준을 충분히 만족시키지 못한다. 제품이 알려지지 않아 수요도 많지 않고, 사업 생태계가 갖춰지지 않아 생산 원가도 제품 가격도 비싼 단계이다.

따라서 이 단계의 핵심 성공 요인(Key Success Factor: KSF)은 소비자의 요구 수준을 만족시킬 수 있도록 제품의 기본 기능들의 성능을 최대한 빨리 끌어올리는 것이다. 사업 생태계가 부실하다 보니 혼자서 모든 것을 감당하는, 소위 수직 통합을 할 수밖에 없다. 이 단계에서는 경쟁사들보다 먼저 주요 기능들의 성능 우위를 확보하는 업체가 시장에서의 제품 리더십(Product Leadership)을 확보하는 퍼스트 무버(First Mover)가 되어, 가장 쉽게 수확할 수 있는 열매를 차지하며 대규모 시장 점유율을 확보한다.

이 시기는 혁신적인 신기술의 도입 혹은 효과적인 서비스의 발굴을 통해 새로운 시장을 개척하고, 킬러 앱을 발굴하여 제품의 개념이 안정화된다. 새로운 기술과 제품에 열광하는 **앞선 사용자**(Early Adopter) 위주의 시장에서 벗어나, 새로운 기술과 제품에 쉽게 적응하는 **실용적 소비자**(Early Majority)가 구매 대열에 합류하며 시장이 크게 확대된다. PC의 경우를 예로 들면 애플이 수직 통합을 통해 최고 성능의 PC를 출시하면서 초기 시장을 주도하던 시기, HP가 소형 프린터를 개발해 시장을 선점하고 독점하던 시기가 여기에 해당한다. 아직은 수직 통합 단계지만 시장이 커지면서 분업화를 통한 수평 통합에 대한 요구가 생겨난다.

두 번째 제품의 '성능 만족 단계'는 기본 기능들의 성능이 소비자의 일차적인 요구 수준을 만족시켜, 소비자의 관심이 가격과 디자인으로 옮겨가고, **보수적 소비자**(Late Majority)도 시장에 합류하기 시작하는 단계다. 소비자의 욕구가 분명해지고 기능 성능을 만족시킬 수 있는 기술이 충분히 성숙하면서 후발업체들도 시장에 진입하기 시작해 사업 생태계가 성숙해진다. 소비자들이 일차적으로 원하는 기본 기능들을 여러 업체가 만족시키면 소비자들의 관심은 좀 더 싼 가격에 제품을 살 수 있는지, 제품의 디자인과 외관, 사용 편의성 등이 자신들의 취향과 잘 어울리는지를 보게 된다. 보수적 소비자는 시장에서 충분히 검증된, 다양한 지원을 받을 수 있는 시장 주도업체들의 제품을 주로 구매하는 특징이 있다. 따라서 퍼스트 무버로 나서 초기 시장을 장악한 시장 주도업체들이 보수적 소비자 시장을 대부분 차지한다.

이 단계의 핵심은 시장을 하나로 보지 않고 다양한 시장으로 세분화해 상품기획 단계에서 세분한 시장(Market Segment)별로 차별화된 소비자의 요구 수준을 파악하고 발굴하는 것이다. 세분한 소비자 요구에 맞춰 불필요하거나 지나친(overkill) 기능이나 성능은 자제하고, 아직 만족시키지 못한 중요한 기능을 발굴해 비용을 낮추고 성능은 개선해 경쟁 구도를 바꾸고 앞서가야 한다. 수직 통합에서 벗어나, 제품의 설계를 모듈화하여 부품의 규격을 표준화하고 공용화해 수평 통합을 통해 운영효율을 끌어올려 간접비(Overhead)를 줄이고 제품의 원가를 최대한 낮추게 된다. 또한 제품의 구매부터 폐기까지 사용자 경험 여정(Customer Journey)을 탐구하여 사용자 인터페이스나 경험을 최적화하고, 세련된 디자인을 통해 다른 제품과 차별화된 감성과 매력을 제공하여 충성고객으로 만드는 록인(Lock-in) 전략을 구사한다.

1980년대 PC 시장을 돌이켜보면 IBM PC의 등장으로 인텔 프로세서를 기반으로 한 하드웨어, 마이크로소프트의 윈도 OS를 기반으로 한 소프트웨어로 모듈화되면서 다양한 업체들이 제품 개발에 참여할 수 있는 플랫폼이 완성된다. PC 공급자 간의 경쟁으로 빠르게 성능이 개선되고, 대량 생산과 시장 경쟁을 통해 원가와 간접비를 낮출 수 있게 되면서 시장은 가파르게 성장한다. 수평 통합을 통해 플랫폼을 만들고 장악한 IBM PC와 클론(Clone)이 주류를 이루어 메이저리티(Majority) 시장을 장악한다. 초기 시장의 리더였던 애플은 수직 통합을 고집하다 IBM PC에 밀려나 위기에 봉착한다. 하지만 소니(Sony)는 수평 통합을 활용하면서도 세련된 디자인과 작은 크기로 차별화하여 소비자의 만족도와 충성도를 끌어올리면서 이 단계에서 PC 시장의 강자가 되었다.

이 시기는 크게 고객 친밀도(Customer Intimacy)를 끌어올리는 과정과 운영의 탁월성(Operational Excellence)을 확보하는 과정으로 나누어 볼 수 있다. 고객 친밀도를 끌어올리기 위해 랩톱(Laptop) PC와 같은 새로운 서브 카테고리(Sub-category)를 만들어 시장을 세분화하고 확대하거나, 기존에 제공되던 기능들을 무선 마우스처럼 혁신 개선하여 차별화를 꾀한다. 마케팅을 강화하여 시장 점유율을 높이거나, 사용자 경험을 최적화해 소비자들의 충성도를 높이는 데 매달린다.

운영의 탁월성을 확보하기 위해서는 부품의 교체 혹은 통폐합을 통해 원가를 절감하거나, 물류와 같은 고객까지 가는 중간 프로세스를 최적화해 비용을 줄이거나, 비즈니스 모델을 조정해 손익을 개선하는 작업에 집중하게 된다.

세 번째 제품의 '시장 성숙 단계'는 제품의 기능, 성능, 가격, 디자인, 사용 편의성 등이 이미 시장에서 일반화되어 업체 간의 차별화가 쉽지 않은 단계다. 지각 수용자(Laggards)까지 구매를 시작하며 시장은 포화 상태로 진입하고, 제품 교체 주기가 길어지며 경쟁이 격화되어 시장 가격이 더욱 내려가면서 시장규모(Total Addressable Market: TAM)

그림 1-11 새로운 기술을 수용하는 5가지 유형

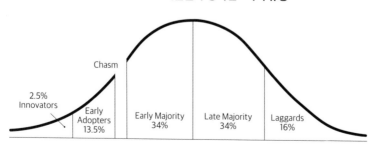

가 감소한다. 시장 점유율을 유지하기 위한 마케팅 비용이 증가하여 수익률이 감소하지만, 더 이상의 원가 개선도 어려워진다.

일반적인 ICT 제품 개발의 기본적인 개념은 글로컬라이제이션(Glocalization = Globalization + Localization)이다. 제품의 플랫폼은 글로벌 사업 생태계를 통해 생산하여 비용과 원가를 최대한 낮추고, 이 제품을 통해 제공하는 솔루션과 서비스는 로컬라이즈(Localize), 즉 지역 소비자의 특성과 세분한 시장의 요구사항에 맞춰 제공해야 한다. 두 번째 단계가 제품과 생산의 글로벌라이제이션에 초점이 맞춰져 있다면 세 번째 단계는 솔루션, 서비스와 경험의 로컬라이제이션에 초점을 맞춰야 한다.

따라서 세 번째 단계의 핵심은 표준화된 제품이 아닌 소비자의 요구사항에 맞게 기능과 성능을 커스터마이제이션(Customization), 퍼스널리제이션(Personalization)하여 특화된 솔루션과 서비스를 제공하는 것이다. 성숙 단계 PC 시장에서 SCM의 혁신을 통해 운영의 탁월성 우위를 확보하고, 동시에 고객에 따라 철저하게 맞춤형으로 제품을 싸고 빠르게 구성하고 공급하여 시장을 석권한 델(Dell)이 시장의 강자가 되었다.

이 단계에서는 제품의 특성, 시장의 추이 그리고 새로운 기술의 등장을 함께 고려하여 사업의 유지, 합병, 매각을 결정해야 한다. 비록 제품의 생애 주기가 가을, 겨울로 접어들었다 하더라도 이 제품의 특성이 사람들에게 지속 가능한 가치를 충분히 제공한다면 섣부른 축소보다는 오히려 공격적인 가치 발굴과 기술 생산 사업 혁신을 통해 새로운 시장을 개척하고, 경쟁력을 키워 상대적으로 약한 후발주자를 무너뜨려 시장 점유율을 유지하고 수익성이 높은 세그먼트(Segment)를 공략하는 전략을 선택해야 한다.

성숙 단계 제품의 진화와 소멸

한물간 제품으로 여겨진 PC 시장에서 많은 기업이 사업을 철수했지만, PC 고유의 강점을 살리고 발전시키며 중형 컴퓨터, 태블릿 등과의 플랫폼 전쟁에서 승리하고, 디자인 혁신, 폼팩터의 혁신을 통해 선두 주자는 여전히 규모의 경제를 달성하고 이익을 내고 있다.

PC의 시장 진화를 살펴보면 성능 만족과 시장 성숙 단계가 한 번의 사이클로 끝나지 않고 Being Digital, Being Connected, Being Mobile and Wireless, Being Intelligent의 단계를 거치며 새로운 시장을 개척하는 사이클을 반복하며 진화하고 있음을 알 수 있다. 처음에 나온 애플 PC나 IBM PC는 데스크톱에서 출발했지만, 인텔 CPU와 윈도, 반도체 메모리와 HDD 기술의 발달에 따라 성능을 확대해 가며 서버 시장을 끊임없이 밀어내면서 사무용 비즈니스 시장을 장악했다. 인터넷과 Wi-Fi의 발전, 배터리 기술의 발전을 바탕으로 랩톱, 노트북으로 진화하면서 새로운 폼팩터 시장을 개척해 나갔고, 정보 생성기기(Information Generating Device)로서의 강점을 바탕으로 태블릿과의 경쟁에서 승리함으로써 시장에서 살아남았으며 앞으로도 시장의 한 축을 차지할 것으로 예측된다.

하지만 프린터, 복사기처럼 스크린이 종이를 대체하면서 복사와 프린트 시장이 매년 일정 비율로 줄어들고 수익성이 악화하는 경우에는 시장 철수를 심각하게 고려해야 한다. 후발 주자로 시장 점유율이 낮고 수익성이 좋지 않은 회사라면 주요 자원의 일부를 다른 ROI(Return On Investment)가 좋은 새로운 사업 쪽으로 과감히 전환하고, 매각할 수 있을 때 매각하는 것이 좋은 전략이다.

시장을 장악하고 있는 선두 주자는 사업을 유지하며 비용 절감과 공격적인 시장 확대를 통해 후발주자를 무너뜨려 시장을 빼앗는 전략을 선택한다. 취약한 기술, 취약한 제품 세그먼트(Product Segment), 시장 점유율이 낮은 시장의 경쟁사를 합병해 사업 경쟁력을 강화하고, 매출을 유지, 확대하며 규모의 경제를 유지하는 것이 중요하다. 시장 점유율이 낮은 기업은 결국 수익성이 악화하여 스스로 철수하거나 도태되고, 시장 점유율이 높은 한두 개 기업이 시장을 차지하고 끝까지 살아남는다.

MP3 사업이나 카메라 사업의 경우처럼 새로운 기술의 등장으로 빠르게 시장이 완전히 사라지는 경우에는 기술을 매각하거나, 대체 기술을 사용하는 새로운 제품으로 빠르게 전환하는 용단이 필요하다. CCD와 CMOS 센서와 같은 새로운 기술의 등장으로 디지털카메라가 필름카메라 시장을 완전히 대체하고, 다시 디지털카메라 시장은 스마트폰 카메라에 의해 완전히 대체되어 전문가들을 위한 고급 카메라 시장만 남아 있지만, 그마저도 언제 사라질지 모르는 상태다. MP3 제품도 잠시 시장에서 반짝했지만 스마트폰의 한 기능으로 편입되면서 시장에서 완전히 사라지고 말았다.

제품의 시장 경쟁구도를 살펴볼 때는 경쟁사만 살펴볼 것이 아니라 Porter's Five Force Model을 활용해 경쟁 구도를 살펴야 한다. 디지털카메라처럼 새로운 기술의 등장에 따라 새로운 기술로 무장한 신규 진입자(New Entrant)가 진입장벽을 쉽게 뛰어넘어 파괴적 혁신(Disruptive Innovation)을 통해 시장을 장악하기도 하고, MP3나 녹음기처럼 스마트폰과 같은 강력한 대체재(Substitute)의 등장으로 시장이 통째로 사라지기도 한다.

위와 같은 제품 생애 주기(PLC)의 존재와 각 단계의 특성을 이해함으로써 향후 관련 사업이 어떻게 전개될 것인지를 어느 정도 예측할 수 있다. 이를 바탕으로 각 단계에 맞는 상품기획, 디자인, 기술 개발, SCM, 생산, 마케팅, 영업 등의 전략을 수립하고 필요한 자원의 수급 및 배분을 효과적으로 함으로써 시장 점유율을 높이고 수익성을 개선해 시장을 주도할 수 있다.

기술의 춘하추동
Technology Life Cycle

青山依舊在 幾度夕陽紅
청산은 여전히 푸르르건만
석양은 몇 번이나 붉었다 사라졌는가?

양신(楊愼),《임강선(臨江仙)》중에서

일반적으로 혁신적인 제품, 솔루션, 서비스를 주도하는 새로운 플랫폼은 대부분 새로운 기능, 성능, 서비스 등을 가능하게 하는 새로운 기술에 의해 시작된다. 새로운 기술이 새로운 혁신의 가능성을 보여주면, 관련된 재료 기술, SoC와 같은 시스템 솔루션과 새로운 서비스를 가능하게 하는 응용 프로그램이 개발되고 통합되어 성공적인 플랫폼을 구축하게 된다. 이러한 혁신 기술의 발전도 혁신 제품과 마찬가지로 기술의 태동, 검증, 상용화를 거쳐 성숙한 단계로 넘어가고, 새롭게 떠오르는 후발 혁신 기술에 의해 도태되거나 경쟁을 통해 진화하기도 한다.

1990년대 약 10여 년에 걸쳐 개발 완성한 ADSL(Asymmetric DSL : 비대칭 모뎀) 기술을 예로 들어보자. 〈트렌드와 패러다임〉에서 소개한 Gartner's Hype Cycle(그림 1-1)을 활용하여 기술 생애 주기

그림 1-12 ADSL이 Hype Cycle의 각 단계를 어떻게 통과했는지 보여주는 사례

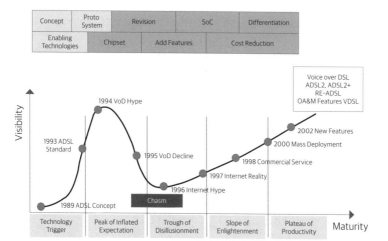

(Technology Life Cycle)의 매 단계에서 어떤 일들이 일어났는지, 그래서 우리는 어떤 판단을 하고 어떤 준비를 해야 하는지를 한번 살펴보자.

Hype Cycle의 첫 번째 단계는 '기술의 등장(Technology Trigger)' 단계다. 새로운 기술이 태동하여 언론의 주목을 받지만, 아직 상용화된 제품도 없고 기술의 상업적 구현 가능성도 검증되지 않은 상태다. 스타트업이 생겨나고 초기 프로토타입(Prototype)이 소개되어 시장 가능성을 겨우 보여주는 단계로 소수의 혁신가(Innovator)만 성공 가능성에 주목하는 시기다. 기본적으로 경쟁사의 움직임을 살피고, 기술 선도 기업과 우호적 관계를 유지하는 것이 필요하다. 혁신에 대한 확신이 있다면 소규모로 기술 확보를 시작해야 하는 단계다. Gartner는 이 '기술의 등장' 단계를 서비스 혁신까지 개념을 확장하여, 최근에는 '혁신의 등장(Innovation Trigger)' 단계라 부르고 있다.

1989년 Bellcore가 "사용자 트래픽이 다운 링크가 훨씬 크다"라는 트래픽의 비대칭성에 주목하고, 가정용 전화 POTS용 구리선의 고주파 대역을 활용한 효율적인 ADSL의 가능성에 주목하였다. 1993년 스탠퍼드 대학교 기술 창업(Spin-off) 스타트업 Amati의 DMT(Discrete Multitone) 기술이 벨 연구소(Bell Labs)의 CAP 기술을 이기고 미국 ANSI의 ADSL 표준 기술로 선정되어, 정보고속도로의 라스트 마일 기술로 주목받기 시작한다.

1996년 집집마다 1.5Mbps 이상의 통신 속도로 인터넷 접속을 가능하게 하여 인터넷 혁명을 촉발한 DMT 기술은 벨 연구소에서 수십 년 전에 개념을 발명했지만, 디지털 구현 기술이 충분한 성능과 가격 경쟁력을 확보할 때까지 잠자고 있던(On-the-Shelf) 기술이었다. 벨 연구소에서 일하다 스탠퍼드 대학교 EE 교수로 부임한 존 치오피(John M. Cioffi) 교수는 이 DMT 기술을 ADSL 모뎀에 적용하여, 초고속 전송을 위한 통신 인프라에 신규 자본을 투자하지 않고도 통신 혁명을 이룰 수 있는 계기를 마련한다.

두 번째 단계는 '위험한 희망(Peak of Inflated Expectation)' 단계다. 이 단계에서는 기술의 한계나 단점보다는 기술의 가능성이 크게 주목받고 이를 통한 킬러 앱의 상용화와 새로운 가치 창출에 대한 기대가 부풀려지면서 Hype가 최고조에 이르는 시기다. 새로운 기술이 가져오는 장밋빛 미래가 잡지의 표지를 장식하고 기술을 주도하는 학자들은 기술의 가능성을 과신하지만, 시장 경험이 부족하여 상용화를 위해 넘어야 할 기술적 난관과 시장 진입의 불확실성을 과소평가한다.

새로운 기업들이 기술 개발에 뛰어들고 투자 자본이 몰려든다. 프로토 타입이 진화하고, 필드 트라이얼(Field Trial)와 같은 기술 검증이 진행되며 이를 바탕으로 ASIC 개발도 시작된다.

하지만 이 단계는 가장 조심해야 하는 시기다. 이 기술의 가능성과 강점 약점을 조사하여 나름의 관점을 확보하여 시장의 Hype에 이성을 잃지 않고 냉정하게 대처하고, 개발에 뛰어든 기업들의 역량과 상태를 파악하여 옥석을 가려내야 한다. 아직 부족한 기술과 제품 성능으로 인해 드러나는 부정적 시장 반응(Negative Press)에 흔들려서도 안된다. 성공에 대한 확신이 있다면 죽음의 계곡을 건너기 위해 필요한 인재와 기술을 찾아 보강해야 하는 시기다.

ADSL의 경우 정보고속도로의 킬러 앱으로 예상되었던 VoD (Video On Demand)를 위한 프로토타입 모뎀이 제작되고, 이를 이용하여 통신사업자들이 VoD 필드 트라이얼을 진행하면서 많은 업체가 큰 희망을 품고 ADSL 개발에 뛰어들기 시작했다.

세 번째 단계는 '실망의 나락(Trough of Disillusionment)' 단계다. 이 단계는 초기 프로토타입 제품으로 필드 트라이얼을 실시해보니, 성급한 희망과는 달리 다양한 특이 사례(Corner case)에서 많은 기술적 문제점들이 드러나 전체적으로 기능과 성능이 만족스럽지 않고, 시장의 수요에 대한 불확실성도 가중되는 단계다. 상용화를 위한 투자 비용의 증가, 기술적 문제점 해결을 위한 상용화 일정의 지연으로 시장의 관심은 식어버리고, 기술은 죽음의 계곡(Valley of Death, Chasm)에 빠지게 된다. Hype를 보고 뛰어들었던 많은 기업이 철수하고 희망을 버리지 않은 소수의 기업만 남아 계곡을 빠져나오기 위해 성능을 보완하고 킬러 앱을 발굴하고, 새로운 기능을 추가하고, 최신 기술을 적용하여 ASIC의 수정(Revision)을 거듭한다. 이 단계에서는 너무 빨리 포기하지 않는 것이 중요하다. 유망한 기업의 기술과 제품의 혁신을 살펴보고 성공 가능성이 있다고 판단되면 추가 펀딩(Funding)을 지원하고, 제품 개발을 위한 기획과 SCM을 준비한다.

ADSL의 경우 초기 킬러 앱으로 주목받던 VoD가 필드 트라이얼과 소비자 시장 조사를 거친 후 아직은 사업 전망이 밝지 않다는 결론에 도달하면서 관심이 크게 줄어들었다. 칩 개발 역시 성능 개선 알고리즘의 추가로 칩 가격이 올라가고 에너지 소모가 늘어나면서 ADSL 상용화에 대한 회의가 고조되는 시기였다. 1996년 인터넷에 관한 관심과 요구가 커지면서, ADSL 기술을 활용한 인터넷 접속이 주목받기 시작했다. ADSL 업체들은 ADSL의 ANSI 표준규격을 인터넷 데이터 전송에 효율적인 채널화되지 않은(unchanneled) 구조로 수정하고, 인터넷 전송을 위한 새로운 ADSL 프로토타입을 개발하여 사업화 출구를 찾아내게 된다.

네 번째 단계는 '여명의 언덕(Slope of Enlightenment)' 단계다. 이 단계에서는 기술적인 난제들과 시장 수요에 대한 불확실성이 해소되어 죽음의 계곡을 통과해 다시 새로운 기술과 제품이 탄력을 받고 시장을 개척하는 시기이다. 소소한 기술적 문제 해결, 필요한 기능의 보완,

대량 생산을 통한 원가 절감 등을 통해 기술이 안정되고 제품이 성숙하는 시기다. SoC가 개발되고 2세대, 3세대 제품들이 시장에서 성공적으로 인정받으면서 대중화가 본격적으로 시작된다. 위험한 희망과 실망의 나락에 현명하게 대처해 새로운 기술과 제품을 준비했다면 시장을 선도할 기회가 드디어 열리는 시기다.

새로운 기대를 안고 시장에 처음 선보인 신기술에 열광해 구매하는 사람들을 보통 앞선 사용자라 부른다. 앞선 사용자들이 구매하는 제품들은 '초기 출시 단계'에 해당하는 제품으로 기술적으로는 두 번째 위험한 희망 단계와 세 번째 실망의 나락 단계에 해당한다. 네 번째 여명의 언덕 단계를 통과하면, 제품은 '성능 만족 단계'로 진입하기 시작해 새로운 기술과 제품의 가치를 인식한 실용적 소비자가 제품 구매에 합류하기 시작한다.

ADSL 모뎀의 가격을 낮추기 위해 기술의 주요 특징(Feature)들과 킬러 앱 관련 주요 기능들이 하나의 SoC로 통합되면서 2세대, 3세대 제품의 성능이 개선되었다. 새로운 기능이 추가되지만 가격은 내려가고, 크기는 작아지고, 전력 소모도 크게 줄어들었다. ADSL 시스템용 SoC가 개발되어, 1998년 이를 바탕으로 한 제품들이 상용서비스(Commercial Service)에 활용되면서 인터넷 접속 속도를 비약적으로 늘리며 인터넷의 대중화를 가속하게 된다.

이 단계가 되면 실망의 나락 단계에서 썰물처럼 빠져나갔던 기업들이 시장의 가능성을 보고 다시 제품 개발에 뛰어들게 된다. 하지만

Chasm 단계에서 인내심을 가지고 연구개발과 새로운 킬러 앱 발굴을 했던 소수의 업체가 이미 표준 특허, SoC 개발, 킬러 앱 노하우 등 플랫폼 기술을 선점하고 관련 시장을 확고하게 주도하고 있음을 뒤늦게 확인할 뿐이다.

다섯 번째 단계는 '성공의 정상(Plateau of Productivity)' 단계다. 이 단계는 초기의 실용적 소비자에 이어 보수적 소비자까지 시장에 참가하면서 시장규모가 성장하는 단계다. 기술적으로는 기본 기술 이외에 차별화 기술들이 개발되고, 업체 간의 경쟁이 심해지면서 원가 및 비용 절감이 중요한 과제로 등장한다. 제품이 시장 성숙 단계에 진입해 다양한 세그먼트로 분화하기 시작하여 다양한 시장의 요구사항을 능동적으로 제공하는 것이 중요해진다.

ADSL의 경우 제품 가격을 낮추기 위해 SoC에 OA&M(Operation, Administration and Maintenance) 기능들이 추가되고, 기존 POTS의 통합, 멀티 ADSL 라인의 제공 등 기술, 표준, 제품이 시장 요구사항에 맞게 진화해 가고, 기술적 차별화를 위한 차세대 ADSL, VDSL 기술의 개발 및 경쟁이 진행되었다.

기술 생애 주기의 교훈과 활용

기술 생애 주기에 대한 정확한 이해는 우리가 연구개발을 시작하거나 진행하고 있는 기술뿐만 아니라, 다양한 후보 및 경쟁 기술이 어떤 단계를 통과하고 있는지 파악하고, 현재 상태를 바탕으로 가까운 미래에 우리가 준비해야 할 것은 무엇이고, 경쟁사들이 어떤 단계에 도달할지를 예측하는 데 매우 유용하다. 연구개발하는 기술들이 어떤 단계에 와 있고 어떤 문제점들을 해결하고 있는지 정확히 알 수 있다면, 여러 기술 후보 중 시장을 선점할 기술을 선택할 확률이 높아진다.

흔히 Hype에 현혹되어 FOMO(Fear of Missing Out)에 빠져 Chasm을 건널 가능성이 없는 기술에 매달리거나, 잠시 Chasm에 빠진 것을 기술이 완전히 실패한 것으로 착각해 투자를 멈추고 개발 과제를 포기했다가 나중에 크게 후회하기도 한다. 기술 개발이 죽음의 계곡을 통과하는 시기에는 많은 활동이 수면 아래에서 치열하게 진행되지만, 언론의 관심을 받지 못해 시장 동향이 겉으로 드러나지 않는다. 선발 주자가 기술 생애 주기의 흐름을 모른 채 비경쟁전략으로 자신들의 핵심 역량(Core competence) 확보에 집중하며 세월을 보내다가, 필사적으로 죽음의 계곡을 빠져나온 후발 주자가 퍼스트 무버가 되면서 엄청난 시장 기회를 놓치고 뒤안길로 사라지기도 한다.

스타트업의 경우 MVP(Minimum Viable Product)를 만들어 시장 반응을 살피며 유망한 응용 분야와 후보 고객을 발굴하고 있다면, 동시에 다음 단계로 나아가기 위해 어떤 특징들을 추가해야 하는지, ASIC에서 SoC로 확대하기 위해 어떤 기술을 확보해야 하는지 판단하고 미리 준비할 수 있다. 어떤 스타트업은 성공적인 제품을 개발했지만, 고객에게 솔루션을 제공하는 데 필요한 주변 솔루션 기술의 부족, 응용 분야를 위해 필요한 사전/사후 신호처리 기술의 부족을 예측하지 못해, 기술 생애 주기에 맞춰 솔루션을 개발한 경쟁사에 퍼스트 무버 자리를 내주기도 한다. 어떤 스타트업은 SoC를 가장 먼저 개발했지만, 평가용 키트(Evaluation kit)나 SDK와 같은 고객 지원 솔루션 개발을 위한 역량이 없어 혹은 제때 확보하지 못해, 시스템 통합(System Integration: SI) 업체에 고객을 빼앗기거나, 혹은 주변 기술을 보유한 SI 업체에 시장 주도권을 빼앗겨 협력업체로 전락하기도 한다.

기술과 제품의 춘하추동, 즉 계절을 안다는 것은 사업에 대해 '철이 든다'라는 것이다. 입춘(立春)이 오면 봄을 준비하고, 하지(夏至)가 지나면 장마를 대비하고, 삼복더위가 한창이지만 입추(立秋)가 오는 것을 보고 가을 추수를 미리 준비할 수 있게 된다. 핵심 기술에서부터 출발해 고객에게 필요한 완벽한 솔루션을 제공하기까지 밟아야 할 징검다리들이 무엇이고 언제 어떻게 필요한지, 즉 기술과 제품의 생애 주기를 알고 있다면, 지금 무엇에 집중하고 무엇을 확보해야 할 것인지 비교적 정확히 예측하고 대비할 수 있을 것이다.

과거를 돌아보고 미래를 준비하다

溫故而知新 可以爲師矣
옛것을 돌아보아 새것을 알 수 있다면
앞서가는 지도자가 될 수 있다.

《논어(論語)》 중에서

1958년 IC 발명 이후 지난 60년간의 정보통신 혁명을 돌이켜보면, ① 반도체 집적 기술과 반도체 재료의 혁신, LCD, CCD와 같은 기술들의 등장, ② PC 및 스마트폰과 같은 지배적 디자인들의 출현, ③ 인터넷, Wi-Fi, 4G/5G와 같은 디지털 통신기술과 인프라의 비약적 발전, ④ 디지털 신호 처리기술, 빅데이터 분석과 같은 최적화 알고리즘과 인공지능 AI의 발전, ⑤ GUI, WWW, 내비게이터와 같은 사용자 인터페이스와 사용자 경험의 진화 등 혁신적인 ICT 기술들이 디바이스, 인프라, 서비스의 혁신을 가속했고, 이러한 기술 혁신의 주도 아래 사회, 경제, 정치, 문화적인 변화가 따라오며 새로운 패러다임을 창출하고 있다.

디바이스와 인프라의 발전과 함께 우리가 눈여겨보아야 하는 파괴적 혁신(Disruptive Innovation)은 새로운 소재를 기반으로 한 기술 혁신이다. 과거를 돌아보면 LCD/OLED는 디스플레이를 얇게 만들어 브라운관 TV를 도태시키고 평판 TV, 스마트폰의 시대를 열며 디스플레이 혁명을 주도했고, CCD/CMOS 이미지센서(Image sensor)는 필름을 대치하면서 필름카메라를 도태시키고 디지털카메라, 카메라를 장착한 스마트폰 시대를 열며 비디오 혁명을 주도했다. 휴대 가능한 개인 디바이스에 대한 요구는 리튬이온 같은 배터리 기술의 발전을 가져왔고, 더 많은 용량과 빠른 충전 기술의 등장으로 많은 디바이스를 휴대하며 사용할 수 있게 되었다. 평판 디스플레이, 이미지센서, 고속 충전 가능한 대용량 배터리 기술이 없었다면 실리콘(Silicon) 기반의 ICT 기술의 발전만으로 오늘날의 스마트폰을 만드는 것은 절대 불가능했을 것이다.

미래의 ICT 발전과 확산에 있어 에너지의 공급은 가장 중요한 성공 요소의 하나가 될 것이다. 차세대 배터리 기술과 더불어 무선 전력 공급 기술, 에너지 하베스트 기술, 저전력 에너지 소모 기술들의 혁신은 여전히 중요하고 혁신이 계속되어야만 하는 영역이다.

사용자 인터페이스뿐만 아니라 ICT 기술과 처음 만나는 순간부터 사용이 끝나는 마지막 순간까지의 **사용자 경험 여정**(Customer Journey)[18]과 **제품 생애 여정**(Product Journey)을 이해하고 분석하여,

---

18 사용자 경험 여정(Customer Journey)은 사용자 관점에서 사용자가 제품과 솔루션을 처음으로 알게 되고, 구매하고, 설치하고, 사용하고, 고장을 신고하고, 서비스를 받고 궁극적으로는 제품과 솔루션을 폐기하고 새로운 제품을 구매할 때까지의 전 과정을 따라 여행하며 사용자가 어떤 환경에서 어떤 UI를 통해 어떻게 사용하고 어떤 기능과 성능을 경험하고, 어떤 문제를 만나는지 예측하고 관찰하고 분석하는 것이

편리하고 쉽게 설계하는 사용자 경험 UX(User Experience)가 좀 더 중요해졌다. 스몰 데이터를 수집하고 분석하여, 사용자의 취향과 습관을 파악하고(Customizable) 상황에 맞게 대응하며(Context aware), 배우고 분석한 정보를 바탕으로 지속해서 스스로 진화하며(Self learning), 좀 더 정서적으로 감응하고 반응하는(Affective) 사용자 경험으로 발전해 갈 것이다. 또한 노약자, 장애인 등 특수한 사용자를 위한 사용 편의성, 즉 접근 가능성(Accessibility)의 기능, 성능에 대한 연구개발이 진행되어 누구나 쉽고 편리하게 ICT 혁명을 누릴 수 있도록 발전해 갈 것이다.

스마트폰과 같이 언제 어디서나 사용 가능한 강력한 올인원 디바이스의 등장으로 업무용 디바이스와 개인용 디바이스의 경계가 무너져 버렸다. 개인의 중요한 정보가 거의 모두 프라이머리 디바이스에 저장되고 회사의 기밀문서들이 개인 디바이스를 거쳐 가게 되면서, 은행 계좌정보, 비밀번호와 같은 매우 중요한 개인의 프라이버시(Privacy) 보호와 기업의 대외비 자료들에 대한 보안(Security)은 양보할 수 없는 생존 차원의 필요충분조건이 되었다.

지금까지 ICT 기술의 혁신에 의해 진행되고 있는 과거와 현재의 변화들, Being Digital, Being Connected, Being Mobile and Wireless, Being Intelligent를 살펴보았고, 앞에서 언급하지 못한

다. 제품 생애 여정(Product Journey)은 제품과 솔루션의 관점에서 제품과 솔루션이 생산, 포장 과정을 거쳐 매장에 배치 판매되고, 고객에게 전달되고 사용되고 고장이 나거나 서비스를 받고 폐기되는 전 과정을 따라 여행하며 제품과 솔루션이 어떻게 사용되고 어떤 환경에 노출되는지 예측하고 관찰하고 분석하는 것이다.

그림 1-13 1980년대 방송 중계차

새로운 소재 기술, 에너지 생성, 저장 및 공급, 프라이버시 및 보안 그리고 사용자 경험의 중요성에 대해서도 살펴보았다. 이제 마지막으로 기술의 변화가 어떻게 솔루션과 서비스를 바꾸고 사회의 패러다임을 바꿔나갈 수 있는지, 필자가 몸담았던 방송국의 카메라 기술의 발전과 그에 따른 세상의 변화를 통해 한번 살펴보기로 하자.

지금은 고성능 카메라, GPS, 인터넷 접속 기능을 가진 스마트폰으로 누구나 쉽게 UGC(User Generated Contents)를 생산하고, 유튜브와 같은 SNS를 통해 많은 사람과 공유하고, 때로는 전 세계적으로 영향력을 행사할 수 있는 시대가 되었다. 하지만 1970년대의 방송 콘텐츠는 당시 비용으로도 수십억 원에 달하는 전문적인 촬영 편집 방송 장비를 갖춘 소수의 방송국에 의해 독점 제작되어 대중에게 방송(Broadcast)되던 시대였다. 1980년대에 들어서면 Being Digital의 발전으로 휴대형 방송 카메라, ENG(Electronics News Gathering) 카메라가 등장하고, 건장한 카메라맨들이 배터리와 ENG 카메라를 메고 방송국 스튜디오가 아닌 산과 들, 도시 뒷골목 '어디서나' 다양한 뉴스

그림 1-14 ENG 카메라와 SNG 중계 장비

콘텐츠를 장소에 구애받지 않고 촬영할 수 있게 된다. ENG 카메라의 등장으로 현장의 다양한 사건과 볼거리가 뉴스를 통해 시청자들에게 전달되고, TV 뉴스가 방송의 킬러 앱으로 등장하게 된다. 뉴스뿐만 아니라 드라마와 다큐멘터리의 제작 환경도 스튜디오 중심에서 벗어나 북극과 남극, 고산과 심해를 넘나들면서 콘텐츠의 질과 양은 혁명적으로 바뀌게 된다.

1980년대 말, Being Digital과 Being Mobile and Wireless의 발전으로 실시간 위성 중계 장비, SNG(Satellite News Gathering)가 상용화되어, 콘텐츠 촬영 방송 환경은 '어디서나 실시간(Real Time)'으로 콘텐츠를 생성, 중계 가능한 방송 환경으로 바뀌게 된다. 이러한 방송 기술의 혁신을 성공적으로 선점, 활용한 기업은 CNN이었다. 1989년 바그다드 호텔 옥상에서 미국-이라크 전쟁 당시 미국의 바그다드 폭격 장면을 SNG 방송 장비를 이용해 실시간으로 전 세계에 중계하면서 세계를 경악시켜 뉴스 기업의 대명사로 떠오르게 된다. 실시간 중계 콘텐츠를 통해 지구촌 인류는 동시에 똑같은 콘텐츠를 보며 감동과 분노를 느낄 수 있게 된 것이었다.

2007년에 애플의 아이폰이 등장한 이후 10여 년이 지난 2021년, 전 세계 수억 명의 손에는 10M 픽셀 이상을 갖춘 강력한 성능의 카메라, 수십 GB의 비디오 저장 공간, 다양한 편집을 지원하는 비디오 편집(Authoring) 앱들, 수억 명의 가입자를 가진 페이스북, 유튜브, 인스타그램과 같은 SNS 앱, 그리고 실시간 접속이 가능한 Wi-Fi와 4G/5G로 무장한 스마트폰이 들려 있다. 이러한 스마트폰을 통해 누구나 언제 어디서나 현장의 생생한 모습을 촬영해 고품질의 뉴스로 편집하고 SNS를 통해 실시간 공유하면서 과거의 방송국 뉴스처럼 개인이 만든 비디오 콘텐츠가 사회에 엄청난 파장을 만들고 영향을 끼칠 수 있는 환경이 이미 만들어졌다. '누구나 어디서나 실시간으로' 고품질의 비디오 콘텐츠를 제작하고 공유할 수 있는 SPNG(Smart Phone News Gathering)를 할 수 있는 아마추어 개인 기자들이 전 세계를 누비는 세상이 된 것이다. 1980년대 수십만 달러의 방송 장비로만 가능했던 기능과 성능이 스마트폰의 앱에서 무료로 구현되는 지금, 개인 기자와 방송국 시스템 사이의 기술적 차이를 논하는 것은 점점 더 무의미해지고 있다.

살아가는 방식, 문화를 바꾸는 ICT 기술

문화(文化)는 오랜 세월 사람들이 살아오며 몸과 마음에 새겨지고 [文] 변화한[化] 삶의 양식으로, 가장 기본적인 의식주를 비롯해 종교, 음악, 미술 등에 새겨져 있다. 산업혁명 이전에는 사회적 경제적 필요에 따라 기술이 개발되고 발전되었다면, 산업혁명 이후에는 기술 혁신이 경제를 바꾸고 정치와 사회, 즉 삶의 양식을 변화시키는 주역으로 등장했다. 제3의 물결인 ICT 혁명이 시작된 이후에는 기하급수적인 속도로 변화하는 기술이 사회, 경제, 정치, 문화에 투영되는 양상을 보이고 있다. 단순히 ICT 기술이 계속해서 세상을 바꾸고(Change the world) 있는 것이 아니라, 세상을 바꾸는 방식 자체를 바꾸어 가고(Change the way the world changes) 있다.

'인터넷 혁명'을 촉발한 ADSL 기술은 처음에는 단순한 데이터 고속도로의 확장, 즉 전화 통화 음성을 전달하던 구리선에 NTSC TV 비디오를 전달할 수 있도록 하는 단순한 모뎀이었다. 수십 Kbps 수준의 전송 속도가 약 100배에 달하는 수 Mbps 수준의 전송 속도로 바뀐 **양(量)적인 변화**는 곧 질(質)적인 변화를 유발했다. 사무실에서 데이터를 주고받는 전송 속도가 100배 빨라진 속도의 변화는 텍스트(Text) 중심의 콘텐츠 대신 그래픽, 사진, 비디오를 포함한 콘텐츠를 주고받는 **질적인 변화**로 발전한다. 이러한 **콘텐츠의 변화**는 디바이스의 혁신과 인프라의 혁신을 가속했다. 고성능 PC와 같은 새로운 디바이스의 수요가 생겨나고, 이러한 고성능 PC는 사무실에서 가정으로 확산되며 규모의 경제를 만들어 가격은 내려가고 성능은 개선되는 과정을 반복하며 **디바이스의 혁신**을 가속했다. ADSL과 같은 라스트 마일에서 시작된 **인프라의 혁신**은 대대적인 정보고속도로 건설로 연결되어 인터넷 혁명의 기초공사를 완성했다.

엄청난 양의 멀티미디어 데이터 교통량은 정보를 체계적으로 제공하고 찾아주는 온라인 포털, 검색 엔진의 등장을 촉발하였고, 온라인 입구를 장악하고 사용자 편의를 제공하는 플랫폼을 중심으로 오프라인 활동이 온라인 활동으로 대체되는 **서비스의 혁신**이 시작되었다. 온라인에서 더욱더 경제적이고 편리한 새로운 서비스; ① 뉴스나 음악 같은 개인 정보/콘텐츠 서비스, ② 메일과 팩스를 대신하는 이메일, 인트라넷 같은 사업용 정보 서비스, ③ 배달과 연계된 전자 상거래 서비스 등을 중심으로 한 온라인 디지털 경제가 세상을 혁신하고 있다. 이러한 온라인 세상의 등장은 사람들이 사회에서 소통하고, 일하고, 놀고 즐기는 생활 방식의 축을 오프라인에서 온라인으로 대체하며 지구촌의 문화를 완전히 바꾸어 놓았다.

Wi-Fi, 4G/5G와 같은 초고속 모바일 기술과 결합한 고성능 개인용 디바이스인 스마트폰의 등장으로 시작된 '스마트폰 혁명'은 세상을 바꾸는 방식을 톱다운(Top down) 방식에서 보텀업(Bottom up)으로 바꿔버렸다. 개개인의 취향에 따라 맞춤형으로(Customized) 개인화된(Personalized) 강력한 지능형 디바이스의 등장으로 대중을 향한 서비스가 개인을 위한 서비스로 세분되고, 언제 어디서나 필요한 만큼 ICT 인프라의 혜택을 누릴 수 있게 되었다. 이러한 ICT의 개인화는 기존의 방식을 더 좋은 방식으로 개선하는 단순한 변화와 혁신에서 벗어나, 개인의 창의성이 SNS와 같은 플랫폼을 통해 빠른 속도로 전 세계 사람들에게 전파되어 새로운 문화로 정착하는 '시간과 공간이 사라지는' 속도전 양상을 보이고 있다.

이러한 혁신의 소용돌이 속에서 세상 사람들은 세 종류의 사람(ICT에 필요한 일을 능동적으로 시키는 주인 같은 사람, ICT를 그냥 사용하는 손님 같은 사람, ICT를 제대로 사용하지 못하는 낙후되고 고립된 사람)으로 구분될 것이다. 미래의 우리 모습을 선택하는 것은 지금 우리가 ICT를 활용해 미래를 어떻게 준비하는가에 달려 있다. 앤디 그로브(Andy Grove)의 말처럼 세상은 "오직 편집증 환자(Paranoid)만이 살아남는다." 우리가 할 수 있는 유일한 생존전략은 ICT의 진화와 ICT가 바뀌 가는 세상의 변화를 빠짐없이 지켜보고 빠르게 배워 통찰력 있게 먼저 활용하는 것이다. 특히 우리가 새로운 것을 창조하는 연구개발의 주역, 혹은 가치를 제공하는 사업의 주인이라면 자신의 전공이나 하는 일이 무엇이든 반드시 세상을 변화시키는 주역이자 도구인 ICT 디바이스, 인프라, 서비스에 대해 주도적으로 배우고, 예측하고, 준비해 새롭게 떠오르는 지배적 디자인과 플랫폼을 선구적으로 사용하면서 원하는 방향으로 미래를 만들어 가야 한다.

미래기술 어떻게 예측할 것인가?

The best way to predict your future is to create it.

에이브러햄 링컨(Abraham Lincoln)

사실 미래에 새롭게 떠오를 유망한 기술이나 혁신적인 기술을 예측하는 확실한 방법은 없다. 미래를 예측하는 가장 확실한 방법은 미래를 만들어 가는 것이다. 미래와 관련하여 오직 한 가지 분명한 것은 현재 지구상의 누군가가 준비하고 있는 기술이 가까운 미래에 완성되어 세상을 바꾸는 주역으로 부상할 것이라는 점이다. 최근 새롭게 유니콘으로 떠오른 구글과 같은 스타트업이 있다고 가정해보자. 과거 5년 전혹은 10년 전으로 돌아가서 살펴본다면 분명한 것은 이 스타트업의 핵심이 되는 기술이 아직 존재하지 않거나(구글의 경우, 창업자들이 스탠퍼드 대학교 입학 전이거나), 연구개발 중이거나(박사과정에서 연구하고 있거나), 스타트업이 시작되었거나(구글을 창업했거나) 혹은 상용화 제품과 솔루션을 준비하고 있거나(구글 검색엔진을 개발했거나), 이 네 가지 중 하나다.

그림 1-15 ICT 미래 예측 사례

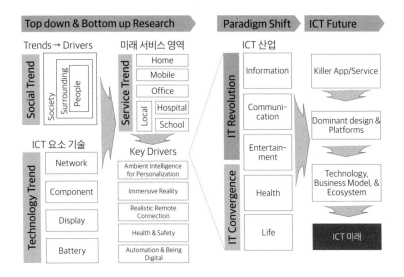

유망한 미래 혁신 기술(Innovative Technology)을 찾는 것은 지금 존재하지 않는 기술을 찾는 것이 아니다. 현재 분명히 존재하면서 연구 개발 및 상용화가 누군가에 의해 준비되고 있어서 몇 년이 지나면 대성공을 거둘 수 있는 기술과 스타트업을 찾는, 분명히 존재하는 보물을 찾는 '보물찾기'다. 따라서 충분히 많은 정보를 조사해 보유하고 업데이트하는 것이 필요조건이라면 그 정보를 바탕으로 옥석을 가려 보물을 찾아내는 지혜로운 선구안을 확보하는 것이 충분조건이 된다.

유망한 미래기술을 찾기 위해 첫 번째 해야 할 일은 미래 사업 영역을 선정하는 것이다. 〈기술 혁신과 세상의 변화〉에서 살펴본 중/장기적인 세상의 트렌드와 패러다임의 변화를 바탕으로 거시적인 세상 흐름(Key Drivers)의 변화에 따라 분명히 가까운 미래에 어떤 새로운 사업들이 부상하고 기존 사업 중 어떤 사업이 쇠락할지를 가려낸다. 유망한 미래 사업 영역 후보를 검토해 그중 충분한 시장규모와 성장성을 가진 관심 있는 중/장기 유망 사업 후보를 선정한다.

그다음은 선정된 사업 후보에 대해 고객과 서비스 관점에서 ① 톱다운으로 가까운 미래에 예상되는 중/장기적인 트렌드와 패러다임을 바탕으로 몇 가지 분명한 경향과 단계를 예측해 미래에 상상할 수 있는 혁신(Revolution) 시나리오를 정리하고, ② 보텀업으로 현재 진행 중인 ICT 산업군의 흐름을 살펴 현재 기술, 제품과 서비스의 진화(Evolution) 발전 시나리오를 정리하여 종합한다. 이렇게 현재와 가까운 미래의 흐름을 바탕으로 선정한 중/장기 유망 사업 후보의 시나리오를 제품과 서비스의 기회 관점에서 구체적으로 정리한다. 충분히 시장의 수요를 견인할 가속 요인(Driver)들이 존재하는지, 혹은 상호 운용성(Interoperability), 표준화, 환경 규제 등의 방해 요인(Showstopper)들은 어떤 것들이 존재하는지 그 사업 영역의 전문 지식(Domain Knowledge)을 바탕으로 파악한다.

두 번째 할 일은 유망한 사업 후보 선정과 함께 그것을 실현할 수 있게 하는 유망 기술 후보의 조사다. 전문성을 갖춘 인재들을 투입하여 현재 기술 중 유력한 구현 기술(Enabling Technologies), 충분히 검증은 되지 않았지만 새롭게 떠오르는 유망 기술(Emerging Technologies)을 시스템 관점에서 핵심 기술 중심으로 조사한다.[19]

---

19 이러한 방법론은 필자가 함께 일해 본 대부분의 컨설팅 회사들이 공통으로 선택하는 미래 사업 및 기술 예측 방법론이다.

미래 유망 기술을 찾아내는 가장 비효율적이지만 가장 효과적인 방법은 관심 있는 영역에서 현재 진행 중인 전 세계의 모든 기술을 전부 조사하는 것이다. 전 세계에 존재하는 대학의 연구실, 국책 연구소, 기업 연구소, 스타트업들이 어떤 기술들을 연구개발하고 있는지 전수 조사를 하고, EU나 미국, 일본과 같은 주요 국가들의 중/장기 국책 연구 과제들은 어떤 것들이 있는지 발로 뛰어 조사한다. 관련 분야의 연구개발 논문을 발표하는 학술잡지, 학회 발표 논문들과 전 세계에 출원되었거나 출원 중인 특허의 요약본(Abstract)들도 온라인을 통해 조사할 수 있다.

필자의 경험으로는 이렇게 조사된 연구개발 과제들과 관련 논문, 특허, 보고서를 분야별로 정리하면 어떤 기술들이 시작되고 있는지, 아직 연구개발 중인지, 상용화를 준비 중인지, 어떤 분야에 연구개발이 집중되고 있는지, 어느 지역이나 어떤 기업이 앞서가는지 일목요연하게 파악할 수 있다. 제일 처음 시도할 때는 수만 건에 이르는 기술 자료와 특허를 읽고 정리해야 하는 대단히 방대하고 어려운 일이지만, 두 번째 조사부터는 추가된 기술과 변화된 상황을 반영하는 업데이트 작업이라 업무량도 줄고 좀 더 수월해진다.

조사 분석에 참여한 전문가들이 계속해서 이러한 작업을 담당해야 시간을 따라 변해 가는 기술 트렌드를 파악해 미래 기술 변화에 대한 직관을 얻을 수 있다. 이미 어떤 사업 혹은 기술을 위해 연구개발을 진행하고 있다면, 본인들이 하는 일이 결코 잘못된 방향이 아니라는 확신을 얻거나 뭔가 전략을 수정해야겠다는 교훈을 얻을 수도 있고, 누구와 협력할 것인지 누가 경쟁자인지를 명확히 파악할 수 있다. 때로는 새로운 연구개발 아이디어를 얻을 수도 있고, 조사된 기술들을 응용해 시작할 수 있는 새로운 사업 아이디어를 얻을 수도 있다.

세 번째 할 일은 전수 조사를 통해 찾아내고 분석한 정보를 바탕으로 유망 기술, 제품 및 서비스의 향후 시나리오를 구체적으로 평가하고 보완하는 것이다. 다양한 인간 욕구(Human needs)[20]에 대한 적합도를 고려해 기회의 가치를 평가하고, 과거 사례를 참고해 시나리오를 수정 보완하고, 기술 완성도(Maturity)를 추정하여 실현 가능성과 시기를 예측한다. 기술의 완성도를 살펴보기 위해서는 연구개발의 성패를 좌우하는 분수령이 되는 주요 문제점(Challenges)은 무엇인지, 어떤 구현 기술 혹은 유망 기술이 어떤 방식으로 이 문제를 해결하려고 접근하고 있는지, 각각의 방식들은 어떤 장/단점을 가지고 있으며, 해결에 투입되는 자본과 인력을 고려할 때 언제쯤 기술이 어느 수준의 성숙 단계에 도달할 수 있는지, TLC를 바탕으로 파악하고 비교한다.

중요한 것은 해결에 투입되는 자본과 인력이 많을 때 기술은 빠르게 발전해 기술 성숙도, 발전 속도에서 우위를 차지한다는 점을 반드시 고려하는 것이다. CMOS 기술이 기술적 특성이 우수한 SiGe 등 경쟁 기술을 누르고 RF 소자로서 시장을 장악할 수 있었던 것은 CMOS의 생산 비용이 싸다는 장점과 함께 CMOS에 이미 투입된 자본, 인프라, 기술 인력들이 압도적으로 많았기 때문이다.

장기적 관점에서 구현 기술을 선정하는 데 가장 중요한 요소는 기

---

[20] 인간의 욕구에 대해서는 다음 편 〈승承: 새로운 구상과 전략〉의 〈가치란 무엇인가?〉에서 구체적으로 설명했다.

술 구현에 들어가는 비용이다. 게르마늄(Ge) 반도체가 실리콘(Si) 반도체보다 성능이 훨씬 좋았지만, 페어차일드(Fairchild)는 모래에서 값싸게 추출할 수 있는 실리콘을 활용해 반도체를 만들어 대성공을 거두었고, 오늘날의 (게르마늄밸리가 아닌) 실리콘밸리의 토대를 만들었다.

기술의 완성도와 함께 반드시 검토해야 하는 것은 기술을 상용화하기 위한 주변 환경은 어떠한지 파악하는 일이다. 관련 기술의 생태계가 구축되고 유지되어, 지속적으로 기술을 혁신하고 생산 비용을 줄여줄 수 있는지 경제적 관점에서 검토해야 한다. 또한 기술적 완성도와 별개로 기존 인프라와의 상호 연결 운영성(Interoperability), 국제적인 표준화, 잠재적인 환경 규제 등 기술을 가로막는 장애 요인들은 어떤 것이 존재하는지도 검토해야 한다.

미래기술 예측

거시적 관점에서 새로운 트렌드와 패러다임을 찾아내 유망한 사업 분야를 먼저 선정하고 이 사업 분야를 중심으로 가까운 미래의 유망한 제품과 서비스를 트렌드 기반(Revolutionary) 혹은 시장 발전 기반(Evolutionary)으로 예측하고 선정한다. 유망한 후보 기술들의 현황은 전 세계의 연구개발 상용화 동향을 전부 조사하고 분석한다. 사업적 관점에서 잠재적인 킬러 서비스(Killer Service)를 찾아내고 이 킬러 서비스의 가속 요인과 방해 요인을 찾아내는 것이 미래 선점의 필요조건이라면 이러한 사업적 가속 요인을 지탱해주고, 사업적 방해 요인을 제거할 수 있는 최선의 후보 기술들을 찾아내고 구체화하는 것은 충분조건이다.

유망한 후보 기술들에 대해서는 해당 분야에서 앞서가는 전 세계 대학, 국책 연구소, 기업 연구소, 스타트업에서 연구하고 있거나 개발이 완료된 혹은 상용화 중인 기술들을 모두 조사 분석해서 알아낼 수 있다. 엄청난 양의 일이지만 남들보다 먼저 기술을 찾아내 기회를 잡아 성공하고 싶다면, 반드시 전문가를 투입해서 깊이 있게 수행해야 하는 일이다. 조사된 기술들을 분류하고 정리하다 보면 분명히 앞서가는 기술, 성능이 뛰어난 기술, 잠재력이 있는 기술, 구현 비용이 가장 적은 기술 등이 기술적 관점에서 발견되고 분류될 것이다.

기술적으로 유망한 기술 후보들에 대해서는 각각의 기술이 가진 강점이나 넘어야 할 기술적 문제점과 함께 기술 분야를 둘러싼 자본, 인력, 생태계의 존재 여부도 종합적으로 분석한다. 사업적으로 필요한 시점에 기술의 성숙도가 어떤지, 구현 비용은 어떤지, 상용화를 가로막는 다른 장애 요인은 없는지 점검한다. 현재의 기술적 강점과 미래의 성숙 가능성을 함께 비교하여 어떤 기술이 가장 유망한지, 어떤 기술이 혁신 기술 후보인지, 어떤 기술을 버릴 것인지, 어떤 기술을 지켜볼 것인지 등의 기술 확보 전략을 결정할 수 있다. 이러한 작업을 통해 미래에 사업적으로 성공을 거둘 혁신 기술을 예측하는 확률을 상대적으로 높일 수 있다.[21]

---

21 미래 유망 기술, 미래 유망 사업을 예측하고 선정하는 구체적 방법론은 이 책에서 구체적으로 깊이 있게 설명하지 않았다. 프로세스가 복잡하고 관심 있는 영역에 대한 전문 지식(Domain Knowledge)과 깊이 있는 조사 연구가 필요한 작업이기 때문이다. 관심 있는 기업이나 연구소는 저자에게 직접 연락(KHKim. SEEPartners@gmail.com)하여 자문받을 것을 추천한다.

承
승

새로운 구상과 전략

建其本而萬物理 失之豪釐 差以千里
근본을 세우면 만물이 이치대로 간다
털끝만큼 놓쳐도 천리의 차이가 생긴다.

《설원(說苑)》중에서

　　미래 변화에 대해 다양한 시장 조사와 전문가들의 도움으로 어
느 정도 윤곽을 잡았다면 이제는 구체적으로 미래를 이끌어 갈 새
로운 플랫폼과 대표적인 제품(Product) 그리고 이를 구현할 기술
(Technology)을 연구개발하는 과제를 기획하고 확보 전략을 수립해
야 한다.

　　우리가 어떤 제품의 연구개발을 기획한다는 것은 근본적으로 잠재
적 고객에게 가치(Value)를 제공할 수 있는 제품과 기술을 발굴하고
연구개발 계획을 수립하는 것이다. 여기서 가치는 차별화된 방식으로
고객의 욕구를 해결하거나 불편을 해소하는 지속 가능한 가치일 때,
비로소 비즈니스를 창출하는 플랫폼의 핵심 요소가 될 수 있다.

　　가치를 기반으로 한 일련의 제품, 솔루션, 서비스들은 지속 가능한

선순환 체계를 갖춘 탄탄한 비즈니스 모델을 통해 유지된다. 비즈니스 모델에 참여하는 이해관계자들과 주고받는(Give-and-Take) 관계를 통해 가치사슬이 구축되고, 가치사슬을 구성하는 이해관계자들은 생태계를 만들어 상생(win-win)하면서 지속적으로 발전해 나갈 수 있어야 한다.

새로운 구상과 전략을 기획하는 핵심은 어떤 가치를 경쟁자보다 먼저 만들고 그 가치를 경쟁자로부터 지킬 수 있는지, 그 가치를 통해 시장을 주도하는 플랫폼을 구축하고 비즈니스 모델의 비즈니스 컨트롤 포인트(Business Control Point: BCP)를 장악할 수 있는지, 그리고 가치사슬 및 생태계의 한 축을 차지할 수 있는지를 살펴보는 것이다. 만약에 이미 비즈니스 모델, 가치사슬 및 생태계가 구축된 환경에서 새로운 가치를 추가해 가는 것이라면 그 가치가 기존의 가치들을 어떻게 강화하는지 대치하는지 혹은 어떻게 경쟁할 것인지를 함께 살펴야 한다.

Good is the enemy of Great.
작은 성공은 큰 실패의 어머니.

짐 콜린스(Jim Collins)

일단 과제가 지향하는 가치가 무엇이고 플랫폼과 비즈니스 모델에서 어떤 역할을 하게 될지 윤곽이 잡히면, 이를 연구개발하기 위한 목표를 정해야 한다. 이 목표를 설정하는 데 있어 가장 중요한 것은 쉽게 얻을 수 없는 도전적인 목표를 정하고, 이 도전 목표를 달성하기 위한 방안을 철저하게 강구하는 것이다. 내가 할 수 있는 수준에서 접근하는 자원 기반 접근법(Resource based approach)이 아닌, 기회를 포착하기 위해 정해진 일정과 선정된 수단을 바탕으로 모든 자원을 올인(all-in)하는 기회 기반 접근법(Opportunity based approach)이 반드시 필요하다. 평범하게 할 수 있는 연구개발로는 정말 원하는 수준의 최고(The Best)를 얻지 못할 뿐만 아니라, 경쟁자보다 선점하는 최초(The First)를 얻기 어려운 법이다.

박학(博學)	널리 조사하고 배우고
심문(審問)	자세히 깊이 있게 분석하고
신사(愼思)	신중하게 고민하여
명변(明辯)	확실한 전략을 찾아
독행(篤行)	최선을 다해 실행한다.

《중용(中庸)》 중에서

과제를 계획하고 실행하기 위해서는 SMART하게 접근해야 한다. 목표는 도전적이되 구체적(Specific)이어야 하고, 중간 과정에서 목표를 향해 가고 있는지 측정할 수 있게(Measurable) 설정되어야 한다. 주요 기술의 성숙도와 최종 제품의 시장 도입 시기를 예측하여(Time based) 시나리오와 단계적 개발 일정을 수립하고, 이를 바탕으로 목표를 달성할 수 있는 연구개발 인재를 확보하여 조직을 구축하고 인프라를 갖춰 시너지를 낼 수 있도록 소통, 운영해야(RACI) 한다. 그리고 외부 환경 변화를 조사하고 판단하여 즉시 대응 전략을 수립하고, 제때 대응(Adaptive)할 수 있는 역량과 지원 체계도 함께 갖추어야 한다.

새로운 가치의 정의와
비즈니스 모델

가치란 무엇인가?

擧秋毫不爲多力 見日月不爲明 耳聞雷霆不爲聰
깃털을 든다고 힘이 세다고 하지 않으며
해와 달을 본다고 눈이 밝다고 하지 않으며
천둥소리를 듣는다고 귀가 밝다고 하지 않는다.

《손자(孫子)》 중에서

사업의 기본은 주고받는 것, 기브 앤 테이크이다. 사업자는 고객에게 가치가 담긴 기술, 제품, 솔루션, 서비스를 제공하고 고객은 사업자가 제공하는 가치를 보고 기꺼이 지갑을 열어 비용 대가를 지급한다. 사업자가 기술, 제품, 솔루션, 서비스를 통해 제공하는 가치가 고객이 지급하려는 가격보다 충분히 크다고 판단하면 고객은 기꺼이 지갑을 열고 이들을 구매한다. 사업자가 기술, 제품, 솔루션, 서비스를 설계하고 생산하고 판매하는 데 들어가는 평균 비용이 고객에게서 받을 수 있는 평균 가격보다 작으면 이익이 발생하고, 더 크다면 그 사업은 손실을 보게 된다. 따라서 사업이란 최소한의 비용으로 최대한의 고객 가치를 만들어 고객이 가치를 인정하고 더 큰 가격을 지불할 수 있게 하는 것이 기본 조건이다.

고객이 보는 가치는 기술, 제품, 솔루션, 서비스가 제공하는 기능과 성능뿐만 아니라 브랜드, 디자인, 사용성, 편의성, 안전성, 희소성 등 다양한 측면의 가치를 종합한 것이다. 가치는 다양한 방식으로 분류할 수 있는데 가장 전통적인 방법은 매슬로(Maslow)의 욕구 5단계를 바탕으로 기본적 욕구, 생리학적 욕구, 안전에 대한 욕구, 사랑과 소속에 대한 욕구, 존중받고 싶은 욕구로 구분하여 접근하는 것이다.

이러한 욕구를 그림 2-1처럼 기술과 사업 측면에서 세분하여 기능적 욕구, 감성적 욕구, 생활 개선 욕구, 사회적 기여 욕구 등으로 분류하기도 하고, 기본적 인간 욕구(Fundamental Human Needs)를 최저 생활(Subsistence), 안전 보장(Protection), 정서적 교감(Affection), 배움과 성장(Understanding), 참여와 교류(Participation), 휴식과 여유(Idleness), 창의적 활동(Creation), 존재와 추억(Identity), 자유로움(Freedom) 9가지로 구분하고 각각에 대해 질적인 상태(Being), 갖고 싶은 대상(Having), 필요한 활동(Doing), 교류 환경(Interacting) 4가지로 나눠 36종류의 가치 매트릭스로 분류하기도 한다.

다양한 고객의 욕구를 바탕으로 기술, 제품, 솔루션 및 서비스가 제공하려는 가치의 우선순위를 정하고 각각의 가치를 정확히 평가하는 것은 대단히 어렵고 복잡한 일이다. 특히 기술의 가치를 평가하는 것은 제품, 솔루션, 서비스보다 좀 더 중/장기적인 관점에서 잠재적인 가치와 경쟁력을 평가해야 해서 불확실성이 많다. 하지만 소위 VRIO라는 필터를 거쳐 잠재적인 가치로서의 필요충분조건, 가치의 지속 가능성을 일차적으로 분석해볼 수 있다.

VRIO의 첫 번째 단계는 V(Valuable), 즉 가치가 있는지를 확인하는

그림 2-1 Bain & Company의 The Elements of Value for B2C

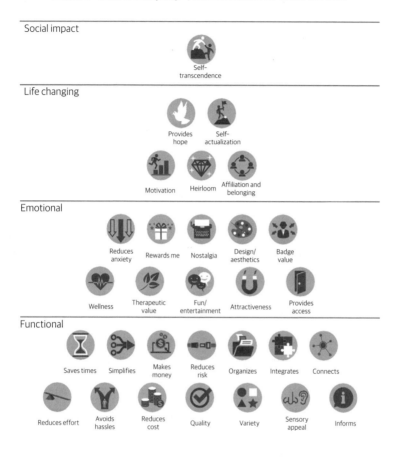

것이다. 기술이 가치가 있다는 것은 이 기술을 사용해서 ① 새로운 제품을 만들거나, ② 이미 존재하는 제품에 새로운 기능과 성능을 부가할 수 있거나, ③ 기존 제품에 새로운 사용자 경험을 제공할 수 있어 새롭게 만든 제품이나 혹은 이미 존재하는 제품에 새로운 기술이 제공하는 '부가가치'에 대해 대가를 지급할 의사가 있는 잠재적 고객이 존재한다는 뜻이다.

여기서 말하는 부가가치는 원가 혹은 비용의 절감, 새로운 혹은 더 나은 성능, 사용자 경험의 제공, 차별화 요소와 같은 새로운 가치 (Gains)를 제공하거나 잠재한 위험 요소나 불편(Pains)을 제거하여 결과적으로는 매출(Revenue)을 늘리거나 비용(Cost)을 줄여주어야 한다. 이 잠재적 고객의 규모와 고객이 기꺼이 지급할 대가의 크기가 곱해져 잠재적 시장가치가 만들어진다. 이 잠재적 시장가치를 통해 얻을 수 있는 이익이 이 기술의 개발과 상용화를 위해 소요되는 초기 투자비용(Capital Expenditures: CAPEX)보다 충분히 크다면 일단 상용화를 시작할 만한 가치가 있는 것이다.

VRIO의 두 번째 단계는 R(Rare), 즉 희소성이 있는가를 확인하는 것이다. 일단 어떤 기술이 가치가 있다면 그 가치가 독특해서 다른 기술에 의해 대치하기 어려운 원 앤 온리(One and Only)로 소수가 독점하고 있는 기술이어야 한다. 원 앤 온리일 때만이 시장가치가 온전히 이 기술의 가치가 될 수 있고, 이 기술을 활용한 제품, 솔루션, 서비스의 경쟁 우위를 확보할 수 있다.

만약 이미 존재하는 다른 기술이 비슷한 가격으로 유사한 가치를 제공할 수 있다면, 이 기술의 원 앤 온리 희소성은 사라지고 잠재적 시장가치는 이미 존재하는 경쟁 기술이 차지하고 있는 시장가치에 의해 잠식된다. 따라서 새로운 기술이 기존 기술(Sustaining technology)이 만들어놓은 진입장벽을 넘으려면 기존의 기술보다 훨씬 싼 가격에 같은 기능과 성능을, 혹은 같은 가격에 더 많은 기능과 더 좋은 성능을 제공할 수 있어야 한다. 이러한 차별화(Differentiation)를 통해 이미 존재하는 시장을 경쟁사로부터 빼앗아 차지하고, 이미 존재하는 제품에 더 많은 기능과 더 좋은 성능을 부가하여 시장규모를 확대할 수 있다면, 이 기술이 제공할 수 있는 잠재적 시장가치는 충분하다.

VRIO의 세 번째 단계는 I(Imitable), 즉 모방 가능한가를 확인하는 것이다. 어떤 기술이 충분한 시장가치가 있고, 시장에 처음 나온 혹은 구하기 어려운 유일한 기술로 판명되었다 하더라도, 유사한 역량을 보유한 후발 기업에 의해 그 기술이 쉽게 모방 가능하다면 그 기술이 가진 가치를 오랫동안 지켜내기 어려운 법이다. 모방이 어렵다는 것은 단순히 기술의 모방이 어려운 것뿐만 아니라 사업의 모방이 어려운 것도 포함한다. 많은 스타트업이 '콜럼버스의 달걀'과 같은 기발한 아이디어로 사업을 시작하지만, 아이디어를 도용당하고 실패하는 것은 외부에 기술 혹은 제품의 가치를 공개하는 순간 경쟁자들이 이 스타트업과 협력하지 않아도 쉽게 모방할 수 있기 때문이다.

가치가 있고 희소성이 있으며 모방이 쉽지 않은 새로운 기술의 시장가치를 통해 얻을 수 있는 이익이 초기 투자비(CAPEX)와 제품 출시 단계의 운영 비용(OPEX: Operational Expenditures)의 합(合)보다 크다면, 제품 개발과 시장 진입을 추진할 만한 가치가 있는 것이다.

기술을 모방하는 것을 차단하려면 보유 기술의 특허[22]를 등록하거나 숨겨진 노하우를 통합 활용하여 합법적인 '기술 진입장벽'을 만드는 방법이 있다. 공개 기술, 특허를 통해 기술의 권리는 선점하되, 정말

---

22 특허를 지칭하는 'Patent'는 open이라는 뜻의 라틴어 'patere'에서 유래했다. 특허가 성립하기 위해서는 청구항(claim)이 ① 유용성(useful): 산업적으로 쓸모가 있어야 하며, ② 신규성(novel): 선행기술과 다른 새로운 발명이어야 하며, ③ 진보성(non-obvious): 쉽게 발명할 수 없는 발명이라는 조건을 만족해야 한다.

핵심이 되는 노하우는 특허에 포함하지 않아 절대 알려주지 않는 방식으로 중요한 세부 기술은 숨겨야 한다. 특허 기술도 '공개하되 공개하지 않는다'라는 방식으로, 권리를 보호받을 수 있을 만큼만 기술 정보를 공개해야 한다. 공개된 기술 정보도 관련 분야 전문가들이 특허를 읽고 기술을 이해할 수는 있지만, 완벽하게 구현하기는 어렵게 청구범위나 예제를 작성하여 모방이 어렵게 만드는 것이 특허 출원/등록의 핵심이다.

VRIO의 네 번째 단계는 O(Organization), 즉 조직을 구축하여 체계적으로 운영할 수 있는가를 보는 것이다. 앞에서 언급한 VRI의 단계를 통과했다 하더라도 실험실 수준에서 검증된 기술만으로는 지속 가능한 사업으로 운영할 수 있는지 파악하기 어렵다. 관련된 전문 인력의 확보, 필요한 재료와 가공 기술의 확보, 대량 생산이 가능한 설비와 공장의 확보, 대량 생산의 품질 확보 방안의 수립, 가치사슬을 구성하는 물류 판매 영업을 담당할 파트너들이 확보되어야 한다. 대외적으로는 비즈니스 모델을 구축 유지할 수 있는 가치사슬의 이해관계자를 확보하고, 내부적으로는 개발, 상품기획, 조달 및 생산, 품질 관리, 마케팅, 물류 및 판매, 서비스를 지속할 수 있는 경쟁력 있는 역량(Capability)과 체계적 조직(Architecture)을 가능하다면 독점적으로 구축할 수 있어야 한다.

기술적 가치와 시장가치가 충분하며, 기술의 희소성이 있고, 쉽게 모방이 어려운 혁신 기술을 보유하는 것이 필요조건이라면, 이를 상품화, 사업화로 연결할 수 있는 제대로 된 역량과 조직을 구축하는 것은 충분조건이다. 이러한 조직의 구축을 통해 기술의 가치가 완성되며 '사업 진입장벽'을 구축할 수 있는 토대가 만들어진다. 사업을 모방하는 것을 차단하는 사업 진입장벽으로는 ① 기술을 개발하는 데 들어가는 사람과 자본의 투자가 매우 크거나, ② 관련된 인프라와 생태계를 독점하거나 차단해서 후발주자나 경쟁자가 기술을 확보하고 사업 역량을 구축하는 데 걸리는 시간이 오래 걸리게 하는 것 등이 있다. 이러한 사업 진입장벽은 선두 주자들이 플랫폼과 주요 시장을 장악할 수 있는 충분한 시간을 벌 수 있어 후발 기업의 초기 투자 비용과 운영비용을 크게 만들고 수익이 나는 시장 진입을 가로막아, 신규 진입자의 투자 효율(ROI)과 수익성을 악화시킨다.

혁신적인 기술, 제품, 솔루션, 서비스를 구상하고 확보하는 것은 고객 가치를 창출해 시장을 창조하거나 혁신하고 확대할 수 있는 씨앗 기술을 확보하는 것이다. 기술의 가치는 기술이 창출하는 기회와 위험 요소, 경쟁 기술과의 차별화와 비교 우위와 같은 기술적 가능성뿐만 아니라, 기술의 사업화를 통해 창출되는 시장가치와 소요 비용, 사업화를 위한 인재, 인프라와 생태계의 확보 등 사업화 가능성까지 종합해서 평가해야 한다.

제품, 솔루션, 서비스 그리고 경험

Product는 상품 혹은 **제품**으로 번역할 수 있는데, 이 책에서는 기본적으로 고객이 원하는 기능과 성능을 갖추고, 고객이 구매 가능한 가격에 판매하는 하드웨어, 소프트웨어 등의 가치 있는 재화를 의미한다. 제품의 특징은 시장에서 포장된 재화를 정해진 가격에 구매할 수는 있지만, 고객이 원하는 모든 요구사항을 제공하거나 해결해주지는 못한다. 제품은 고객에게 제공하는 가치의 가장 기본적인 원형에 해당한다.

솔루션은 제품과 구별해서 사용한다. 솔루션은 어떤 특정 회사나 고객의 상황에 특화된 해결책으로 관련된 요구사항을 해결해주는 제품, 소프트웨어 및 프로세스(Process) 등으로 구성된 조합을 가리킨다. 대개는 특정 회사나 특정 고객의 구체적 요구사항이나 문제를 해결하기 위해 고객의 프로세스에 맞춰 최적화된 형태로 가공된 솔루션이 제공된다. 제품이 대중을 상대로 한다면 솔루션은 특정 고객에 특화되어 있어, 다양한 옵션 선택이 가능한 맞춤형(Tailored)으로 제공된다. 솔루션은 별도로 개발 설치해야 하고 때로는 사용자를 교육하는 과정이 필요하며, 고객마다 다른 가격 구조를 갖는다.

서비스 역시 다양한 의미로 해석될 수 있는 용어이지만, 이 책에서는 솔루션보다 더 크고 넓은 개념으로 서비스를 정의했다. 서비스는 특정 회사나 특정 고객의 요구사항을 만족시키는 솔루션에 더하여, 그 솔루션을 설치, 유지, 관리하고 제거하기까지 전 과정을 제공하고, 책임지고, 지원하는 전체 용역까지 포함한다.

스마트폰을 예로 든다면, 우리가 시장에서 살 수 있는 아이폰이나 안드로이드 폰이 제품에 해당한다면, 이 폰을 개인용뿐만 아니라 특정 기업의 ERP나 이메일 같은 인트라넷(Intranet), 사내 시스템과 통신할 수 있도록 필요한 보안 소프트웨어와 앱들을 설치한 특정 기업의 임직원을 위한 스마트폰은 솔루션에 해당한다. 이러한 스마트폰의 구매, 특정 소프트웨어 및 앱의 설치를 통한 솔루션 제공, 스마트폰 사용요금 납부 대행, 이 스마트폰들의 유지 관리 및 폐기까지 책임지고 상응하는 대가를 받는 일련의 행위는 서비스에 해당한다.

프린터나 복사기를 예로 든다면 우리가 시장에서 구매하는 프린터, 복사기는 제품에 해당하고, 이 프린터, 복사기에 특정 기업이 원하는 업무 흐름에 맞춰 특정 소프트웨어 패키지를 설치하고, 커스터마이즈하여 차별화된 가치를 추가해서 제공할 경우에는 솔루션에 해당한다. 이러한 솔루션과 함께 프린트하는 양에 따라 종이와 토너(Toner)를 제공하고, 과금하고, 고장 수리를 책임지고, 교체하는 MPS(Managed Printing Service)는 서비스에 해당한다. 이러한 MPS의 경우, 고객이 어떤 제품을 사용할지는 서비스 제공자에 의해 결정된다. 고객은 단지 서비스 품질(Quality of Service: QoS)을 만족하는지만 판단하면 된다.

최근에는 서비스보다 한발 더 나아간 개념으로 **경험**을 제공하고 판매하면서 차별화를 꾀하고 있다. 필요한 욕구와 문제를 단순히 해결해 주는 것이 서비스라면 경험은 행복한 느낌과 아름다운 추억 같은 감성적 요소가 포함된 개념이다. 고급 레스토랑에서의 만족스러운 식사, 분위기 좋은 스타벅스에서의 여유 있는 커피 한 잔, 패키지로 떠나는 해외여행은 경험을 제공하는 좋은 예라 할 수 있다.

많은 CEO 혹은 임원들이 사용자 경험을 이야기하지만, 정작 "당신의 회사는 고객에게 어떤 경험을 제공(Offering)하고 있느냐?"라고 질문을 던지면 갑자기 당황한 모습을 보인다. 사용자 인터페이스(User Interface: UI) 개념의 확장 정도로 사용자 경험(User Experience: UX)

을 이해할 것이 아니라 정말로 제품, 솔루션, 서비스를 넘어 경험을 고객들에게 제공하고 있는지 스스로 질문을 던지고 답해야 한다. 사용자 경험 여정을 따라가며 각각의 단계에서 과연 사용자가 우리가 제공하는 것에 대해 어떤 경험을 하고 어떤 가치를 느끼고 있는지 하나하나 분석하고, 제품 생애 여정을 따라가며 관찰하여 제품, 솔루션, 서비스의 구성 요소를 완벽하게 혁신하고, 더 나아가 사업과 연관된 가치 사슬과 비즈니스 모델을 분석하고 혁신해야 한다.

플랫폼과 비즈니스 컨트롤
포인트의 선점

魚不可脫於淵 國之利器 不可以借人
물고기는 물을 떠나서는 살 수 없다.
핵심 역량은 반드시 스스로 보유해야 한다.

《설원(說苑)》 중에서

〈ICT의 발전과 정보통신 혁명의 시작〉에서 플랫폼을 '지배적 디자인의 다양한 요구사항을 수용할 수 있는 효과적인 서브 시스템과 인터페이스의 집합체'로 정의했다. 흔히 이러한 플랫폼들은 치열한 경쟁에서 살아남은, 해당 지배적 디자인의 사업 특성과 이해관계에 적합하게 진화해 비교적 최적화된 아키텍처를 가지고 있으며, 일반적으로 퍼스트 무버들의 선행 투자와 시장 선점을 통해 확보된 공개 특허와 숨겨진 노하우들에 의해 보호된다. 따라서 지배적 디자인의 플랫폼을 확보한다는 것은 최적화된 아키텍처를 먼저 확보하고, 이 아키텍처를 특허와 노하우를 통해 보호하고 이를 통해 시장을 장악하고 지배하는 것을 의미한다.

최적의 아키텍처는 가장 중요한 킬러 앱, 혹은 킬러 서비스를 SCM

그림 2-2 지배적 디자인, 플랫폼, 아키텍처 및 IP

Platform Company's Key Success Factors

Dominant Position is Key	• Core asset is used to creat dominant position in key markets
Strength with Dominant Design & IP	• Dominant design and Intellectual Property(IP) supports the ability to hold and strengthen a dominant position
Open Architecture	• Recognized the need to maintain core IP while providing a layer of open access to other parts of the architecture for partner development
15%-20% Higher ROS	• Successful platform companies generate 15% to 20% higher ROS(Reture on Sales) than typical product companies.

과 CRM을 포함한 생태계의 가치사슬에 있는 이해관계자에게 가장 적은 비용으로, 필요한 기능과 성능을 인터페이스를 통해 편리하게 접근할 수 있도록 설계되고 진화한 결과물이다. 최적화된 아키텍처는 오픈 인터페이스(Open Interface)와 표준화된 소프트웨어 라이브러리(Library)와 하드웨어 구동 모듈(Driver) 등 지적자산을 축적하여 가치사슬을 지원하고 생태계를 주도한다. 아키텍처의 핵심 기술을 중심으로 지적재산권(Intellectual Property: IP) 성벽을 만들어 지배적 디자인을 보호한다. 기술적으로는 단순히 하드웨어만의 최적화 혹은 소프트웨어만의 최적화가 아닌, 솔루션과 서비스 관점에서 하드웨어와 소프트웨어를 표준화하고 함께 최적화하는 것이 매우 중요하다. 또한 설계기술과 생산 품질을 고려한 프론트엔드(Front end)의 사업 요소들과

특이 사례들을 고려한 서비스 지원과 사업 운영과 같은 백엔드(Back end)의 사업 요소들이 함께 고려되어야 한다.

오픈 플랫폼을 통해 생태계가 형성되면 이해관계자와 소비자가 쉽게 참여할 수 있어 생태계의 규모가 계속해서 커지고 강화되는 효과를 얻을 수 있다. 즉 소비자 규모가 커지면, 늘어난 시장규모를 보고 더 많은 이해관계자(예: 솔루션 공급자)가 참여하고 늘어난 공급자 사이의 경쟁을 통해 생태계의 비용은 더욱 감소한다. 소비자 규모가 커질수록 소비자는 네트워크 효과를 통해 더 많은 가치를 추가로 얻을 수 있게 된다. 규모에 의한 비용 하락과 가치 상승의 선순환이 시작되고 시장 점유율이 더욱 커지면서 시장을 주도한다. 네트워크 효과를 통해 시장 주도 플랫폼의 시장 점유율이 점점 커지면, 솔루션을 소비자에게 공급하는 솔루션 공급자는 다른 플랫폼보다 더 큰 ROI를 보장하는 시장 주도 플랫폼을 위한 솔루션을 먼저 개발하게 된다. 소비자는 필요한 솔루션을 먼저 공급받을 수 있는 시장 주도 플랫폼을 선호하게 되어 시장 점유율이 더욱 커지고, 늘어난 점유율은 다시 솔루션 시장 선점으로 연결되는 선순환이 추가된다. 일단 시장 주도 플랫폼과 관련 생태계에 발을 들여놓은 소비자는 다른 플랫폼으로 떠나지 못한다. 비용도 싸고 솔루션도 더 많고 빨리 공급되는 강점뿐만 아니라 다른 플랫폼으로 전환할 때 잃게 되는 보유 가치(Switching cost)로 인해 떠나지 못하고 시장 주도 플랫폼에 록인된다. 결과적으로 시장 주도 플랫폼을 장악하게 되면 플랫폼 보유자는 가치사슬에서 가장 큰 시장을 점유하고, 가장 부가가치가 큰 최고(The Best) 최초(The First) 시장을 차지하고 유지하는 '승자독식(Winner takes all)' 체제를 구축한다.

비즈니스 컨트롤 포인트

특정 분야에서 최고의 경쟁력을 가지고 있는 플랫폼을 보유한 회사들은 대부분 경쟁사를 압도하는 사업의 급소라 할 수 있는 핵심 요소를 보유하고 있는데, 이것을 필자는 **비즈니스 컨트롤 포인트**(BCP)라고 부른다. PC의 플랫폼을 예로 든다면 소프트웨어에서는 마이크로소프트의 윈도 OS, 하드웨어에서는 인텔의 x86 프로세서, WWW에서는 구글 검색엔진이 PC 시장을 이끌어 가는 BCP에 해당한다. 일반적으로 퍼스트 무버 중 치열한 경쟁을 뚫고 경쟁 우위를 확보한 업체가 BCP를 확보하여 앞선 사용자와 초기 실용적 소비자 시장을 장악하여 생태계를 주도하게 된다. SCM에 있는 대부분의 이해관계자는 더 큰 시장규모와 경쟁 우위를 고려하여 BCP를 확보한 퍼스트 무버와 우선 협력하고, 퍼스트 무버는 선순환을 통해 시장 주도력을 강화하면서 이들이 보유한 기술이 플랫폼으로 정착된다. 보수적 소비자들도 시장에서 충분히 검증되고 기존 사용자들과 상호 호환이 가능한 시장 주도 퍼스트 무버의 제품을 선택하여, BCP를 장악한 퍼스트 무버가 시장 성장기에도 계속해서 시장과 생태계를 주도하게 된다.

잘 알려진 바와 같이 마이크로소프트는 IBM PC에 MS-DOS를 납품했고, 이후 IBM PC가 저렴한 가격과 PC 기술 공개를 통해 실질적인 표준으로 PC 시장을 주도하면서 PC OS 시장에서 지배적인 입지를 구축했다. 1995년 Windows 95라는 GUI OS를 출시하면서 윈도를 BCP로 정착시켰고, 이를 바탕으로 MS 오피스 솔루션 시장도 장악하여 마이크로소프트 중심의 소프트웨어 생태계를 구축했다. MS 오피스 솔루션은 MS 윈도의 지원을 바탕으로 소비자 규모를 키우고, 익숙한 GUI 사용성과 다른 사용자의 콘텐츠와 쉽게 상호 호환이 되는 강점을 활용하여 DTP 시장에서 경쟁 응용 프로그램들을 압도했다.

최초의 마이크로프로세서 Intel 4004를 만들었던 인텔 역시 IBM PC에 자사의 프로세서 Intel 8088을 장착했다. 이후 IBM PC와 호환 기종이 PC 시장을 주도함에 따라 PC의 CPU 시장에서 지배적인 입지를 구축했다. 이후 x86으로 대표되는 어셈블러(Assembler) 구조를 확장해 나가면서, x86과의 소프트웨어 호환성을 무기로 x86 구조를 BCP로 활용했고, 이를 바탕으로 인텔 중심의 하드웨어 생태계를 구축했다. IBM은 PC라는 지배적 디자인을 설계하고 초기 시장을 주도했지만, 핵심 BCP의 중요성을 간과하여 마이크로소프트와 인텔에 플랫폼의 주도권을 넘기고 PC 시장에서 의미 없는 존재로 몰락했다.

PC 시장에서 마이크로소프트가 소프트웨어 플랫폼을, 인텔이 프로세스(하드웨어) 플랫폼을 완전히 장악한 이후, PC 세트 산업은 마이크로소프트와 인텔 두 기업에 핵심 역량을 의존하는 구조로 바뀌게 된다. 하드웨어 플랫폼과 소프트웨어 플랫폼을 외부에 의존할 수밖에 없는 PC 세트 업체들은 디자인 경쟁과 치열한 가격 경쟁에 돌입했고, 결과적으로 많은 초창기 PC 세트 업체들이 파산하면서 살아남은 소수 업체 중심으로 시장이 재편되었다. 이처럼 비즈니스 컨트롤 포인트를 장악한 기업은 다른 이해관계자의 도전을 막아내며 관련 사업의 생태계를 주도하고 가장 큰 시장 점유율과 수익을 누리지만 BCP를 장악하지 못한 나머지 기업들은 냉혹한 경쟁에 내몰려 파산하거나 겨우 연명하는 처지로 몰락하고 만다.

이 BCP는 앞서 마이크로소프트나 인텔의 경우처럼 경쟁사들이 쉽게 빼앗거나 대치하기 어려운 지배적 디자인의 플랫폼 형태로 보유하거나, 때로는 특허, 기술, 제품, 브랜드, 영업망 등 다양한 형태로 보유하기도 한다. 예를 들면, CDMA 기술 분야의 퀄컴(Qualcomm)은 소프트 핸드오버(Soft Handover)와 같은 강력한 특허 풀(Pool)을 활용해 로열티를 받아내면서 경쟁사들의 기술 추격을 봉쇄했고, 스마트폰의 개척자 애플은 강력한 브랜드 구축과 함께 독자적인 프로세서와 운영체계를 바탕으로 폐쇄적인 생태계(Closed Ecosystem)를 구축하여 호환 기종들의 출현을 원천 봉쇄하고 있다. 또한 복사기 분야의 제록스(Xerox)는 회사의 이름이 제품의 이름으로 통용될 만큼 강력한 브랜드 파워를 바탕으로 사업을 주도했고, 프린터 분야의 HP는 퍼스트 무버로 각인된 브랜드를 활용하여 주요 판매망, 유통업자(Distributor)와 소매상(Reseller)을 장악함으로써 경쟁사의 판매 경로를 효율적으로 차단하며 사업을 주도하고 있다.

플랫폼의 장악

결국 어떤 사업 영역에 도전해 시장지배적인 위치를 확보하기 위해서는 주요 플랫폼과 같은 사업의 BCP를 선점하거나 빼앗아야만 한다. BCP를 차지하는 가장 확실한 방법은 퍼스트 무버가 되어 BCP를 선점하는 것이지만, 패스트 팔로어(Fast Follower)로 추격하는 위치에 있다면 새로운 트렌드가 등장하거나 새로운 패러다임이 등장할 때 새롭게 등장하는 플랫폼과 BCP를 차지하는 기회를 잡을 수 있다.

TV의 경우 브라운관 TV에서 LCD TV와 같은 평판 TV로 전환할 때 삼성이 소니와 같은 일본 기업을 제치고 BCP를 장악할 수 있었다. 휴대전화의 경우 아날로그 휴대전화에서 디지털 휴대전화로 기술이 바뀔 때 모토로라를 제치고 노키아가 강자로 떠오를 수 있었으며, 다시 스마트폰으로 패러다임이 바뀔 때 노키아가 무너지고, 애플과 삼성이 시장의 강자로 자리 잡을 수 있었다.

변화의 시기에 새로운 플랫폼을 장악하기 위해 가장 먼저 해야 할 일은 기존의 시장이 와해되고 새로운 시장이 등장하는 새로운 패러다임의 대두를 CEO를 비롯한 의사결정권자들이 재빨리 알아차리고 시장의 변화를 받아들이는 것이다. 새로운 트렌드와 부상하는 신(新)기술을 활용해 새로운 시장을 예측하고, 새로운 시장을 주도할 BCP를 장악하기 위한 전사(全事) 차원의 실행 전략을 준비해야 한다. 새로운 시장의 성공 가능성을 믿고, 준비한 전략을 바탕으로 모든 조직이 일관성 있게 필요한 역량과 자원을 먼저 집중적으로 투자함으로써 새로운 사업의 BCP를 확보해 기존 경쟁자의 BCP를 무력화시키고, 새롭게 재편된 최적화된 플랫폼을 확보하는 것이 성공의 지름길이다.

이를 위해서는 자신이 몸담은 사업 영역의 업(業)의 핵심, BCP가 무엇인지, 그리고 BCP를 장악한 플랫폼의 핵심 성공 요인(KSF)이 무엇인지 정확하게 통찰하고 있어야 한다. 이러한 통찰을 바탕으로 기술과 시장의 변화에 따른 기회와 위협을 항상 파악하고, 경쟁자들보다 먼저 대응 전략을 세워 과감한 투자를 일관되게 추진할 때 경쟁자들보다 먼저 BCP 기회를 차지해 위험을 회피할 수 있다.

가치사슬과 비즈니스 모델의 분석

知彼知己 勝乃不殆 知天知地 勝乃可全
적을 알고 나를 알면 승리하고 위험을 피할 수 있고
기회와 급소를 알면 승리하고 지켜낼 수 있다.

《손자(孫子)》중에서

가치사슬

가치사슬(Value Chain)은 생태계에서 씨앗이 되는 기술부터 시작해서 차례로 가치를 부가해 최종적으로 사용자에게 완성된 제품, 솔루션, 서비스가 제공되기까지 수행하는 일련의 프로세스들이나 일련의 조직 활동 혹은 이해관계자들의 역할 분담과 연결고리를 포괄적으로 표현한다. 가치사슬의 개념은 1985년 마이클 포터(Michael Porter)의 베스트셀러,《Competitive Advantage: Creating and Sustaining Superior Performance》에서 처음 소개되었다.

그림 2-3에 도식화된 ICT 산업의 가치사슬 사례를 살펴보면 ICT 재료, 재료 생산, 가공 기술로부터 시작해서 핵심이 되는 부품, ASIC과 SoC가 만들어지고, 이러한 부품들을 바탕으로 설계와 포장

그림 2-3 ICT 산업의 가치사슬 사례

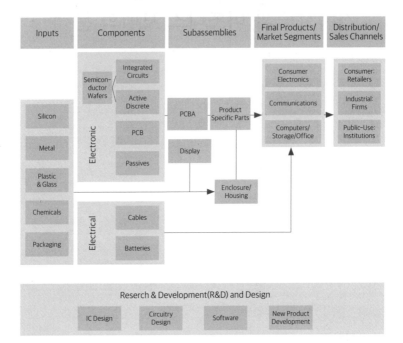

(Packaging)을 거쳐 기본이 되는 하드웨어 모듈이 만들어지고, 이 하드웨어에 펌웨어(Firmware), OS, 어플리케이션 등 소프트웨어가 더해지면서 기본적인 제품이 만들어진다. 여러 제품의 기능들이 모여 최종적인 솔루션을 만들고, 이 솔루션이 판매 채널을 통해 고객에게 판매 전달된다. 여기에 솔루션을 고객에게 설치, 운영하고 사후 관리를 책임지는 서비스가 제공된다.

각각의 단계는 하나의 사업 혹은 하나의 시스템으로, 기술을 이용해 설계한 뒤 필요한 부품이나 서비스를 구매하고 생산 파트너들을 활용해 생산하는 인바운드 SCM(Inbound Supply Chain Management)

과 생산된 제품 솔루션을 물류를 통해 배급하고 마케팅과 영업을 통해 판매하며 사후 서비스를 최종 고객에게 제공하는 아웃바운드 CRM(Outbound Customer Relationship Management) 그리고 이를 지원하기 위한 인사, 지원, 구매 등의 지원 조직 활동으로 세분화할 수 있다.

자신의 사업이나 회사가 포함된 가치사슬을 파악하고 이해함으로써 회사 내부의 프로세스나 단위 조직의 활동이 가치사슬과 어떻게 연결되어 있는지 이해하고 그 활동의 핵심 가치가 무엇인지 파악할 수 있다. 대외적으로는 자신의 사업이나 회사가 포함된 가치사슬의 SCM과 CRM을 차지하고 있는 기업들, 즉 이해관계자들의 관점과 입장을 이해하고 이들 사이의 경쟁 관계를 분석해 전략적으로 활용할 수 있다.

구체적으로 가치사슬을 심층 조사(Deep Dive)하여 분석함으로써 각각의 이해관계자들이 어떤 과정을 거쳐 어떤 부가가치들이 창출되는지, 이 과정에서 어떤 비용이 들고, 어디에서 어떻게 이익을 내는지, 이들의 비즈니스 모델이 어떻게 얽혀 있는지 파악할 수 있다. 가치사슬과 연결된 기술의 연구개발 과정이나 제품의 생산 과정도 유사한 방식으로 쪼개어 분석함으로써, 어떤 과정이 가장 중요한 주공정(Critical Path)인지를 찾아내고, 이 과정에 어떤 문제가 있고 어떤 비효율이 존재하는지를 파악할 수 있다. 이러한 분석을 바탕으로 ① 각 과정의 비효율을 제거해 비용을 줄이거나, ② 효과적인 대안을 찾아내 가치를 극대화하거나, ③ 새로운 과정을 추가해 차별화하거나, 혹은 ④ 과감하게 특정 이해관계자를 없애 비즈니스 모델을 단순화하여 혁신하는 것이 가능해진다.

특히 새로운 사업을 시작할 때는 기존 가치사슬을 어떻게 바꿀지 혹은 가치사슬의 어떤 부분을 차지할지를 선택해야 하는데, 이를 위해서는 먼저 기존 가치사슬 이해관계자의 상황과 이해관계를 자세히 분석해야 한다. 이를 바탕으로 기존 강자들의 강점과 채널 장악 현황, 규모의 경제 효과와 진입장벽, 관련 정책과 규제, 필요한 기술과 경험, 필요한 투자 규모를 산정하고 이를 바탕으로 가치사슬에 진입하는 전략을 준비해야 한다. 가치사슬의 강점을 활용하여 적은 비용으로 더 많은 가치를 제공하고, 취약점을 공략하여 가치사슬을 혁신하고 전환 비용을 줄여주는 새로운 기술과 제품으로 기존 가치사슬의 고객들과 이해관계자들을 새로운 제품과 경험으로 유인해야 한다.

비즈니스 모델

가치사슬의 이해관계자들이 모두 지속 가능하려면 비용보다 더 큰 매출을 창출해 지속적으로 이익을 낼 수 있어야만 한다. 가치사슬 속 이해관계자의 **비즈니스 모델**은 자원을 투입(Input)해 조직과 프로세스라는 시스템(System)을 거쳐 가치 있는 결과(Output)를 만들어내는 일련의 과정에서, 어떤 방식으로 자산과 인적 자원을 활용하고, 고정비 변동비와 같은 비용을 투입해 시장가치를 만들어 결과적으로 매출과 수익을 창출하는 독특한 사업 방식이다.

그림 2-4의 비즈니스 모델 캔버스는 비즈니스 모델의 요소들을 보기 쉬운 템플릿(Template)으로 배열한 것으로 비즈니스 모델을 정리하고 관리하는 수단으로 유용하게 사용된다. 9개의 박스는 크게 인프라, 제공(Offering), 고객(Customers) 그리고 재무(Finances)로 분류된다.

그림 2-4 비즈니스 모델 캔버스 by Alexander Osterwalder

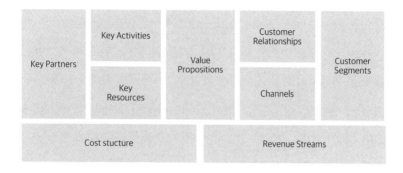

첫 번째 **인프라**(Infrastructure)는 주요 활동(Key Activities), 주요 자원(Key Resources) 그리고 주요 파트너(Key Partners)의 3개 박스를 포함한다. 주요 활동은 상품, 솔루션 혹은 서비스의 가치 제안(Value Proposition)을 위한 가장 중요한 활동을 나타내고, 주요 자원은 고객 가치를 창조하는 데 필요한, 비즈니스를 지원하고 유지하기 위한 인적, 물적, 지적 혹은 금융 자산을 나타내며, 주요 파트너는 주요 자원을 핵심 비즈니스에 집중시켜 효율적으로 운영하고 위험을 회피하기 위해 협력하고 활용하고 지원받는 SCM 공급망의 파트너를 나타낸다. 두 번째 **제공**(Offering)은 가치 제안으로 비즈니스를 통해 고객에게 어떤 차별화된 가치를 제공하는가를 나타낸다. 가치에 대한 정의와 설명은 〈가치란 무엇인가?〉에서 설명했다.

세 번째 **고객**(Customers)은 고객 세분화(Customer Segments), 채널(Channels) 그리고 고객 관계(Customer Relationships)의 3개 박스를 포함한다. 고객 세분화는 비즈니스의 고객을 원하는 가치의 특성에 따라 다양한 세그먼트로 분류하여 서로 다른 가치를 제공한다. 틈새시장(Niche market)을 공략할 수도 있고, 대중 시장(Mass market)을 대상으로 가치를 제공하거나 좀 더 세분화한 세그먼트 단위로 다른 가치를 제공할 수도 있으며, 때로는 시너지를 위해 연관된 고객 세그먼트를 모두 지원하기도 한다. 채널은 가치를 고객에게 제공하는 중간 창구로 자가 매장과 같은 자체 채널과 딜러(Dealer)나 유통업자와 같은 파트너 채널이 있다. 채널은 접근성, 비용 효율성 등을 고려해 결정한다. 고객 관계는 새로운 고객을 개척하거나, 기존 고객을 유지하거나, 매출 성장을 하기 위한 활동을 나타낸다. 영업 활동, 사후 서비스, 매출 성장을 위한 마케팅, 온라인 고객 지원, 고객 커뮤니티 지원 등 다양한 GTM, 영업 마케팅 활동에 해당한다.

네 번째 **재무(Finances)**는 비용 구조(Cost Structure)와 수입원(Revenue Streams)의 2개 박스를 포함한다. 비용 구조는 비즈니스를 운영하기 위해 필요한 지출 구조로 사업 구조에 따라 달라진다. 비용 기반 비즈니스는 저비용에 집중하지만, 가치 기반 비즈니스는 비용보다는 차별화된 가치 제공에 집중한다. 비용은 고정비와 변동비로 분류되고 물량 규모, 사업 범위와 방식에 따라 달라진다. 수입원은 매출을 올리는 방식으로 직접 제품 판매 이외에도 대여나 리스를 통한 가입비와 사용료 징수, 수수료나 라이센싱 등이 주요 수단이 될 수 있다.

비즈니스 모델의 분석은 일반적으로 고객 세분화에서 시작한다. 세분한 세그먼트의 고객 특징을 고객 관점에서 관찰하고 조사하여 고객 프로필(Profile)을 만들고 분류한다. 분류된 고객 프로필은 가치 제안의 근거와 논리가 된다. 가치 제안은 VOC를 바탕으로 보텀업 방식으로 요구사항(Gains)과 어려움(Pains)을 정리할 수도 있고, 트렌드와 기술 발전으로부터 시나리오를 도출해 톱다운 방식으로 새로운 가치 (New value)를 만들어내거나 숨겨진 가치(Hidden value)를 찾아내 시장을 혁신할 수도 있다. 가치 제안과 고객 세분화의 고객 특징을 바탕으로 고객이 선호하는 최적의 채널을 선정하고, 고객 관계를 최적화한다. 가치 제안을 바탕으로 어떻게 수입원을 만들 것인지 설계하고, 필요한 주요 활동을 정리한다. 가치 제안에 필요한 주요 활동을 바탕으로 필요한 주요 자원을 준비하고 적절한 주요 파트너를 선정하고 이러한 활동들을 위한 비용 구조를 최적화한다. 위와 같이 비즈니스 모델의 모든 활동은 가치 제안을 중심으로 유기적으로 연결되어 진행된다.

스타트업이 기술과 제품을 확보하고 안정적인 사업기반을 구축하기까지 가장 많이 고민해야 하는 것이 바로 비즈니스 모델이다. 새로운 기술과 제품으로 시장가치를 만들어 고객 및 시장과 연결하는 가치사슬의 일부를 차지하고 기존의 이해관계자와 전략적 관계를 형성하여 지속 가능한 매출과 수익을 내는 안정적 체제, 즉 자신만의 비즈니스 모델을 구축하기 위해서는 비즈니스 모델을 구성하는 요소들을 하나하나 점검할 필요가 있다.

스타트업의 비즈니스 모델 수립과 분석은 아직 없거나 초기 단계에 불과한 활동은 제외하고 주로 '제품의 개발과 수익의 창출'에 필요한 주요 활동을 정의하고 분석하는 것이 중요하다. 비즈니스 모델 캔버스 대신 **린(Lean) 비즈니스 모델 캔버스**를 사용하는 것을 추천한다.[23] 우

---

23 린 비즈니스 모델 캔버스에 대한 자세한 설명은 〈결結: 성공적인 비즈니스〉의 〈스타트업의 필요충분조건〉에서 그림 4-3과 함께 좀 더 자세히 설명했다.

선 문제(Problem)와 고객 세분화를 바탕으로 차별화된 가치 제안을 정리하고, 이를 만족시키는 기술과 제품, 솔루션을 이른 시일 안에 개발 확보해 이를 바탕으로 수입원을 창출하는 데 집중해야 한다.

중요한 것은 고객의 의도와 문제가 고객 가치, 즉 요구사항(Gains)의 제공이나 어려움(Pains)의 해소와 논리적으로 연결되고, 이 고객 가치가 우선순위에 따라 제품의 솔루션(Solution), 즉 기능과 성능에 적절히 반영되어야 한다는 점이다. 많은 스타트업이 고객의 의도와 문제를 바탕으로 시장과 고객의 요구사항, 즉 고객 가치를 찾고 정리하는 '영업 마케팅 활동'과 해결책 솔루션을 제품의 기능, 성능에 반영하는 '개발 상용화 활동'을 논리적으로 밀접하게, 프로세스 정립을 통해 체계적으로 연결하지 못하고 있다. 따라서 ① 제품과 솔루션의 완성도에 많은 헛점이 있거나, ② 시장의 요구사항이 변화할 때마다 주먹구구식으로 보완을 하면서 시간을 허비하는 비효율을 반복하고 있다.

생태계 구축은 생태계 전체가 이익을 내는 지속 가능한 비즈니스 모델을 구축할 때 가능하다. 생태계 전체의 비즈니스 모델은 다시 가치사슬의 이해관계자들이 이익을 내는 지속 가능한 비즈니스 모델로 분리된다. 플랫폼을 통해 선순환 체계가 만들어지고, 사용자의 유입을 통해 일정한 규모(Critical Mass)가 구축되어 규모의 경제가 만들어지면, 생태계의 모든 이해관계자가 이익을 내는 지속 가능한 체계가 완성된다. 하지만 세상이 변화함에 따라 고객의 욕구와 시장이 변하고, 혁신 기술의 등장으로 가치사슬이 변하면 비즈니스 모델 역시 기술과 시장 환경의 변화에 적응하며 꾸준히 혁신해야 한다. 고객에게 최고의 가치를 제공하면서도 최소의 비용으로 운영하기 위해서는 가치사슬에 대한 끊임없는 분석과 혁신을 통해 지속 가능한 수익성 높은 비즈니스 모델을 구축해야 한다.

새로운 회사에 입사하거나 전직(轉職)을 할 경우, 특히 CEO로 자리를 옮길 때 제일 먼저 해야 할 일은 자신이 맡은 비즈니스를 둘러싼 생태계를 파악하고, 가치사슬을 분석하고, 비즈니스 모델의 특성을 구체적으로 파악하는 것이다. 주기적인 비즈니스 모델 분석을 통해 가치 제안을 중심으로 모든 활동이 유기적으로 연결되어 있는지 파악할 수 있어야 불필요한 활동들을 축소하고, 중요한 활동을 선택해 집중하고 개선시킬 수 있다. 이를 통해 어떤 과정을 통해 수익이 발생하고, 어디에서 비용이 많이 발생하는지 파악할 수 있고, 누가 핵심 고객이고 누가 불량 파트너인지, 누가 위협적인 경쟁자이고 누가 공략 가능한 경쟁자인지, 어느 고리를 혁신하고 어느 고리를 교체하면 지속 가능한 경쟁 우위를 확보할 수 있는지 구체적으로 파악하고 최적화할 수 있다.

비즈니스 모델을 분석하고 혁신할 때 주의할 점은 시장의 주도권, 즉 비즈니스 컨트롤 포인트를 확실히 차지해야 혁신을 주도할 수 있다는 점이다. 시장의 주도권을 확보하지 못한 상태에서 섣불리 혁신하다가 주도권을 쥐고 있는 현상을 유지하려는 보수적인 이해관계자들이 반기를 들면 오히려 가치사슬에서 배척당해 자사의 비즈니스 모델이 흔들리게 된다. 해외 시장을 공략할 때 현지의 대형 딜러나 유통업자들이 물류 거점과 지역 소매상을 장악하고 중간에서 많은 마진(Margin)을 취하고 있는 경우를 보게 되는데, 섣불리 이들의 마진을 깎거나 다른 유통업자로 전환하려다 산토끼도 잡지 못하고 집토끼마저 잃게 되는 실수를 범할 수 있다. 특히 B2B 사업의 경우는 오랜 세월 누적된 믿음과 신용이라는 끈끈한 연대를 몇 %의 이윤으로 제압할 수 있다고 믿는 것은 매우 위험하다. 불합리해 보이는 비즈니스 모델이나 조건일수록 생태계의 특수한 속성을 파악해 적절한 변화의 시기에 인내심을 갖고 틈새를 조금씩 파고드는 슬기로운 대처가 필요하다.

承 - II

새로운 가치의 기획과 전략

4세대 연구개발

Insanely Great
미치도록 끝내주는

스티브 잡스(Steve Jobs)

새로운 기술이나 사업의 가치는 초기에는 하이 리스크 하이 리턴 (High Risk High Return)으로 비록 기회는 많지만 성공 가능성이 불투명하기 때문에 투자를 망설이게 된다. 시간이 흐르면서 위험이 해소되지만 이미 많은 기업이 참여하고 있는 로 리스크 로 리턴(Low Risk Low Return)으로 변화한다. 연구개발의 핵심은 가치 있는 기술이나 사업에 경쟁자보다 먼저 뛰어들어 깊이 탐구함으로써 그림 2-5에 보인 것처럼 지식 격차(Knowledge Gap)를 벌여 경쟁자들보다 먼저 성공 가능성(Clarity)을 확보해 기회(Opportunity)를 선점하는 것이다.

이러한 연구개발의 첫 번째 관문인 연구개발 과제 기획을 시작하기 전에 우선 연구개발 방식, 즉 R&D 방식이 어떻게 발전하고 진화했는지 살펴보는 것이 필요하다. 상당히 많은 연구개발자가 상업적 기술의

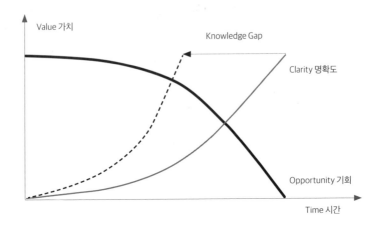

그림 2-5 연구개발 기회 명확도 곡선(Opportunity Clarity Curve)

개발과 순수 자연과학 연구의 차이점을 제대로 인식하지 못하고 있고, 오히려 자유방임적인 연구개발 방식을 이상적인 방식으로 오해하고 있는 경우를 많이 볼 수 있기 때문이다.

19세기 말 독일의 바스프(BASF)가 처음으로 산업체 연구소를 설립한 것이 연구소의 효시라 할 수 있다. 미국의 에디슨이 연구개발을 통해 산업적으로 성공한 것이 계기가 되어 20세기 초 미국 전역에 벨(Bell), 코닥(Kodak), 듀폰(DuPont) 등의 기업이 앞다퉈 연구소를 설립하게 된다. 초창기의 **1세대 R&D**는 **연구형 R&D**로 과학자들에 의해 주도되고 관리되었으며, 비교적 자유로운 분위기에서 연구개발이 진행되었다. 주로 창의적인 기술에 대한 돌파구 찾기(Breakthrough)가 먼저 이루어졌고 이를 바탕으로 상용화가 진행되었던 기술 주도(Technology Push)형 R&D였다. 1세대 R&D의 대표적인 성공 사례 중 하나는 듀폰 연구소에 의해 발명된 나일론으로 듀폰에 엄청난 이

그림 2-6 1세대 연구형 R&D와 2세대 관리형 R&D

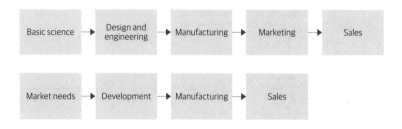

익을 안겨주었다.

2차 세계대전 이후에 등장한 **2세대 R&D는 관리형 R&D**로 기업의 요구사항을 만족시키면서, 동시에 투자되는 R&D 비용을 효과적이고 효율적으로 관리하기 위해 체계적인 R&D 과제관리 방법이 적용되기 시작했다. 1차, 2차 세계대전을 거치며 원자폭탄 개발과 같은 대형 과제들이 수행되었고, 이를 통해 축적된 과제관리 방법들과 경험이 국책 및 기업 연구소들의 2세대 R&D에 적용되었다. 2세대 R&D는 기업의 요구사항, 즉 소비자와 시장의 요구사항을 해결하는 기술과 제품을 연구개발하는 시장 견인(Market Pull) 혹은 니즈 견인(Needs Pull)형 R&D였다.

많은 기업이 R&D에 뛰어들며 경쟁이 격화되고 R&D에 투자하는 비용이 늘어나 투자 실패에 따른 위험성이 커지자 R&D 성공 확률을 좀 더 높이기 위해 전략적인 R&D 방법이 등장한다. 1980년대, 90년대의 **3세대 R&D는 전략형 R&D**로 포트폴리오의 개념이 도입되었다. 장기적으로 획기적인 사업성과를 가져다주는 기술 기반(Technology driven) 고(高)위험 과제와 단기적으로 적당한 사업성과를 보장하는 시장 기반(Market driven) 저(低)위험 과제 사이에서 균형을 유지하며

그림 2-7 3세대 전략형 R&D

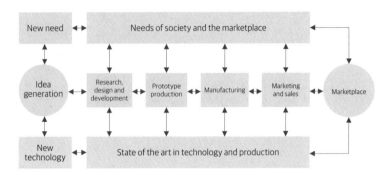

자원을 배분했다. 기술 상용화를 위한 로드맵을 그려 R&D를 중/장기적으로 관리했으며, 시장과 소비자의 요구사항을 조사해 기술기획, 연구개발, 상용화 프로세스에 반영하고, 기술 완성도와 시장 가능성을 중간 점검해 방향을 전환하거나, 자원을 더 투입하거나 연구개발을 중단하기도 했다.

　2000년 전후 본격적으로 등장한 **4세대 R&D**는 **혁신형 R&D**로 시장을 뒤흔드는 비연속적인 혁신에 대응하기 위해 등장한 R&D 방식이다. 3세대 R&D가 빙산의 일각처럼 겉으로 드러난 소비자의 요구사항에 효율적으로 대처했던 방식이라면, 4세대 R&D는 수면 아래에 숨어 있는 파괴력이 큰 잠재적 요구사항들을 조기에 발굴하여 새로운 가치를 창출함으로써 시장을 파괴적으로 혁신(Disruptive Innovation)하고 시장 주도권을 잡기 위한 R&D 방식이다. 일반적으로 4세대 R&D는 3세대 R&D의 대체(Substitution)가 아니라 3세대 전략형 R&D에 혁신형 R&D를 융합(Combination)한 R&D 방식이다. 혁신형 R&D는 파괴적 혁신의 확률을 높이기 위해 전략형 R&D와는 다른 방식의 과제 기획 관리 평가가 필요하다.

4세대 R&D 조직

사업부를 경영하면서 기술과 미래에 대한 비전을 서로 공감하며 친해진 미국의 유명한 소프트웨어 회사 N사의 CEO, Mr. R이 있다. 그는 필자가 근무하던 연구단지를 방문할 때면 늘 "S사의 R&D에 대한 투자 규모와 활력이 넘치는 연구원들의 모습에 감명을 받는다"라고 했다. Mr. R은 젊은 시절 벨 연구소의 소프트웨어 엔지니어였는데, 과거 벨 연구소에서는 다양한 분야의 연구원들이 용광로(Melting Pot)처럼 어우러지며 서로에게 영감을 얻고, 넓은 안목을 가진 인재로 성장했었다고 한다. 그는 우리 연구단지를 방문하면 과거 자신이 속했던 벨 연구소의 전성시대가 생각난다고 했다. 엄청난 기술 투자가 이뤄지고 수많은 혁신 기술을 발명했던 벨 연구소를 어리석은 이들이 비용 배분의 논리를 들어 해체하며 날려버렸고, 이젠 남은 것이 없는 게 너무 안타깝다고도 했다. 한번은 뉴저지 출장을 가서 호텔에 묵었는데 어딘지 낯이 많이 익은 건물이어서 의아했는데, 알고 보니 과거 벨 연구소의 연수원(Training Center)이었던 건물을 라마다(Ramada Inn)에 매각해 호텔로 개조한 것이었다. 과거 벨 연구소의 영광이 사라져버린 것을 생각하면서 눈물을 왈칵 쏟았다고 했다. 그는 "벨 연구소의 해체를 결정했던 그 사람들이 과연 지금의 모습을 보고, 지금의 상태를 알고 과거로 돌아가도 같은 결정을 내렸을까?"라며 탄식했다.

R&D 조직을 사업부 개발실과 중앙연구소로 나눠 이중(Two Tier)으로 운영하는 것이 최근의 일반적인 추세이기는 하지만, 필자는 개인적으로 벨 연구소와 같은 파괴적 혁신을 위한 소규모 혁신 기술 연구조직을 병행(Bilateral)으로 별도 운영하는 삼중(Three Tier) 구조를 추천하고 싶다. 사업부 개발실이 1~3년 후의 신제품이나 기존 제품의 MLK(Mid Life Kicker)에 집중한다면, 중앙연구소는 4~7년 정도의 차세대 제품을 위한 기술을 선행 확보하고, 확보에 시간이 걸리는 중기 기술이나 솔루션 또는 기반 기술이나 공통 기술의 확보에 집중한다. 이러한 연구소들은 대부분의 과제가 기존 사업부의 예산 지원을 받아 움직이기 때문에, 사업부의 입김이 강하게 작용해 사업부 중심으로 단기 과제를 운영하는 경우가 많다. 따라서 장기적 연구가 필요한 혁신 기술 연구 조직은 예산 배정이나 최고의 인재 배정에서 후순위로 밀리는 경향이 강하다. 특히 불황이라도 닥치면 제일 먼저 정리 대상에 오르는 것이 긴급하지 않은 혁신 기술 연구 조직이다. 따라서 진정한 4세대 R&D, 새로운 패러다임을 위한 혁신을 하고자 한다면 규모가 크지 않더라도 반드시 삼중으로 조직을 분리하고, R&D 예산의 일부, 적어도 5% 이상을 '생명보험이나 상해보험을 든다' 생각하고 장기적 혁신 기술 연구에 과감히 투자해야 한다. 그리고 와해성 기술이 성공적으로 개발되었다고 판단되면 다음의 〈파괴적 혁신〉에 설명한 것처럼 과감히 분리해 독립된 환경에서 사업을 추진하도록 지원해야 한다.

이러한 삼중 구조의 연구소가 가진 장점을 최대한 활용하면, 기존의 개발실이나 연구소와 다양한 시너지를 낼 수 있다. **인재관리(People) 측면**에서는 최고의 인재들을 모아서 훈련하고 유지시킬 수 있다. 과거의 경험을 돌이켜보면 창의적이고 새로운 것을 좋아하는 박사급 고급 인력들은 기존 기술의 개발에 매달리는 개발실이나 연구소보다는 혁신 기술에 도전하는 조직을 선호하는 경향이 있기 때문에, 이러한 삼중 구조 연구소는 최고의 인재들을 유치하기에 유리하다. 또한 삼중 구조 연구소는 새로운 기술을 발굴하고, 중/장기적으로 연구개발을 수행하고, 얻어진 결과를 연구소 혹은 개발실과 교류하며 전달하는 과정에서 시장과 기술의 동향과 미래에 대해 고민하고, TLC와 PLC를 경험하며 사업에 대한 안목을 키울 수 있다. 이러한 사업부 적응과정을 통해 양성된 인력들이 자연스럽게 연구소, 사업부로 전진 배치되면 기존 기술에 취해 신기술을 배척하다가 청맹과니가 된 연구소와 개발실에 새로운 변화의 씨앗을 제공할 수 있을 것이다. 개발실이나 연구소의 따분한 기존 기술을 지루해하는 우수한 인력들은 일부 삼중 구조 연구소로 회귀시켜 줌으로써 능력 있고 경험 있는 인재들에게 새로운 기술로 재충전할 기회를 제공하고 외부로의 이탈을 방지할 수 있을 뿐만 아니라, 삼중 구조 연구소에도 사업화 관점과 현장의 경험을 제공하여 긍정적인 자극과 변화를 줄 수 있다.

프로세스(Process) 측면에서는 삼중 구조 연구소의 선행 연구를 통해 새로운 기술을 깊이 있게 파악하고 새로운 기술과 사업에 대한 통찰과 안목을 얻을 수 있다. 이러한 선행 연구소는 새로운 기술을 찾아다니며 제일 먼저 발견하고, 타당성 조사를 통해 잠재적인 혁신 기술들이 어떤 강점과 어떤 맹점을 가졌는지 찾아낸다. 이러한 수색대의 예방주사, 임상시험 결과가 효과적인 소통을 통해 사업부와 경영진에 주기적으로 제공된다면 사업부가 Hype에 속아 잘못된 방향으로 불쑥 충동적으로 사업을 시작하는 위험을 예방하고, Chasm에 빠졌을 때 기다리지 못하고 포기하는 실수를 막을 수 있게 된다. 삼중 구조 연구소에서의 실수와 실패는, 대부분 사람이 생각하는 것처럼, 단순한 예산의 낭비가 아니다. 미래 사업을 위한 예방주사, 임상시험과 같은 미래를 위해 매우 소중한 무형의 자산임을 잊지 말아야 한다.

성과(Product) 측면에서는 기존 기술로부터는 절대 얻어낼 수 없는 혁신 기술을 조기에 성공적으로 확보하고, 다양한 기술 분야 사이의 소통을 통해 융합 기술을 확보할 수 있다. 삼중 구조 연구소 같은 조직에서는 다양한 분야의 혁신 기술 연구 조직이 서로 어울리고 서로 자극하며 기술적 교류가 이루어져 학제 간(Interdiciplinary) 융합과 통섭이 이루어진다. 같은 색깔을 가진 사업부 연구소에서는 절대로 기대하기 어려운 융합과 통섭을 통해 서로 다른 분야 간에 시너지를 만들 수 있다. 예를 들어 재료를 연구하는 조직과 시스템을 연구하는 조직 간에 교류가 이루어져 서로에게 영감을 주게 되면 시스템을 연구하는 조직은 새로운 재료를 통해 혁신의 실마리를 발견할 수 있고, 재료를 연구하는 조직은 어떤 새로운 재료가 필요한지, 새로운 재료가 제품과 솔루션에서 어떤 역할을 하는지, 어떤 문제들을 고려하고 탐구해야 하는지 서로 배울 수 있다. 또한 삼중 구조 연구소에서 선행 연구를 하는 과정에서 알게 된 혁신 기술과 관련한 다양하고 깊이 있는 정보를 통해 조기에 입수(Buy)할 필요가 있는 특허, 기술, 스타트업 혹은 다양한 투자 기회를 발굴하고 선행 투자하는 기회를 얻을 수 있다.

파괴적 혁신

I want to put a ding in the universe.
우주에 흔적을 남기고 싶다.

스티브 잡스(Steve Jobs)

혁신(Innovation)의 사전적 의미는 "새로운 방법, 아이디어, 제품을 도입해 기존의 것을 변화시키는 것"을 의미한다. 혁신은 "훌륭한 아이디어에서 시작해 소비자 관점에서 새롭고 충분히 가치 있는 제품, 서비스, 프로세스 혹은 경험을 비즈니스로 풀어내는 과정"이다. 그중 **파괴적 혁신(Disruptive Innovation)**은 "자원이 빈약한 신규 기업(Entrants)이 혁신 제품을 도입해 시장을 장악한 기존 기업(Incumbents)을 시장에서 성공적으로 제압하는 과정(Process)"을 의미한다.

파괴적 혁신은 우리가 흔히 잘못 알고 있는 것처럼, 반드시 돌파 기술(Breakthrough technologies)을 사용하지 않으며, 처음에는 저가 시장(Low end market)과 신규 시장(New market)에서 열등한 성능을 가진 제품으로 시작한다. 클라이튼 크리스텐슨(Clayton M. Christenson)

이 HBR에 발표한 논문[24]에 따르면 고가 시장(High end market)에서 일어난 시장 와해는 파괴적 혁신이라 부르지 않는다.

파괴적 혁신은 기존 기업이 큰 시장의 수익이 좋은 현재 제품과 서비스에 집중하는 동안 신규 기업이 ① 저가 시장에서 새로운 기술을 도입해 시장을 잠식하거나 ② 드러나지 않은 고객의 욕구를 만족시키는 신규 시장을 만들어 시장을 잠식하며 시작된다.

기존 기업이 저가 시장에서 필요 이상의 지나친 성능을 제공하며 필요 이상의 가격(Price umbrella)으로 팔면서 시장을 향유하고 있을 때, 신규 기업은 기본 기능에서 성능은 떨어지지만 다른 유용한 특성을 추가로 제공하는 신기술을 이용해 저가 시장에 진입한다. 기존 기업은 아직은 시장과 미래가 불분명한 신기술의 가능성을 무시해 위협으로 여기지 않고 적극적으로 대응하지 않으며, 현재 제품과 서비스를 개선해가는 **지속적 혁신**(Sustaining Innovation)에 집중한다. 하지만 기술의 발전으로 인해 신기술의 성능이 급격히 향상되어 충분히 좋은 성능에 도달하면 신규 기업은 더 싼 가격으로 제품과 서비스를 제공하며 기존 기업의 고객을 빼앗아 올 수 있다. 기존 기업보다 소규모인 신규 기업은 비용 구조가 간단하기 때문에 낮은 가격에서도 충분한 수익을 올리고, 충분히 발전된 신기술은 진입장벽을 형성해 기존 기업의 추격을 봉쇄할 수 있다.

신규 기업이 새로운 시장을 개척하고 확보하면서 발생하는 파괴적

---

24 What is Disruptive Innovation? by Clayton M. Christensen et al., published in Harvard Business Review, December 2015

혁신은 좀 더 강력하다. 신규 기업은 새로운 시장 혹은 새로운 세그먼트를 창출해, 소비자가 아니었던 고객을 소비자로 만든다. 제록스 복사기(Xerox copier)가 B2B 고객이 대상이었다면 개인용 프린터는 B2C 시장에서 새로운 고객을 만든 것이다. 애플의 아이폰은 같은 고객에게 더 좋은 제품을 제공해 성공한 것으로 파괴적 혁신이 아니지만, 앱스토어(App Store)는 앱 개발자와 스마트폰 사용자를 연결하는 새로운 플랫폼을 구축하여 스마트폰 사용자가 다양한 응용서비스를 이용할 수 있게 만든 성공적인 파괴적 혁신이다.

대다수의 기존 기업이 신규 기업의 파괴적 혁신을 무시하거나 막지 못하는 원인은 무엇일까? 파괴적 혁신은 기존 고객이 집중하지 않고 관심을 보이지 않는 시장에서 시작된다. 저가 시장에서 열악한 성능으로 시작하면 위협으로 간주하지 않게 마련이다. 또한 기존 기업은 새

그림 2-8 지속적 혁신과 파괴적 혁신

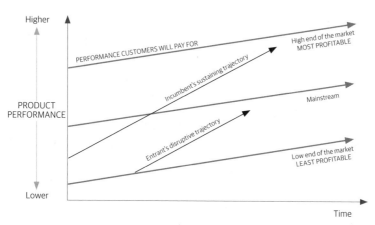

출처: CLAYTON M. CHRISTENSEN, MICHAEL RAYNOR, AND RORY MCDONALD

로운 시장에 대해 대부분 '시장이 불분명하거나 수익성이 열악하다'고 판단하고 외면한다. 일부 수익성이 있는 것으로 분석하더라도 기존 기업은 내부 역량을 더 큰 매출과 수익을 보장하는 지속적 혁신에 집중한다. 뒤늦게 파괴적 혁신의 가치를 알고 시장에 진입할 때는 이미 기술 격차가 벌어져 있고 진입장벽이 형성되어 돌이키기 어려운 경우가 대부분이다.

지속적 혁신의 한계

현재 사업의 문제를 알려진 기술과 방법으로 혁신하는 지속적 혁신은 기존 사업의 문제를 혁신하기 위한 제품과 기술의 로드맵을 그리고 내부 R&D 조직을 활용해 필요한 기술과 방안을 확보하거나 외부 솔루션을 아웃소싱하거나 M&A를 통해 확보한다. 반면 파괴적 혁신은 다른 방법으로 해결하던 불평 혹은 드러나지 않은 니즈(Hidden needs)를 기존의 기술이나 새로운 기술 혹은 새로운 아이디어로 해결하는 솔루션을 제공하면서 시작된다.

과거와 현재의 패러다임에 최적화된 기존 기술을 새롭게 부상하는 시장 주류의 변화와 새로운 패러다임에 적용하려면 기존의 패러다임에 최적화된 강점을 포기하고 새로운 패러다임에 맞춰 극적인 변화를 주어야만 한다. 하지만 현재의 패러다임에 최적화된 기술이 충분히 발전해 성숙하면, 새로운 패러다임을 위한 새로운 가치를 창출하기에 적합하지 않은 형태로 정착한 경우가 많다. 비록 적합하다 하더라도 새로운 패러다임을 위해 필요한 기술 변화와 구조 변경은 현재 사업에 상당한 기술적 비용적 부담을 주게 되어 이해관계자들의 극렬한 반대를 불러일으킨다. 그래서 대부분의 기존 기술(Existing Technology)은 기존 패러다임을 보완하는 발전(Evolution)으로 끝나고, 새로운 패러다임으로 혁신적 변화를 주는 혁명(Revolution)을 만들어내지 못한다.

음성과 SMS에 최적화된 3G 이동통신의 WCDMA 기술은 다양한 크기의 데이터, 대용량의 사진과 비디오가 주를 이루는 4G 이동통신의 패러다임을 수용할 수 없어 MIMO-OFDMA라는 새로운 기술에 혁신의 자리를 내어줄 수밖에 없었다. 3G 이동통신에 최적화된 피처폰은 이동통신 기술의 혁신과 함께 일상화된 사진, 비디오, SNS, 다양한 앱 서비스 등 새로운 패러다임을 좀 더 쉽게 수용하고 제공할 수 있는 스마트폰에 플랫폼 자리를 내어줄 수밖에 없었다.

새로운 시장을 창조하고 새로운 플랫폼이 등장하고, 새로운 지배적 디자인이 태동한다. 하지만 기존 기술을 담당하는 인력들은 새로운 기술의 가능성을 폄하하고 인정하지 않은 채 새로운 혁신 기술보다 성능이 떨어지는 기존의 기술로 문제를 해결하려 한다. 기존 사업을 담당하는 인력들도 아직 시작에 불과한 새로운 시장과 사업을 과소평가하고, 기존 사업이 가져다주는 거대한 매출과 손익을 잠식하는 장애물로 인식한다. 자신이 잘 알지 못하는 새로운 기술과 변화에 저항하고 새로운 변화가 가져다줄지도 모르는 자신의 위상 하락을 염려하여 기존의 가치사슬과 비즈니스 모델을 바꾸려 하지 않는다. 기존의 사업과 기술을 담당하는 중간관리자 역시 자신에게 익숙한 기존 기술과 사업의 틀을 고수하여, 기업은 기존 기술의 틀에서 결국 벗어나지 못한다.

과거의 수많은 일류 기업들이 갇힌 틀에서 벗어나지(Out of Box) 못하고 과거의 유산에 매달리다 파괴적 혁신에 밀려 사라졌다. 이 동통신 분야의 전설과도 같았던 모토로라, 노키아 같은 기업들은 아날로그에서 디지털로, 피처폰에서 스마트폰으로 전환하는 새로운 패러다임을 따라가지 못해 몰락한 대표적인 기업들이다. 미국은 Voiceband Modem 투자에 매달리다 ADSL 도입에서 뒤처졌고, 유럽은 GSM 성공에 빠져 있다 차세대 이동통신 투자에 소홀했다. 이렇다 할 유선 인프라가 없었던 중국은 바로 광통신 인프라를, 아프리카는 처음부터 이동통신 인프라를 건설하면서 신기술로 더욱 효율적인 정보통신 인프라를 구축하고 있다.

長江後浪推前浪 一代新人煥舊人

장강의 뒷물결이 앞물결을 밀어내며 흐르고

한 시대 새사람이 옛사람을 대신한다.

《증광현문(增廣賢文)》중에서

와해성 기술

파괴적 혁신을 일으키는 와해성 기술(Disruptive technology)이 우리가 흔히 상상하는 대단히 혁신적인 기술일 필요는 없다. 앱스토어처럼 새로운 플랫폼을 구성하는 창의적인 아이디어이거나, 트랜지스터처럼 이미 알려진 새로운 기술을 활용한 포켓 라디오(Pocket radio) 같은 잠재된 소비자의 욕구를 해결하는 창의적인 제품 서비스를 기획하는 데서 시작한다. 혁신적인 기술이 등장한다고 해서 파괴적 혁신이 반드시 성공하지는 않는다.

지속적 혁신을 통해 기존의 기술이 진화해 새로운 패러다임을 수용하면서 새로운 기술을 밀어내기도 한다. 와해성 기술이 등장하고, 이를 바탕으로 혁신적인 서비스가 시장을 장악해 기존의 패러다임을 완전히 밀어내고 새로운 주류로 자리 잡기 위해서는 기술, 속도, 비즈니스 모델 측면에서 충분한 모멘텀이 축적되어 있어야 한다.

기존의 패러다임을 와해시키고, 파괴적 혁신을 주도하기 위해서는 ① 와해성 기술이 기존 기술이 제공하는 기존의 성능도 충분히(Good enough) 만족시킬 수 있어야 하고, ② 숨겨진 욕구를 만족시키면서도 새로운 패러다임을 수용하는 차별화된 특성을 보유해야 하며, ③ 새로운 와해성 기술을 빠르게 상용화하고 진화시키는 열정적인 혁신 인재들이 기술 기반의 변화를 주도하고, ④ 기존 패러다임보다 훨씬 효율적이고 효과적인 서비스와 새로운 비즈니스 모델이 등장해 시장 기반의 변화를 유도하는 강력한 모멘텀이 형성되어야 한다.

파괴적 혁신 만들기

와해성 기술을 발굴하고 이를 활용하여 파괴적 혁신을 주도하기 위해서는 다음과 같은 접근이 필요하다. 우선 **파괴적 혁신과 지속적 혁신을 구분**해야 한다. 파괴적 혁신의 정의를 활용하는 것도 방법이지만, 초기에는 '내부의 불협화음'을 통해 구별하기도 한다. 진보적인 개발 부서에서 열렬하게 "중요하다"라고 주장하는데, 보수적인 마케팅이나 재무 부서에서 "시장도 수익성도 불분명하다"라고 하면서 반대한다면 파괴적 혁신의 가능성이 크다는 것이다.

파괴적 혁신의 후보로 의심이 된다면 그다음은 **기존 기업에 위협이될 가능성이 있는지 확인**한다. 시장에서 요구하는 성능의 추이와 와해성 기술의 성능 발전 속도를 비교해 가까운 미래에 충분히 만족할 수 있는 단계로 들어설 만큼 기술 발전 속도가 빠르다면 위협으로 간주해야 한다. 이때 주의할 점은 기존 기술의 성능을 기준으로 와해성 기술의 성능을 비교하는 실수를 범해서는 안 된다는 것이다. 와해성 기술의 특징은 기존의 기술이 가지고 있지 않은 고객의 잠재 욕구를 해결하는 다른 강점을 보유하고 있기 때문이다. 포켓 라디오의 경우 휴대성, 저전력, 소형이라는 강점을 바탕으로 음질이 일정 수준에 도달하자 기존의 테이블 라디오(Tabletop radio) 시장을 쓸어버렸다. 지금은 사라졌지만 14인치에서 시작해 8인치, 5.25인치, 3.5인치로 줄어든 하드디스크(Hard disk) 시장의 파괴적 혁신도 처음에는 기존 하드디스크의 1/10 수준의 용량밖에 제공하지 못했지만, 전원의 내장, 작은 무게, 작은 크기라는 강점을 바탕으로 용량이 일정 수준에 도달하면 기존 주류 하드디스크 시장을 와해시켜 버렸다.

위협적인 와해성 기술로 밝혀졌다면 **초기 시장에 대한 조사와 분석**이 이루어져야 한다. 이때 중요한 것은 기존의 시장 조사 방식을 활용하면 안 된다는 점이다. 저명한 시장 조사 기관이 예측한 폴라로이드 카메라(Polaroid camera) 판매 대수는 겨우 10만 대 수준이었다고 한다. 기존 제품의 성능 향상에 더 많은 관심을 쏟는 기존 고객은 현재 존재하지 않는 새로운 기능과 성능, 새로운 시장, 사람들이 알지 못하는 기술에 대해 답변할 수 있는 것이 별로 없다. 이러한 조사는 기존 사업과 관련이 없는 창의적인 스타트업에 맡기는 것이 훨씬 효과적이다.

그들은 창의적인 아이디어와 빠른 시장 테스트를 통해 기존 사업이 간과하고 있는 잠재된 킬러 앱, 킬러 서비스를 시장에서 배우면서 빠르게 찾아낸다.

초기 시장까지 성공적으로 찾아냈다면 마지막으로 해야 할 일은 기존 사업과 **완전히 독립된 병행 조직을 구성하고 운영**하는 것이다. 연구개발 조직만 분리하거나 제품 개발 조직만 분리하는 수준으로는 안 된다. 기존 사업과 상품기획, GTM, 마케팅, 영업 등에서 자원 할당 싸움이 없도록 완전히 독립해야 한다. ① 기존 사업의 운영 기준에 얽매여 속도가 느려지거나, ② 불필요한 간접비(Overhead)로 인해 손익이 왜곡되거나, ③ 파괴적 혁신의 초기 매출을 우습게 보지 않고, ④ 실패를 과정으로 인정하고 받아들이는, 파괴적 혁신에 적합한 다른 기준을 적용받는 스타트업 문화가 필요하다. 스타트업에서 출발해 시장을 파괴하고 시장의 강자로 떠오른 신규 기업과 유사한 사업 환경을 제공해야만 한다.

외부의 파괴적 혁신을 발굴하는 대신, 내부적으로 와해성 기술을 연구개발하기 위해서는 4세대 R&D, 혁신을 위한 조직을 구성해야 한다. 새로운 변화와 새로운 기술에 열광하고 몰입하는 젊고 새로운 전문 인력으로 연구개발 조직을 구성해야 한다. 여기에 기존 사업이나 기술 조직에서 과거에 파괴적 혁신을 경험한 인력들과 새로운 변화를 수용하고 도전하려는 인력들을 수혈하여 혁신과 실패, 열정과 경험, 기술과 사업 사이의 균형을 맞추는 것이 필요하다.

성공적 혁신

지속적 혁신과 파괴적 혁신이 이미 알려진 영역의 기술이나 아이디어를 활용해 기존의 문제를 개선하거나 새로운 문제를 해결하는 혁신이라면 **돌파성 혁신**(Breakthrough Innovation)은 잘 알려진 문제지만 해결할 방법을 모르고 있다가 갑작스럽게 나타난 돌파구를 통해 문제가 해결되고 혁신이 일어나는 것이다.

돌파성 혁신을 창출하기 위해서는 우선 ① 최근에 떠오른 획기적인 발명을 활용해 어떤 문제를 해결할 수 있을지 기술 기반 방식으로 찾아가거나, 어떤 잠재된 욕구를 해결할 수 있을지 조사 연구하여 시장 기반 방식으로 혁신해야 한다. 개방형 혁신(Open innovation)을 활용해 혁신 기술을 발굴하고, 기술 첩보(Technology Intelligence) 팀을 활용해 전략적으로 중요한 기술에 대한 투자와 M&A를 병행한다.

혹은 ② 융합적 발명, 즉 서로 이질적인 기술과 분야의 통섭(Convergence)을 통해 한 분야 기술만으로 해결할 수 없었던 문제를 새로운 차원의 기술과 응용 서비스로 방해 요인을 제거하여 잠재되어 있던 혹은 해답을 기다리고 있던 소비자의 욕구를 일거에 해결하고, 이를 바탕으로 새로운 시장을 창출하고 시장을 주도해야 한다.

성공적인 혁신을 위해서는 〈기起: 미래 준비하기〉에서 언급한 바와 같이 항상 톱다운으로 미래의 변화에 대한 전망(Outlook)을 예측하고, 지속적으로 완성도를 높여 나가며, 한편으로는 보텀업으로 전 세계의 경쟁사, 대학, 연구소, 스타트업들이 어떤 기술을 개발하고, 어떤 응용 분야를 발굴하고 있는지 기술 첩보를 철저하게 파악해야 한다. 이러한 톱다운 예측과 보텀업 조사를 통해 시장 성공 가능성이 높은 혁신 기술 후보와 핵심 플레이어들, 동맹(Alliance) 파트너 후보를 명확히 파악해야 성공적으로 활용할 수 있다.

사업적 경쟁 우위를 선점하기 위한 혁신 기술을 확보하기 위해서는 ① Make: 내부에 혁신 기술 연구개발을 위한 별도 조직을 구축해 운영하거나 ② Buy: 혁신 기술을 선도할 가능성이 있는 파트너를 조기에 발견하고 활용하는, 즉 Make와 Buy를 병행하는 것이 필요하다.

연구개발 R&D의 주체는 연구개발팀에 국한되는 것이 아니라 상품 기획, 기술, 영업, 생산 및 품질 등을 포함하는 CFT(Cross Functional Team)를 구성해 고객과 사용자의 요구를 찾고 반영하는 작업을 연구개발과 함께 수행한다. 기존의 지속적 혁신의 벽을 깨고 나오기 위해서는 ① 연구개발 측면에서는 혁신 기술을 제품과 솔루션으로 연결하는 새로운 ASIC, SoC의 개발 등이 필요한데, 이를 위해서는 자원의 우선적 배분과 유지를 위한 중/장기적인 투자, 역할을 분담한 조직 사이의 일관된 유기적인 협력이 필요하다. ② GTM과 시장 개척 측면에서는 새로운 사업의 부화를 확신하고 주도하며 기존 사업의 부서 이기주의, 제도적 한계를 돌파하는 최고경영진의 통찰과 인내, 다른 기준의 사업성과 평가 등이 필요하다.

연구개발, 시장 주도권 확보, 성공적 사업화를 위해서는 기업 내부의 핵심 역량에만 의존하지 않고 CRM이나 SCM에 포함된 기업들, 경쟁사까지 포함하는 CBT(Cross Boundary Team)를 구축하여 동맹 파트너가 함께 비용과 역할을 분담해 연구개발을 진행하고, 표준화나 산업 포럼(Industry Forum)에서 연합하면서 시장을 주도하고 위험을 분산하는 전략도 필요하다.

가치의 기획: WHY

君子務本 本立而道生
현명한 사람은 근본, WHY를 규명한다.
근본을 찾으면 길, WHAT과 HOW가 보인다.

《설원(說苑)》 중에서

이제 본격적으로 연구개발 과제 기획을 어떻게 할 것인지 살펴보자. 연구개발 과제 기획의 첫 번째 단계는 왜(WHY) 이 기술을 개발해야만 하는지를 분명히 하는 것이다. 일반적으로 사람들은 무엇(WHAT)을 할 것인지를 정해놓고 그다음에 어떻게(HOW) 이 기술을 개발하고 어디에 활용할지를 찾는다. 하지만 전략적인 연구개발을 위해서는 왜(WHY) 우리가 이 기술을 개발해야만 하는지, 즉 이 기술에 어떤 가치가 있고 어떤 기회가 있는지를 먼저 규명해야 한다. 왜(WHY)를 규명하는 과정을 통해 무엇(WHAT)을 할 것인지가 명확해지고 그것을 향해 달려 나갈 때 어디에 집중해야 하는지, 어떤 문제들을 극복해야 하는지, 어떤 일을 먼저 하고 어떤 일을 나중에 해야 하는지 결정할 수 있게 된다.

2000년 봄, 필자는 1993년부터 시작한 ADSL 연구개발 과제를
끝내고 새로운 연구개발 과제를 준비하고 있었다. 마침 10년간의 연
구개발을 끝내고 3G 이동통신 3GPP WCDMA 표준이 공표되어
ADSL을 기반으로 한 유선 인터넷에 이어, 3G 이동통신 표준을 바
탕으로 무선 인터넷 시대가 열릴 것이란 기대가 커지고 있었다. 이동
통신 시스템은 평균 10년의 주기로 다음 세대로 진화해 나가고 있
었기 때문에 4G 연구개발을 시작하기 적절한 시점이라고 판단해서,
아직 어떤 요구사항도 기술적 흐름도 드러나지 않은 4G 이동통신을
WHY: 왜 해야만 하는지, WHAT: 어떤 연구개발에 집중해야 하는
지, HOW: 이를 위해 어떤 조직 역량과 어떤 파트너들이 필요한지를

그림 2-9 4G 이동통신 시스템의 CTS 도출 사례

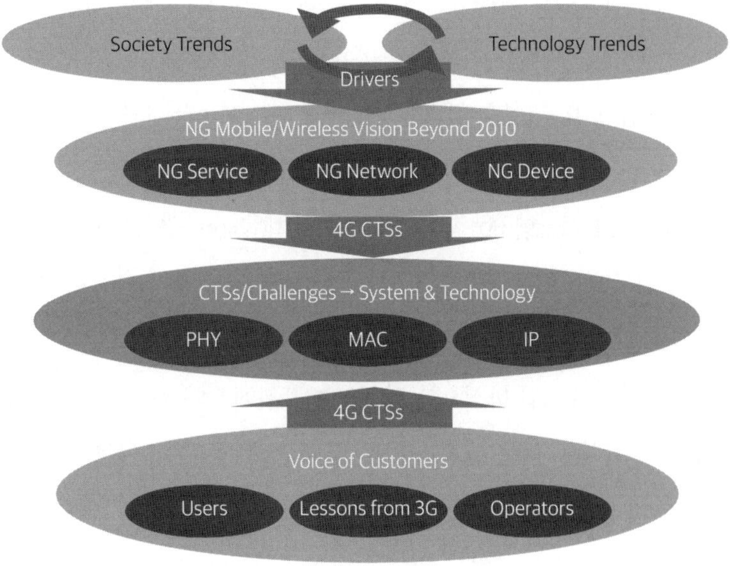

기획하기 시작했다. 그림 2-9는 이동통신 분야의 시스템 특성을 바탕으로 4G 이동통신 시스템 연구개발의 WHY를 찾아가는 과정을 도식화한 것이다.

성공 요소(Critical to Success)

첫 번째는 톱다운 방식으로 사회, 시장, 기술이 어떤 가속 요인 (Driver)에 따라 움직이며 어떤 변화를 만드는지, 그리고 이 변화를 가로막는 방해 요인(Showstopper)은 무엇인지 파악하는 일이다. 가속 요인과 방해 요인을 파악하는 방법으로는 ① 패러다임 전환과 사회 변화의 흐름(Needs)을 바탕으로 어떤 변화에 대한 욕구가 있고, 어떤 사회적 이슈(Challenge)가 이 흐름을 방해하는 요인으로 작용할지 예측하는 방법과 ② 기술적인 발전(Seeds)을 바탕으로 어떤 새로운 변화가 조력자(Enabler)로 작용하고, 어떤 기술적 장벽(Barrier)이 방해 요인으로 남아 있는지를 파악하는 방법이 있다. 이러한 톱다운 가속 요인, 조력자, 방해 요인, 이슈, 장벽을 바탕으로 4G 이동통신의 '시장 기회 (Opportunity)'를 WHY, 비전으로 설정하고 이 비전을 바탕으로 서비스, 네트워크 시스템(네트워크 인프라), 단말기(디바이스)의 미래 모습(To Be)을 설정하고 이를 가능하게 하기 위한 톱다운 성공 요소(Critical to Success: CTS)를 도출한다.

두 번째는 보텀업 방식으로 현재의 이해관계자와 소비자가 현재의 서비스에 대해 무엇을 만족스럽게 생각하고 무엇을 불편해하고 개선하기를 바라는지(Pains), 또한 미래에는 어떤 서비스를 원하고(Desire), 무엇을 중요하게 생각하는지(Motivation) 등 '이해관계자와 고객의

VOC(Voice of Customer)'를 파악하는 것이다. 이러한 보텀업 욕구, 불평, 의도, VOC를 바탕으로 4G 이동통신 잠재 고객의 욕구를 보텀업 성공 요소, 즉 CTS로 도출한다.

톱다운 방식의 CTS가 혁신에 가까운 접근 방식이라면, VOC를 바탕으로 한 보텀업 CTS 도출은 현실에서 출발한 진화에 가까운 접근 방식이다. 톱다운 사회 변화와 기술 진보에 따른 시장 기회를 바탕으로 한 CTS, 보텀업 이해관계자와 소비자의 VOC를 바탕으로 한 CTS를 종합하면, 어떤 가속 요인, 조력자, 욕구, 의도가 있고 어떤 방해 요인, 불평, 이슈, 장벽이 있는지, 그래서 무엇이 중요한 고객 가치(Customer value)인지, 즉 CTS를 종합적으로 판단할 수 있게 된다. 이러한 접근 방법은 최근에 시작된 6G 이동통신의 CTS 도출에도 그대로 활용할 수 있다.

비즈니스 성공 요소

일단 이러한 CTS가 파악되면, 전문 지식을 바탕으로 이를 **비즈니스 성공 요소**(Business Success Factor: BSF)로 전환해야 한다. CTS가 WHY에 해당한다면 BSF와 다음 편의 **기술적 성공 요소**(Technical Success Factor: TSF)는 WHY를 구체화한 WHAT에 해당한다.

BSF는 사회적, 기술적 변화의 가속 요인과 방해 요인을 바탕으로 도출한 CTS를 고객의 욕구와 이해관계자의 사업 관점에서 바라보고 ① 필요한 객관적, 절대적 요구사항들로 정리하고, ② 필요한 요구사항을 계량기준(Metric)을 이용해 측정/평가 가능한 형태로 변화시킨 것이다. 객관적인 BSF 없이 바로 기술적 성공 요소로 접근하게 되면 중요한 CTS들이 기술적인 접근 과정에서 무시되거나 축소되는 왜곡이 발생한다. 따라서 WHAT에 해당하는 BSF를 기술과 관계없는 (Technology agnostic) BSF로 객관화한 다음 기술적인 TSF로 전환해야 한다.

또한 CTS를 BSF로 전환할 때 주의해야 할 것은 불필요한 지나친 성능을 제공하지 않는 것이다. 기술기획이나 상품기획과 같은 초기 기획 과정에서 가장 중요하면서도 가장 어려운 것은 어떤 특성을 포함해야 하고, 각각의 특성은 어느 수준의 성능을 가져야 하며, 소비자가 받아들일 수 있는 시장 가격은 얼마인지를 결정하는 것이다. 흔히 고가 시장에서는 소비자가 원하는 특성과 성능이 정해진 다음에 이를 바탕으로 가격을 정하지만, 저가 시장에서는 가격이 먼저 정해지고, 그 가격에 맞춰 소비자 가치의 우선순위를 정하고 일부 특성과 성능을 희생한다. 시장의 경쟁이 격화되고, 차별화를 위해 기존 특성의 성능이 개선되고, 새로운 혁신 특성이 도입될 때 흔히 빠지게 되는 함정이 바로 혁신가의 딜레마(The Innovator's Dilemma)[25]이다. 흔히 BSF라고 믿었던 특성의 성능이 어느 수준 이상이 되면 소비자에게 더 이상의 부가가치를 제공하지 못하게 되지만 공급자가 이를 인식하지 못하고 과도하게 제공하며 차별화하고 있다고 착각하는 것이다. 따라서 멈춰야 하는 수준에서 멈추고 남는 자원을 새로운 혁신적 CTS를 충족하는, 소비자들이 혁신적이라고 여기는 BSF 특성에 할당해 고객이 만족하는

---

25 하버드 대학 교수 클라이튼 크리스텐슨의 저서 《The Innovator's Dilemma: When New Technologies Cause Great Firms to Fail》을 참고하기 바란다.

최저 수준 이상의 성능을 제공해야 한다.

ADSL 모뎀 개발 과제나 4G 이동통신 시스템의 개발 과제와 같은 통신 인프라를 연구개발하는 과제와 달리, 시장의 특정 소비자를 타깃으로 하는 서비스 과제의 경우에는 먼저 시장을 소비자 특성에 따라 분류하고, 즉 세분화(Segmentation)하고 그중에서 집중할 세그먼트를 선정한 다음 그 특화된 소비자 특성에 맞는 BSF를 발굴한다. 즉 세분화, 타기팅(Targeting), 포지셔닝(Positioning)[26]의 과정을 거쳐 가치 제안을 진행한다.

톱다운 방식으로 사회, 시장, 기술의 거시적인 변화를 바탕으로 가속 요인과 방해 요인이 만들어내는 시장 기회를 정리하고, 보텀업 방식으로 관련 시장에서 고객이 어떤 이유로 서비스에 관심을 보이는지, 욕구와 의도를 찾아내고 어떤 어려움을 겪고 있는지, 불평과 문제를 합쳐 VOC로 정리한다. 다양한 고객의 특성과 성향에 따라 시장 요구 사항이 서로 다른 특성의 고객 그룹을 묶어 세분화한다.

선택한 세그먼트에 대해 고객이 달성하고자 하는 목표, 제품을 통해 얻고 싶거나 해결하고 싶은 어려움 등을 고객 가치(Customer value)로 구체화하고, 우선순위를 정해야 한다. 이러한 고객 가치는 기존의 시장 조사 자료를 활용할 수도 있지만, 새로운 시장일 경우는 예상되는 소비자의 심리나 행동을 예측하여 기본 가정을 만들고, 직

---

26 이 책에서는 마케팅 전략을 위한 STP 즉 시장 세분화(Market Segmentation), 시장 타기팅(Market Targeting), 제품 포지셔닝(Product Positioning)에 대해서 깊이 다루지 않았다. 다만 STP 개념을 연구개발 측면에서 채용하여 내용에 포함했다.

접 시장 조사나 소비자 면담을 통해 가치를 확인하고, 필요한 정보를 수집하고 분석해야 한다. 이렇게 얻어진 고객 가치 중에서 우선순위가 높은, 반드시 제공해야 하는 3~4개 정도의 가치를 선정하여, 시장과 시스템의 특성에 맞는 요구사항과 필요한 수준으로 구체화한 것이 BSF가 된다.

BSF에는 선정되지 않았지만, 반드시 제공해야 하는(Must) 기능과 성능은 기본 항목(Bottom line)으로 포함해야 한다. 고객 가치 중에는 특정 고객군이 특별히 선호하거나, 추가로 제공하면 경쟁 우위를 제공할 수 있는 차별화된 가치들이 섞여 있는데 이러한 차별화된 가치(Differentiated value)는 보유 기술, 구현 비용, 시장 차별화 전략 등을 고려하여 구현 여부를 결정해야 한다. 이렇게 선정된 고객 가치를 제품으로 구현하여 시장에서 민첩하게 테스트하고, 시장과 소비자의 반응에 따라 가치의 우선순위를 재조정하여 제품과 솔루션에 반영하고, 마케팅 채널과 마케팅 메시지를 시장에 맞게 수정하여 대응하는 작업을 반복하게 된다.

사례: 4G 이동통신 시스템의 BSF

그림 2-9에는 4G 이동통신 시스템의 CTS 도출 흐름을 정리했다. ITU와 3GPP와 같은 표준단체에서는 차세대 이동통신 서비스에 대한 사회 변화 트렌드에 따른 시장의 요구사항과 이러한 변화를 위해 준비되고 있었던 기술 개발 트렌드, 그리고 사업자와 사용자의 VOC를 반영해 4G 이동통신 서비스의 비전을 "유선 인터넷을 사용

하던 많은 사용자가 휴대전화에서도 인터넷을 자유롭게 사용하고 싶어 할 것이다"라고 정의했다.

가속 요인, 조력자, 이슈, VOC를 바탕으로 CTS를 도출하고, 이 CTS를 휴대전화와 기지국(Base Station), 에어 인터페이스(Air Interface) 등 4G 이동통신 시스템의 서브 시스템 관점에서 정의하고 필요한 수준을 정리하여 각각의 BSF를 도출하였다. 예를 들면 ① 음성, 문자, 사진, 비디오 등을 ADSL 유선 인터넷 수준의 비용, 기지국 용량(Capacity), 최고 속도, 지연(Latency)을 제공하는 것으로 사용자 요구사항 측면의 BSF를 정리했고, ② 이동통신 시스템이 가진 제한된 주파수 자원을 최대로 활용하기 위한 구조의 최적화, 이동통신이 가진 특성을 고려한 휴대전화의 전력 소모 최소화 등 에어 인터페이스를 고려한 BSF를 정리했고, ③ 기존 사업자의 투자를 고려한 3G에서 4G로의 부드러운 진화, 4G 기술을 수용하기 위해 기존의 휴대전화가 어떻게 진화하고 어떤 문제를 해결해야 할지 등 이동통신 사업자와 기지국 시스템 측면의 BSF를 정리했다.

연구개발 과제 기획의 첫 번째 단계, WHY를 규명하는 작업은 사회적 변화, 기술적 발전, 시장의 요구사항을 통해 어떤 변화를 원하고 있고, 어떤 기회가 있고, 어떤 것이 가능하고, 어떤 위험을 극복해야 하는지를 CTS로 정리하는 것이다. 이 CTS를 만족시키기 위해서는 어떤 가치를 제공해야 하는지(WHY)가 명확해진다.

CTS를 통해 BSF를 파악하기 위해서는 거시적 차원에서 〈기起: 미래 준비하기〉에서 언급한 미래 예측을 선행해서 실시하는 것이 좋다.

미래 예측을 통해 관련 사업과 시장의 트렌드와 패러다임을 읽어내고, 관심 있는 기술과 사업을 둘러싸고 있는 가치사슬과 이해관계자 그리고 생태계에 대한 큰 그림(Big Picture)을 그려봄으로써 기술, 표준, 사업, 정책, 규제 등의 다양한 측면에 존재하는 필요조건(Requirement), 가속 요인, 기회, 조력자, 방해 요인, 이슈, 불확실성(Uncertainty), 위험 요소(Risk) 등을 정확히 읽어낼 수 있다.

着眼大局 大處着眼 着手小局 小處着手
큰 그림을 그려 방향을 잡고
작은 것부터 소규모로 시작한다.

전략 WHY-WHAT-HOW

전략(Strategy)은 "조직이 중요한 목적을 달성하기 위해 결정을 내리고 자원을 할당하는 일련의 행동 지침 혹은 규칙"이다. 전략은 무엇이 중요하고 무엇이 중요하지 않으며, 무엇이 먼저고 무엇이 나중인지, 무엇을 선택하고 무엇을 버릴지, 무엇을 하고 무엇을 하지 않을지 결정하는 것이다. 빠르게 변화하는 신기술과 격렬한 시장 경쟁 환경에서 경쟁 우위를 선점하고 유지하기 위해서는, 기존의 것을 다른 방식으로 하거나, 새로운 것을 시도하거나, 강점을 최대한 활용해 플랫폼과 같은 전략적 목표의 확보 유지에 일관성 있게 집중해야 한다.

전략은 WHY-WHAT-HOW에 따라 전개한다. 먼저 WHY를 규명하고, WHY에 따라 WHAT을 선택하고 WHAT을 달성하기 위한 HOW를 결정한다. 우선 시장에서 성공하기 위해 추구해야 하는 가치, 전략적 목적(目的)을 분명히 해야 시시각각 변화하는 환경에서 **최선의 방향(WHY)**을 선택해 길을 잃지 않을 것이다. 이렇게 선택한 가치(WHY)를 기준으로 근거와 논리를 동원해, 그 가치를 만족시키기 위해 필요한 **효과적 목표(WHAT)**를 선택한다. 선택된 목표(WHAT)를 달성하기 위해 가용한 자원을 최대한 활용하는 수단인 **효율적 방법(HOW)**이 선택되고 실행된다.

전략적 판단을 위해 제일 먼저 해야 하는 것은 WHY, 추구하는 가치와 목적이 무엇인지, 즉 방향(方向)을 찾아내고 선택하는 것이다. 올바른 방향으로 나아갈 때 모든 활동이 의미 있는 효과(效果)를 발휘하지만, 잘못된 방향으로 나아가면 목표와는 점점 멀어져 효과와 효율을 모두 잃게 된다. 올바른 방향을 결정하기 위해서는 대국(大局). 즉 큰 그림이 필요하다. 착안대국(着眼大局), 큰 그림이나 큰 지도가 있어야 올바른 방향의 선택이 가능해진다.

그다음은 WHY를 근거로 하여 WHAT, 달성할 목표(目標)를 선택하는데, WHAT은 최종 목적지로 향하는 징검다리에 해당한다. 첫 번째 징검다리는 착수소국(着手小局), 보이지 않는 미래의 불확실성과 환경 변화를 고려하여, 처음부터 대규모로 자원을 투입하기보다는 좀 더 확실한 방향과 숨겨진 장애물들이 드러날 때까지 소규모로 타당성 조사를 수행하며 전략적 선택과 전술적 수단을 검증하는 것이 필요하다. 착수소국을 통해 전략적 선택과 전술적 수단에 대한 불확실성을 해소하고, 선택한 전략과 전술을 바탕으로 단계적인 전략적 목표 WHAT을 선정한다.

전략적으로 선택한 최종 목적 WHY는 같지만, 내부의 역량과 외부의 상태에 따라 목적지로 가는 전술적 선택은 달라지고, 징검다리 목표 WHAT은 순서가 바뀔 수 있다. 이미 강자들이 존재하는 시장에서 돈키호테처럼 최종 목표를 향해 돌진하여 막강한 장벽에 부딪혀 파멸하기보다는 시장 진입과 생존을 위해 먼저 제한된 목표에 집중하고, 파괴적 혁신 전략으로 치열한 경쟁을 낮은 포복으로 피하며 축적한 힘과 자원을 바탕으로 최종 목표에 도전하는 영리한 전략과 전술을 선택해야 할 때도 있다.

많은 팔로어(Follower) 연구개발 과제들이나 스타트업들이 WHY-WHAT-HOW에 대한 전략적 방향과 전술적 수단에 대한 깊은 고민 없이 남들이 하는 멋진 WHAT을 향해 불나방처럼 달려가다가 길을 잃고 헤매는 것을 자주 보게 된다. WHY에 대한 충분한 고민, 즉 근거와 논리가 없으면 목표 WHAT에 불필요한 항목들이 포함되어 효율이 떨어지고, 필요한 항목들이 빠져 효과가 크게 손상된다. WHY 없는 WHAT에 매달려 목적지가 어디인지도 모르고 달려가다가 뒤늦게 이게 아닌데 혼란스러워하거나, WHAT을 구현하기는 했는데 결과가 잘못되었는데도 측정할 기준조차 없어 어떻게 개선해야 할지 갈피를 못 잡기도 한다. 때로는 WHY 없이 HOW에 매달리다가 잘못 선택한 HOW에 휘둘려 올바른 방향이나 목표로 돌아가지 못한 채 자원을 낭비하고 기회를 놓치기도 한다. 모두 개가 꼬리를 휘두르는 것이 아니라, 꼬리가 개를 휘둘러 발생하는 문제들이다.

과제의 기획: WHAT

The essence of strategy is choosing what not to do.

마이클 포터(Michael Porter)

연구개발 과제 기획의 두 번째 단계는 WHAT, 무엇을 개발할 것인가를 결정하는 것이다. WHY, 이 기술 개발이 추구하는 가장 중요한 고객 가치, 성공 요소(Critical To Success)를 기술과 관계없는 (Technology Agnostic) 객관적인 시장과 시스템 요구사항, 비즈니스 성공 요소(BSF)로 구체화한 다음, 이 요구사항을 만족하게 해줄 구체적 기술 목표, 기술적 성공 요소(TSF)로 변환한다.

제1단계: 기술적 성공 요소

구체적 기술 목표 WHAT을 찾아내는 첫 번째 단계는 BSF를 활용하여 구체적 기술을 찾아내기 전에 우선 기술적인 요구사항, 기술적 성공 요소(TSF)로 변환하는 것이다. TSF는 기능, 성능, 최소/최대 필요

그림 2-10 품질 기능 전개(Quality Function Deployment)

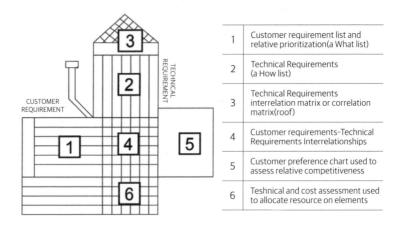

1	Customer requirement list and relative prioritization(a What list)	
2	Technical Requirements (a How list)	
3	Technical Requirements interrelation matrix or correlation matrix(roof)	
4	Customer requirements-Technical Requirements Interrelationships	
5	Customer preference chart used to assess relative competitiveness	
6	Teshnical and cost assessment used to allocate resource on elements	

조건과 같은 구체적인 기술적 요구사항들로 하나 혹은 여러 BSF들의 요구사항을 해당 분야의 기술적 요구사항으로 변환한 것이지만, BSF 처럼 여전히 특정 기술과 독립적이고 객관적인 기술적 요구사항이다.

첫 번째 단계, 즉 BSF를 TSF로 전환하기 위해서는 그림 2-10의 품질 기능 전개(Quality Function Deployment: QFD)[27]와 같은 논리적 방법론을 사용한다. 시장과 시스템 요구사항 BSF를 What list ①의 위치에 두고 BSF를 만족시켜줄 수 있는 기술과 시스템 구성 요소의 기술적 요구사항, TSF 후보를 How list ②의 위치에 배열한다. TSF 후보들 사이의 관계를 보여주는 Roof ③에는 두 후보 간의 상생 관계, 즉 역할 분담이나 시너지를 표현하거나 상극 관계, 모순이나 지나침을 표시

---

27 The House of Quality by John R. Houser and Don Clausing, published in Harvard Business Review, May 1988

하여 TSF들 간의 상호작용(Trade-off)을 표현한다. 매트릭스 영역 ④에는 ①의 BSF 특성들과 ②의 TSF 특성들 사이의 인과관계를 서로 다른 가중치(Weight)로 채운다. ①의 BSF 특성의 중요도와 영역 ④의 가중치를 곱하여 모두 더한 합이 ⑥의 영역에 표시되어 중요한 BSF를 가장 잘 만족시키는 TSF들의 우선순위를 선정할 수 있게 된다. 이러한 QFD를 활용해 우선순위가 높은 TSF를 찾아내고, 극복해야 할 문제점과 상호 시너지가 나는 조합을 체계적으로 찾아낼 수 있다. 이때 유의할 점은 TSF는 구체적 기술이 아니라 CTS와 BSF를 만족시키기 위해 필요한 후보 기술과 시스템 구성 요소의 기술적 특성이라는 것이다.

기존의 시스템이 존재하지 않는 새로운 발명에서는 TSF, 즉 필요한 기술적 특성에 가장 적합한 후보 기술을 선정하고, 최적의 시스템 구조를 설계하면 된다. 하지만 대부분의 경우 4G/5G처럼 기존 시스템이 존재하고, 이 기존 시스템과의 상호 호환, 혹은 기존 시스템의 진화를 전제로 할 경우에는 필요한 기술적 특성, TSF는 이미 존재하는 시스템의 기본적 구조에 의해 대부분 정의된다.

시스템의 기본적 구조는 같지만 TSF, 즉 필요한 기술적 특성이 특정 기술에 의해서만 구현 가능할 경우 TSF는 특정 기술의 특성을 반영하게 된다. 반면 기술적 특성을 만족시킬 수 있는 여러 개의 경쟁 기술이 존재할 경우에는 BSF를 TSF로 변환하는 QFD를 후보 기술별로 따로 전개하여 TSF를 도출한 후 후보 기술들의 BSF 적합도, 시스템 예상 성능을 비교함으로써, 특정 기술에 의존하는 TSF가 아닌, 가장 효과적인 기술적 특성을 가진 기술 후보를 찾아낼 수 있다.

4G 연구개발을 예로 들어보면, 필요한 기술적 특성 TSF는 이동통신 시스템의 기본적 구조, 에어 인터페이스의 특성으로 표현된다. 4G 연구개발의 초창기에 기존 3G CDMA 기반의 에어 인터페이스 후보와 새로운 기술 OFDM 기반의 에어 인터페이스 후보가 경쟁하였다. CDMA와 OFDM 기반의 에어 인터페이스 후보 각각에 대해 QFD를 전개하고 적합도를 비교하여 BSF를 더 잘 만족시킬 수 있는 OFDM 기술을 4G 에어 인터페이스의 기본 기술로 선택하게 되었다.

경쟁 우위

기술 전략 혹은 사업 전략의 핵심은 경쟁 기술이나 경쟁 사업에 대해 **경쟁 우위**(Competitive Advantage)를 확보하고, 이 경쟁 우위를 지속해서 유지하는 것이다. 사업에서의 경쟁 우위는 ① 가치사슬과 비즈니스 모델의 분석을 통해 원가 경쟁력(Cost leadership)을 확보하거나, ② 남들이 주목하지 않은 새로운 시장이나 새로운 세그먼트에서 모방하기 어려운 새로운 가치를 창출하여 퍼스트 무버로 자리 잡거나, ③ 새로운 기술과 새로운 트렌드를 활용해 기존 사업의 가치를 혁신하여 차별화된 플랫폼과 비즈니스 모델을 구축함으로써 확보할 수 있다.

기술적 경쟁 우위는 지속적 혁신에서는 경쟁 기술보다 기능과 성능에서 우위를 유지할 수 있을 때, 파괴적 혁신에서는 기존 기술이 제공하지 못하는 차별화된 새로운 특성을 추가로 제공할 수 있을 때 가능해진다. 또한 ① 처음에는 경쟁 기술과 비교해 취약하지만, 빠르게 발전해서 가까운 미래에 경쟁 기술을 압도할 수 있거나, ② 개별 기술에서는 취약하지만, 전체 시스템 성능에서는 경쟁 기술을 압도하거나, ③ 성능은 유사하지만, 구현이 쉽고 원가 경쟁력이 경쟁 기술보다 뛰어난 기술을 경쟁 기업보다 앞서 확보하고 상용화할 때 기술적 경쟁 우위를 선점하고 유지할 수 있다.

WHY에서 사업적 경쟁 우위를 점할 수 있는 CTS와 BSF를 찾아내는 데 집중한다면, WHAT에서는 기술적 경쟁 우위를 점할 수 있는 TSF와 구현 기술(Enabler)을 찾아내는 데 집중한다.

제2단계: 구현 기술

두 번째 단계는 TSF를 구체적인 Technology Enabler, 즉 구현 후보 기술을 선택하고, 이들을 조합한 시스템 구조를 찾아내는 것이다. 이 과정은 연구개발의 기획이라기보다는 구체적인 연구개발의 시작에 해당한다. WHY를 찾는 단계와 WHAT의 첫 번째 단계까지는 비교적 기술과 관계가 없어 전문가의 판단보다는 객관적인 분석과 선택이 우선이었다면 WHAT의 두 번째 단계부터는 후보 기술에 대한 구체적인 전문성이 필요하다. 주요 TSF를 바탕으로 어떤 후보 기술과 시스템 구조가 구현 기술로서 최선의 선택인지 구체적으로 심층 조사하여 연구하고 모델을 만들어 시뮬레이션하고, 개선하고, 최적화하고 비교해서 선택하는 과정이 반복된다.

QFD를 통해 특정 기술군을 선택하였지만, 목표 시스템이 복잡한 경우에는 단계적으로 QFD를 전개해야 한다. 그림 2-11의 4G 이동 통신 시스템처럼 목표 시스템 에어 인터페이스의 상위에 기지국들이 서로 연결된 슈퍼 시스템이 존재하고, 에어 인터페이스도 RF Layer,

PHY Layer, MAC Layer 등 서브 시스템이 층층이 서로 연결된 경우에는 최적의 구현 기술 후보를 찾는 것이 여간 복잡한 작업이 아니다.

이처럼 복잡한 시스템 구조로 되어 있고 서브 시스템에 다양한 기술 후보가 난립하여 쉽게 선택지를 좁히기 어려운 경우에는 기초적인 연구개발 결과를 활용하여 TSF와 기술 후보들 사이에 QFD를 수행하고 비교하여 주요 TSF들을 만족시키는 구현 기술 후보를 찾아가는 작업이 필요하다. 주요 TSF들을 What list ①에 배치하고 서브 시스템의 후보 기술 조합을 How list ②의 위치에 두고, 상호관계를 비교하면 어떤 후보 기술 조합이 상대적으로 유력한 후보인지, 어떤 기술들이 상극으로 피해야 하는 조합인지를 판단할 수 있다.

4G 이동통신 시스템은 하나의 기지국에 다양한 사용자가 동시에 연결되고, 주변의 기지국들이 복잡하게 연결되고 영향을 주는 전국 규모의 통신 시스템이다. 스마트폰 내부의 기능도 RF, 모뎀, 다중 접속 등이 서로 연동되어 전체 시스템 성능에 영향을 미치고, 데이터 계층(Data plane), 제어 계층(Control plane), 관리 계층(Management plane) 등 다층의 시스템이 함께 움직인다. TSF의 도전적 목표를 만족시키는 목표 시스템 에어 인터페이스의 후보 조합은 수십 가지가 존재할 수 있다. 따라서 QFD와 같은 방법론을 써서 BSF를 TSF로 변환하고, TSF를 다시 구현 기술 후보로 변환하는 작업은 간단하지 않았다. 4G 이동통신 시스템 연구개발의 경우 수많은 조합을 4개의 유망한 후보 시스템으로 압축하는 데 수개월의 시간을 투입하였다. 4개의 후보 시스템을 수십 명의 연구원으로 구성된 4개의

그림 2-11 4G 이동통신 시스템의 CTS와 TSF 간의 전환, 시스템 콘셉트 및 구현 기술 선정 사례

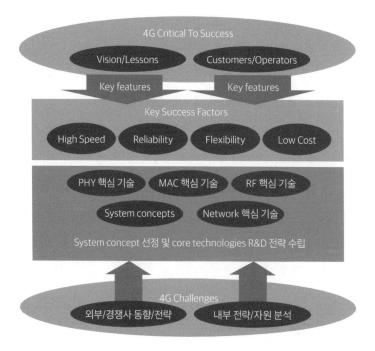

팀이 약 1년에 걸쳐 시뮬레이션 하여 TSF의 성능을 파악하고, 시스템의 장/단점을 정리하였다. 이러한 결과를 종합하고 비교하여, 오늘날 우리가 사용하는 4G MIMO-OFDMA 시스템을 연구개발 초기에 가장 유망한 후보로 선정할 수 있었다.

제한된 자원을 고려하면 유력한 후보 기술 조합 중 하나만 선택하여 연구개발을 해야 하지만, 아직 최종 결과를 알지 못하는 상황에서 잠재적 기회와 위험 요소를 고려하여 후보 기술 조합을 선택하지도 버리지 못하는 상황에 봉착할 수 있다. 4G 이동통신 연구개발에서는 후보 기술군의 우선순위를 정하여 가장 중요한 후보는 직접 연구개발을 통해 Make하고, 가능성이 큰 후보 기술은 외부 자원을 활용한 아웃소싱을 통해 Buy하는 방식을 택하였다.

QFD를 활용하면 TSF와 구체적인 기술 후보 사이의 관계를 파악하고, 후보 기술의 연구개발 방향, 각각의 기술들의 조합을 통해 달성해야 하는 BSF의 계량기준(Metric)이 분명해지는 장점이 있다. 각각의 기술과 기술들의 조합이 QFD를 통해 TSF로 연결되고 다시 BSF로 연결되어 어떤 기술들의 조합이 미래의 어떤 트렌드와 어떤 가속 요인을 구현하는지, 시장의 어떤 VOC와 어떤 방해 요인을 해결하는지 명확하게 연결되어, 연구개발 과정에서 끝까지 길을 잃지 않고 WHY 즉 CTS에 집중할 수 있게 된다.

최적의 기술 후보 시뮬레이션

연구개발 과제 기획에서 WHAT을 규명하는 작업은 목표 시스템을 둘러싸고 있는 슈퍼 시스템과 시스템을 구성하는 서브 시스템들 사이의 관계를 바탕으로, CTS를 가능하게 하는 기술적 성공 요소를 정리하고 TSF를 구현하는 최선의 구현 기술 후보를 찾아내는 것이다.

TSF를 만족하는 최적의 구현 기술 후보를 파악하기 위해서는 슈퍼 시스템 관점에서 큰 그림을 보고 해당 시스템과 주변 시스템들 사이의 기술적인 상생(相生) 상극(相剋) 효과를 파악하여 최선의 해당 시스템을 선택해야 한다. 마찬가지로 시스템 관점에서 서브 시스템 간의 상생, 상극을 파악하여 최선의 서브 시스템들의 조합을 선택해야 한다. 이러한 조합의 선택은 한 번에 이루어지는 것이 아니라 여러 단계의 연구개발 과정을 거쳐 후보군을 검증하고 비교하면서 좁혀가는 것이다.

후보 기술을 선정하는 작업은 기존에 존재하는 기존 기술(Existing Technology), 연구개발자가 유력한 후보로 생각하는 구현 기술(Enabling Technology), 그리고 상용화 시기까지 충분히 성숙할 수 있는 새롭게 떠오르는 기술, 즉 유망 기술(Emerging Technology)까지 망라하는 것이 중요하다. 연구개발자들이 가장 쉽게 빠지는 오류는 자기가 알고 있는 기술 중에서 후보를 선택하고, 유망 기술을 후보에서 배제하는 것이다. 새롭게 떠오르는 유망 기술이 파괴적 혁신을 주도하는 경우가 많아, 4세대 R&D, 즉 혁신형 R&D를 위해서는 반드시 경쟁 우위 관점에서 어떤 유망 기술이 있는지 얼마나 빠른 속도로 발전하는지 다른 강점은 없는지 살펴보아야 한다. 〈기起: 미래 준비하기〉에서 제안한 바와 같이 관련 분야에서 누가 어떤 기술을 왜 개발하고 있는지를 보텀업으로 전부 조사하고 정리했다면 떠오르는 유망 기술을 놓치는 실수를 피할 수 있다.

목표로 하는 기술이 전체 시스템의 일부, 즉 서브 시스템을 혁신하는 기술이라면 다른 서브 시스템들에 어떤 영향을 미치는지 풍선 효과를 파악해야만 한다. 목표로 하는 기술이 다행히 서브 시스템 자체를 혁신할 뿐만 아니라 주변의 서브 시스템들도 함께 혁신할 수 있는 상생의 기술이라면 최선이겠지만, 만일 해당 기술이 만들어내는 부가가치보다 주변의 서브 시스템들이 짊어져야 할 부담과 비용이 더 크다면, 즉 상극의 기술이라면 전체 시스템 차원에서 결코 최고의 선택이 아닐 수 있다. 전체 시스템 관점에서는 1등 기술, 1등 서브 시스템들을 모아놓은 조합보다 2등 기술, 2등 서브 시스템들의 조합이 기능, 성능,

비용의 관점에서 훨씬 좋은 선택일 수 있다는 뜻이다. 각 서브 시스템의 부분 최적(Local Optimum)들의 합(合)이 전체 시스템의 전체 최적(Global Optimum)이 될 수 없는 경우는 서로 상극인 기술들의 조합이 포함되어 있기 때문이다.

과제의 실행: HOW

Business is a game, played for fantastic stakes, and you're in
competition with experts. If you want to win, you have to learn to
be a master of the game.

시드니 셀던(Sidney Sheldon)

　연구개발 과제를 기획하고 시작하는 세 번째 단계는 HOW, 어떻게
이 기술을 개발할 것인가를 결정하는 것이다. TSF가 선정되고 이를
만족시키는 최선의 시스템 구조와 핵심 후보 기술들이 정해지면 이
제 남은 문제는 실행 전략의 수립, 자원의 배분과 효율적 실행 세 가지
로 압축된다. 첫째는 필요한 CTS와 BSF, TSF를 확보하기 위한 전략
을 체계적으로 수립하는 것으로 이번 섹션에서 집중적으로 다루었다.
둘째는 내부의 제한된 자원과 외부의 전략적 자원을 어떻게 효과적이
고 효율적으로 활용할 것인가의 문제로 다음에 나오는 〈자원의 전략
적 활용: Make and/or Buy〉에서 집중적으로 다루었다. 마지막으로
어떻게 체계적으로 과제를 관리하고 수행할 것인가의 문제는 다음 장
〈SMART 가치의 창조〉에서 깊이 있게 다루었다.

그림 2-12 SWOT 분석

그림 2-12 SWOT 분석

S STRENGTHS	**W** WEAKNESSES	**O** OPPORTUNITIES	**T** THREATS
• Things your company does well	• Things your company lacks	• Underserved markets for specific products	• Emerging competitors
• Qualities that separate you from your competitors	• Things your competitors do better than you	• Few competitors in your area	• Changing regulatory environment
• Internal resources such as skilled, knowledgeable staff	• Resource limitations	• Emerging need for your products or services	• Negative press/media coverage
• Tangible assets such as intellectual property, capital proprietary technologies etc.	• Unclear unique selling proposition	• Press/media coverage of your company	• Changing customer attitudes toward your company

먼저 WHY에서 찾아낸 전략적 목적에 부합하는 WHAT에서 찾아낸 전략적 목표를 효율적, 효과적으로 수행하는 HOW는 SWOT 분석을 통한 **SWOT 전략**에서 시작한다. SWOT 전략은 사람들이 흔히 잘못 알고 있는 것처럼 단순히 내부 역량의 강점(Strength), 약점(Weakness)을 정리하고, 외부 환경의 기회(Opportunity), 위협(Threat)을 정리하는 간단한 SWOT 분석이 아니다. SWOT 전략은 우리가 제어하고 활용할 수 있는(Controllable) 자원과 특성을 '강점과 약점'으로 분류하고, 우리가 제어할 수는 없지만 관찰할 수 있는(Observable) 환경과 변화를 '기회와 위협'으로 분류하여 SWOT 분석을 한 다음, SW와 OT를 체계적으로 연결하여 최선의 HOW 전략을 깊이 있게 찾아내는 방법론이다.

SWOT 분석을 통해 경쟁 우위 확보 전략을 수립하기 전에 먼저 ①

그림 2-13 포터의 다섯 가지 경쟁요인 분석

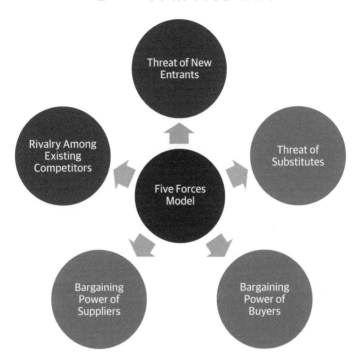

포터의 다섯 가지 경쟁요인(Porter's Five Forces)[28] 분석을 통해 산업 구조를 분석하여 산업의 강점과 약점, 수익성에 영향을 주는 요소 등 전략 결정에 영향을 주는 인자들을 먼저 찾아내고, ② 가치사슬 분석을 통해 관련된 이해관계자들이 어떤 전략적 활동을 하고 있는지 파악하고, ③ **전략 그룹 분석**(Strategic Group Analysis)을 통해 유사한 전략을 추구하는 경쟁자들을 클러스터 기법(Clustering)으로 분류해

---

28 The Five Competitive Forces that Shape Strategy by Michael Porter, published in Harvard Business Review, January 2008

놓는다. 내부의 제품, 솔루션, 서비스에 대한 중요도와 우선순위는 **성장 점유율 매트릭스(Growth Share Matrix) 분석**과 **지각도(Perceptual Mapping) 분석**을 통해 정리해 놓는다. 이러한 선행 과정을 통해 SWOT 전략 분석과 수립과정에서 어떤 인자를 분석하고 우선해서 다룰 것인지, 서로 다른 특성을 갖는 경쟁자들과 어떤 수단으로 경쟁 우위를 다툴 것인지를 결정해야 한다.

우선 SWOT 분석을 하는 방법은 ① 상대적 경쟁역량, 내부 우선순위, 경쟁 대상에 따라 서로 다른 SWOT 분석을 해야 하며, ② 각각의 SWOT 분석도 회사 전체의 역량과 특성을 한 덩어리로 정리하는 것이 아니라 선택한 기술, 사업 등에 대해 대분류, 중분류로 나누어 각각의 카테고리에 대해 깊이 있게 구체적으로 분석한다. 강점과 약점과 같은 내부 자원과 자원의 특성을 기술, 사업 등으로 먼저 대분류를 하고, 대분류를 다시 세부 카테고리로 분류한다.

예를 들면 기술을 다시 연구, 개발, 생산으로, 사업은 브랜드, GTM, 영업 등 세부 카테고리로 분류한다. 이렇게 분류한 세부 카테고리별로 조직과 역량 차원에서 브레인스토밍(Brainstorming)도 하고 톱다운 방식으로 전문 지식을 바탕으로 한 강점과 약점을 깊이 있게 발라내고 요약 정리한다. 이렇게 정리된 강점과 약점(SW)을 X축 열(列)에 대분류, 세부 카테고리별로 나열한다.

기회와 위협 역시 우리가 분석하고 싶은 기술, 사업 등에서 경쟁전략과 밀접하게 연관된 환경과 변화를 대분류, 세부 카테고리로 분류하고 정리한다. 4G 이동통신의 경우는 시장, 표준 등으로 대분류를 하고, 시장은 다시 휴대전화, 기지국 등으로, 표준은 3GPP나 IEEE의 기

그림 2-14 SWOT 전략 수립

	Opportunities (external, positive)	Threats (external, negative)
Strengths (internal, positive)	Strength-Opportunity strategies Which of the company's strengths can be used to maximize the opportunities you identified?	Strength-Threats strategies How can you use the company's strengths to minimize the threats you identified?
Weaknesses (internal, negative)	Weakness-Opportunity strategies What action(s) can you take to minimize the company's weaknesses using the opportunities you identified?	Weakness-Threats strategies How can you minimize the company's weaknesses to avoid the threats you identified?

술 분야로 세부 카테고리를 분류했다. 이렇게 세부적으로 분류하고 깊이 있게 검토한 기회와 위협(OT)을 Y축 행(行)에 대분류, 세부 카테고리별로 나열하여, SW와 OT 전체를 하나의 커다란 행렬(行列), 매트릭스(Matrix)로 만든다.

SWOT 전략

SWOT 전략의 수립은 우선 내부 자원의 역량과 특성, 강점-약점과 외부 환경과 변화, 기회-위협이 만나는 매트릭스 각각의 박스, 세부 카테고리 조합마다 그림 2-14처럼 SWOT 전략을 검토하고 작성하는 것이다. 기회 행과 강점 열이 만나는 조합은 SO 전략이, 기회 행과 약점 열이 만나는 조합은 WO 전략이, 위협 행과 강점 열이 만나는 조합은 ST 전략이, 위협 행과 약점 열이 만나는 조합은 WT 전략이 된다. 이렇게 작성된 세부 카테고리 조합의 전략들이 보텀업으로 모여 대분류의 SWOT 전략(SO 전략, ST 전략, WO 전략, WT 전략), 즉 기술 SWOT 전략 혹은 사업 SWOT 전략이 만들어지게 된다. 이렇게 세부 카테고리별로 전략을 만들게 되면, 기술 전략의 경우 서브 시스템이나 세부 기술별로 다른 강점과 약점을 가지고 있는 상황을 반영하여 역량과 특성에 맞는 서로 다른 독립적인 SWOT 전략이 만들어질 수 있다.[29]

첫째, 강점과 기회가 만나는 SO 전략은 강점을 활용하여 기회를 포착하는 레버리지(Leverage) 전략을 세우는데 대개 단기적으로 바로 활용할 수 있는 전략이다. 둘째, 강점과 위협이 만나는 ST 전략은 강점을 활용하여 위협요인을 피하는 완화(Mitigate) 전략을 세우는데 위협을 피하기 위해서는 단기보다는 좀 더 중기적 관점에서 접근해야 한다. 셋째, 약점과 기회가 만나는 WO 전략은 약점을 보완하여 기회를 활용하기 위한 극복(Overcome) 전략을 세우는데 역시 중기적 관점에서 접근한다. 마지막으로 약점과 위협이 만나는 WT 전략은 약점을 보완하여 위협요인을 피하는 기피(Avoid) 전략으로 쉽게 실행하기 어려운 측면이 있어 중/장기적 관점에서 접근한다. 이렇게 깊이 있는 SWOT 분석과 보텀업 방식의 SWOT 전략 수립을 통해 전사(全社) 차원의 기술적인 관점과 사업적 관점을 통합한 단기 중기 장기 전략이 만들어질 뿐만 아니라, 과제별로 특성에 맞는 사업화 측면까지 고려한 현실적이며 구체적인 실행전략을 구축할 수 있게 된다.

연구개발 과제 기획의 세 번째 단계, HOW에서 가장 중요한 것은 **제때(On Time) 개발**할 수 있도록 과제 규모와 기간, 내부(Make)와 외부

---

29 포터의 다섯 가지 경쟁요인 분석, SWOT 전략의 작성 등 구체적 기술 사업의 As Is 분석 및 To Be 전략 수립은 전문 분야의 특성을 고려해야 한다. 좀 더 깊이 있는 기술/사업의 분석/전략 수립의 구체적 방법에 관심 있는 기업 및 연구소는 저자에게 직접 연락(KHKim.SEEPartners@gmail.com)해서 자문받을 것을 추천한다.

(Buy) 자원을 적절히 조합하여 활용하는 것이다. 연구개발 투자가 너무 빨라 아직 성숙하지 않은 시장에서 성숙하지 못한 기술을 활용하여 너무 일찍 제품을 출시하게 되면, 최고의 가성비를 가진 최고의 제품과 솔루션을 얻기 어렵다. 좀 더 성숙한, 성능이 우월하고 원가가 저렴한 기술을 제때 활용한 성능과 비용 모두를 만족하는 경쟁사 제품에 밀릴 수 있다. 반면 시장과 경쟁사 대비 연구개발 투자가 너무 늦으면 비록 좋은 성능의 제품을 적은 비용으로 개발할 수는 있으나, 이미 경쟁사의 최초 제품이 시장을 장악해버려 시장 진입과 점유율 확보가 어렵다는 문제가 있다.

제때 최고의 가성비를 가진 제품을 출시해 최고와 최초를 함께 차지하려면 시장의 숨은 요구사항들을 먼저 파악해서 언제가 가장 좋은 시장 진출 시기인지를 잘 결정하고, 원하는 제품을 가능하게 하는 **기술의 성숙도**를 정확히 판단해야만 한다. 만일 기술의 성숙도(Maturity)가 가장 큰 문제라면 이를 극복하기 위해 어떤 자원과 최소 얼마의 시간이 필요한지 정확히 파악하여 경쟁자보다 먼저 기술을 완성할 수 있는 기획을 해야 한다. 이때 중요한 것은 경쟁자보다 먼저 필요한 시기까지 필요한 기술을 완성하기 위해 기회 기반 접근법을 통해 과제기획을 하는 것이다. 어떤 방법을 써도 누구도 제때 개발이 불가능하다면, 많은 자원을 소모하며 기술개발에 매달리기보다는 관련 기술개발을 당분간 서랍에 집어넣고(On-the-Shelf), 시장과 기술이 충분히 성숙할 때까지 주기적으로 점검하며 기다리는 것이 필요하다.

연구개발 과제는 투입되는 자원, 개발 기간과 예상하는 결과에 따라 다양한 규모의 과제들이 존재한다. 대형 과제를 시작하기에 앞서 먼저 혁신 가능성을 검토해보는 타당성 조사부터, 단위 기술의 개발, 소형 서브 시스템의 개발, MLK(Mid Life Kicker)와 같은 기존 시스템의 개선 과제, 완전히 새로운 대형 시스템의 개발 등이 있다. 이러한 과제의 규모는 내부에 보유한 자원, 연구개발 전략, 대외적 경쟁력, 목표 일정, 개발 기술의 성숙도 등의 다양한 변수에 따라 SWOT 전략을 바탕으로 효율적으로 선택해야만 한다.

타당성 조사를 통해서는 연구개발 과제의 WHY와 WHAT을 집중적으로 검토하여 과제를 추진할 가치가 있는지를 파악하여 위험을 최소화하고 올바른 전략을 찾아낼 수 있다. 내부의 자원이 취약하거나 대외적인 경쟁력이 없을 때, 그리고 긴급하게 기술 확보를 해야 할 때는 Make보다는 Buy를 선택해 우선 추진하고, 내재화 과제를 이어서 추진해야 한다. 필요하지만 개발하려는 기술들이 TLC 측면에서 아직 충분히 성숙하지 않았을 때는 착안대국(着眼大局), 기술과 시장의 큰 그림과 큰 흐름이 어떻게 변하는지 당분간 지켜보면서 착수소국(着手小局), 소규모로 기반이 되는 핵심 기술의 개발을 먼저 시작하는 것이 현명하다.

이미 어느 정도 경쟁력이 있는 플랫폼이나 기술군을 보유하고 있다면 경쟁력이 약한 서브 시스템의 보완 개발이나 전체적인 솔루션을 점검하고 보완하는 MLK 같은 개발 과제가 적합하다. MLK를 통해 현재 제품이 개발된 이후에 새로 발견한 시장의 요구나 새로운 기술 발전에 따른 성능 개선을 현재 제품에 반영하여 (당사 제품 이후 출시된 경쟁사 제품에 대한) 시장경쟁력을 회복하고 차별화하며, 동시에 차기 제품에 적용될 새로운 기술과 시장 요구를 검증할 수 있다. 패스트 팔로어에서 퍼스트 이노베이터(First Innovator)로 탈바꿈하고 싶다면 패러다임의 변화를 바탕으로 WHY와 WHAT을 심도 있게 기획하여 시장의 판도를 뒤엎는 획기적 혁신에 도전하는 대형 과제를 10년 장기 과제로 추진해볼 수도 있다.

자원의 전략적 활용:
Make and/or Buy

Sometimes your best investments are the ones you don't make.

도널드 트럼프(Donald Trump)

혁신 기술이나 제품의 목적(WHY)과 목표(WHAT)가 분명해지고 내부 자원과 외부 환경을 고려한 경쟁 우위 확보 전략, 즉 SWOT 전략이 수립되고 나면 가장 중요하고 가장 어려운 자원의 전략적 활용 문제에 직면하게 된다. 어떻게 내부의 기술 전문가를 확보하고 외부의 활용 가능한 기술을 소싱하고 역할 분담을 할 것인지, 사업화에 필요한 자원은 어떻게 양성하고 확보할 것인지를 미리 고민해야 한다.

〈4세대 연구개발〉에서 언급한 바와 같이 3세대 R&D의 핵심이 전략이라면, 4세대 R&D의 핵심은 혁신이다. 혁신적인 기술의 특징은 이기술이 무엇인지, 앞으로 어떻게 발전할지 아직은 불분명한 상태라는 것과 이 기술을 알고 연구개발을 수행할 자원조차 거의 없거나 있더라도 매우 부족하다는 점이다. 연구개발 관점에서 기술을 확보하고, 시제품을 완성하고, 관련 연구개발 인력을 양성하고 확보하는 것이 혁신의 성공을 위한 필요조건이라면, 혁신의 성공을 위한 충분조건은 이 시제품과 혁신 기술을 안정적으로 생산하고 품질 관리를 할 수 있는 체제를 갖춰야 할 뿐만 아니라 생산된 제품과 혁신 기술을 GTM 시장에 소개하고 안정적으로 판매하고 서비스할 수 있는 조직과 역량을 구축하는 것이다. 이러한 필요조건과 충분조건 모두를 경쟁자보다 먼저 달성해야 혁신에서 앞서갈 수 있다. 시제품 개발은 경쟁자보다 먼저 성공했지만, 충분조건 즉 안정적 생산체제의 구축과 판매할 수 있는 조직 역량을 구축하지 못해 실패하는 사례들이 얼마나 많은가?

조직과 역량

이 섹션에서는 먼저 필요조건, 즉 혁신 기술, 혁신 제품을 성공적으로 개발하고 확보하는 데 집중하기로 하자. 성공적인 연구개발 전략의 수립에 있어서 중요한 결정은 ① 어떤 최고의 목표를 세우고, ② 최초가 되기 위해 어떤 일정으로 Time to Market을 만족하는 결과를 확보할 것인지, 그리고 ③ 내부의 자원으로 Make를 할 것인지 혹은 Buy를 할 것인지 결정하는 것이다.

이 세 가지를 결정할 때 연구개발에 필요한 조직을 어떻게 구성하고, 어떻게 필요한 역량을 확보할 것인가를 함께 고민해야 한다. 혁신 기술을 확보한다는 것은 단순히 특허나 노하우와 같은 IP를 개발하거나 M&A를 통한 기술 구매를 통해 확보하는 것으로 끝나지 않는다. 기술을 이해하고 내재화하여 유지하고 발전시킬 수 있는 체계화된 조직 역량(Organizational Capability)과 제품으로 구체화하고 생산과 서비스의 품질을 해결하고 GTM을 거쳐 시장에 판매할 수 있는 경쟁력 있는 조직 구조(Competitive Architecture)를 반드시 함께 확보해야 한다.

앞 섹션에서 설명한 대로 경쟁사에 대한 벤치마킹과 같은 보텀업 정보, 기술과 시장의 트렌드와 미래 전망에 기반한 톱다운 통찰을 바탕으로 WHY와 WHAT을 규명하고, SWOT 전략과 같은 경쟁전략 HOW를 세운다. 외부 경쟁사의 분석과 미래 전망에 대한 통찰은 경쟁사를 포함한 관련 산업의 연구개발 조직, 연구개발 방향, 기술 수준에 대한 기술 첩보(TI)를 통해 얻을 수 있다. 이러한 TI는 전문 지식을 갖춘 전문가가 평소에 꾸준히 논문, 특허, 학회, 기술 동향 등 관련 정보를 수집하고 분석해야 얻을 수 있다.

전략적 목표 달성을 위한 일정 수립에 있어 가장 중요한 것은 내가 가진 인력, 예산, 역량, 즉 자원(Resource)을 고려하여 연구개발 조직이 할 수 있는 일을 기획하는 자원 기반 접근법을 해서는 절대 안 된다는 것이다. 연구개발 일정을 수립할 때는 TI를 활용하여 최고, 최초를 달성하기 위해서 어떤 수준의 목표를 언제까지 달성해야만 하는지를 정하고, 이러한 목표 달성을 위해 모든 자원을 동원하는 방식, 즉 **기회 기반 접근법(Opportunity based Approach)**으로 기획해야만 한다. 이러한 기회 기반 접근법의 특징은 어떠한 이유로도 일정과 목표 수준을 타협해서 바꾸지 않는다는 것이다. 예를 들어 Time to Market 일정을 이유로 최고(The Best)를 희생하거나, 최고를 위해 Time to Market 일정을 연기하는 등의 타협하고 싶은 유혹에 절대 빠져서는 안 된다.

이를 위해서는 먼저 일정 내에 목표를 달성하는 데 필요한 연구개발 조직의 구조와 필요한 역량을 정의해야 한다. 조직의 구조는 조직, 체(體)에 해당하며, 조직의 역량은 용(用)에 해당한다. 조직의 구조는 세부 조직 간의 소통과 협력을 결정하는 중요한 요소로 반드시 경쟁력 있는(Competitive) 가장 효율적인 구조로 되어 있어야 한다. 조직의 역량은 역할을 담당하는 세부 구조들이 보유한 소통, 화합, 열정, 기술, 경험을 포함하는 역량으로 반드시 조직적인(Organizational) 동시에 효과적으로 시너지를 내는 역량을 보유해야 한다. 이러한 조직과 역량이 바탕이 될 때 최고의 운영 효율(Operational Excellency)을 달성하는 것이 가능해진다.

필요한 연구개발 조직의 미래(To Be) 구조와 역량이 정의되면 내부의 현재(As Is) 연구개발 조직의 구조와 보유 역량과 비교하고, 보완이 필요한 조직 구조와 역량을 내부에서 어떻게 Make하고, 외부에서 어떻게 Buy하거나 Buy for Make할 것인지 결정해야 한다. 이때 중요한 것은 ① 반드시 내부에 보유해야만 하는, 절대 외부에 의존해서는 안 되는 결정적 역량(Critical Capability)이 무엇인지 구별하고, ② 제한된 일정 이내에 주어진 목표를 달성할 수 있도록 SWOT 전략을 바탕으로 계획을 세우는 일이다.

이러한 체계적인 연구개발 전략의 수립을 연구개발 전담 인력에게 전적으로 맡기는 것은 한계가 있다. 우리나라 대학과 대학원의 교과 과정을 살펴보면 연구개발 인력들이 과제를 기획하고, 효과적인 목표를 설정하고, 효율적으로 자원을 사용하는 것을 학교에서 체계적으로 배우기 어려운 것이 현실이다. 따라서 규모가 어느 정도 되는 연구개발 조직의 경우에는 반드시 연구개발을 기획/운영/평가하는 전문가 조직을 별도로 보유해야 한다. 이러한 기획 조직은 ① 미래기술 동향을 수집, 분석하고, ② 경쟁사의 연구개발 현황을 조사, 분석하고, ③ 사업 전략을 고려해 연구개발 과제를 체계적으로 발굴하고, ④ 주요 과제의 연구개발 로드맵과 세부 전략을 수립하고, ⑤ 효과적인 연구개발 기획과 운영을 지원하며, ⑥ 완료된 과제의 성과를 평가하고 사업과 연결하는 가교(Bridge) 역할을 수행하고 이 역할들을 프로세스로 체계화하고 발전시켜야 한다.

Do what you do best, and outsource the rest.

피터 드러커(Peter Drucker)

Make and/or Buy

요즘처럼 기술과 사업 환경이 굉장히 빨리 바뀌고, 작은 회사들이 아웃소싱과 온라인을 통해 빠른 속도로 글로벌 경쟁력을 갖추는 환경에서는 연구개발의 속도가 대단히 중요하다. 따라서 과거와는 달리 외부의 자원을 최대한 활용해 필요한 기술과 플랫폼을 확보하는 것이 점점 중요해지고 있다. 따라서 내부의 자원을 이용해 연구개발을 하고, 내부에 경쟁력 있는 조직 구조와 역량을 구축하는 Make 전략과 외부의 경쟁력 있는 조직 구조와 역량을 빨리 흡수해 내재화시키는 Buy 전략을 상황에 맞게 잘 병행해서 활용하는 것이 중요하다.

내부의 자원을 활용하는 Make 전략의 장점은 내부 연구개발 과제를 통해 필요한 성과(Product), 즉 기술과 IP를 확보할 수 있을 뿐만 아니라, 내부 연구개발 과제의 수행 과정을 통해 관련된 기술과 사업의 속성을 속속들이 이해하고 경험한 핵심 인력과 리더들 같은 인재(People)를 양성할 수 있다는 점이다. 이 인재들을 통해 관련된 사업 어디에 기회가 있는지 파악할 수 있고, 위협 요인을 사전에 제거할 수 있으며, 기술적으로는 깊이 있는 노하우와 경험을 보유하고 있기 때문에 프로세스(Process), 즉 향후 사업화 과정에서 발생하는 위험을 회피하고 효과적으로 대응할 수 있다.

일반적으로 Make 전략을 선택하더라도 경쟁력이 떨어지는 조직과 역량은 Buy for Make 전략을 통해 단점을 보완한다. 즉 필요한 기술 혹은 기술의 연구개발을 외부 전문가 혹은 조직을 통해 아웃소싱하여 보완하게 된다. 4G 이동통신 과제의 경우는 주요 대학 연구팀들과 5년 이상의 중/장기적 협력관계를 유지하여 일관된 연구개발 성과를 낼 수 있었을 뿐만 아니라, 이 과정에서 양성된 석/박사 인력들이 회사에 입사해 중추적인 인력으로 성장하면서 사업화를 이루는 데 크게 이바지했다.

부연하면 Make 전략을 단순한 기술 확보라는 협소(Micro)한 관점에서 접근해서는 안 된다. R&D 과정을 통해 사업을 할 수 있는 사람, 기술, 전략과 같은 '사업 역량을 구축한다'는 확장적인(Macro) 관점으로 접근해야 한다. Buy for Make 전략 역시 단순히 기술개발을 아웃소싱하는 관점에서만 바라볼 일이 아니다. 대학 연구실과 같은 외부의 개발자 그룹에 연구개발을 아웃소싱함으로써 여러 가지 부수적인 효과를 얻을 수 있다. 인재 측면에서는 연구에 참여하는 석/박사 과정 학생들을 사업에 활용 가능한 인력으로 양성하는 효과가 있고, 프로세스 측면에서는 다양한 후보 기술들을 외부에 위탁함으로써 한 가지

기술에 모든 것을 거는 위험을 회피하고 보완할 수 있으며, 성과 측면에서는 내부와는 다른 관점에서 문제를 바라볼 수 있고, 경쟁과 협력을 통해 더 좋은 기술과 IP를 빠르게 확보할 수 있다.

외부 조직 구조와 역량을 흡수 합병하는 Buy 전략은 일반적으로 ① 기술, 플랫폼, 가치사슬의 일부가 필요하지만 이미 경쟁사가 선점해 내부 조직의 힘으로 확보할 방법이 없거나 혹은 ② 내부 조직이 확보하기에는 너무 오랜 시간이 걸려 기회를 놓칠 수밖에 없는 경우에 선택한다. 하지만 이러한 Buy 전략을 구사할 때 조심해야 할 몇 가지 사항이 있다.

첫째는 Buy를 하겠다고 나설 때는 내부에 확실한 기술 내재화 전략과 사업화 전략이 먼저 수립되어 있어야 한다. 이 전략을 바탕으로 필요한 것이 무엇인지를 정확히 정의하고 필요한 기술을 내재화하기 위한 필요충분조건과 시나리오를 점검하고 Buy에 나서야 한다. 내재화 전략이 없는데 중요한 혁신 기술이라고 Hype에 빠져 충동적으로 Buy하는 것은 불필요한 기술을 Buy하거나, 내부와 융합하기 어려운 기술을 Buy하는 잘못을 저지를 수 있어 절대로 피해야 한다. 구체적 사업화 전략 없이 기술만 Buy하는 것도 결국은 사업화가 지연되어 실패하게 마련이다.

둘째는 Buy를 한다는 것은 단순히 기술이나 제품을 Buy하는 것이 아니다. Buy를 한다는 것은 경쟁력 있는 조직 구조와 역량을 Buy하고 내재화하는 것이다. 내부에 Buy한 기술을 흡수할 체(體)와 용(用), 즉 조직 구조와 역량이 없다면 비록 내재화 전략이 있다고 하더라도 Buy한 기술을 받아들이고도 제대로 소화하지 못해 시간이 지나 쓸모없는 기술이 되거나 창고에 버려지는 기술로 전락한다. 따라서 Buy 전략을 구사하더라도 반드시 조직 내부에 반드시 보유하고 있어야 하는 (Buy를 통해 절대로 얻을 수 없는) 핵심 역량(Critical Capability)을 내부에 먼저 확보하는 것이 필수적이며, 아웃소싱이나 Buy를 통해 확보 가능한 기술을 선별하고 이를 내재화하기 위해 어떤 역량이 필요한지 분석하고 미리 준비해야 한다. 개의 시간(Dog year)으로 빠르게 발전하는 ICT 산업에서는 M&A한 기술을 1~2년 이내에 내재화(Internalize)해서 활용하지 못하면, 기술의 반감기가 지나면서 빠르게 쓸모없는 기술로 전락하고 만다.

내부에 필요한 조직 구조와 역량을 구축하기 위해서는 Buy한 조직의 의견을 최대한 듣고 존중하여 필요한 조직을 새로 만들고, 새로운 인프라를 투자하여야 한다. 어떤 기술이 최고의 기능과 성능을 발휘하기에 적합한 최적의 조직 구조가 존재한다. 세부 기술의 경우 필요한 인프라와 주변 기술 조직이 존재해야만 단위 기술이 유지되고 시스템 일부로서 작동할 수 있다. 시스템 기술의 경우 수직 통합을 통해서만 시너지가 나고 속도를 얻을 수 있는데, Buy한 조직이 매트릭스 조직으로 수평 통합되어 있다면 Buy한 기술은 최적의 기능과 성능을 발휘하지 못한다. 강남의 귤이 강북에 가면 탱자가 되는 꼴이다.

또한 Buy한 조직이 Buy한 기술에 대해 어느 정도의 기술 및 시스템 조직 역량을 보유하고 있어야만 기술을 소화해서 내재화할 수 있다. 기술 지식은 이론과 경험을 모두 필요로 해서, 일반적으로 아는 만큼 보이고 경험한 만큼 이해할 수 있다. 따라서 내부에 세부 기술과 시스템 기술을 이해할 수 있는 최소한의 전문 인력들을 통해 Buy한 기술 인력들과 소통하고, 그 기술을 이해하여 내재화를 진행할 수 있다. 외부에서 Buy한 기술에 적합한 최적의 조직 구조와 조직 역량을 구축할 수 있다면 오히려 강북의 탱자를 사서 강남의 귤로 만들 수도 있는 것이다.

연구개발 경험자들의 머릿속에 축적된 기술과 노하우를 유지하고 Buy한 조직의 구조와 역량을 성공적으로 흡수하기 위해서는 'M&A 한 조직의 사람들에게 중요한 역할을 맡기고, 미래 비전을 제시하여 마음을 얻고, 전과 같이 일할 수 있는 환경을 유지하는 것'이 가장 중요하다. 사람들이 회사를 떠나지 않는 이유는 세 가지라고 한다. 첫째는 천(天), 회사의 미래 비전이 보여서 자신의 성장을 맡길 수 있을 때다. 둘째는 지(地), 자신이 맡은 일이 너무 재미있고 좋아서 이 일을 계속하고 싶기 때문이다. 셋째는 인(人), 함께 일하는 사람들이 너무 좋고 배우는 게 많아서 결코 떠나지 못하는 경우다.

기술과 회사를 인수 합병(M&A)도 해보고, 인수 합병을 당해도 본 필자의 경험에서 얻은 교훈은 "Good is the Enemy of Great"이라는 점이다. '기존의 분야에서의 작은 성공이 Buy한 새로운 분야의 성공을 가로막는 큰 실패의 원인이 되는 것'을 경험했다. 어떤 조직의 강점은 그 조직 특유의 구조와 조직 문화에서 나오는 경우가 많다. 이러한 조직의 DNA, KSF를 자신의 조직에 통합하고 동화시키기 위해 대부분은 Buy한 조직을 해체하고 조직의 문화를 강제로 바꾸면서도 Buy한 조직의 강점이 유지되고 자신의 조직에 좋은 변화를 가져다줄 것으로 기대한다. 특히 내부의 성공 주도 조직이 오만과 편견에 빠져 자신의 성공 DNA를 외부에서 Buy한 조직에 깊은 성찰 없이 일방적으로 마구 주입하고 강요한다. 하지만 이러한 활동은 자신의 침대에 맞춰 사람을 잡아 늘이거나 다리나 머리를 자르는 처형(處刑)과 다를 바 없는 행위로, 조직의 강점을 말살하고 조직 구성원의 이탈을 불러 인수 합병을 실패로 이끄는 지름길이 된다.

SMART 가치의 창조

WHAT: Specific 구체적 목표

Do what you have to do, to do what you want to do.

덴젤 워싱턴(Denzel Washington)

　연구개발 과제를 계획하고 실행하는 기본적인 방법으로 가장 잘 알려진 것은 SMART한 과제계획 및 실행 방법이다. SMART는 Specific, Measurable, Achievable 혹은 Attainable, Realistic, Time limited 혹은 Time bound의 첫 글자를 모은 것이지만 상황과 사람에 따라 다양한 버전이 존재한다. 이 책에서는 Specific(구체적 목표), Measurable(성과의 측정), Adaptive(민첩한 실행), RACI(적절한 소통), Time based(결정적 일정)의 약자로 정의했다.

　먼저 첫 번째 S인 Specific, 즉 구체적인 목표 설정 방법부터 살펴보기로 하자. 연구개발의 목표, WHAT을 설정하는 과정에서 흔히 빠지기 쉬운 첫 번째 오류는 달성하기 쉬운 목표를 정하는 것이고 두 번째 오류는 구체적이지 않은 목표를 정하는 것이다.

먼저 도전적인 목표의 설정에 대해 생각해보자. 30여 년 연구개발을 하면서 얻은 교훈이 있다면, 최고의 목표를 세우지 않으면 절대 최고의 자리에 오를 수 없다는 것이다. 기능, 성능, 가격을 적당히 타협한 차선책(Sub-optimum)의 제품과 솔루션은 잠시 자리를 잡는 듯하다가 얼마 지나지 않아 최고의 성능과 가격 경쟁력을 갖춘 최적의(Optimum) 제품과 솔루션에 밀려나 시장에서 도태되고 사라진다. 수백 개의 차선책 제품과 솔루션들은 결코 원 앤 온리인 최적의 제품과 솔루션을 기능, 성능, 가격에서 결코 이기지 못한다. 따라서 누구나 쉽게 달성할 수 있는 목표는 가치가 없으며, 이러한 목표를 달성하려는 연구개발 과제는 시간의 낭비요, 자원의 낭비일 뿐이다.

1993년 필자가 스탠퍼드 대학교의 EE(Electrical Engineering)에 파견되어 방문학자(Visiting Scholar)로 지내면서 가장 인상 깊었던 사실은 스탠퍼드의 대학원생들은 실패의 위험을 무릅쓰고 정말 중요하지만, 아직 풀리지 않은 문제를 박사학위 논문의 주제로 선정하고 최적의 솔루션에 도전한다는 점이었다. 이러한 연구과제는 성공하면 그 분야의 이정표가 되는 논문으로 남고, 그 파급 효과도 커서 관련 산업에 돌파구를 가져오고 혁신을 주도하게 된다. 하지만 실패할 위험도 대단히 크기 때문에 선택을 주저할 수도 있는데 스탠퍼드에서는 이러한 도전이 일상화되어 있었다. 이와 대조적으로 우리나라 대학원생들의 박사학위 논문의 연구주제를 살펴보면 남들이 시도해보지 않은 새롭고 어려운 문제에 도전하기보다는, 부끄럽게도 그 분야의 대가들이 이미 혁신해서 뚫어 놓은 길을 따라가며 아직 남아 있는 비교적 쉬운 주제들을 안전하게 '이삭줍기'하는 경우가 많았다. 응용 분야를 조금 바꾸거나, 가정(Assumption)을 조금 바꿔서 최적의 솔루션도 아닌 차선책의 솔루션을 구해 약간의 참신함(Novelty)과 차이를 만들어 박사학위를 받고 졸업하는 식이었다. 이런 논문들은 읽는 사람도 많지 않으며, 실제 제품과 솔루션에 적용되지도 못하고 결국 사장되어 버리는 경우가 대부분이다.

도전적인 목표를 세우는 것은 최고, 최초가 되겠다는 목표를 세우는 것이다. 이론적으로 불가능한 것에 도전하라는 것이 아니다. 가능성이 확인된 도전적 목표를 세우고(Aim High), 포기하지 말고(Never Give up) 끝까지 매달리라는 것이다. 풀어야 할 문제가 존재한다면 반드시 해결 방법이 존재할 것이라는 꿋꿋한 신념을 가져야 포기하지 않고 끝까지 도전할 수 있다. 쉽게 할 수 있는 목표를 세우고 "이만하면 됐다"라고 타협하는 순간, 도전적인 목표를 세우고 포기하지 않는 경쟁자들에게 이미 지면서 시작한 것이기 때문에 실패를 예약한 것과 다를 바가 없다.

일단 도전적인 목표를 세웠다면, 그다음은 그 도전적인 목표를 구체적으로 작성하는 것이다. 과제의 기획 과정에서 CTS를 만족시키는 BSF를 찾아내고 구체적인 TSF로 변환하여 구체적인 구현 기술 후보가 선정되었다면, 과제 목표를 구체화하는 과정에서는 이 기술들의 구체적인 기능과 필요한 성능을 구체적으로 기술하여야 한다. 목표를 구체화하는 과정은 크게 세 가지 단계를 거쳐 진행된다.

첫째는 시스템의 목표를 하위 서브 시스템의 목표로 쪼개어 구체화해가는 것이다. 시스템 전체의 목표를 기술하고, 이 목표를 다시 서브 시스템 단위로 쪼개어 목표를 구체적으로 기술하고, 서브 시스템이 함께 고려하고 풀어야 할 목표까지 구체화한다. 이 과정을 통해 연구 개발 초기에 큰 그림, 즉 시스템의 전체 구조에 대해 파악하고, 디테일(Details) 속에 숨어 있는 문제들을 조기에 발견할 수 있다. 또한 조직의 목표가 팀의 목표로 세분되고, 팀의 목표가 팀 구성원의 목표로 세분되는 과정을 거치면서 구성원 간의 협력 관계, 팀 간의 협력 관계가 구체적으로 드러나고 정의된다.

둘째는 시스템의 입력 변수가 무엇이고, 출력 변수가 무엇인지, 이 변수들이 시스템, 서브 시스템 사이에 어떻게 연결되어 있는지, 즉 인터페이스와 입력 변수와 출력 변수 사이의 중요한 중간 상태(State)를 구체적으로 규명하는 것이다. 이 과정을 통해 시스템의 맥락(Context), 즉 어떤 기술, 어떤 서브 시스템이 다른 기술, 다른 서브 시스템과 연결되어 인과관계를 맺고 있는지 전체적인 맥락을 파악할 수 있다. 입력 변수는 목표로 하는 제품이나 서비스, 즉 시스템에서 받아들이는 외부의 변수이고, 출력 변수는 목표 시스템에서 만들어져 최종적으로 출력되는 변수다. 이 입력 변수와 출력 변수가 무엇이고 왜 중요하며 어떤 요구 조건을 만족하고 어떤 제한 조건들이 있는지, 그리고 어떻게 상호 연결되어 있는지 명확히 정리해야 한다. 특히 시스템의 성능에 영향을 주는 입력 변수를 주도면밀하게 완벽하게 파악하고 반영해야 한다. 고려하지 못한 입력 변수가 최종 결과 출력 변수에 반영되지 않으면 고려하지 않은 변수는 큰 잡음(Noise)이나 간섭(Interference) 혹은 왜곡(Distortion)을 일으키는 원인으로 작용한다.

4G 이동통신 시스템을 예로 든다면 휴대전화에 들어오는 입력

전파 신호의 사양(Specification), 즉 주파수와 전파의 세기, 어떤 전송 방식으로 신호가 만들어졌고 어떤 프로토콜이나 순서로 전파 신호가 구성되어 있는지를 정확히 파악해야 한다. 출력 변수 역시 어떤 구체적 사양을 가져야 하는지, 그리고 어떤 시스템에 입력 변수로 공급되는지를 명확히 규명해야 한다. 시스템이 작은 서브 시스템 혹은 모듈(Module)들의 조합으로 이루어졌다면 이들 서브 시스템 혹은 모듈의 입력과 출력에 대해서도 구체적인 사양과 함께 이 서브 시스템들이 어떻게 상호 연결되어 있는지 구체적으로 규명하고 정리해야 한다.

셋째는 어떤 환경, 어떤 조건, 어떤 가정을 바탕으로 목표가 설정되었는지를 파악하고, 이를 구체적으로 정리, 기술하는 것이다. 목표를 서브 시스템으로 세분하고, 원하는 목표를 달성하기 위해 출력에 영향을 주는 모든 입력 변수를 찾아내고 출력 변수와의 관계를 구체적으로 규명한다. 이러한 과정을 통해 어떤 입력 변수가 제어할 수 있는(Controllable) 목표를 달성하는 데 활용 가능한 변수인지, 어떤 입력 변수가 제어할 수 없는(Uncontrollable) 관찰만 할 수 있는(Observable) 변수인지 파악해야 한다. 이러한 제어할 수 없는 변수는 ① 이 입력 변수를 배제한 환경, 조건, 가정을 바탕으로 실질적(Realistic)이고 성취 가능(Achievable)한 목표를 설정하거나, ② 성능 목표를 달성하는데 이 입력 변수가 장애가 된다면 이 변수의 통계적 특성을 바탕으로 별도의 완화(Mitigation) 혹은 보상(Compensation) 방안을 준비해야 한다.

주어진 환경과 조건에서 제어할 수 없거나 제거하기 어려운 경우를 구체적으로 살펴보자. 예를 들어 주어진 A/D 컨버터(Converter)의 해상도(Resolution) 한계로 인해 발생하는 양자화 오류(Quantization error)와 같은 하드웨어 한계로 인한 오차와 편차, 혹은 오픈 소스(Open source) 등을 활용하는 경우에 주어진 소프트웨어의 성능 한계로 인한 오차와 편차는 제어할 수 없는 변수들이다. 이러한 변수의 영향을 완전히 제거하는 것은 성취 가능한 목표가 아니다. 구현의 복잡성 혹은 구현 가능한 부품이 존재하지 않아, 어쩔 수 없이 제한된 성능의 프로세서를 사용하여 발생하는 구현 손실(Implementation loss), 혹은 입력 변수의 다양성을 모두 반영할 수 없어 근사 모델(Approximated Model)을 사용하여 발생하는 모델링 오류(Modeling Error) 등은 어느 정도 제어할 수는 있으나, 완전히 제거할 수 없는 성능을 열화시키는 변수들이다. 이로 인해 발생하는 오차와 편차, 즉 노이즈(Noise), 간섭(Interference) 혹은 왜곡(Distortion)은 구체적(Specific) 목표 설정에 반드시 반영해야 한다.

또한 연구개발하는 기술이 어떤 환경에서 사용되는지 사용 사례(Usage case)를 살펴보고, 어떤 환경에서 어떤 기능이 가능하고 어떤 수준의 성능을 내는지, 어떤 기능은 작동하지 않고 성능이 제한되는지 등을 구체화하여 구체적 목표에 반영해야 한다. 필요하지만 특수한 환경, 소위 특이 사례(Corner case)에서는 기능 성능의 한계를 파악하고, 제한된 환경에서 필요한 조건을 규명하고, 기능 성능을 향상하기 위해 별도로 예외 처리를 해야 한다. 다양한 사용 사례와 특이 사례를 찾아내 세분화한 구체적 목표를 세우고 관련된 기술을 예외 처리하고 최적화하여 필요한 기능과 성능을 완성도 있게 구현함으로써, 소비자 관점에서 경쟁 우위를 확보하고 차별화를 이루면서 사업을 성공으로 이끄는 제품, 솔루션, 서비스를 확보할 수 있다. 연구개발 조직의 역량이 뛰어날수록 경쟁자보다 구체적으로 깊이 있게 목표를 쪼개고, 관련 조건과 가정을 현실적으로 구체화하며, 필요한 인터페이스를 모두 정의하고, 다양한 사용 사례와 특이 사례를 고려한 구체적이고 성취 가능하고 실질적인 목표를 작성할 수 있다. 이러한 환경, 조건과 가정은 다음 〈WHY: Measurable 성과의 측정〉을 위한 계량기준 설정의 중요한 요소로 활용된다.

WHY: Measurable 성과의 측정

Measure what is measurable, and make measurable what is not so.

갈릴레오 갈릴레이(Galileo Galilei)

구체적으로 목표를 설정하는 것이 연구개발의 시작이라면, 연구개발의 마지막은 개발된 성과를 측정하여 원하는 결과를 얻었는지 확인하는 것이다. 이를 위해서는 구체적인 목표 하나하나에 대해 성과를 평가할 수 있는 **계량기준(Metric)**[30]을 반드시 설정해야 한다. 연구개발 성과가 성공적인지를 제대로 측정하기 위해서는 CTS의 성격을 명확히 이해하여, TSF가 무엇이고 TSF를 측정하는 KPI(Key Performance Index)가 무엇인지를 먼저 정확히 이해하고 있어야 한다. 연구개발의

---

[30] 계량기준은 원하는 정답을 추정한 값 혹은 추정값과 (때로는 정확히 알지 못하는) 정답 사이의 차이로 정의된다. Loss function은 대표적인 계량기준 중의 하나로 대개 x는 정답, y는 추정값으로 추정값이 원하는 값에 접근하면 loss function은 zero에 근접한다. 이러한 계량기준은 성과의 충실도, 즉 정확도와 정밀도를 평가한다.

성과를 측정할 수 있는 계량기준이 없다면 우리는 연구개발의 목적과 목표에 대해 명확히 알지 못하는 것이고, 따라서 연구개발 과정을 관리할 수도 연구개발 결과를 평가할 수도 없을 것이다.

계량기준의 선택

연구개발의 결과를 정확히 평가하려면 ① 원하는 목적과 연구개발 결과 사이의 상관관계가 아닌 인과관계를 분명한 계량기준을 선정해서 측정해야 하며, 그 계량기준을 이용해 측정한 값이 어느 범위에 있을 때 목적을 달성한 유효한 결과인지를 정확히 정의해야 한다. ② 복잡한 기술의 경우는 하나의 계량기준이 아닌 여러 개의 계량기준을 동원하여 서로 다른 측면들을 측정해야 하며, 이 계량기준들이 서로 어떤 보완 관계를 맺어야 하는지도 정확히 정의해야 한다. CTS에서 출발해 BSF, TSF, 구현 후보 기술, 계량기준을 QFD와 같은 도구를 활용해 논리적으로 연결하여, 계량기준의 측정과 평가가 TSF, BSF, CTS로 연결될 수 있어야 한다. 예를 들어 환자의 어떤 건강 상태를 파악하느냐에 따라 단순히 키와 몸무게 등을 잴 수도 있고, 혈압, 소변검사, 피검사 등 다른 검사를 선택할 수도 있다. 소변검사나 피검사와 같은 질적인 검사를 해야 하는데, 키와 몸무게를 재는 것과 같은 인과관계가 없는 양적인 검사는 원인과 결과를 판단하는 데 전혀 도움이 되지 않을 수 있다. 일반적으로 환자의 건강 상태를 정확히 측정하기 위해서 다양한 검사들을 병행해 종합적으로 판단하는 것처럼, 복잡 미묘한 목표가 달성되었는지 판단하기 위해서는 CTS, BSF, TSF와 논리적으로 연결된 적절한 계량기준들의 조합을 동원해야 한다.

③ 또한 결과를 정확히 측정할 수 있는 계량기준이 선정되었다 하더라도 다양한 입력 변수에 따라 결과를 측정하는 기준이 구체적으로 다르게 정의되어야 한다. 또한 특이 사례와 같은 특수한 조건과 상황에서는 특별한 문제점을 측정할 수 있도록 별도의 계량기준을 추가해 정의하고 측정해야만 기능의 차별화가 가능하고, 성능 문제를 피해 서비스 비용을 최소화할 수 있다. 4G 이동통신을 예로 들면 기술 관점에서 계량기준은 서비스 품질에 의해 정의되지만, 사용자 관점에서는 경험 품질(Quality of Experience: QoE)로 정의될 수 있다. 서비스 품질은 기술적인 TSF를 측정하는 데 도움이 되지만, 사용자 관점의 BSF를 측정하는 데는 경험 품질이 더 적절하다. 따라서 이러한 계량기준들을 동원해서 상호 보완하는 것이 매우 중요하다.

원하는 목표를 달성했는지 판단하기 위해 계량기준을 정의하고 이 계량기준을 바탕으로 결과를 평가하지만, 흔히 저지르는 치명적인 실수는 잘못된 계량기준을 선택하는 것이다. 연구개발 결과를 제대로 달성했는지 측정하기 위해서는 원래의 목적인 CTS, BSF를 만족시키는 경험 품질을 측정해야 하지만, BSF가 TSF로 전환하는 과정에서 경험 품질은 잊히고 기술적인 목표, 즉 측정하기 쉬운 계량기준이나 서비스 품질에 집중하게 된다. 일반적으로 올바르지 않은 계량기준의 선택은 결과의 한쪽 면만을 평가하게 되어 근본적인 목적을 달성했는지 정확히 평가할 수 없게 되고, 때에 따라서는 연구개발 과정 자체를 잘못된 방향으로 이끌어 갈 수 있다.

한때 미국에서 가장 범죄율이 높았던 뉴욕시가 지금처럼 안전한 도시로 바뀌는 데는 1994년 뉴욕시장에 취임한 줄리아니의 공헌이 크다. 줄리아니 시장은 경찰의 인력 충원 등 기본적으로 필요한 노력과 함께 뉴욕의 치안 상태를 개선하기 위해 제임스 윌슨(J. Q. Wilson)의 깨진 유리창 이론(Broken Window Theory)을 실천하며 계량기준을 바꿨다. 과거에는 범죄 검거율을 계량기준으로 삼아 경찰의 목표 달성을 평가하다 보니, 사소한 다툼과 같은 범죄 유발행위들을 방치했고 범죄가 발생하고 나서야 뒤늦게 검거에 나섰다. 하지만 범죄 발생률로 계량기준을 변경하고 난 후에는 범죄가 발생할 수 있는 환경을 사전에 차단하거나 범죄가 발생할 것 같은 상황을 적극적으로 단속하게 되었다. 계량기준의 변경만으로 취임 첫해에 범죄 건수는 40% 감소하고, 살인사건은 4년 만에 48% 감소하는 성과를 거두었다. 올바른 계량기준의 선택이 경찰의 행위를 바람직한 방향으로 유도해 원하는 목적을 달성한 것처럼, 연구개발에서 올바른 계량기준의 선택은 연구개발 성과를 올바른 방향으로 유도하는 등대와 같은 역할을 한다.

최적화 알고리즘과 관련한 전문적인 예를 하나 들어보자. 올바른 계량기준은 올바른 알고리즘의 선택을 유도해 연구개발 과정과 성과를 올바른 방향으로 이끈다. AI의 뿌리가 되는 신호처리 최적화 이론(Optimization Theory)은 원하는 신호에서 원하지 않는 신호와 노이즈를 제거하고 분리하거나, 시스템의 입력과 출력 신호를 바탕으로 시스템이 어떻게 구성되어 있는지 추정하는 데 활용하는 이론이다. 노이즈의 제거나 원하는 신호의 분리, 시스템 추정을 위해서 MMSE(Minimum Mean Square Estimator)나 LS(Least Square) 같은 추정자(Estimator)가 가장 많이 알려졌고 주로 사용되었다. 따라서 공학도들이나 연구원들은 신호처리 최적화 알고리즘을 사용할 때 아무런 의심 없이 MMSE나 LS를 적용한다. 하지만 이러한 MMSE, LS는 기본적으로 가장 일반적인 환경, 즉 노이즈가 백색잡음(White Gaussian Noise)일 때 최적의 성능을 보이지만, 노이즈가 균등 분포(Uniform Distribution)인 경우에는 MiniMax와 같은 다른 계량기준을 적용하거나 다른 방식의 추정자를 사용하지 않으면 성능이 크게 떨어지게 된다. 올바른 계량기준을 선정하기 위해서는 연구개발 과정에서 만나게 되는 신호는 물론 시스템에 대한 충분한 조사와 분석이 선행되어야 한다는 점을 잊어서는 안 된다. 신호와 노이즈에 대한 연역적(a priori) 정보 이외에도 조사와 분석을 통한 귀납적(a posteriori) 정보를 함께 활용해야 최적의 계량기준과 알고리즘을 선정할 수 있다.

계량기준의 측정 환경, 측정 및 판단

일반적으로 계량기준에는 결정론적 계량기준(Deterministic Metric)과 확률론적 계량기준(Stochastic Metric)이 있다. 결정론적 계량기준은 시간이나 거리처럼 단순하고 확실한 결과에 해당한다. 하지만 일반적인 공학 환경에서는 입력 변수와 시스템의 상태가 통계적 특성으로 정의되기 때문에 그 결과가 통계적 특성(Probability Distribution Function: PDF)을 갖는 확률변수(Random variable)로 정의되고, 따라서 계량기준 역시 확률론적 계량기준으로 정의되어야 한다. 예를 들어 사람의 몸무게를 잰다고 하면 어떤 시간대에 측정하는지, 어느 장비로 측정하는지에 따라 평균치를 중심으로 그 값이 통계적 분포를 갖게 된다. 따라서 확률론적 계량기준은 측정 결과를 단순 평균치로 정의하지 않고 표준 편차와 같은 부수적인 통계적 특성도 함께 정의하여, 필요한 기술적 특성이 모두 포함되도록 한다.

이러한 통계적 특성을 갖는 목표를 측정하고 공정하게 평가하기 위해서는 맥락, 즉 측정 환경, 조건, 가정을 구체적으로 분명히 정의해야 하며, 특이 사례의 경계도 분명히 정의하는 것이 필요하다. 아웃소싱의 경우 측정 환경 조건이 분명하지 않으면 측정 방식과 결과를 자기중심적으로 판단해 개발자와 검수자 사이에 분쟁이 발생하게 된다. 처음 시도하는 연구개발의 경우, 계량기준을 정의하고 측정하는 과정에서 미처 생각하지 못했던 변수들이 문제를 일으키는데 이로 인한 분쟁을 해결하는 원칙도 목표 설정 과정에서 합의하는 것이 필요하다.

4G 이동통신 시스템의 전송속도를 예로 들어보자. 기지국과 스마트폰 사이가 서로 보이지 않는 NLOS(Non Line of Sight) 환경에서 기지국에서 스마트폰으로 전송되는 다운 링크 전송속도를 측정할 경우, 얼마의 전력으로 어떤 주파수 대역을 할당했는지, 건물 같은 전파 반사 환경이 어떤 영향을 주는지, 스마트폰의 안테나 특성과 주변 환경 등 수신 상태에 영향을 줄 수 있는 조건에 따라 전송속도가 매우 달라진다. 따라서 평균적인 스마트폰 사용자 환경에서 전송속도를 측정하고, 지하실 구석과 같은 최악의 사용자 환경은 특이 사례로 분리하여 전송속도를 측정한다. 전송속도는 초당 10^{-5}이하의 BER(Bit Error Rate)을 만족하는 최고 전송속도로 정의한다

올바른 계량기준을 선정하고 이 계량기준을 합의된 환경과 조건, 가정을 기반으로 측정하는 일도 그렇게 간단한 일이 아니다. 일반적으로 계량기준을 측정하는 방법은 직접적인 측정과 간접적인 측정 두 가지로 나누어 볼 수 있다.

직접적인 측정은 비교적 간단하게 연구개발 결과물을 직접 분석하거나, 혹은 결과물로부터 직접 원하는 데이터를 얻어 분석하는 것이다. 어떤 데이터를 직접 측정하거나 혹은 어떤 신호를 결과물에 입력해 원하는 데이터를 측정하거나, 이들의 조합이나 함수(Function)로 계량기준을 추정(Estimate)하기도 한다. 계량기준을 최소화, 최대화 혹은 정답과 비교 평가하기 위해서 BLUE(Best Linear Unbiased Estimator)를 주로 사용한다. Best는 최소한의 데이터로 원하는 충실도(Fidelity)를 가진 측정 결과를 얻는 것을 말한다. 데이터를 측정하는데 큰 비용과 많은 시간이 소요되는 경우 최소한의 데이터로 최선의 결과를 얻는 Best, 즉 효율적인(Efficient) 계량기준 측정 알고리즘을 찾아내는 것이 매우 긴요하다. Linear 역시 시간과 비용을 줄이기 위해 매우 중요한 특성이다. 신호의 크기가 달라질 때마다 측정한 데이터의 특성이 크게 변화하는 경우, 모든 사용 사례를 다 측정해야 해서 역시 큰 비용과 많은 시간이 소요된다. 공학에서 고유벡터(Eigenvector)나 고유값(Eigenvalue)과 같은 시스템의 특성을 독립적으로 표현하는 특성 변수들을 찾아내면 이 특성 변수들의 조합으로 모든 데이터를 추론할 수 있다.

Unbiased 역시 계량기준을 측정할 때 매우 중요한 특성이다. 일반적으로 측정 결과를 바탕으로 정답을 추정할 때 정답과 측정 결과 차이의 평균이 Zero에 수렴하면 Unbiased라고 판단한다. 일반적으로 데이터를 무제한으로 얻을 수 있으면 이 데이터를 바탕으로 정답, 즉 편견(bias)이 없고 편차가 없는 결과를 얻을 수 있는데 이를 충분한 추정자(Sufficient estimator)라고 부른다. 측정하여 얻을 수 있는 데이터의 수가 현실적인 문제로 제한적일 경우, 신뢰구간(Confidence interval: CI)을 활용하여 판단한다. 특히 측정 데이터가 적을 때는 신뢰도가 크게 떨어지기 때문에, 제한된 데이터를 활용하여 추정한 값을 정답으로 착각하는 오류를 절대 범하지 않기 위해서는 추정값의 신뢰도(모르는 정답과의 차이의 통계적 특성)를 확인하고 함께 표현해야 한다. 빅데이터가 아닌 제한된 스마트 데이터(Smart Data)로 계량기준을 측정하는 현실에서는 불편 추정자(unbiased estimator)를 찾아 활용하는 것이 오차를 줄이는 방법이다.

CTS, BSF, TSF를 측정하기 위해 선택한 계량기준을 연구개발 결과물로부터 직접 측정하기 어려워 간접적인 측정을 해야 하는 경우가 많다. 연구개발의 결과물이 복잡한 시스템이거나 자연 속에서 발견한 분자구조처럼 100% 통제할 수 없는 경우, 관찰할 수 있는(observable) 변수들을 활용해 숨어 있는 계량기준을 간접적으로 측정해야 한다. 간접적인 측정을 위해서는 첫째로 계량기준과 관찰할 수 있는 변수 사이의 인과관계가 규명되어 있어야 하고, 둘째로 시스템이 Ergodic인지 확인해야 한다. 시스템의 변수를 여러 측정 위치에서 동시에 측정할 수 없는 환경에서는 시계열(Time series)의 형식으로 대표적인 위치에서 시간을 두고 측정할 수밖에 없다. 이때 확률 평균(Ensemble Average)과 시간 평균(Time Average)이 같아야만, 즉 Ergodic해야만

이 측정 데이터를 활용해 계량기준을 추정할 수 있다. 셋째는 전문 용어로 전체 자극(Full Excitation)이 되어야 한다. 원하는 모든 영역을 건드려주는 외부 입력 변수가 가해져야만 내부 시스템의 정보를 담은 데이터가 출력에 반영된다. 예를 들어 피아노의 상태를 파악한다고 가정해보자. 모든 건반을 두드려 각각의 건반에 해당하는 소리의 주파수를 측정하지 않는다면, 즉 전체를 자극하지 않는다면 결코 피아노의 모든 건반의 주파수 상태를 파악할 수 없는 것과 같은 이치이다.

간접적인 측정을 위해서는 중간 변수 혹은 시스템 상태를 파악할 수 있는 전체를 자극하는 데이터를 시스템 입력 변수로 사용하며, 시계열 형식으로 측정한 시스템 출력 데이터를 활용하여 인과관계에 해당하는 신호처리(Signal Processing)를 한 다음, 그 결과를 바탕으로 BLUE를 통해 계량기준을 구하고, 이 계량기준 주변의 특정 신뢰구간에 통계적 확률로 존재하는 정답을 구하게 된다.

위에 기술한 바와 같이 계량기준을 정하는 과정은 시스템의 특성과 신호의 특성을 잘 이해하고 있어야 하고, 통계와 수학을 동원해야 하는 상당히 기술적으로 어렵고 복잡한 과정이다. 이렇게 어렵게 얻은 통계적 특성을 갖는 연구개발 결과물을 판단할 때는 반드시 전체적인 통계적 특성을 모두 보고 가부나 우열을 판단해야 한다. 일반적인 통계적 변수의 경우 정규분포(Normal Distribution)와 유사한 특성을 갖기 때문에 평균과 표준편차(m, σ) 만으로 모든 통계적 특성을 파악할 수 있다. 표준편차 σ를 함께 고려하지 않을 경우 평균값(Mean, m)만으로는 심각한 판단 오류를 범할 수 있다. 예를 들어 학생이 10명인 A 학급의 평균 점수는 91점, 학생이 10명인 B 학급의 평균 점수는 93점이라고 하자. 평균만 보면 B 학급이 공부를 더 잘하는 학급처럼 보인다. 하지만 표준편차를 보면 판단이 완전히 180도 달라질 수 있다. A 학급의 학생 9명이 100점을 맞았고 한 학생만 10점을 맞았는데, B 학급은 10명의 학생이 모두 93점을 맞았다고 한다면, 1등부터 9등 모두 A 학급 학생이기 때문에 한 명의 예외자(Outlier)를 제외하면 A 학급이 공부를 잘하는 학생들이 모여 있는 학급임을 알 수 있다. 품질의 평균값은 훨씬 좋지만, 표준편차가 큰 제품은 안전 마진(Safe Margin) 밖에 있는 소수의 제품이 시장에서 엄청나게 많은 문제를 일으킬 수 있다. 오히려 평균값은 상대적으로 나쁘지만, 표준편차가 거의 없는 제품은 99.999% 이상의 제품이 탄탄(Robust)하기 때문에 확실한 안전 마진을 가지고 있어 시장에서 전혀 문제를 일으키지 않는다. 이처럼 통계적 특성 PDF를 구할 수 있다면 품질 지표와 같은 통계적 특성을 갖는 측정 결과를 좀 더 정확하게 이해할 수 있고, 측정 결과의 통계적 특성 정보를 바탕으로 제품의 안전 마진의 설정, 원하는 목표를 달성하는 데 필요한 최적의 신호처리 알고리즘의 선택 등 과제의 평가와 실행 최적화에 응용할 수 있게 된다.

HOW: Adaptive 민첩한 실행

梟示狼顧
부엉이처럼 눈을 크게 뜨고 이리처럼 의심하며 자주 돌아보다.

《육도(六韜)》 중에서

과제를 계획하고 실행하는 SMART 관리에서 A는 다양한 머리글자 (Acronym)를 갖는다. 가장 일반적인 A는 Achievable, 즉 성취 가능한 목표를 설정하라는 것이다. 예를 들면 ① 이론적 한계치를 벗어나 애초에 불가능한 목표를 세우고 있지는 않은가? ② 주어진 목표를 달성할 수는 있지만 투입되는 인적 자원이 능력이 없거나 부족하거나 개발기간이 부족하지는 않은가? ③ 혹은 비록 목표를 성공적으로 달성한다고 하더라도 필요한 전체 기술 관점이나 사업 관점에서 다른 제한 요인으로 인해 결국 의미 있는 가치를 만들어내지 못하는 것은 아닌가? 파악해 보아야 한다. 하지만 이 조건은 과제 기획 단계인 WHAT, HOW 단계에서 어느 정도 검토되고, 과제 계획의 첫 단계, 즉 구체적인 목표(WHAT)를 기술하는 과정에서 반드시 확인되어야만 한다. 수

많은 경쟁자가 유사한 기술과 사업을 두고 경쟁을 벌이는 최근의 경쟁 환경을 고려하여 필자는 A를 Adaptive(유연하고 민첩하게)로 선정하였다.

유사한 아이디어를 놓고 치열한 시간 경쟁을 벌이는 실리콘밸리의 소프트웨어 기반 솔루션 업체들은 전통적인 조준-준비-발사(Aim Ready Fire: ARF)를 하기보다는 준비-발사-조준(Ready Fire Aim: RFA)하는 민첩한 혁신 관리(Agile Innovation Management: AIM)를 하고 있다. 충분히 고민하고(Aim) 겨냥한 후(Ready) 한 방을 날리기(Fire)보다는, 대충 겨냥하고(Ready) 먼저 실행하고(Fire) 결과를 보고 솔루션을 수정한 뒤(Aim) 다시 겨냥하는 시행착오(trial-and-error) 방식을 통해 남들보다 먼저 빠르게 시장과 고객 정보를 수집하고 대응하면서 주도권을 잡아가겠다는 전략을 취하고 있다. 유연하게 변화에 대응하면서 민첩하게 실행하는 핵심은 조직의 민첩성(Agility)을 어떻게 확보하느냐가 관건이다.

실행의 민첩성은 내부 과제의 진행 현황과 외부 환경 변화에 대한 정확한 판단, 이를 바탕으로 한 전략적 의사결정을 실행하는 속도(Speed)와 정확도(Accuracy) 두 마리 토끼를 모두 잡는 것이다. 이를 위해서는 ① 진행되고 있는 연구개발 과제 각 부문의 중간 결과를 수시로 공유하고 종합하여 어떤 내부 문제가 생기고 있는지 파악하고, 대외적으로는 주요 시장 동향에 대한 지속적인 파악과 경쟁사 동향에 대한 끊임없는 기술 첩보(TI)의 확보를 통해 중요한 외부 환경 변화가 발생했는지 항상 먼저 감지(Sensing)하는 것이 필요하다. 이렇게 항상 먼저 감지하는 것은 실행(Fire)과 함께할 때 속도를 얻을 수 있다.

이러한 감지 결과를 바탕으로 ② 내부적으로 추구하고 있는 과제 목표가 올바른 목표인지에 대해 끊임없이 문제를 제기하며 효시낭고(梟示狼顧)하는 것이 필요하고, 외부적인 환경 변화에 대해서는 기회 요인인지 위협 요인인지 파악하여 재빨리 효과적인 SWOT 전략을 수립해야 한다. 과제 내에 효과적인 의사결정 프로세스를 구축해 정보를 재빨리 공유한 다음 빠른 학습과 분석을 통해 대응 전략을 미리 수립하고 일사불란하게 실행에 옮겨야 한다. 정확한 대응 전략 수립, 빠른 의사결정, 민첩한 실행을 위해서는 시나리오에 기반한 연구개발이 매우 효율적이며 효과적이다. 과제 전략 결정과 수정에 결정적인 중간 변수를 주요 단계(Milestone)의 깃발(Flag)로 선정하고, 이 깃발의 계량기준이 가리키는 예상 방향별로 대응 전략을 사전에 깊이 있게 검토해 놓는 것이다. 연구개발 과제가 진행되어 주요 단계(Milestone)에 도달하면 깃발이 가리키는 방향에 따라 미리 준비한 대응 전략을 실행하는 것이다. 외부 환경 변화에 대해서도 유사한 방식으로 깃발을 선정하여 미리 대응 전략을 준비해 놓으면 된다. 사전에 다양한 시나리오별로 깊이 있게 분석한 대응 전략을 통해 조준하는 과정의 정확도를 높일 수 있고, 준비 과정의 속도도 높일 수 있다.

마지막 단계는 ③ 제때 정확하게 실행하고 실행 결과에 대한 객관적 평가를 하는 것이다. 아무리 좋은 전략도 제때 정확하게 실행하지 않으면 효과를 얻을 수 없고 실행 결과를 냉정하게 객관적으로 평가해서 새로운 감지를 시작하지 않으면 잘못된 방향에 계속 매달려 시간과 자원을 낭비하게 된다.

시장에서 제때 Time to Market하는 것이 매우 중요한 것처럼, 기술의 연구개발에서도 내가 개발하고 있는 기술을 둘러싼 주변의 기술 및 사업 환경에 맞춰 연구개발이 이루어져야 시너지를 얻고 성공적인 성과를 낼 수 있다. 내가 개발한 기술과 짝을 이루는 기술이 성숙하지 않으면 나의 기술은 짝을 이루는 기술이 성숙할 때까지 사장(死藏)된다. 대개 자신이 연구개발하고 있는 기술에 대해서는 실시간으로 변화를 인지하고 대응하지만, 자신의 분야가 아닌 슈퍼 시스템에 필요한 주변 기술에 대해서는 실시간 감지가 제대로 이루어지지 않는 경향이 있다. 특히 스타트업처럼 경험이 일천하고 시스템 전체에 대한 전문 지식이 부족한 경우에는 주변 기술을 둘러싼 외부 환경 변화에 대해 미리 감지하고 정확한 대응 전략을 준비하기 어려운 것이 현실이다.

물론 WHAT을 결정하는 과제의 기획 과정에서 맥락을 포함한 연구개발 결과들의 통합을 고려해 제때 모든 것이 준비될 수 있도록 자원을 배분하여 단위 기술, 모듈, 서브 시스템의 연구개발 속도를 조절하는 작업이 선행된다. 하지만 기획 단계에서 예측하지 못한 문제가 실시간으로 발생하고 제어할 수 없는 외부 변수에 따라 수시로 달라지는 환경 변화에 대해서는 민첩한 실행을 통해 효과적으로 대응해야 한다.

If you fail to plan, you are planning to fail.

벤저민 프랭클린(Benjamin Franklin)

앞의 〈가치의 기획: WHY〉와 〈과제의 기획: WHAT〉에서 필자가 제안하고 설명한 방식은 ARF에 더 가까운데 지금 RFA를 하라는 설명은 모순(矛盾)처럼 들릴 수 있다. 필자의 의견은 연구개발 기획과 같은 준비과정은 ARF로 하고, 구체적인 연구개발 실행 과정은 RFA로 하라는 것이다. 벤저민 프랭클린의 말처럼 준비에 실패하면 실패를 준비하는 것이다. 사전 준비과정은 ARF를 통해 철저하게 준비하는 것이 옳다. 다만 기회손실을 피하기 위해서는 급하게 닥쳐서 준비하는 것이 아니라, 남들보다 먼저 시간 여유를 갖고 평소에 전략을 준비해야 한다는 말이다. 그리고 실행 과정에서는 RFA, 현장에서 실시간으로 얻어지는 정보를 가지고 전술을 수정하면서 민첩하고 빠르게 정확히 움직이자는 것이다.

〈HOW: Adaptive 민첩한 실행〉은 철저하게 경쟁전략을 바탕으로 연구개발 경쟁을 하는 것이다. 과거 1세대 2세대 R&D를 하던 시절의 연구개발은 경쟁 없이 묵묵히 나의 길을 가는 비(非)경쟁 연구개발이었다. 아직도 대학 연구실을 비롯한 많은 연구개발자가 비경쟁 전략을 바탕으로 연구개발을 하는 경우가 많다. 하지만 세상은 넓고 비슷한 분야의 연구개발 경쟁자는 정말 많으며, 심지어 신생기업조차 파괴적 혁신을 통해 나의 영역이 아닌 전혀 생각지도 못했던 다른 영역에서 상상하지 못한 빠른 속도로 튀어나온다. 항상 효시낭고(梟示狼顧)하며 겁쟁이나 편집증 환자처럼 경쟁 전략을 기반으로 연구개발을 하는 자세가 습관화되지 않으면 결코 살아남지 못하는 것이 개의 시간(Dog Year)을 사는 우리의 숙명이다.

WHO: RACI 적절한 소통

On good teams coaches hold players accountable, on
great teams players hold players accountable.

조 더마스(Joe Dumars)

과제를 계획하고 실행하는 SMART 관리에서 R 역시 다양한 머리글자를 갖는데, 가장 일반적인 R은 Realistic 혹은 Relevant이다. Realistic은 성취 가능한 목표를 설정하라는 것으로 Achievable과 유사한 의미가 있고, Relevant는 목표가 부가가치를 줄 수 있는 의미 있는 것인지를 보자는 것이다. 필자의 경험으로 보면, 과제의 성공을 좌우하는 것은 연구개발팀을 이끄는 리더와 구성원 그리고 팀워크(Teamwork)가 가장 중요한 요소였다. 따라서 필자는 R을 RACI로 선정했다.

RACI는 Responsible의 R, Accountable의 A, Consulted의 C, Informed의 I의 첫 글자를 모은 말이다. 연구개발 과제를 추진할 때 팀의 구성원들은 주어진 목표를 세분하여 자신만의 역할을 맡게 되는 데, 이때 그들의 역할과 책임(Role and Responsibility)이 바로 R에 해당한다. 팀을 하나의 오케스트라라고 한다면 각 구성원은 자신이 맡은 악기 역할이 있고 그 악기를 악보에 따라 연주해야 하는 책임을 가지고 있다. 과제 계획을 세울 때 가장 중요한 것은 역할을 감당할 수 있는 역량을 가진 인재에게 책임을 맡기는 것과 업무의 양이 특정인에게 너무 많이 주어지지 않도록 균형(Balance)을 맞추는 것이다. 역량이 없는 사람이 일을 맡는 경우 전체 과제가 지연될 수 있고, 특정인에게 너무 많은 업무가 주어지면 병목 현상이 발생할 수 있다.

두 번째 A는 총괄 책임(Accountability)을 의미하는데 전체를 책임지는 지휘자 역할을 의미한다. 오케스트라의 지휘자처럼 주인의식을 가지고 진행을 관리하고 전체에 대한 책임을 감당하는 것을 말한다. 각각의 R과 소통하고 각각의 R을 믿어주고 격려하며, R과 R 간의 조화를 책임진다. 오케스트라의 연주자 한 사람, 한 사람이 모두 훌륭한 연주자라 하더라도 훌륭한 지휘자 없이는 조화로운 연주를 완성하기 어렵다. 연구개발 전체 조직의 리더가 반드시 해야 할 일이지만 서브 시스템의 연구개발 조직에도 서브 시스템을 총괄 책임지는 인력, 즉 처음부터 끝까지 관리하고 책임지는 프로세스 담당자(Process Owner)를 배치하는 것이 중요하다. 예를 들어 여러 명의 바이올린 연주자들을 책임지는 수석 연주자에게 바이올린 연주의 총괄 책임을 담당하게 하는 것이다.

팀장과 같은 총괄 책임 담당자는 전체 업무에 대한 주인의식을 가지고 총괄 책임을 이해하고 실행해야 한다. 단순한 R&R의 감독이 아니라 빠진 역할 R을 채우고, R과 R 사이의 균형을 맞춰주면서, R과 R

사이의 충돌을 조정하며, Consulted와 Informed 사이에 원활한 소통이 이루어지는지 파악하고 조정해야 한다. 훌륭한 팀은 팀원 모두가 주인의식을 가지고 열정적으로 몰입하면서 업무를 수행하지만, 일반적인 팀원은 전체의 성과, 전체 최적, 장기 최적(Long term Optimum)을 추구하기보다는 자기 역할에 맞춰 자신의 안위에만 관심을 두는 부분 최적(Local Optimum)과 단기 최적(Short term Optimum)에 충실할 뿐이다. 총괄 책임은 부분 최적과 단기 최적의 단순한 집합을 만드는 것이 아니라 부분 최적과 단기 최적들을 조율하고 화합하여 전체 최적과 장기 최적을 만들어 가는 가장 중요한 역할이다.

C와 I는 각각 Consulted와 Informed를 의미한다. Consulted는 누구로부터 의견을 들을 것인가 하는 인바운드 인터페이스(Inbound Interface)의 대상을 정의하는 일이다. 진행 현황과 필요한 요구사항들을 빠짐없이 완벽하게 전달받아야 할 부서나 담당자로부터 제때 전달받아야만 이러한 정보를 바탕으로 R&R을 담당한 각각의 주체가 제대로 업무를 수행할 수 있다. Consulted에서 중요한 것은 어느 부서, 어느 담당자로부터 구체적으로 어떤 정보와 결과를 어떤 수준으로 얼마나 자주, 언제까지(Due) 받아야 하는지 명확히 정의하고 상호 간에 합의하여 각 업무의 체크리스트에 반영하는 것이다.

이와 유사하게 Informed는 각각의 주체가 수행하고 있는 업무의 진행 현황과 실행 결과를 누구에게 제공할 것인가, 즉 아웃바운드 인터페이스(Outbound Interface)의 대상을 정의하는 일이다. Informed에서 중요한 것은 어느 부서의 어느 담당자에게 구체적으로 어떤 정보와 결과를 어떤 수준으로 얼마나 자주, 언제까지(Due) 보내야 하는지

그림 2-15 RACI 차트의 구성

Activity	Project Sponsor	Project Manager	Project Team	Department Manager
Prepare Bill of Materials		A	R	C
Prepare Estimate	I	A	R	I
Authorize Expenditure	R	I	I	I
Send Procurement Documents		R	C	
Evaluate Bids	A	R	C	
Perform Inspections	I	A	R	

R=Responsible   A=Accountable   C=Consult   I=Inform

명확히 정의한 다음 상호 간에 합의하여 각 업무의 체크리스트에 반영하는 것이다.

모든 정보가 필요한 곳에서 들어오고 필요한 곳으로 흘러갈 때 당연히 모든 조직이 중요한 정보를 놓치지 않고, 정상적으로 업무를 진행해서 좋은 결과를 낼 수 있다. RACI는 연구개발 조직의 역할을 정의하고, 전체를 조화시키고, 필요한 소통을 위해 인터페이스를 정확하고 완벽하게 정의하는 매우 중요한 작업이다. RACI가 제대로 수행되지 않으면 어떤 팀원은 정보가 부족해서 소외감을 느끼고, 어떤 팀원은 업무가 많아서 불만이 쌓이며, 빠진 업무가 나타나고 팀원 간에 책임 회피가 일어나지만 아무도 책임지고 해결하려 하지 않는 '폭탄 돌리기' 상황이 발생한다.

팀과 팀원의 구체적 활동(Activity)과 예상 결과(Deliverable) 그리고 팀원과 관련 부서 담당자를 중심으로 그림 2-15와 같은 RACI 차트를 만들고 활용하는 것이 매우 유용하다. 이러한 차트와 체크리스트를 바탕으로 팀원들은 누구와 협력하고 소통해야 하는지 구체적으로 명확히 이해할 수 있을 뿐만 아니라, 자신과 무관한 불필요한 회의와 정보로 인한 시간 낭비와 업무 부담을 최소화할 수 있다. RACI 차트를 통해 팀원들은 자신과 관련된 RACI 담당자들과 어떤 방식으로 얼마나 자주 소통해야 할지, 구체적으로 어떤 정보를 어떤 수준으로 주고받아야 할지를 결정하면서 원활한 의사소통 구조와 효율적인 회의 시스템을 구축할 수 있다. 이러한 RACI 차트는 과제가 진행되면서 R&R 역할이 바뀌고 모듈과 서브 시스템이 통합되는 단계마다 주기적으로 총괄 책임 담당자가 주인이 되어 보완하고 수정해야 한다.

WHEN: Time Based 결정적 일정

Time flies over us, but leaves its shadow behind.

나다니엘 호손(Nathaniel Hawthorne)

과제를 계획하고 실행하는 SMART 관리에서 마지막 T는 한 번 가면 오지 않는 시간, 소중한 과제 일정을 관리하는 Time Based, Time Bounded, Time Limited 관리를 의미한다. 투입되는 인재나 예산과 인프라 모두 중요하지만, 경쟁에서 가장 중요한 것은 천시(天時)를 놓치지 않는 것이다. 기회는 한 번 놓치고 나면 다시 오지 않는 마지막 열차와 같다. Time to Market은 사업의 성패를 가름하는 가장 결정적인(Critical) KSF임을 잊지 말아야 한다. On Time 제때 목표를 달성하고, The First 경쟁자보다 먼저, The Best 최고의 비즈니스 컨트롤 포인트를 차지해야만 플랫폼을 선점하여 사업의 승기(勝機)를 잡을 수 있다.

사업을 선점하고, 소위 가장 쉽게 수확할 수 있는 열매를 차지하고,

STAR[31]를 만들어내는 플랫폼을 구축하여 소비자들에게 강력한 브랜드 파워(Brand Power)를 구축하고, 시장 점유율을 높이고 고수익 세그먼트를 차지하는 모든 선순환이 먼저 Time to Market을 차지한 퍼스트 무버의 독차지가 된다. 후발 추격자들은 퍼스트 무버가 구축한 강력한 요새와 같은 생태계와 가치사슬에서 작은 자리를 빼앗기 위해 훨씬 많은 자원을 투입해야 하는데도 그 결과로 얻는 매출은 미미하고, 손익은 형편없을 수밖에 없다.

연구개발 과제가 되었든 새롭게 기획한 제품의 상품화 과제가 되었든 시장에서 원하고 고객이 원하는 시기에 기술과 솔루션을 공급할 수 있도록 기회 기반 접근법을 통해 일정을 수립해야 한다. 흔히 저지르는 실수는 시장과 고객의 요구와는 상관없이 가지고 있는 자원을 바탕으로 할 수 있는 일을 하는 자원 기반 접근법으로 과제를 계획하고 실행하는 것이다. 기회가 왔을 때 준비되어 있어야 기회를 잡고 성공할 수 있다. 이를 위해서는 '누구나 할 수 있는 일을 따라 하는 것'이 아니라 '반드시 해야만 하는 일을 먼저 해내는 것'이 필요하다. 이를 위해서는 필요한 목표를 달성해야 하는 미래 시점을 먼저 정하고 그 미래 일정을 반드시 완수할 수 있도록 현재부터 진행해야 할 연구개발 일정과 상품화 일정을 정해야 한다.

과제의 일정은 몇 개의 중간 단계로 일정을 쪼개어 관리하는 단계

---

31 Growth Share Matrix에서 시장 점유율도 높고 성장률도 높은 분야는 STAR, 시장 점유율은 높지만 성장률은 낮은 분야는 Cash Cow, 시장 점유율도 성장률도 낮은 분야는 PET, 시장 점유율은 낮지만 성장률이 높은 분야는 ?로 구분한다.

적 접근(Phased Approach)을 통해 과제를 수행하는 것이 좋다. 중간 점검을 통해 목표를 향한 연구개발 활동이 정상적으로 진행되고 있는지 계량기준을 통해 확인하고, 새로운 변수가 발생했는지 그로 인해 자원의 재분배가 필요한지, 심각한 리스크가 발생했는지 파악해서 공유할 수 있다. 이러한 중간 점검을 통해 드러난 이슈들에 대해 효과적인 대응 방안을 모색해야 적절한 시기에 제대로 지원할 수 있다. 또한 모듈이나 서브 시스템 단위의 중간 점검은 전체 시스템이나 슈퍼 시스템 측면에서 어떤 전략적 변화나 전술적 지원이 필요한지를 결정하는데 도움을 준다.

중간 점검을 통해 과제 구성원들은 단계적인 작은 성취를 통해 목표를 구체화하는 과정을 확인할 수 있고, 다른 부서나 팀원들이 어떤 성취를 이루었는지 확인하며 자극을 받는 계기가 되기도 한다. 총괄 책임을 가진 팀장이나 리더는 작은 성과에도 성취감을 느낄 수 있도록 시상과 격려를 통해 지쳐 가는 팀원들을 자극하고 격려하면서 팀 전체에 Time to Market의 중요성을 각인(刻印)시키고 활력을 불어넣는 계기로 활용할 수 있다.

공격적인 기회 기반 접근법과 단계적 접근을 통해 일정을 관리하다 보면 외부자원에 의존한 아웃소싱에서 문제가 발생하거나, 내부의 공격적인 일정 설정으로 인한 부실한 성과, 혹은 예상하지 못한 경쟁사의 신기술 개발이나 신제품 출시, 외부 환경의 급격한 변화 등으로 심각한 위기 상황에 직면할 수 있다. 일정 기반 접근법(Time based Approach)에서 중요한 점은 '위기는 변수가 아니라 상수'라는 생각을 가지고 항상 플랜 B, 즉 비상 계획(Contingency Plan)을 준비해야 한다는 것이다. 이러한 위기는 민첩한 실행 섹션에서 이미 설명했듯이 항상 감지하고 있다가 미리 준비된 완화 방안(Mitigation Plan)을 처방하거나, 혹은 과제 일정 처음부터 플랜 B를 반영해 동시 수행하게 하고 중간 점검에서 더 좋은 결과를 선택하는 방식으로 과제를 수행하기도 한다. 돌이킬 수 없는 시간을 잃어버리기보다는 자원을 중복해서 투입하더라도 기회를 잃지 않고 경쟁자와의 시간적 격차를 더 벌리는 것이 투입된 자원보다 훨씬 중요하기 때문이다.

과제 단위의 일정을 정확히 수립하고 실행하는 것도 물론 중요하지만, 과제를 둘러싼 맥락의 일정이 먼저 수립되고 관리되어야 과제의 일정이 흔들리지 않는다. 중/장기적인 미래 예측과 사업 비전을 통한 사업 로드맵이 매년 보완되어 진화하고, 이를 바탕으로 MLK 및 혁신적인 신제품 출시 계획을 담은 제품 로드맵이 만들어지며, 이를 바탕으로 기술 로드맵이 차례대로 만들어져야 한다. 여기서 말하는 로드맵은 단순한 목표의 나열과 일정이 아니라, 중/장기적인 목표를 설정하고 목표에 대한 단계적 접근과 더불어 어떻게 달성할 것인가 하는 전략이 포함된 것이다.

미래에 대한 통찰과 비전이나 전략이 없는 로드맵은 무너지기 쉬운 모래성과도 같다. "요즘처럼 빨리 변하는 세상에서 미래에 대한 로드맵을 그리는 것이 무슨 의미가 있느냐?"는 주장이 있을 수도 있지만, 미래에 대한 치열한 사전 고민 없이 번뜩이는 통찰과 뛰어난 전략이 나올 수 없다. 장기적으로 학습하고 준비해야 할 것은 장기적으로 준비해야 하고, 중기적으로 자원을 투입하고 변화에 대응해 나갈 것은 중기적으로 대응해야 한다. 단기적인 것은 이러한 중/장기 비전과 투자를 바탕으로 단기적인 과제 수행에서 민첩하게 실행하면 된다. 단기적인 민첩함만으로는 결코 중/장기적인 통찰과 단기적 유연성을 가진 조직을 이기지 못한다. 아기가 태어나기 위해서는 적어도 9개월이라는 임신 기간이 필요하다. 사전에 투자하고 준비하지 않으면 결코 얻을 수 없는 것이 혁신적인 기술과 신제품임을 알아야 한다.

10년에 걸친 4G 연구개발 과제를 통해, ① 장기적인 통찰을 바탕으로 톱다운 방식으로 비전과 로드맵을 작성한 뒤 혁신적인 목표를 세우고, ② 과제를 수행하는 조직 하나하나에 분명한 역할을 주어 경쟁시키고, 일관성 있게 자원을 투자하고 지원해서 혁신적인 기술들이 개발되고 ③ 작은 서브 시스템이 모여 큰 시스템으로 통합되어 혁신적인 신제품이 시장에 성공적으로 출시되는 과정을 지켜보고, ④ 이러한 긴 호흡의 연구개발 과제를 통해 기술을 체득한, 사업을 경영할 뛰어난 인재들이 양성되는 것을 직접 경험했다. 들어서 아는 것[知]과 체계적으로 전략을 세우고 실제로 수행하며 실수와 시행착오를 통해 배운 것[行] 사이에는 상상하기 어려운 엄청난 내공(內攻)의 차이가 있다. 단기적인 유연함, 외부 자원을 활용한 아웃소싱, 자본을 활용한 M&A는 효율적인 측면이 분명히 있지만, 인재 측면에서는 변덕스러운(volatile) 하루살이를 키우는 것에 불과하다. 긴 호흡으로 기술과 제품과 사업의 봄 여름 가을 겨울을 경험하며, 어떤 변화와 어떤 위기가 다가오는지, 어떻게 대응하고 극복하는지 보고 배우고 뛰어들어 해결하면서 사계절을 체득한 철든 인재들을 어찌 하루살이와 비교할 수 있으랴?!

轉
전

성공적인 팀

二人同心 其利斷金 同心之言 其臭如蘭
두 사람이 한마음이면 무엇이든 할 수 있고
한마음에서 나오는 말은 그 향기가 난초와 같다.

《주역(周易)》중에서

새로운 혁신 기술의 부상과 그에 따른 미래 세상의 변화를 읽고 새로운 제품과 솔루션의 연구개발, 상용화 구상을 성공적으로 마쳤다면, 이제 남은 과제는 도전적인 목표를 주어진 일정 내에, 빠르게 변화하는 경쟁 환경에 적응하면서 성공적으로 달성하여 최고 및 최초를 확보할 수 있는 혁신적인 팀을 구성하는 것이다.

리더십을 갖춘 팀장과 전문성을 갖춘 팀원을 보유하는 것이 훌륭한 연구개발팀의 필요조건이라면, 이들을 효과적이고 효율적으로 통합하는 경쟁력 있는 구조를 통해 도전 목표 달성에 필요한 전문성과 함께 기획, 관리 및 소통 등의 종합적 조직 역량을 구축하는 것이 충분조건이 된다.

팀을 이끌어 가는 팀장은 미래에 대한 통찰, 업무의 전문성과 함께 감성적 소통이 가능한 입체적 리더십을 발휘하여, '소통 비용' 없이 팀 조직이 보유한 전문성과 잠재력을 극대화하여 제곱의 시너지를 낼 수 있도록 하는 지휘자 역할을 해야 한다. 팀원은 기본적으로 각자가 맡은 역할과 책임에 걸맞은 전문성을 보유하고 발휘해야 할 뿐만 아니라, 조직의 구성원과 변화하는 환경에 맞춰 협력하고 희생할 수 있는 소통 능력과 변화 역량을 보유하는 것이 팀의 성공을 위해 매우 긴요하다.

창의성과 수평적 조직문화가 강조되고 있지만, 성공적인 팀이 되기 위해서는 팀장과 팀원 사이에 적절한 위계질서(Hierarchy)와 역할 분담(Role and Responsibility)이 이루어져야 한다. 또한 조직 내 소그룹 혹은 외부와의 소통을 위한 효과적이고(Effective) 효율적인(Efficient) 기준과 절차(Process)가 구축되어야 한다. 조직의 구조에 정답은 없다. 조직이 추구하는 가치와 비즈니스의 특성, 전문 지식과 시스템의 특성에 따라 최적의 구조를 찾아야 한다.

기술적 업무적 역량과 별도로 성공적인 조직이나 팀이 되기 위해 팀장과 팀원들이 보유해야 할 가장 중요한 감성적 역량은 바로 소통 능력이다. 아무리 훌륭한 팀장과 팀원들로 구성된 조직이라 할지라도 원활한 소통이 이루어지지 않으면, 조직의 역량이 분산되고 조직의 속도가 느려진다. 객관적 정보와 지식이 필요한 수준으로 정확하게 소통되고 관리되기 위해서는 효율적인 RACI의 수립, 즉 Responsibility, Accountability, Consulted, Informed의 관계가 잘 정립되어 있어야 하며, 객관적 정보의 소통과 더불어 관계(Relation)에 기반한 정서적 소통이 병행되어야 한다.

조직에 필연적으로 존재하는 서로 다른 사고방식과 의견 차이는 건전한 창의적 다양성을 주기도 하지만 때로는 갈등과 비효율의 뿌리가 되기도 한다. 팀 전체가 서로 다름과 각자의 강점을 인정하고, 타인의 이해관계와 처지에 따른 의견을 경청하고, 서로를 존중하고 공감하려 노력하는 문화를 구축하는 것이 팀을 건강하게 유지하는 위생 조건이 된다.

경쟁력 있는 체계를 통해 조직 역량을 구축하고 효과적으로 소통하는 팀을 구축했다면, 그다음은 팀의 목표를 공정하게 관리하고, 팀원의 성과를 평가하고 보상하는 과정의 관리가 성공적으로 진행되어야 한다. 필자가 경험을 통해 터득한, 팀장이나 리더가 조직을 효과적 효율적으로 관리하는 노하우는 첫째로 업무를 심층 조사하여 판단에 필요한 충분한 정보를 파악하고, 둘째로 중요한 목표와 문제를 보이게 만들어 팀원 스스로 판단하고 움직이게 만들고, 셋째로 보이지 않는 미래를 미리 준비해 문제가 발생하지 않도록, 일이 점점 줄어들 수 있도록 선행 관리하는 것이다.

훌륭한 팀장과 팀원으로 구성되었고 경쟁력 있는 구조와 조직 역량을 갖춘 소통과 목표 관리가 잘 이루어지는 팀이라 할지라도, 팀의 목표가 평범하고 새로운 변화를 외면하며 진부한 방식을 고수한다면 팀이 만들어내는 가치 또한 경쟁력 없는, 미래에 필요 없는 결과가 되고 만다. 경쟁력 있는 조직 구조와 역량, 소통과 관리 역량을 갖추는 것이 성공과 혁신의 필요조건이라면 최고의 목표(The Best)에 도전하고, 난관을 극복하고, 새로운 변화에 앞서 혹은 최소한 적응하면서 최초의 혁신적인 성과(The First)를 개척하는 것은 진정한 성공과 혁신의 충분 조건이다.

최고의 목표에 대한 도전은 실패를 디딤돌로 만들어 성공할 방법을 '그런데도 불구하고' 찾아내는 치열한 과정을 견디며 극복하는 것이다. 절대 타협하지 않고 절대 포기하지 않는 근성이 최고의 팀을 만들고 최고의 성과를 차지한다. 최초의 성공을 향한 변화와 혁신은 보이지 않는 길을 통찰력을 믿고 열정으로 달려가는 외로운 싸움이다. 기존의 기술을 과감히 내려놓고 새로운 방식을 배우고, 끊임없이 자신의 과거와 싸우며 껍질을 벗겨내어 변화에 적응하고, 마침내 세상을 바꾸는 새로운 패러다임을 이끌어내는 일은 열 배의 역량으로 열 배의 노력을 기울여야만 겨우 가능하다.

팀의 정의와 구성

팀이란 무엇인가?

Talents wins games, but teamwork wins championships.

마이클 조던(Michael Jordan)

연구개발 혹은 상용화 목표가 정해진 다음, 주어진 일정 내에 변화하는 경쟁 환경에 대응하면서 도전적인 목표를 성공적으로 달성해 최고 및 최초를 확보하기 위해서는 성공적인 연구개발팀(Team)의 구성이 매우 긴요하다. 경영학 과정으로 유명한 켈로그 경영대학원(Kellogg School of Management)에 따르면 팀은 "A group of people who are interdependent with respect to information, knowledge and skills and who seek to combine their efforts to achieve a common goal"로 정의된다.

이러한 정의를 살펴보면 팀은 단순한 사람들의 모임(Group)이 아니라 팀원 서로가 상호 보완적인 정보, 지식, 전문성을 조합하여 공통의 목표를 달성하기 위해 노력하는 사람들의 모임이다. 성공적인 팀이 되기 위해서는 팀원의 역량을 모아 놓은 **조직 역량**(Organizational Capability)이 공통의 목표를 달성하기에 적절한 역량을 보유하고 있어야 하며, 이러한 역량을 활용해 성공적으로 공통의 목표를 달성하기 위해서는 시너지를 낼 수 있는 **경쟁력 있는 조직 구조**(Competitive Architecture)를 갖춰야 한다.

성공적인 팀을 구성하기 위해서는 먼저 목표 달성에 적합한 조직 구조의 팀을 구성하고, 그 구조에 필요한 역량을 구축하는 필요충분조건을 만족해야 한다. 우선 경쟁력 있는 조직 구조를 갖추기 위해서는 다음과 같은 필요조건을 단계적으로 준비해야 한다.

제일 먼저 팀장과 팀원 모두 팀이 추구하는 목표(Goal)에 대해 정확히 알고 있어야 하며, 더 나아가 팀의 중/장기 미래 비전(Vision)에 공감하고 있어야 한다. 둘째는 목표와 비전을 효율적 효과적으로 달성하기 위해 필요한 조직 구조, 즉 소통과 공유를 위한 위계질서(Hierarchy)와 전문성을 통합하기 위한 역할과 책임 분담을 구축해야 한다. 셋째는 팀장과 팀원, 팀 내부의 소그룹 사이 혹은 팀과 외부 조직과의 소통을 위한 공정하고 투명한, 효과적이고 효율적인 기준(Norm)과 절차(Process)를 구축해야 한다. 넷째는 팀의 3P(People, Process, Product)를 유지 관리하기 위한 기획(Planning)과 보상과 교육을 포함한 인사(Human Resources), 인프라와 예산 등의 지원(Finance) 체제가 마련되어야 한다.

연구개발 상용화를 위한 기술 개발팀의 조직 구조에 정답은 없다. 팀이 추구하는 가치와 특성, 전문 지식과 시스템의 특성에 따라 팀장과 팀원이 합의하는 효율적이고 효과적인 구조를 찾아야 한다. 중요한 것은 경쟁력 있는 조직 구조는 조직 역량을 최대로 끌어올릴 수 있도록 설계해야 한다는 점이다.

경쟁력 있는 조직 구조가 필요조건, 체(體)에 해당한다면 경쟁력 있는 조직 역량은 충분조건, 용(用)에 해당한다. 최적의 조직 구조가 경쟁력 있는 조직 역량을 구축하는 기본 바탕이라면, 팀의 목표 달성을 위한 필수 조직 역량은 경쟁력 있는 조직 구조를 설계하는 핵심 기둥이다.

연구개발팀의 조직 역량은 전문성을 바탕으로 한 핵심 경쟁역량(Core competence)과 조직 구성원의 특성, 관계, 문화를 통해 구축할 수 있는 역동적 경쟁역량(Dynamic competence)으로 나누어 볼 수 있다. 핵심 경쟁역량은 팀 혹은 기업 경쟁력의 기본이 되는 다양한 자원(Resource)과 전문성(Skill)을 통합한 역량으로 팀 혹은 기업의 핵심 가치(Core Value)를 창출하고 지지해주는 역량이다. 이러한 핵심 경쟁역량은 오랜 기간 축적되어 다른 팀이나 기업이 쉽게 모방하기 어려운 역량으로, 이러한 역량은 프론트엔드 기술 역량과 제품과 시장으로 연결되어 사업화를 통해 매출과 이익을 창출하는 백엔드 역량을 모두 포함한다.

역동적 경쟁역량은 빠르게 변화하는 내부 자원과 외부 환경에 대응하기 위해 내부와 외부의 경쟁력(Competence)을 통합하고, 새로 만들어 재구성하는 역량이다. 역동적 경쟁역량을 갖추기 위해서는 민첩함, 즉 속도와 정확성을 함께 갖춰야 한다. 앞의 〈HOW: Adaptive 민첩한 실행〉에서 언급한 바와 같이 역동적 경쟁역량은 항상 변화 속에서 위기와 기회를 먼저 감지하고, 미리 준비된 전략을 통해 혹은 재빠른 학습과 분석을 통해 필요한 대응 전략을 구축하며, 제때 정확히 실행하고 결과를 평가하여 지속적으로 변화 관리하는 능력이다. 이러한 역동적 경쟁역량이 구축되어야만 갇힌 틀에서 벗어나(Out of Box) 의도적으로 비우는 과정을 거치며(Unlearning) 새로운 혁신을 받아들이는 조직 문화를 구축할 수 있다.

동전의 앞뒷면과 같은 경쟁력 있는 구조를 구축하고 필요한 조직 역량을 확보하기 위해서는 다음과 같은 위생 조건(Hygiene Factor)을 갖춰야 한다. 우선 ① 팀의 조직을 구성할 때 전체 목표뿐만 아니라 세부 목표에 대해서도 구조적으로 총괄 책임자를 지정해야 함은 물론, 팀원 모두가 주인의식(Ownership)을 갖는 문화를 만들고 총괄 책임자도 정부(正副)를 지정하여 유고(有故)가 생겨도 총괄 책임자가 사라지지 않도록 해야 한다. ② 조직의 R&R은 깊이, 즉 전문성이 확보되어 부족함이 없어야 함은 물론 조직의 전문성의 합이 전체포괄(Collectively Exhaustive)하여 부족한 핵심 전문성이 없도록 균형 있게 구성해야 한다. 또한 불필요하게 조직이 커져서 생기는 비용이나 소통의 어려움, 파벌, 노는 인력의 발생(free riding)을 피해야 한다. ③ 조직의 구조는 역동적 경쟁역량을 위해 민첩하면서도 동시에 회복 탄력성(Resiliency)을 갖춰야 한다. 급격한 외부 환경의 변화나 퇴사와 같은 내부 자원의 손실로 인해 발생하는 경쟁력 손실을 탄력성 있게 복구하는 회복 탄력성은 주인의식과 도전 의식과 같은 팀원의 특성과 다양성과 상호 신뢰로부터 솟아나는 창의적 조직 문화 구축이 어우러져야 가능해진다. ④ 조직은 사람과 회사 사이의 기브 앤 테이크(Give and Take) 계약을 통해 만들어지고 유지된다. 이러한 조직의 기준과 절차는 복잡하지 않고 단순한 것이 좋다. 절차(Process)는 조직의 집단사고(Groupthink)를 방지할 수 있도록 적어도 두 채널의 프로세스로 견제와 균형(Check and Balance)이 되도록 설계되어야 한다. ⑤ 팀을 운영하는 기준(Norm)은 공정하고 투명하게 만들어 자율적으로 운영할 수 있도록 하되, 조직을 해치는 행위는 억제하고 조직에 활력을 불어넣는 활동은 장려하도록 정해야 한다. 공정한 기준을 통해 팀이 운영되고 제때 피드백되고, 투명하게 평가되어, 팀원들이 공정하게 보상받고 정서적으로 만족을 느끼도록 해야 한다.

연구개발팀과 같은 전문가 그룹은 하나의 목표를 향해 구성된 다양한 성격과 특성의 전문가 집단으로 깨지기 쉬운 그릇과도 같다. 필요한 역량에 적합하게 조직 구조를 설계하고 끊임없이 효시낭고(梟示狼顧)하는 노력이 수반되어야만 장기적으로 지속 가능한 핵심 역량을 확보하고 단기적으로 회복 탄력성이 있는 역동적 역량을 구축하여 팀이 생존하고 번영할 수 있다.

팀장의 역할

A leader is one who knows the way, goes the way and shows the way.

존 맥스웰(John C. Maxwell)

팀을 구축하는 데 필요한 조직 구조와 팀의 조직 역량에 대해 앞에서 살펴보았다. 굴뚝산업의 시대에는 오랜 기간 존속하는 상하 관계가 분명한 팀을 구축했지만, 요즘과 같이 ICT 기술을 기반으로 한 소프트 솔루션/서비스의 시대에는 필요한 역량을 보유한 전문가들이 수평적인 구조로, 단기간 존속하는 일시적인(Pop up) 팀을 구축하고 업무가 끝나면 바로 흩어지기도 한다. 수직적인 팀이 안정적인 조직 구조에 의존하는 보수적인 팀이라면, 단기간 존속하는 일시적인 팀은 팀장의 역량에 따라 조직 역량이 좌우되는 진보적인 팀에 가깝다. 따라서 팀장의 역할과 역량이 무엇보다 중요하게 작용한다.

란체스터(Lanchester)의 법칙은 군사력을 계산하는 공식으로 알려졌지만, 최근에는 조직의 역량을 표현하는 데도 활용된다. 란체스터의 제1법칙인 선형 법칙(Linear Law)은 "두 그룹 간의 전투가 일대일(one-on-one) 싸움의 연속이라면 조직의 전투력은 그룹의 크기 N과 각 조직원의 평균 전투 역량 $0 \leq a \leq 1$에 비례한다"는 것이다. 너무 당연한 이야기지만 단편적인 전투에서는 조직의 역량이 개인의 평균 역량 a와 조직의 크기 N에 비례한다는 뜻이다.

반면 란체스터의 제2법칙인 제곱 법칙(Square Law)[32]은 "두 그룹 간의 전투가 조직 대 조직(all-against-all) 싸움이라면 조직의 전투력은 조직의 크기 N이 아니라 조직 크기의 제곱 N^2에 비례한다"는 것이다. 조직의 구성원이 서로서로 도와 시너지를 내게 되면 팀 구성원이 10배가 될 때 조직의 역량은 최대 100배까지 늘어날 수 있다는 것을 의미한다. 조직의 크기가 N이고 각 조직원의 평균 역량이 $0 \leq a \leq 1$, 팀장의 조직 경영 역량이 $0 \leq \gamma \leq 1$이라고 하면 이 조직의 총역량은 $N^{\gamma 2} a$가 된다. 다른 조직의 크기가 M이고 각 조직원의 평균 역량이 $0 \leq \beta \leq 1$이고, 팀장의 조직 경영 역량이 $0 \leq \delta \leq 1$이라고 하면 이 조직의 총역량은 $M^{\delta 2} \beta$가 된다. 중요한 것은 조직의 총역량은 조직원, 즉 팀원

---

32 N 대의 비행기로 구성된 아군 편대와 M 대로 구성된 적군 편대가 공중전을 치른다고 가정해보자. 아군 N 대의 비행기가 적군 M 대의 비행기로부터 공격을 받아 격추될 확률, 즉 적군의 전투 역량을 계산해보자. 적이 아군 비행기를 선택할 확률 1/N에 적군의 비행기 수 M을 곱한 M/N만큼 아군기가 공격을 받는데, 적기의 공격 성공 확률을 β라고 하면 $\beta M/N$만큼 아군 비행기가 격추를 당하게 된다. 즉 $\beta M/N$이 적군의 전투 역량에 해당한다. 같은 방식으로 아군이 적기를 공격해 격추할 확률을 계산하면 aN/M이 된다. 이 둘을 같은 분모 MN으로 통일해서 비교하면 적군의 전투 역량은 βM^2, 아군의 전투 역량은 aN^2이 되어 제곱에 전투 역량이 비례함을 알 수 있다.

아군과 적군의 시너지, 조직 경영 역량 $\gamma \delta$는 전략과 리더십에 좌우된다. 적군 편대가 전략 없이 팀워크를 발휘하지 못하고 아군 편대를 공격한다면 M이 줄어들게 된다. 최악의 경우 모든 적기가 역할 분담을 하지 못하고 아군기 1대에 공격을 집중하여 전력을 낭비한다면 M은 1로 줄어들어 $\delta = 0$이 된다. 분자의 M과 N은 역할 분담이 효과적으로 이루어졌을 때만 가능하다.

의 평균 역량 α β에는 선형(Linear)으로 비례하지만, 팀장의 조직 경영 역량 γ δ에는 제곱(Square)에 비례한다는 점이다.

실제 상황에서 N명의 팀원으로 조직된 팀의 역량은 제로(0)에서부터 최대 역량 N^2까지 분포하고 있다. 팀원들이 역할 분담을 하지 않고 같은 일을 중복해서 하고 있거나. 서로서로 돕지 않고 양동이 속의 꽃게처럼 서로 뒷다리를 잡고 있으면 조직원 역량의 전체 벡터 합, 즉 조직의 총역량은 제로(0)가 될 수도 있지만, 효율적인 조직 구조를 통해 팀원의 역할이 상호 보완적이고, 팀장의 효과적인 경영으로 시너지를 최대한 끌어올리면 조직원 역량의 전체 벡터 합이 최대 역량 N^2인 팀을 만들 수 있다. 팀의 역량을 최대로 끌어올리는 온전한 제곱을 만들어내기 위해서는 팀장의 역할과 리더십이 가장 중요하다.

이순신 장군의 조선 수군 10여 척(N=10)이 왜(倭) 수군 130여 척(M=130)을 명량해전에서 격파할 수 있었던 것은 조선 수군의 역량을 결집하여 최대로 끌어올린 이순신 장군의 리더십 N^2과 더 많은 전함에도 불구하고 왜 수군의 역량을 결집하지 못한 전략과 마이너스 리더십 M^0의 차이라고 할 수 있다. 비록 M이 100, N의 10배가 되어도 팀의 전략과 팀장의 리더십, 즉 δ가 zero 혹은 1/2에 불과하고, 왜군의 전투 역량 β가 조선 수군의 전투 역량 α보다 떨어진다면 명량해전처럼 N=10의 조직이 M=130의 조직을 충분히 압도하는 결과를 낼 수 있다.

지속적으로 조직의 최대 역량 N^2을 끌어내는 팀장의 역할은 먼저 ① 필요한 핵심 역량을 채용하고, 즉 1에 가까운 α를 채용하고, ② 시너지를 낼 수 있는 조직 구조를 만든 다음, 실행 과정에서 ③ 적절한 소통과 ④ 감성적 통합, ⑤ 공정한 보상을 통해 모든 팀원이 자신의 역할에 충실할 뿐만 아니라 다른 팀원을 돕고 서로 지원하여 시너지를 낼 수 있도록 즉 γ가 1이 되도록 팀을 경영하는, 제곱을 만드는 것이다. 이러한 팀장의 역할을 성공적으로 수행하기 위해서는 ① 천(天): 조직의 현재와 미래 전망에 대한 통찰, ② 지(地): 전체 조직에 대한 큰 그림을 이해하고 개별 핵심 역량에 대한 심층 조사 이해와 경험, ③ 인(人): 전문가 팀원과의 감성적 소통을 효율적이고 효과적으로 할 수 있는 입체적 천지인(天地人) 역량을 갖춰야 한다. 개별 핵심 역량에 대한 이해와 경험, 전체 조직 구조에 대한 통찰과 통합에 대해서는 〈팀의 발전과 유지〉에서 별도로 다루기로 하고, 여기에서는 팀의 구성과 팀원 전문가 사이의 시너지를 위한 조직 구성에 대해서만 살펴보기로 한다.

어느 집단이나 그에 속한 개인들은 팀 전체의 이익보다는 자신의 이익을 앞세우기 마련이고, 언제 어떻게 될지도 모르는 먼 미래를 위해 장기 최적을 추구하기보다는 오늘 하루의 편안함, 오늘의 급여와 보너스 같은 단기 최적을 추구한다. 연구개발 조직, 특히 소프트 역량을 가진 전문가 조직의 특성은 개개인의 개성이 서로 다르며, 자기중심적이고 자존심이 강해 서로 어울리고 타협하기 어렵고, 감성적으로 한 번 벌어지면 치유하기 어려운 특성이 있는 집단이다. 다양한 기술 분야가 모일 경우 기술 스펙트럼이 넓고 깊어 기술적 리더십을 발휘하기도 어렵고, 문화적 특성도 모두 독특해서 참으로 난감하기 짝이 없는 경우가 많다.

팀장의 가장 중요하고도 가장 어려운 역할은 이러한 이익의 충돌을 사전에 방지하면서 현재의 충돌을 빠르게 해소할 수 있는 조직을 구성하는 것이다. 효과적인 조직 구성을 위해 팀장이 갖춰야 할 가장 중요한 역량은 ① 전체 팀원에게 필요한 역량이 무엇인지를 정확하게 파악하고 있어야 하고, ② 팀원들이 진행하는 업무에 대해 이해하고 평가할 수 있는 역량이 있어야 하며, ③ 팀원 사이에 시너지가 날 수 있도록 전체 시스템 차원에서 효과적인 조직 구조를 구축하고, ④ 조직 구조에 따라 팀원들이 자신의 역량을 발휘하고 시너지를 내는지 판단하고 조정할 수 있는 업무 역량을 갖추는 것이다. 매우 어려운 일이지만 팀장은 이러한 업무 역량을 갖춰야 팀원의 신뢰를 얻고 팀원의 도움을 받아 비로소 효율적인 조직을 구성하고 경영할 수 있다.

스티브 잡스가 애플에서 개발팀을 구성할 때 가장 중요하게 여긴 것은 팀원 전체의 팀워크였다고 한다. 첫 번째 팀원을 채용할 때 잡스의 비전, 기준, 원칙과 팀의 목적, 목표를 정확히 이해하고 철저히 따를 수 있는 역량이 뛰어난 $a=1$인 팀원을 채용했고, 두 번째 팀원을 채용할 때는 잡스와 첫 번째 팀원이 심층 면접을 해서 기술적 역량과 함께 팀워크를 이룰 수 있는 정서적 특성을 파악한 다음 두 사람이 모두 합의한 팀원만을 채용했다. 세 번째 팀원도 같은 방식으로 모든 팀원이 심층 면접을 하고 모든 팀원이 만장일치로 합의한 전문가만을 채용했다. 처음부터 전문 역량의 중복을 방지하고, 정서적 통합이 가능한 전문가만을 추가 채용하여 $\gamma=1$이 되도록 조직을 구성해 근본적으로 문제 발생 원인을 만들지 않고 N^2의 팀워크를 구축한 것이다. 시간이 걸리고 실행이 쉽지 않은 방법이지만 가장 확실한 방법으로 최소한의 인력으로 원하는 조직 역량을 구축할 수 있어, 비용을 최소한으로 절감해 남는 이익을 팀원들에게 최대한 돌려줄 수 있는 선순환 구조를 만들 수 있었다.

팀원의 평균 역량 $\alpha\beta$는 채용과정에서 후보자의 역량을 철저하게 검증하고, 기존의 팀원과 중복이 되지 않는지 확인할 수 있다. 하지만 팀의 시너지를 결정하는 $\gamma\delta$는 팀장과 같은 리더가 어떻게 역할 분담을 하고 시너지를 낼 수 있도록 조직 구조를 만들고 조직을 경영하는가에 달려 있다. 조직의 최대 역량 N^2은 ① 팀원들이 같은 목표에 매달려 팀원들의 역량을 낭비하지 않도록 역할 분담이 효과적으로 되어 있을 때 N을 유지할 수 있고, ② 팀원들이 서로서로 도와줄 때 제곱의 효과가 나타날 수 있다. N을 유지하는 것은 역할 분담과 효율적인 조직 구조와 전략에 의해 결정되지만, 제곱을 유지하는 것은 팀원 개개인의 소통 성향과 팀장의 조직 관리 역량과 리더십에 좌우된다.

조직이 시너지를 내기 위해서는 조직에서 암(癌)적인 존재가 생겨나지 않게 해야 한다. 암세포는 죽지 않는 세포로 세포 자체로는 역량이 출중한 세포지만, 주변의 자원을 독점하고 자신의 이익만을 추구하여 결국 숙주가 되는 팀을 죽이는 위험한 세포다. 암세포 같은 팀원은 자신의 단기적 이익(Local and short term optimum)만을 고집하면서 효과적인 조직 구성을 방해하고 효율적인 시너지의 걸림돌이 된다. 안타깝게도 어느 조직이든 반드시 암세포 같은 팀원이 생겨나 조직 전체로 퍼지는데, 대부분의 경우 개인 역량이 출중한 팀원 중에서 암세포 변이가 시작된다.

소통 비용 Communication Cost

암세포 팀원은 팀 전체 측면에서 보면 소통 비용(Communication cost)이 많이 들어가 시너지를 무너뜨려 팀 전체의 역량과 분위기를 망쳐놓는다. 암세포 팀원은 자신의 역량에 적합하지 않은 좋은 역할을 독점하려 하면서 효과적인 역할 분담과 조직 구성을 방해하고, 자신의 성과에만 집중하고 다른 팀원과 협력하는 업무는 피하면서 팀 전체의 시너지와 제곱의 성과를 차단한다. 자신만의 성과를 위해 거짓을 만들거나 필요한 소통을 차단해 업무의 흐름을 왜곡 지연시키며, 자신의 성과를 부각하기 위한 쓸모없는 일을 만들어 다른 팀원이 이 문제를 해결하기 위해 팀 전체의 자원을 낭비하게 만든다. 평균적인 팀원이 하는 일이 30에 불과하고, 암세포 팀원이 하는 일이 50, 100으로 커 보여도 이 암세포 팀원과 소통을 위해 다른 팀원이 100, 200의 소통 비용을 낭비한다면 이 암세포 팀원이 조직 전체에 이바지하는 일은 -50(=50-100), -100(=100-200)에 해당한다. 한마디로 암세포 팀원은 차라리 없는 게 조직에 도움이 된다.

이와 같은 암세포 팀원의 특징은 자신을 보호해줄 수 있는 팀장과의 소통에 집중하면서 팀장을 속이거나 교묘하게 위장하는 데 능숙하다는 점이다. 팀장이 이러한 암세포 팀원을 가려내고 제거하지 않는다면 조직에는 자신만의 이익을 추구하는 또 다른 암세포 팀원이 발생할 것이고, 이들이 결탁해 팀을 장악하고 팀 전체를 암세포 덩어리로 만들면 결국 능력 있는 정상적인 팀원들이 떠나면서 팀이 무너질 것이다.

If anything goes bad, I did it.

If anything goes semi-good, we did it.

If anything goes really well, then you did it.

폴 브라이언트(Paul B. Bryant)

팀의 소통 비용을 최소로 하기 위해서는 소통에 대한 팀과 팀장의 철학이 필요하다. 팀장과 팀원의 소통에 있어서 팀장은 개인적 감정이나 개인적 분노를 조직원에게 던지지 않는 충(忠), 즉 객관적인 중심(中心=忠)을 잡는 노력이 필요하다. 조직의 감성을 파악하고 조절해야 할 팀장이 거꾸로 조직에 해를 끼치는 감정이나 분노를 토해내서는 안 된다. 팀원은 조직을 끌고 가는 팀장과의 관계가 자신의 성과와 이익에 지대한 영향을 미친다는 것을 잘 알고 있어서 팀장이 자신의 감정을 드러내고 자신의 분노를 표현하는 순간, 여기에 민감하게 반응해 해야 할 말을 하지 못한다. 이로 인해 팀장과 팀원 간의 소통에 왜곡이 발생하기 시작한다.

팀장은 팀원과의 소통에서 자신의 감정, 의견을 먼저 드러내지 않아야 하며, 서(恕) 즉 같은 마음 여심(如心=恕), 공감을 통해 보이지 않는 숨겨놓은 팀원의 상태를 세밀하게 찾아내고, 팀원의 생각을 밖으로 끌어내어 표현하고 해소할 수 있도록 도와주어야 한다. "사위지기자사(士爲知己者死), 선비는 자신을 알아주는 사람을 위해 기꺼이 죽는다"라고 하였다. 팀장은 선발 기준을 통과한 팀원을 뽑아 일을 맡겼으면, 팀원을 충심으로 신뢰하고, 팀원의 역량과 철학을 존중해주고, 팀원의 강점을 살릴 수 있도록 지원해야 한다.

앞의 〈자원의 전략적 활용: Make and/or Buy〉에서 언급한 바와 같이 사람들이 회사를 떠나지 않는 이유는 ① 천(天): 이 팀이나 회사를 통해 자신이 배우고 발전하고 더 나은 내일이 보장될 것 같아서, ② 지(地): 자기가 하는 일이 너무 좋고 인정받아서, ③ 인(人): 함께 일하는 사람들이 좋고 사는 것이 즐거워서, 이 세 가지 중 적어도 한 가지를 만족하고 있어서라고 한다. 팀장의 소통은 ① 객관적이고 공정하게 팀원들이 하는 일을 파악해 칭찬하고 피드백하고, ② 팀원과 팀원 사이의 불편함을 눈치채고 조심스럽게 공감하며, 정서적 도움을 주어 분쟁을 해소하고, ③ 충(忠)과 서(恕)의 조직 문화로 팀의 역량과 시너지를 최대로 끌어올려 성공을 만들고, ④ 팀과 팀원의 성장을 위해 함께 미래 비전을 만들고 지원해주는 것이어야 한다.

　요약하면 팀장의 역할은 팀의 잠재력, 즉 란체스터의 제2법칙을 정확히 이해하고, 팀이 최대한의 역량을 발휘할 수 있는 시너지 조직을 구축하고, 감성적인 소통을 통해 팀원이 서로 신뢰하는 관계를 구축하고, 지휘자처럼 팀의 업무를 효과적으로 조율하고, 팀의 암세포를 제거하여 팀의 소통 비용을 최소로 하는 일이다. 팀장은 효과적인 조직 구성과 운영을 위해 지행용훈평(知行用訓評)을 할 수 있어야 한다. 팀원 각각의 업무와 필요한 역량에 대해 알고[知] 있을 뿐만 아니라 실무 경험도 있어서 큰 그림을 볼 수 있어야 한다[行]. 이러한 업무 역량을 바탕으로 효과적인 조직을 구성하고[用], 업무 결과를 조율하여 시너지를 내고[訓], 성과를 객관적으로 평가하고 공정하게 보상할 수 있어야 한다[評].

　업무적 소통이 겉으로 드러난 빙산의 일각이라면 정서적 소통은 숨어 있는 빙산의 본체에 해당한다. 제곱을 만드는 시너지는 팀원 간의 소통과 시너지에서 나오고 이 시너지는 팀의 문화를 어떻게 만들고 발전시킬 수 있느냐에 따라 결정된다. 똑같은 팀이 코치와 감독이 바뀌고 나서 형편없는 팀에서 챔피언 팀으로 바뀌기도 하고, 챔피언 팀에서 형편없는 팀으로 몰락하기도 하는 것은 코치와 감독이 업무적 소통과 정서적 소통을 얼마나 성공적으로 병행했는지에 따라 결정되는 것이다. 소통에 대해서는 〈사람과 사람〉에서 다루기로 한다.

팀을 운영하기 위해서는 실행 역량, 관리 역량, 전략 수립, 경영 철학이 필요한데 맡은 조직의 규모에 따라 집중할 우선순위가 달라진다. 분대 소대 규모의 소규모 팀을 운영하는 팀장은 실행(Action)과 관리(Management)에 집중하지만, 대대 연대 이상의 규모가 되면 팀장의 역할은 중대와 중대 사이, 대대와 대대 사이의 역할 분담과 시너지 관리와 전체의 전략(Strategy) 수립에 집중해야 한다. 소대와 중대의 실행과 관리는 소대장 중대장에게 위임(Empowering)하고, 중대 대대 사이를 어떻게 소통시키고 경쟁시키고 시너지를 내게 할 것인가에 집중해야 한다. 기업에서 대리 과장 부장의 역할이 정성을 다한 실행과 경험과 지식을 바탕으로 한 효율적인 관리에 집중하는 것이라면, 가장 큰 업무 단위를 총괄하는 임원(Vice President)의 역할은 효과적인 전략 수립과 효율적인 관리에 집중하는 것이다.

안타깝지만 아직도 많은 CEO가 기업의 전략과 미래 비전 수립보다는 협소한 것에 여전히 매달려 직원들로부터 김 대리, 이 과장 소리를 듣고 있는 것이 부끄러운 현실이다. 사업부 대표나 회사 CEO[33]가

---

33 회사 대표인 CEO의 역할은 미래 통찰력을 바탕으로 회사의 비전 달성을 위한 경영 전략을 수립하고, 미래 성장동력을 위한 인재를 육성하며, 사업부 대표들과 임원들에게 전략 추진의 역할을 위임하고 시너지를 내는 데 집중하는 것이다. 대외적으로는 기업의 사회적 책임을 다하기 위해 사회와 소통하는 역할에 집중한다. 수백 명에서 수천 명으로 구성된 사업부 대표(Business Representative)의 역할은 임원들이 맡은 사업을 전략적으로 추진하고 시너지를 내게 지원하며, 미래를 위한 신사업을 발굴하는 데 집중하는 것이다. 대외적으로는 CRM SCM과 같은 사업 관련 대외 창구와의 협력에 집중해야 한다. 수십에서 수백 명으로 구성된 팀의 리더 임원(Vice President)의 역할은 자신이 맡은 팀의 업무에서 장기적이고 중요한 의사결정을 하고 전략 수립에 집중하되, 단기적인 현장의 업무는 권한 위임을 통해 조직에 민첩성을 주고 인

된다면 과장 부장이 집중해야 할 지엽적인 실행이나 관리에서 벗어나, 남다른 지혜와 통찰을 바탕으로 사업 철학(Philosophy)을 가지고 현재보다는 미래를 준비하고, 최고의 인재를 양성하고, 큰 틀의 대외 협력과 신뢰 구축에 집중해야 한다. 〈최고경영자 CEO의 역할〉과 〈최고경영자 CEO의 자세〉에 대해서는 마지막 편 〈결(結): 성공적인 비즈니스〉에서 깊이 있게 다룬다.

재를 양성하는 것이다. 내부적으로는 조직이 타성에 젖지 않게 배타적이 되지 않도록 변화를 주고 혁신을 리드하고, 대외적으로는 업무 협력 조직과 신뢰할 수 있는 소통 체계를 구축하여 사업 전체가 시너지를 낼 수 있도록 주인의식을 가지는 것이다.

팀원의 자세

知之者不如好之者 好之者不如樂之者
아는 것은 좋아하는 것만 못하고
좋아하는 것은 즐기는 것만 못하다.

《논어(論語)》 중에서

큰 팀이든 작은 팀이든 성공적인 팀이 되기 위해서는 훌륭한 조직을 구성하고 제곱을 만드는 팀장의 역할이 매우 중요하지만, 결국 팀의 총역량을 결정하는 것은 팀원들의 역량이다. 팀원들의 역량이 필요조건이라면, 팀장의 역량은 충분조건에 해당한다. 팀의 총역량 $N^{\gamma^2} a$에서 팀원의 평균 역량 a와 팀장의 제곱 리더십을 결정하는 γ는 팀원들의 역량과 성향에 좌우된다.

팀원으로서 담당한 역할과 책임을 감당할 수 있는 업무에 대한 전문성과 책임과 의무를 다하기 위해 열정을 다해 몰입하는 성실성(誠實性)이 필요조건이라면, 팀의 일원으로서 다른 팀원과 원만하게 소통하고, 함께 협력하여 시너지를 낼 수 있는 조직 적응력, 즉 기본적 인성과 감성적 자질을 갖는 것이 충분조건이다. 대부분의 기업에서는 신규 인력을 채용할 때 적성검사나 다양한 면접과 인터뷰를 통해 이러한 필요조건과 충분조건을 갖추고 있는지 면밀하게 파악하고 검토한 다음 채용 여부를 판단한다. 여기에서는 필자가 40년간 경험을 통해 체득하고 실천한 팀원을 판단하는 기준과 더 좋은 팀원이 되기 위한 제안을 소개하기로 한다.

필요조건: 전문성과 성실성

팀은 〈팀이란 무엇인가?〉에서 정의한 바와 같이 공통의 목표를 달성하기 위해 정보, 지식, 전문성을 가진 구성원들이 서로 협력하는 조직이다. 따라서 조직의 크고 작음, 업무의 특성을 막론하고 팀원에게 필요한 가장 중요한 필요조건은 자신이 맡은 업무를 성공적으로 수행할 수 있는 업무에 대한 전문성과 업무를 열정적으로 대하고 몰입하는 성실성이다.

업무의 **전문성**은 단순히 업무를 이론적으로 아는 것(知)이 아니라, 업무를 실제로 경험해보고(行), 더 나아가 다른 사람에게 시킬 수 있는 (用) 수준에 도달한 것을 의미한다. 신입사원에게 처음부터 이러한 것을 기대할 수는 없지만, 업무를 대하는 성실한 자세, 업무에 대한 깊이 있는 고민, 주변 업무를 배워 큰 그림을 보려는 노력이 없다면 전문성의 폭을 넓히고, 깊이를 더하고, 높이를 키우기 어렵다. 업무에 대한 긍정적 능동적 자세가 없으면 설렁설렁 지나가 작은 것을 놓치게 되고 정밀함이 떨어지게 된다. 업무에 대한 깊이 있는 고민이 있어야 깨달음이 생기고 손가락이 아닌 달을 바라보는 안목이 생겨 업무의 본질에 집중할 수 있다. 주변 업무에 관심을 가지고 지식을 넓혀 나가는 노력을 통해 자신의 업무를 객관적으로 바라보고 다른 팀원의 관점이나 팀장의 관점에서 업무를 이해하게 되어 시너지를 이루는 팀의 중추가 될 수 있다.

　업무를 대하는 성실한 자세, **성실성**은 정성을 다해 전문성을 쌓아 가는 자세일 뿐만 아니라 한 걸음 더 나아가 업무를 진정으로 좋아하고 즐기는, 열정적으로 몰입하는 성향을 의미한다. 후배들이 '업무에 임하는 자세'를 질문할 때면, 필자가 업무를 하며 뼈저리게 공감했던, 〈승(承): 새로운 구상과 전략〉에서 인용한, 『중용(中庸)』의 문구를 알려 주며 성실성을 강조하였다. 박학(博學), 업무와 관련된 정보를 널리 조사하여 지식을 배우고, 심문(審問), 업무에 연결하여 자세히 살펴 깊이 있게 이해하고 기억하고, 신사(愼思), 어떻게 효과적 효율적으로 실행할까 신중하게 고민하고 검토하여, 명변(明辯), 확실한 실행 방안과 전략을 체계적 논리적으로 정리하여, 독행(篤行), 최선을 다해 포기하지 않고 성실하게 끝까지 실행해야 한다.

　전문가의 업무, 특히 연구개발은 전 세계에 포진한 보이지 않는 쟁쟁한 전문가들과 벌이는 물러설 수 없는 단판 승부의 전쟁이다. 따라서 일상적인 노력으로는 최고 및 최초를 선점하는 전쟁에서 절대로 이길 수 없다는 것을 알아야 한다. 일상적인 노력은 누구나 다 할 수 있는 평범한 결과를 만들 뿐이다. 치열하게 파고드는 결기와 패기를 품고, 폭풍처럼 몰아치는 열정으로, 항상 박학, 심문, 신사, 명변, 독행하고 몰입할 때, 비로소 쉽게 이룰 수 없는 도전, 최고 및 최초를 차지할 수 있는 것이다.

신입사원의 업무에 대한 자세는 입사 1~2년 차 초반에 대부분 드러나며 회사 생활의 성공 여부를 가름한다. 필자의 친구는 대학을 졸업하고 당시에 촉망받던 종합상사에 입사했는데, 제일 먼저 시키는 일이 황당하게도 커피 심부름과 회의 자료 복사였다고 한다. 처음에는 투덜거리며 속으로 분을 삭이며 지냈는데, 시간이 지나면서 누가 누구를 만나고 어떤 이야기를 나누는지 관찰하게 되고 회의 자료도 한 부 더 복사해서 자리에 앉아 꼼꼼히 읽다 보니, 어느새 회사 사람들의 관계가 보이고, 어떤 중요한 업무가 진행되고 준비되고 있는지 파악이 되더란다. 그 친구가 회사에서 인정받고 성장할 수 있었던 것은 그냥 허드렛일로 끝날 수 있는 잡일도 긍정적 태도로 바라보고 가치 있는 정보를 찾아 업무에 활용하는 적극적인 자세를 가지고 있었기 때문이다.

ADSL 개발팀장으로 일하던 시절, 두 명의 신입사원이 산업체 복무요원으로 우리 팀에 입사했다. 구체적 업무가 배당되기 전까지 팀장인 필자가 두 사람의 지도사원 역할을 하게 되었다. 새롭게 구한 10평 남짓의 사무실 배치를 설계해 보라고 두 사람에게 요청했는데 두 사람이 가져온 결과는 엄청난 차이를 보였다. 첫 번째 신입사원은 A4 한 페이지에 책상과 복도 배치 등을 그려 오기는 했는데 누구나 생각할 수 있는 수준이라서 구체적인 설계에는 별 도움이 되지 않는 결과였다. 이에 반해 두 번째 신입사원이 가져온 A3 한 페이지는 상상을 뛰어넘는 배치도였다. 우선 사무실 공간의 가로세로와 높이를 측정하고 출입문의 위치와 폭까지 측정해 모눈종이 안에 정확하게 사무실을 축소해 옮겨 놓았고, 그 위에 천장의 전등 위치, 벽의 전원

플러그 위치까지 다른 색으로 표기했다. 팀에서 사용하고 있는 책상의 가로세로 길이와 높이, 의자의 크기, 책상을 구분하는 칸막이의 두께를 반영하고, 사람이 왕복할 수 있는 복도의 넓이를 정해 모눈종이 안에 그대로 실제 배치 가능한 사무실 설계도를 만들었다. 바닥에 붙일 전원 공급라인, 랜선을 까는 위치, 조명을 고려한 책상 위치까지 그려진 완벽 그 자체였다. 이 한 페이지를 여러 장 복사해서 칸막이 설치 담당자, 책상 의자 배치 담당자, 전원 공사 담당자, 통신 네트워크 공사 담당자에게 나눠주고 나니 더 할 일이 없었다. 이 뛰어난 신입사원에게 감동하고 신뢰하게 되었음은 물론, 이러한 계기를 통해 업무를 대하는 나의 자세를 다시 한번 돌아보게 되었다.

업무에 대한 전문성을 바탕으로 오랜 시간 열정적으로 몰입하는 과정을 반복하다 보면, 어느 날 문득 양적인 변화가 질적인 변화를 가져오는, 껍질을 벗고 초월하는 달인의 경지 **금선탈각**(金蟬脫殼)을 경험하게 된다. 경험한 사람들은 알겠지만, 금선탈각은 이론과 결합한 경험, 즉 지식이 누적되어 지혜가 생기고 통찰이 생겨, 어느 순간 보고 듣기만 해도 일의 시작과 끝이 보이고 해답에 이르는 길과 예상되는 결과가 즉시 떠오르는 경지를 의미한다. 이러한 금선탈각은 한 번으로 끝나지 않는다. 정성을 다하는 열정과 끊임없는 몰입이 오랜 세월 계속 누적되면 굼벵이가 매미가 되듯이 다시 껍질을 벗고 나오며 한층 더 높은 차원으로 오르는 과정을 반복하게 된다.

충분조건: 조직 적응력

팀원의 필요조건과 함께 채용 과정에서 반드시 파악하고 변별해야 하는 중요한 충분조건은 조직 적응력이다. 업무에 대한 전문성이 잘 지도하고 열심히 노력하면 어느 정도 만들 수 있는 후천적인 역량이라면, 조직 적응력은 타고난 성격과 성장 과정에서 형성된 기본적 인성과 감성적 자질에 크게 좌우된다. 후천적으로 교정하는 데 큰 노력과 시간이 들어가는 타고난 특성이기 때문에, 채용 과정에서 다면평가를 통해 업무의 특성에 적합한지 면밀하게 파악하고 신중하게 결정해야 한다.

조직 적응력을 파악하기 위해 적성검사나 MBTI[34] 검사를 통해 대체적인 성격과 성향을 파악하기도 하지만, 필자는 심층 면접에서 다음과 같은 질문을 던지고 답변을 듣는 과정에서 그 사람의 특성을 추가로 파악한다. 우선 그 사람이 가진 특기와 좋아하는 취미를 묻는다. 특기와 취미는 그 사람의 성향을 대변하는 경우가 많다. 예를 들어 혼자 하는 운동을 좋아하는 사람은 혼자서 하는 일을 좋아하고 남들과 협력할 필요가 없는 일에 익숙한 데 반해, 축구나 농구처럼 팀워크가 필요하고 함께 어울리고 협동하지 않으면 할 수 없는 운동을 특기나 취

---

34 MBTI 검사는 Myers-Briggs Type Indicator의 약자로 성격검사의 한 방법이다. E 외부에서 에너지를 얻는지 I 내부에서 에너지를 얻는지, 대상에 대한 인식을 S 감각과 경험에 의존하는지 N 직관과 영감에 의존하는지, 판단과 결정은 T 사고를 통해 객관적으로 판단하는지 F 감성에 따라 주관적으로 판단하는지, 행동과 생활 방식이 J 체계적 계획적인지 P 유동적 자율적인지 파악해 16가지 유형으로 구분한다. 사람의 성격이 특정 유형에 100% 부합하는 것은 아니기 때문에 여러 유형에 조금씩 걸쳐 있고, 대상에 따라 유형 분류가 달라질 수 있음을 알아야 한다. 성격의 흐름을 이해하는 데 어느 정도 도움이 되지만, 이 MBTI 검사가 학문적 근거가 부족하다며 무용론을 주장하는 전문가들도 있다.

미로 가진 사람은 다른 사람과 자주 어울리고 다른 사람과 협력하는 경향과 경험을 보유하고 있음을 알게 된다.

두 번째로 던지는 질문은 성장 과정에서 조직 생활을 해보았는지, 그 조직 생활에서 어떤 역할을 했는지를 반드시 묻는다. 성격적으로 조직 생활을 어려워하고 회피하는지, 후천적으로 조직에 적응하려고 노력했는지를 파악하고, 조직 생활에서 수동적인 자세를 취했는지 능동적인 자세를 취했는지 어느 정도 자신의 이익을 희생해 본 경험이 있는지도 성향을 파악하는 데 도움이 된다. 조직 생활을 경험한 사람은 대개 다른 사람의 관점에서 다른 사람을 이해하고 배려하는 방법을 배운 경험이 있다. 또한 다른 사람이 자신보다 더 잘하는 강점이 있다는 것을 알고, 다른 사람을 존중하고 그들의 강점을 배운 경험이 있어 새로운 조직에서도 원만하게 적응하는 편이다.

세 번째로 던지는 질문은 (프라이버시를 침해하지 않는 수준에서) 가까운 가족이나 가장 친한 친구와 어떤 이야기를 하고 어떻게 시간을 보내는지 등 가장 영향을 많이 주는 사람들의 성향과 그들과 함께하는 활동의 성격을 파악하여 간접적으로 그 사람의 조직 적응력을 유추하는 것이다.

제조 중심의 산업에서 ICT 혹은 서비스 산업이 발달하면서 과거와는 달리 조직 구조에 대한 사회적 인식이 수직적인 구조에서 벗어나, 좀 더 평등한 수평적인 구조를 선호하는 방향으로 가고 있다. 하지만 어느 조직이나 조직의 최대 역량은 제곱에서 나오고 제곱을 만드는 바탕은 팀원들의 조직 적응력과 화합하는 정서적 자질에 의해 크게 좌우된다는 점을 간과해서는 안 된다. 수직적인 구조는 환경 변화가 많지 않고 방향이 뚜렷한 큰 목표를 조직적으로 나누어 진행하거나, 강력한 팀장의 리더십 아래 작은 목표를 향해 일사불란하게 빠르게 움직이는 데 유리하다. 수평적인 구조는 정해진 업무를 R&R로 분리하여 별다른 협력 없이 반복해서 진행하는 느슨한 조직에서는 유리한 구조이지만, 조직 간의 장벽으로 인해 여러 조직의 역량을 씨줄과 날줄로 촘촘히 엮어 시너지를 도모하고 R&R에 포함되지 않은 새로운 창의적인 업무를 추가하고 집행하기 어려운 단점이 있다. 개인의 창의적인 성과를 장려하면서도 조직이 일사불란하게 결정을 내리고 한 방향으로 시너지를 내며 협력하여 큰 목표를 달성하기 위해서는 수직과 수평 어느 한쪽을 고집하기보다는 업무의 특성과 상황에 맞게 수평 수직을 조합한 역동적인 조직을 구성해야 한다. 환경에 따라 변화하는 역동적인 목표와 이에 대응하여 역동적인 업무를 할당하고 조직을 변화시키기 위해서는 무엇보다 조직 적응력을 갖춘 역동적 경쟁 역량을 보유한 팀원들이 필수 불가결하다.

十步之澤 必有香草 十室之邑 必有忠士
작은 연못에도 반드시 향기로운 풀이 있고
작은 마을에도 반드시 훌륭한 사람이 있다.

《설원(說苑)》 중에서

조직에서 배우기

누구에게나 처음은 있다. 하지만 그 끝은 서로 크게 다르다. 이러한 끝의 차이는 긍정적이고 적극적인 자세로 5년 후 10년 후를 바라보며 어떤 꿈을 꾸고 어떤 노력을 했는지에 따라 결정된다. 필자가 직장 생활 40년 동안 선배에게 배우고 후배에게 전한 교훈을 여기에 소개한다.

첫 번째 교훈은 CEO를 관찰하고 CEO에게서 배우라는 것이다. CEO나 사업부 대표는 자신의 분야에서 성공한 사람으로 그 성공의 이면에는 성공을 뒷받침하는 분명한 강점이 있다. 그 성공 요소를 관찰하고 파악하여 배우려는 노력을 하되 너무 많이 배우려 하지 말고, 존경하는 CEO가 보유한 성공 요소 중 가장 뛰어난 하나를 선택해 깊이 있게 배워야 한다. CEO와 함께하는 회의 등을 통해 가까운 거리에서 CEO의 언행을 관찰하여 어떤 과정과 방법을 활용하는지, 직원들의 반응은 어떠한지 꼼꼼하게 정리한 다음 자신의 업무에 적용하며 자신의 강점으로 만들어야 한다. 이때 명심해야 하는 것은 산이 높으면 골짜기가 깊다는 점이다. CEO가 보유한 강점으로 인해 어떤 문제가 발생하고 어떤 파급 효과(Collateral damage)가 나타나는지 파악하여, 단점을 보완한 자신만의 강점으로 진화시켜야 한다.

CEO에게서 반드시 강점만 배우는 것은 아니다. 상사의 나쁜 단점은 역병(疫病)과 같아서 욕하면서 자기도 모르는 사이에 따라 하고 배우게 된다. 상사나 CEO에게 아주 못된 단점이 있다면 그 단점이 직원들에게 어떤 해독을 끼치는지 파악하고 반면교사로 삼아, 자신은 절대로 똑같은 실수를 범하지 않도록 하는 것이 중요하다. 이렇게 한 명의 CEO에게서 하나의 강점과 하나의 반면교사를 배워 나가다 보면, 자신의 조직을 거쳐 가는 다양한 CEO로부터 다양한 강점을 배워 자신만의 비급(祕笈)을 만들어 갈 수 있게 된다.

두 번째 교훈은 자기보다 한 직급 위인 약 5년 정도 선배들을 주의

깊게 관찰하고 배우라는 것이다. 약 5년 정도 선배는 약 5년 후, 내게 회사와 인생에서 일어날 일을 미리 알려주는 카나리아와 같은 존재이다. 5년 후의 인생에서 일어날 삶의 변화가 무엇인지는 그 선배들의 관심사와 고민을 통해 파악할 수 있다. 연애, 결혼, 육아, 경제 문제, 건강 문제 등 약 5년 정도의 선배들이 먼저 고민했던 문제들이 시간이 지나면서 결국 자신의 문제로 다가오게 됨을 알 수 있다. 약 5년 후에 다가올 일을 미리 알 수 있어 먼저 대비할 수 있다면, 살아가는 과정에서 후회할 일을 줄일 수 있을 것이다. "아, 그때 내가 왜 그것을 진지하게 받아들여 미리 준비하지 못했던가?" 후회했던 경험이 분명히 있을 것이다.

약 5년 정도의 선배를 보고 선배가 하는 업무의 성격을 관찰하는 것은 5년 후 내가 맡게 될 업무에 필요한 역량을 미리 준비하는 데 매우 긴요하다. 사원은 미리 대리의 업무를, 대리는 미리 과장의 업무를, 부장은 미리 임원의 업무를 관찰하여 필요한 안목과 통찰을 키우고, 필요하지만 모자란 역량을 준비하여 승진했을 때 이미 충분히 준비가 되어 있어야 한다. 직급 승진을 했는데도 여전히 한 직급 아래에서 일하던 방식으로 일을 해서 주변을 실망시키는 임직원들을 볼 수 있다. 직급에 따라 더 큰 그림을 봐야 하고, 적임자에게 적절하게 일을 넘기고 자신은 더 큰 일에 집중해야 하지만, 아래 직급에서 하던 사고방식과 성공 요인에 매달려 있는 모습을 볼 때면 정말 안타깝다. 자신의 직급에 맞게 갇힌 틀에서 벗어나(Out of Box) 과거의 성공 요인은 의도적으로 버리고(Unlearning) 새로운 성공 요소를 만들어 발전시키지 않으면, 과거의 작은 성공은 내일의 큰 실패를 만들 것이다.

신입사원에게 주는 당부

마지막 교훈은 신입사원들이 찾아와서 어떻게 회사 생활을 시작하면 좋겠느냐고 조언을 구할 때마다 들려주었던 세 가지 당부사항이다. 첫째는 사람과의 관계에 있어서 영악하게 자신의 것만 챙기지 말고, 주어지는 업무를 긍정적으로 받아들이고 정성을 다하며 때로는 희생도 감수하라는 것이다. 회사 업무를 하다 보면 피할 수 없는 허드렛일이나 대가 없이 남을 돕는 일이 생기는데, 누군가 해야 할 일이라면 마다하지 않고 희생정신을 발휘해야 한다. 지나고 나서 돌아보면 그 과정에서 배우고 얻는 것이 있을 뿐만 아니라 주변 사람들에게 좋은 인상을 남겨 필요할 때 그들로부터 도움받을 수 있다. 세상을 살면서 피할 수 없는 어쩔 수 없이 해야 하는 일을 걸림돌이 아니라 디딤돌로 바꾸는 것은 우리의 생각과 지혜라는 것을 알게 될 것이다.

"시간(時間)이란 한꺼번에 모든 일이 일어날 수 없어 생겨난 순서(Sequence)"라고 한다. 시간이 지나서 되돌아보니 나에게 다가온 일들은 그때는 몰랐지만 모두 다 이유가 있었다. 하지만 그 일들은 안타깝게도 내 인생에 필요한 순서대로 다가오지 않았다. 결코 필요할 것 같지 않은 일이 뜬금없이 다가오면, 우리는 대개 무심하게 소홀히 넘기게 된다. 나중에 필요한 시기가 다가오고 나서야 '그때 대충하지 말고 열심히 할걸' 후회하곤 한다.

해야만 하는(Must) 일을 해야 문제가 해결되고 성과를 얻을 수 있다. 할 수 있는(Can) 일과 하고 싶은(Want) 일에만 매달려서는 문제가 해결되지 않고 성과도 기대하기 어려운 경우가 많다. 내게 기회가 주어졌을 때 내가 할 수 있을 때 열심히 잘하지 않으면, 나중에 정작 내가

하고 싶을 때 할 수 없는 것이 인생이란 시간표다.

둘째는 회사와 인생의 로드맵을 세워 미리 대비하고 준비하라는 것이다. 부모의 그늘에서 성장할 때는 초등학교, 중학교, 고등학교, 대학교, 그리고 회사 입사처럼 분명한 다음 계획이 항상 있었다. 하지만 성인이 되어 회사에 입사하고 나면 스스로 모든 것을 결정하는데, 대부분의 신입사원은 구체적인 다음 계획이 없는 경우가 많다. 기껏해야 결혼을 준비한다던가 돈을 얼마나 모으겠다던가 아니면, 부모님이 세워준 계획을 단순히 따라가는 것이 전부다. 학교생활이 부모 도움으로 배우는 인생 1막의 과정이었다면 회사 생활, 혹은 창업 활동 등 은퇴하기 전까지의 생활은 인생 2막에 해당한다. 이 시기에는 부모나 스승에 의존하지 않고 자신이 결정하고 능동적으로 개척해야 한다. 분명한 것은 그냥 사는 대로 살아가다 보면 절대 멀리 가지 못하고 높이 오르지도 못하며 자신이 원하는 행복과도 멀어진다는 사실이다. 제대로 된 인생 로드맵을 세워야 오랜 시간 준비해야 하는 차별화 역량을 준비할 수 있고, 피할 수 없는 경쟁사회에서 경쟁 우위를 차지할 수 있으며, 자신이 원하는 성공 목표를 행복하게 달성할 수 있다. 그러므로 외국어 능력과 같은 세계화에 걸맞은 필요 역량을 긴 호흡으로 준비하거나, 자신의 강점을 더욱 강화하는 공부를 체계적이고 중/장기적으로 계획하고 실행하는 것이 필요하다.

셋째는 체력을 유지하고 정신 건강을 관리하기 위해 워라밸(Work and Life Balance: WLB)을 위한 자기관리를 습관화하라는 것이다. 업무에 몰두하다 보면 WLB를 잃기 쉬운데, WLB이 깨지면 육체적 건강과 정신적 건강을 소홀히 하기 쉽다. 한 번 잃고 나면 쉽게 회복하기 어려운 것이 육체적 건강이다. 육체적 건강을 잃고 나면 생활과 업무 모두를 잃게 된다. 회사의 업무도 지나고 보면 모두 체력과 집중력이 있어야 견딜 수 있는 것이었다. 주기적인 운동을 습관화하여 스트레스를 풀고 건강한 상태를 유지해야 노화를 지연시키고 지병을 예방할 수 있다. 정신적 건강은 가족과 가정을 돌보는 자기관리를 통해 유지하고 회복할 수 있다. 가족과의 관계가 무너지면 공감하고 위로받을 가정이 무너지고, 정신 건강을 유지하고 회복할 사랑의 보금자리를 잃게 된다. 가족과 함께하는 루틴(Routine)을 마련하고 개인적으로는 참선, 명상, 호흡, 혹은 신앙생활을 통해 정신적이고 영(靈)적인 건강을 돌보는 것을 추천한다. 주변의 사람들에게서 선(善)한 영향을 받고 주변 사람들의 도움으로 정신적 영적 건강뿐만 아니라, 육체적 건강을 유지하고 회복하는 데 도움을 받을 수 있기 때문이다.

사람과 사람

소통에 대하여

下無言則爲之暗 上無聞則爲之聾
아랫사람들이 말하지 못하는 것을 벙어리라 하고
윗사람들이 듣지 못하는 것을 귀머거리라 한다.

《설원(說苑)》 중에서

누군가는 말하고 누군가는 듣지만, 말하는 사람은 자기 뜻을 충분히 표현하지 못하고 듣는 사람은 말하는 사람이 전달하려는 뜻을 정확히 이해하지 못한다. 자신의 의사를 가장 잘 표현하는 사람이 겨우 50%를 표현하고, 신경을 써서 가장 잘 듣고 이해하는 사람이 겨우 50%를 알아듣는다고 한다. 따라서 의사 표현을 가장 잘하는 사람과 가장 잘 듣고 이해하는 사람이 만나 서로 소통할 때 겨우 25%의 의사 전달이 가능하다.

따라서 한 번의 소통으로 자신의 의사가 충분히 전달되기를 바라거나 전달되었다고 믿는 것은 참으로 어리석은 욕심이다. 우리가 소통의 수단으로 가장 많이 사용하는 말을 통해서는 겨우 10% 미만의 감성 정보를 전달할 수 있다는 연구 결과도 있다.[35] 말하는 사람의 음성, 어조, 표정, 제스처 등을 최대한 활용하고 그림, 비디오 등 다양한 보조 수단을 함께 동원해도 60% 이상을 전달하기 어려운 것이 현실이다. 따라서 소통을 잘하기 위해서는 말하는 사람은 적절한 단어의 선택과 불필요한 언어 습관의 배제, 전달하려는 내용의 난이도, 중요도에 따라 언어의 고저(Pitch), 강약(Intensity), 속도(Pace)와 적절한 멈춤(Pause)을 표정 제스처와 잘 배합하고 보조 데이터, 그림, 비디오 등을 준비하고 활용해 의사를 전달해야 한다. 듣는 사람도 말의 내용을 이해하려는 노력과 함께, 귀가 아닌 눈으로 상대의 감정과 의도를 함께 느끼고 읽어야 한다. 원활한 정보 전달과 의사소통을 위해서는 말하는 사람과 듣는 사람 모두 여러 번에 걸쳐 충분히 소통하고, 올바르게 의사 전달되었는지 반드시 확인하는 절차를 거쳐야 한다.

확실한 소통을 위해서는 간단하지만 확실한 '세 가지 원칙'을 고려해야 한다. 첫째, 말하는 사람이 말한 내용이 아니라 듣는 사람이 듣고 이해한 내용이 실제로 소통한 것이다. 듣는 사람이 들은 것이 말한 사람이 실제로 전달한 것이다. 둘째, 듣는 상대방이 어떻게 듣고 이해했는지는 말한 사람의 책임이다. 따라서 말하고 전달하는 사람은 반드시 듣는 사람이 어떻게 듣고 이해했는지 확인해야 한다. 상대가 자신의 의도와 다르게 이해했다면 상대를 나무라지 말고 자신이 제대로

---

35 The law of Mehrabian, The 7-38-55 rule: 1971년 UCLA 교수 앨버트 메라비언(Albert Mehrabian)은 감정의 소통에서 언어적 요소는 7%, 청각적 요소는 38%, 시각적 요소는 55%의 의미를 전달한다고 주장했다. 이 연구 결과와 다른 연구 결과도 많이 있어 논란의 여지가 있지만 중요한 것은 언어적 요소의 중요성을 평가절하하는 것이 아니라 언어 이외에 다른 요소들이 소통에 큰 영향을 미친다는 점이다.

표현하고 전달하지 못했음을 받아들여야 한다. 그래야 자신이 원하는 정보 전달을 성공적으로 할 수 있다. 셋째, 소통은 내용 위주(Contents level)의 소통과 관계 위주(Relationship level)의 소통으로 구성된다. 사실과 숫자와 같은 내용 위주의 소통(What is said)은 소통의 20%를 차지하고 감정과 분위기와 같은 관계 위주의 소통(How it is said)이 소통의 80%를 차지한다고 한다.

따라서 소통을 잘하는 사람은 상대방이 왜 내 말을 알아듣지 못했나 탓하지 않고, 상대방의 관점에서 어떤 언어로 어떻게 전달해야 했는지, 상대방이 왜 완전히 다르게 받아들이고 이해할 수밖에 없었는지 고민하고 파악한다. 일반적으로 사람들은 보고 싶은 것만을 보고, 듣고 싶은 것만을 듣는 확증 편향(Confirmation Bias)이 있어서 편견이라는 필터에 의해 전달되는 정보가 크게 왜곡된다. 객관적 사실보다는 듣는 사람의 관점에서 주관적으로 필요한 것만 골라 듣고 받아들이고 싶은 것만 받아들인다. 객관적 사실(Contents)보다는 자신과의 관계(Relationship)를 기준으로 적군인지 아군인지를 판단하여 아예 듣지도 않거나 관계의 중요도에 따라 받아들이는 수준을 달리한다.

일찍이 한비자가 《한비자(韓非子)》〈난언(難言)〉편에서 설파한 것처럼 말은 다 말하지 못하고, 어떻게 말하고 표현해도 허(虛)와 실(實), 빛과 그림자가 함께 있음을 알고 소통에 임해야 한다. 비록 정확한 사실에 근거했고, 올바르고 논리가 분명한 말과 의견이라 해도 상대방의 이익과 관점에 따라 받아들여지지 않는 것이 소통의 어려운 점이다.

言順比滑澤 洋洋纚纚然 則見以爲華而不實

말이 거슬리지 않고 부드러우며 아름답고 화려하면,

화려한데 실속 없다고 여기며

敦厚恭祇 鯁固愼完 則見以爲拙而不倫

정중하게 예의를 차리고 딱딱하고 신중하고 소상하면,

서툴고 주제와 어울리지 않는다 여긴다.

多言繁稱 連類比物 則見以爲虛而無用

다방면으로 말이 많고 비슷한 이야기를 줄지어 떠들면,

알맹이가 없어 쓸모없다고 여기며

摠微說約 徑省而不飾 則見以爲劌而不辯

요점만 말하며 생략하여 꾸미지 않고 직설적으로 말하면,

어눌하여 말주변이 없다고 여긴다.

《한비자(韓非子)》〈난언(難言)〉 중에서

개인과 개인 사이의 세 가지 소통 원칙과 별도로 팀 내부의 소통, 조직과 조직 사이의 소통에서 또 다른 중요한 성공 요소는 '누구와 무엇을 소통할 것인가?'를 분명히 정해야 한다는 점이다.

팀장이 팀원 전체와 소통할 때는 팀 내의 역학관계를 잘 살펴볼 필요가 있다. 팀장은 공식적인 리더로서 팀을 대표해서 외부와 소통하고 팀원과 소통하지만, 팀원 내부에는 여론 주도자(Opinion Leader)가 반

드시 존재하며 이들이 팀원의 의견과 행동에 강력하게 영향을 준다. 따라서 팀장은 여론 주도자가 누구인지를 파악하여 이 여론 주도자의 성향이나 의견을 파악해 팀원과 소통할 때 자신의 의견을 효과적으로 전달할 수 있다. 다른 팀과 소통을 해야 하는 경우가 발생한다면 팀 내부의 정보 소식통(Gateway) 역할을 하는 사람이 누구인지 파악하고, 이 사람을 활용하는 것이 효과적이다. 소식통에 해당하는 사람은 팀 내부뿐 아니라 다른 팀의 업무 관련 대소사는 물론, 각종 남녀 상열지사(相悅之事)를 꿰뚫고 있다. 여론 주도자나 소식통을 활용하면 원하는 방향의 소통을 빠르게 전달하거나, 여론의 추이를 떠보며 소통의 방향을 결정하는 데 도움을 받을 수 있다. 업무를 위한 소통은 기본적으로 〈SMART 가치의 창조〉에서 다룬 RACI 차트를 활용한다. 누가 담당자이고, 누가 책임자인지, 누구에게서 정보를 받고 누가 이 사실을 함께 알아야 하는지 RACI 차트를 통해 분명히 공표해야 효과적이며 효율적인 소통이 가능할 뿐 아니라, 필요한 정보의 차단으로 인한 불만 혹은 정보의 불필요한 범람으로 인한 혼란을 피할 수 있다.

소통을 통해 어떤 정보를 전달하거나 흥미를 돋우기도 하지만 더 나아가 어떤 행동을 하도록 유도하거나 협상을 하기도 한다. 소통을 통해 어떤 문제를 풀어 가거나 협상하기 위해서는 세 가지 항목, IPI(Issues Positions Interests)를 사전에 파악하고 준비해야 한다. 첫째, 소통하고 협상해야 할 주제가 구체적으로 무엇인가? 즉 이슈(Issues)가 무엇인지를 분명히 알아야 한다. 둘째, 주어진 이슈에 대해 요구하는 사항은 무엇인가? 즉 드러난 포지션(Positions)이 무엇인지를 정리해야 한다. 셋째, 어떤 이유로 요구사항을 원하는가? 즉 숨어 있는 관심사(Interests)가 무엇인지 분명히 파악해야 한다. 소통이 단순한 정보의 전달이라면 비교적 간단하지만, 소통을 통해 상대를 이해시키고 설득하고자 한다면 듣는 상대방의 관점에서 주제와 드러난 포지션, 숨은 관심사가 무엇인지 반드시 파악하고 분석하여, 미리 소통 내용을 준비하는 자세가 필요하다.

확실한 소통을 위한 '세 가지 원칙'과 '누구와 무엇을 소통할 것인가?'가 정해졌다면 마지막으로 고려할 사항은 듣는 사람이 어떤 성향을 가졌는지 파악하는 것이다. 사람과의 소통 과정에서 밖으로 드러난 음성, 어조, 표정, 제스처 등이 물 밖으로(Above the waterline) 드러난 빙산의 일각이라면, 수면 아래에는(Below the waterline) 그 사람의 행동을 지배하는 결정적 성향이 존재한다. 즉 어떤 문화적 종교적 배경에서 성장했고 어떤 교육을 받았으며 어떤 가치를 중요시하고 어떤 신념과 철학을 지니고 있는지 등 겉으로는 보이지 않는 성향이 상대방의 소통 방식을 결정한다.

적성 검사나 MBTI 등을 활용해 팀원의 성향을 파악하는 것도 도움이 된다. 예를 들어 MBTI 측면에서 듣는 사람이 대상에 대한 인식을 S 감각과 경험에 주로 의존한다면 구체적인 사례를 많이 활용해 소통하고, N 직관과 영감에 주로 의존한다면 큰 그림을 활용한다. 판단과 결정을 T 사고를 통해 객관적으로 판단한다면 객관적 사실과 논리를 활용해 소통하고, F 감성에 따라 주관적으로 판단한다면 인간적인 관계를 활용한다.

혹은 각 개인의 강점 혹은 재능 특성, 예를 들어 갤럽(Gallup)의

34개 강점 테마[36]를 활용하는 방법도 있다. 소통 대상인 팀원의 약점을 보지 않고, 그들의 재능 특성이 실행력에 강점이 있는지, 영향력에 강점이 있는지, 대인관계 구축에 강점이 있는지, 아니면 전략적 사고에 강점이 있는지 파악하여 그 사람의 성향과 행동 양식, 무엇을 원하고 어디에 가치를 두는지를 이해하면서 소통의 실마리를 풀어갈 수 있다. 팀이 보유하고 있는 팀원의 강점과 재능적인 특성을 '강점 테마 검사'를 통해 파악하고 있다면 팀원의 성향과 강점에 따라 팀원들을 연결하여 서로 협력하게 하고, 팀원들과의 소통 방식을 팀원의 특성에 맞게 결정할 수 있다.

---

[36] https://www.gallupstrengthscenter.com/를 참고하기 바랍니다.

다름과 공감에 대하여

The most important thing in communication is hearing what isn't said.

피터 드러커(Peter Drucker)

조직 활동에서 모든 팀원이 팀장의 리더십에 따라 일사불란하게 움직여준다면 천만다행이지만 현실적으로는 절대로 있을 수 없는 헛된 꿈에 불과하다. 아무리 팀장이 이끌고 가는 방향이 올바르고 이치에 맞는다고 하여도 모든 팀원이 모든 사안에 동의하며 기꺼이 동참하지 않는다. 필자의 경험으로는 아무리 선별해서 팀원을 채용해도 팀원의 성향은 항상 종(鐘) 모양의 정상 분포(Normal distribution)를 한다. 채용 과정을 통해 개선할 수 있는 것은 평균이 좀 더 우호적인 방향으로 이동하고 표준편차를 상대적으로 작게 만들 수 있어 전체적인 성향을 개선하여 극단적인 골칫덩어리를 피할 수 있을 뿐이다.

대부분 팀원은 의리(義理)에 따라 움직이기보다는 대부분 관계(關係)와 이익(利益)에 따라 움직인다고 보면 된다. 따라서 팀원 각각이 중요하게 생각하는 IPI, 즉 이슈가 다르고, 같은 이슈에 대해서도 드러난 요구사항이 다르며, 비록 이슈와 요구가 같다고 해도 뒤에 숨어 있는 관심사가 크게 다를 수 있다. 팀장이 어떤 제안을 하면 팀원들은 자신을 위한 대안을 마련하고, 팀장이 정책을 제시하면 팀원은 대책을 준비한다. 따라서 팀장은 팀 내부에 다양한 다른 생각이 존재한다는 것을 받아들이고, 다름의 차이와 원인을 정확히 파악하여 전체가 합의하고 따라올 방안을 준비해야 한다.

다름

서로 다른 요구사항과 관심사는 팀장과 팀원, 팀원 사이의 갈등을 불러오고, 이러한 갈등은 공동의 목표를 향한 팀의 시너지를 무너뜨린다. 다른 것에 대한 사람들의 일반적 대응을 살펴보면 상대방의 요구와 관심사에 대해 이해하려는 노력은 하지 않는다는 것을 알 수 있다. 감정(感情)이 앞서는 사람은 좋다 싫다 감정으로 표현하고, 이성(理性)이 앞서는 사람은 맞다 틀렸다를 중심으로 판단한다. 팀원 각각의 의견은 그 사람의 요구와 관심사라는 부분적인 측면에서 보면 모두 맞고[개시(皆是)], 전체 팀의 요구와 관심사라는 측면에서 보면 부족하여 모두 맞지 않는다[개비(皆非)].

다른 것을 갈등으로 만들지 않고 다름을 효과적으로 극복하기 위해서는 첫째, 우리와 다른 상대방의 '가치의 차이'를 있는 그대로 받아들이는 관용의 자세가 필요하다. 둘째, 함께 할 수 있는 공동의 선(善)을 찾아가기 위해 상대방과 우리의 요구사항과 관심사에서 무엇이 같고 무엇이 다른지 함께 찾아야 한다. 서로 같은 부분을 통해 상대와 공감하고 신뢰를 쌓아 가는 한편, 서로 다른 부분에 대해서는 부분적인 측면에서는 맞지만[개시(皆是)] 전체적인 측면에서는 맞지 않다[개비(皆非)]는 것을 서로 이해하고 서로 비판하고 경쟁해야 한다. 이성적으로 서로 다른 의견의 문제점을 비판하고 더 나은 방향을 위해 경쟁은 하되, 감정적으로 비난하지 않고 대립하지 않는 것이 중요하다.

미국의 대표적 사회갈등이었던 낙태 찬성론자와 낙태 반대론자의 충돌은 상대방에 대한 테러로 치달았지만, 효과적인 갈등 해결책을 찾아 실마리를 찾았다. 낙태 찬성론자와 낙태 반대론자 모두 인간의 생명을 존중한다는 같은 점을 받아들였고, 다만 찬성론자는 여성 산모에 집중하고 반대론자는 태아 아기의 생명에 집중한다는 다른 점을 서로 이해했다. 이를 바탕으로 상대를 비난하고 대립하는 대신 두 진영 모두가 함께할 수 있는 근본적 방법, 즉 성교육과 피임 도구 보급을 통한 낙태 예방 운동을 함께 전개했다.

경청

사실 말은 쉽지만 '가치의 차이'를 있는 그대로 받아들이는 관용의 자세를 갖는 것은 쉬운 일이 아니다. 특히 "나 때는 말이야"를 입에 달고 사는 '라떼족'의 특징은 상대를 이해의 대상이 아닌 무조건 교정의 대상으로 바라보는 데 있다. 자신은 상대보다 능력이 뛰어나고 경험이 많다고 철석같이 믿고 상대를 무시하는 태도로 시작한다. 입은 있지만 귀가 없어 나의 관점을 상대에게 강요하는 일방적인 태도를 벗어나지 못한다. 상대방의 관점을 공감하고 이해하려는 관용의 자세를 가질 때 비로소 입은 작아지고 귀가 들리기 시작한다.

　서로 다른 상대를 이해하기 위해서는 먼저 상대의 처지에 공감하는 모습을 보여야 상대방도 마음을 열어 속마음을 이야기하고 보여준다. 공감을 잘하기 위해서는 경청(傾聽), 잘 들어야 한다. 잘 듣는 기본자세는 첫째, 말하는 상대방에게 귀 기울이고 있음을 몸짓과 눈빛으로 표현하는 것이다. 둘째, 마음으로 상대방의 말을 미리 판단하지 않고 있는 그대로 끝까지 들어야 한다. 셋째, 중간마다 제대로 듣고 이해했는지 요약하고 질문하며 확인한다. 넷째, 때로는 적절한 질문이나 화제 전환을 통해 상대방이 필요한 것을 말하게 한다. 마지막으로 상대방에게 적절하게 맞장구를 쳐 깊이 있는 속마음마저 끌어낸다.

　경청을 잘하는 요즘 젊은 여성들의 대화를 들어보면 다섯 가지 중요한 표현을 들을 수 있다고 한다. 첫째는 "정말"이다. 상대방에게 들은 말이 정말 새롭다 정말 놀랍다는 인정과 공감의 표현이다. 둘째는 "진짜"다. 정말과 비슷한 어감이다. 셋째는 "헐"이다. 뭔가 부정적이고 실망스러운 상황을 공감하고 위로하는 표현이다. 넷째는 "대박"이다. 어떤 긍정적이고 고무적인 상황을 축하하고 격려하는 표현이다. 마지막 표현은 "끝말잇기"다. 상대방의 마지막 표현을 따라 하면서 자신이 상대의 말을 잘 듣고 있다고 확인시켜주는 것이다.

　상대방의 말을 잘 듣기 위해서는 다음 세 가지에 집중해야 한다. 첫째, 상대방이 무엇을 말하려고 하는지 이해하려고 노력해야 한다. 같은 단어를 말하지만 사람마다 같은 단어를 다른 의미로 사용하고, 주어진 맥락과 환경에 따라 같은 사람이 말하는 같은 단어가 다른 의미를 뜻하기도 한다. 상대에 대해 주의를 기울일 때 '바담 풍'을 '바람 풍'

으로 알아들을 수 있다. 상대방에게 충분히 말할 기회를 주고, 미리 판단을 내려서 듣지 않으려 하거나 반박할 준비를 하지 않는 대신, 인내심을 발휘해 끼어들지 않으려는 태도가 필요하다. 듣는 사람의 무의식적인 태도가 겉으로 드러나서 말하는 사람이 알아차리게 되면 말하고 싶은 의욕이 꺾이기 때문이다.

둘째, 상대방이 말한 내용을 정리하고 확인하는 과정이 필요하다. 사람이 말하는 속도가 분당 100~200 단어(영어 기준)라면 사람들이 생각하는 속도는 분당 600~800 단어 정도라고 한다. 이 속도의 차이를 잘못 활용하면 딴생각을 하게 되지만, 이 차이를 잘 활용하면 상대의 의도를 파악하고, 무엇이 요점이고 어떤 근거와 논리를 전개하는지 정리하는 데 활용할 수 있다. 이때 중요한 것은 경청에 방해가 되는 섣부른 판단이나 감정을 개입하지 않는 것이다. 잘못된 정보를 받아들이는 것이 경청은 아니기 때문에 듣고 이해한 내용을 질문해 믿을 만한 정보를 통해 확인하는 과정이 꼭 필요하다.

셋째, 상대방이 말하지 않은 것을 듣는 것이다. 상대방이 의도적으로 말하지 않거나 혹은 다르게 말하는 표현 속에 숨어 있는 의도와 감정을 들어야 한다. 무엇을 강조하고 어떤 속도와 어떤 높낮이, 어떤 크기로 내용을 전달하는지 꼼꼼하게 관찰한다면 그 뒤에 깔린 두려움, 기쁨, 자부심 등의 감정을 파악할 수 있다. 또한 속에 감춰진 감정이 겉으로 행동을 통해 드러나는 것을 잘 읽고 대응해야 한다. 표현된 언어와 드러난 행동은 표현하고 싶은 의도와 감정을 전달하는 무의식적 수

단임을 잊지 말아야 한다.[37]

공감

경청이 잘 듣는 방법이라면 공감(共感)은 경청을 통해 상대의 처지와 배경을 이해하고, 감정을 인정하면서 필요한 격려와 지지를 보내는 과정이다. 공감을 통해 상대방은 자기 말을 들어주는 자기편을 확보했다는 안도감을 얻고, 소통을 통해 쌓인 감정을 비워낼 수 있으며, 자신이 팀 조직에서 존중받는다는 인식을 할 수 있다. 공감의 첫 번째 단계는 사실의 인정, 상대방이 판단하고 말하는 사실을 있는 그대로 듣고 인정하는 것이다. 축소하지도 확대하지도 않고 상대방이 말하는 그대로 인정하는 것이다. 두 번째 단계는 감정의 인정, 그 사실로 인해 상대방이 느끼는 감정을 있는 그대로 인정하는 것이다. 상대의 감정을 왜곡하지 않고 관찰한 그대로 표현하거나, 상대방의 관점에서 정당화하는 노력을 표현하는 것이다. 세 번째는 이러한 사실의 인정, 감정의 인정을 통해 상대의 감정을 존중하고 지지와 격려를 보낸다는 것을 알리는 것이다.

경청하고 공감한다는 것은 말처럼 쉽지 않은 참으로 어려운 일이다. 2016년 사업부 매각이라는 어려운 결정을 직원들에게 알리며 제일 먼저 취했던 태도는 안타깝게도 공감이 아니라 설득하려는 오만함이었다. 조금은 믿었던 사업부장의 경솔한 대응에 직원들은 당연히 처절한

---

37 몸짓언어(Body Language)와 관련한 다양한 책이 있지만, 조 나바로(Joe Navarro)가 지은 책 《What Every Body is Saying》, 한국어 번역판 《FBI 행동의 심리학》을 추천한다.

실망과 극렬한 저항으로 반응했다. 소통의 실패를 인정하고 조금은 우호적이었던 직원들을 만나 그들의 매각에 대한 인식과 판단, 매각으로 인해 느꼈을 감정과 고통을 경청하고 나서야 직원들과 주변 가족들의 입장에서 느꼈을 뼈아픈 감정을 조금 이해하게 되었다. 이러한 공감이 이루어지고 진심으로 사과하고 나서야, 비로소 대화가 시작되고 협상이 진전되기 시작했다. 공감은 상대방의 뼈에 사무치는 고통과 감정을 경청하고 존중하고 지지하고 격려하는 데서 출발한다.

上有政策 下有對策
정부에서 정책을 수립하면
시민들은 대응책을 만든다.

경청과 공감이 소통의 과정에서 객관적 사실과 감정을 있는 그대로 파악하고 이해하는 수동적 과정이라면, 이러한 객관적 실체를 바탕으로 팀 혹은 회사의 목표를 기준으로 판단하고 의사결정을 한 다음 능동적인 소통, 즉 교정과 협상을 하게 된다.

팀원 혹은 직원이 이해하고 있는 사실과 느끼고 있는 감정은 개인의 요구사항과 관심사에 따라 모두 다르며, 대부분 개인의 부분 단기 최적을 지향하게 마련이다. 팀 전체 혹은 회사가 지향하는 목표를 달성하기 위한 전체 장기 최적과 차이가 나는 부분은 능동적 소통을 통해 때로는 교정해서 따라오게 하고, 때로는 협상을 통해 합의점을 찾아가야 한다. 전체 장기 최적을 결정하는 기준(Norm)은 팀이나 회사와 같은 조직의 목적, 목표를 달성하기 위한 객관적 지표로, 주기적으로 팀원이나 직원과 공유해야 한다.

교정

팀원 혹은 직원이 잘못 알고 있거나 잘못 판단하고 있는 사실은 소통의 원칙에 따라 충분히 전달해야 한다. 팀이나 조직의 객관적으로 합의된 기준(Norm)을 바탕으로 팀원들이 잘못하고 있거나 잘못했을 때는 분명히 잘못한 점을 지적하고 교정해서 올바른 방향으로 유도해야 한다. 신상필벌(信賞必罰), 잘한 점을 잘했다고 반드시 칭찬해야 하듯이 잘못한 점을 잘못되었다고 지적하고 교정하는 데 절대 주저하면 안 된다. 객관적으로 잘못한 점을 그대로 넘어가면 다른 팀원이나 직원이 괜찮은 것으로 받아들여 비슷한 잘못을 저지르게 되고 조직의 기강은 서서히 무너지게 된다.

잘못한 점을 지적할 때 주의할 것은 너 전달법(You Message)과 상태 진술(Be Statement)을 사용하지 말고, 나 전달법(I Message)과 행동 진술(Do Statement)을 사용하되 절대 감정을 이입하지 않는 것이 중요하다. 실수를 지적할 때는 상태 진술(Be Statement)을 써서 "당신은 항상 중요한 약속에 늦는다(Be)"라며 한 번의 실수를 일반화하여 늘 그렇게 행동하는 것처럼 표현하지 말고, 행동 진술(Do Statement)을 써서 "오늘 아침 중요한 약속에 지각한 것(Do)은 고객에게 큰 손해를 입히고 회사의 신뢰를 떨어뜨린 행동이었다"라고 구체적으로 잘못한 행동만 지적해야 한다. 또한 너 전달법(You Message)을 써서 "당신은 이렇다"라고 하면서 누가 봐도 나쁜 사람으로 표현하지 말고, 나 전달법(I Message)을 써서 "내가 보기에는 이렇다"라고 표현해야 한다.

나 전달법과 행동 진술은 칭찬에도 그대로 적용된다. 구체적 행동과 성취에 대해 칭찬하지 않고, 너 전달법과 상태 진술을 써서 칭찬하는 것은 오히려 독이 된다. 어린아이들을 상대로 한 칭찬 실험에서 너 전달법과 상태 진술을 써서 칭찬할 경우, 예를 들어 "너는 참 똑똑하구나"와 같이 칭찬한 경우와 나 전달법과 행동 진술을 써서 칭찬할 경우, 예를 들어 "내가 보니 정말 열심히 해서 어려운 활동을 잘 성공시켰구나. 다음번에는 좀 더 어려운 일도 잘 해낼 거야"와 같이 칭찬한 경우를 비교했다. 상태 진술과 너 전달법 칭찬을 들은 아이들은 똑똑한 상태로 계속 남아 있기 위해 도전적인 행위를 꺼리게 되고 결과적으로 소극적이고 방어적인 성향으로 바뀌었지만, 행동 진술과 나 전달법 칭찬을 들은 아이들은 자신의 행위에 대한 성취감으로 자신감을 얻고 더 큰 목표에 도전하는 성향으로 바뀌었다고 한다.

협상

비록 방향과 방식은 다르지만, 팀원이나 직원이 알고 있는 사실에 객관적 근거가 있고, 의견에 수긍할 만한 논리가 있다면 업무 기준(Norm)을 바탕으로 협상을 하게 된다. 협상은 내부 팀원이나 직원뿐만 아니라 외부 고객이나 내부 고객과의 갈등 해결 과정에서도 필요한 소통의 일부이다.

협상에서 중요한 것은 IGP(Issues Goal Priorities), 먼저 상대가 어떤 이슈(Issues)를 가지고 있고 각 이슈의 목표(Goal)는 무엇이며, 우선순위(Priorities)가 어떻게 되는지 파악하는 것이다. 물론 각각의 이슈에 대한 상대의 요구사항과 관심사를 정리해야 한다. 같은 방식으로 자신의 이슈, 목표, 우선순위도 정리한다. 이때 중요한 것은 자신의 관점에서뿐만 아니라 상대의 관점에서도 IGP, IPI를 분석 정리해야 한다. 이러한 분석 결과를 바탕으로 상대와 자신의 **HIT** 리스트를 정리하여 매트릭스로 만들고 대응 전략을 만든다. H는 반드시 지켜야 하는 (Have to have) 필수적인 항목을 나타내고, I는 가능하면 지켜야 하는 (Intend) 중요한 항목을 나타내며, T는 양보할 수 있는(Tradable) 덜 중요한 항목에 해당한다.

상대의 H가 자신의 T일 경우 이 이슈는 협상에서 요긴하게 활용할수 있다. 상대의 I와 자신의 I는 우선순위에 따라 주고받을 수 있다. 상대가 케이크를 자르는 대신 내가 먼저 케이크를 고르는 방법도 유용하다. 나의 H와 상대의 H가 충돌할 때는 요구사항과 관심사를 살펴보고 해당 이슈를 좀 더 세분하여 IGI, IPI를 분석하고 HIT를 만들어 접근한다.

다름에서 발생한 갈등을 해결하고 협상하는 과정은 정답이 없는 게임이다. 상대에 따라 다른 소통 방식과 다른 전략을 선택해야 하고, IGP, IPI, HIT와 같은 체계적인 방식을 통해 준비해서 대응해야 한다. 진행 과정에서 얻어지는 추가 정보를 활용해 중간마다 어떤 정보가 확인되었고 어떤 정보가 추가로 필요한지, 무엇이 합의되었고 무엇이 합의되지 않았는지, 어떤 질문에 대한 답이 필요한지, 어떤 부분에 대해 서로 양보와 희생이 필요한지 정리하는 것이 중요하다.

上善若水

최고의 선(善)은 물과 같다.

《도덕경(道德經)》 중에서

모든 팀 조직에서 항상 다름은 존재한다. 다름을 있는 그대로 인정하고 상대의 말을 경청하고 공감할 때 상대방에 대한 정확한 이해가 가능해지고 상호 신뢰가 형성된다. 신뢰는 모든 소통의 필요충분조건이다. 때로는 질책하고 때로는 원하는 방향으로 교정할 때, 상호 신뢰가 생기고 합의된 기준(Norm)이 있다면 갈등을 최소화할 수 있다. 소통은 시작하기 전에 잘 준비해야 하고, 소통 과정에서는 경청하고 공감해야 하며, 교정이나 협상에서 소통의 목적을 달성했다면 멈춰야 할 때를 찾아 멈춰야 한다.

팀장으로서 혹은 팀원으로서 팀의 공동 목표를 향해 소통하는 과정에서, 팀이 얻으려는 결과가 원(員)이라면 모두가 원이 되는 것을 고집할 필요는 없다. 상대방이 반원(半圓)이라면 내가 나머지를 채우는 반원이 되면 된다. 팀원이 삼각형이라면 내가 얻으려는 원에서 삼각형을 뺀 나머지가 되면 함께 만들기를 바라는 원이 완성된다. 그릇에 물을 채우는 것이 팀의 목표일 때 상대방이 네모난 그릇이라면 나는 네모난 그릇에 담기는 물과 같이 유연하게 형태를 바꾸어 목표를 달성하면 된다. 팀원이 깨진 그릇이라면 버려야 할 때도 있지만, 팀장의 크고 깊은 물에 깨진 그릇을 담가 물을 채울 수도 있다. 팀장이 상선약수(上善若水)의 마음으로 경청하고 공감하며 소통할 때, 조직의 소통은 물과 같이 유연해지고 깨진 그릇도 온전한 그릇이 되며, 조직의 문화는 자연스럽게 팀장을 닮아 가게 된다.

회의에 대하여

You should never go to a meeting without a clear idea of what you are trying to achieve.

스티브 잡스(Steve Jobs)

　회의(會議)는 많은 사람이 모여 중요한 정보를 공유하면서 서로 다른 의견을 조율하고 필요한 의사결정을 하는 조직의 중요한 소통 수단이다. 하지만 대부분의 회의는 근본적인 취지와 다르게 윗사람의 윗사람에 의한 윗사람을 위한 방식으로 운영되어, 직원들에게 줄이거나 피해야 할 대상으로 각인되어 있는 것이 현실이다. 많은 사람들의 다양한 의견이 자유롭게 개진되는 대신 일방적인 지시가 계속되는 지루한 회의나 보고 자료 만드는 데 많은 시간을 소모하지만 결론이 없는 허무한 회의, 많은 사람을 모아놓고 비슷비슷한 내용을 중복하며 시간을 낭비하는 쓸모없는 회의를 모두 경험했을 것이다. 여기에서는 필요악(必要惡)인 회의를 효율적이고 효과적으로 활용하기 위한 필요충분조건들을 점검해 보기로 하자.

효과적이고 효율적인 회의를 위해서는 5W1H 기준으로 회의를 준비하고, 진행하고, 결과를 실행해야 한다. 그러려면 회의를 준비하는 주재자(Champion)와 회의를 진행하는 촉진자(Facilitator), 회의 결과를 관리하는 평가자(Evaluator)가 있어야 하는데 이 세 사람이 반드시 달라야 할 필요는 없다. 우선 회의의 목적(WHY)을 분명히 해야 한다. 단순한 정보 공유가 목적인지 진행 상황 보고와 점검이 목적인지 의사 결정이 목적인지에 따라 참석 대상자와 회의 자료의 준비가 크게 달라진다. 회의에서 논의될 기밀 자료나 대외비 자료는 공유의 범위를 확실히 정하고, 기밀 유지를 담보할 수단을 활용해야 한다.

회의의 참석자(WHO)는 회의의 목적에 따라 최소한의 인력으로 한다. 정보 공유의 경우 필요한 참석자를 빠뜨리면 소외에 따른 불만과 정보 부재로 인한 업무 차질이 발생할 수 있다. RACI 차트를 활용하면 필요한 참석자를 정하고, 참석자에 따라 참석 범위를 명확히 할 수 있어 불필요한 시간 낭비나 기밀의 누설을 막을 수 있다. RACI 차트를 이용하면 누가 총괄 책임을 지고 회의의 주재자가 되어야 하는지, 누가 R&R에 따라 회의에서 어떤 역할과 책임을 다해야 하는지 분명해진다.

회의의 주제(WHAT)는 참석자에게 사전에 공유해서 효율적으로 회의가 진행될 수 있도록 준비해야 할 사항들을 마련하게 한다. 회의 준비 과정에서의 비효율은 발표 자료를 준비하고, 화려하게 치장(Make up)하는 데 과도한 시간을 투입하는 것이다. 중요한 발표나 제안을 정확히 효과적으로 알리기 위해, 생각의 흐름을 잘 정리하고 중요한 부분을 두드러지게 강조하는 것이 필요하지만 이 과정에서 많은 시간 낭비가 발생하는 것이 현실이다.

우선 회의의 목적(WHY)에 대한 분명한 이해와 발표 대상의 관심사와 요구사항에 대한 구체적 정보가 부족하다면 발표 자료는 방향을 잃고 표류하게 되고, 작성자는 남은 시간을 우왕좌왕하며 낭비하게 된다. 작성자 역시 어떤 순서로 생각의 흐름을 전달할 것인지를 먼저 기획하고, 각 단계의 핵심 내용이 무엇인지 먼저 정리한 다음 자료를 작성함으로써 시간을 절약하고 효과적인 자료를 만들 수 있다.

고객에 대한 발표 자료의 경우는 고객의 관심사와 요구사항을 효과적으로 충분히 전달할 수 있을 정도의 포장이 필요하지만, 일상적인 내부 회의 자료의 경우는 자료의 기본 형태(Template)를 통일하여 자료 작성을 효율적으로 하도록 돕고 자료의 포장을 원천적으로 봉쇄하는 것이 필요하다. 자신이 팀장이거나 회사의 대표라면 자료의 포장에 매달려 시간을 낭비하지 않도록 자료 작성 원칙을 공표하는 것도 효율적인 회의, 생산성 높은 회의를 위해 매우 중요하다.

회의의 목적(WHY), 회의의 참석자(WHO), 회의 주제와 자료(WHAT)가 효과적이고 효율적인 회의를 위해 필요한 준비과정이라면, 회의 진행(HOW)은 회의의 생산성(Productivity)을 결정한다. 언제(WHEN) 회의를 하고 어디서(WHERE) 회의를 할 것인가를 결정하는 것도 회의 진행의 일부분이다.

회의 시간(WHEN)을 적절하게 선택하는 것도 매우 중요하다. 발표자가 자료를 준비할 여유가 있어야 하고, 참석자들이 사전 배포된 자료를 읽고 준비할 시간도 주어야 한다. 지난 회의에서 결정한 실행 항목(Action item)의 진행 상황을 점검하는 자리라면 실행할 시간이 충분히 주어져야 한다. 너무 많은 시간을 주게 되면 자료 작성자들은 자료 작성에 매달려 시간을 낭비할 것이고, 재빠른 대응을 제때 하지 못해 기회 손실을 가져올 수 있다. 반면 너무 자주 회의를 소집하는 것은 준비되지 않은 참석자들로 인해 회의의 생산성을 떨어뜨릴 수 있다. 매년, 매월 혹은 매주 시간의 흐름에 따라 반드시 해야 할 주요 회의들은 미리 결정하고 공표해서 예측할 수 있게 만들어야 갑작스러운 회의 소집으로 인한 혼란을 피할 수 있다. 회사 대표가 갑자기 회의를 소집하면 임원의 일정이 바뀌고 부장 과장의 일정이 차례로 영향을 받아 회사 전체 일정이 혼란에 빠진다. 주간 단위의 회의라면 월요일 오전 10시 정도로 정해 출근 후 미리 준비할 시간을 주고, 실행 항목을 점검하는 회의라면 목요일 오후 1시 정도로 정해 금요일에는 부족한 부분을 보완할 수 있도록 배려한다.

회의 장소(WHERE) 역시 고려할 사항들이 많다. CEO 혹은 임원 한 사람을 위해 많은 사람이 시간 낭비하면서 이동하거나 출장을 가야 하는 상황은 반드시 피하는 것이 좋다. 영업 현장이나 공장 현장을 직접 찾아가 현장의 실태를 직접 점검하고 문제점을 파악하는 현장 중심의 회의도 필요하다. 회의 참석자들이 현장에서 문제를 직접 보고 중요성을 피부로 느껴, 탁상공론을 피하고 적극적으로 해결책을 찾는 데 도움이 된다. 생산, 품질, 영업, 서비스 부서에서 개발 부서에 요청하는 지원 업무를 개발 부서에서는 중요하게 받아들이지 않고 귀찮아하며 지원을 꺼려 부서 간 갈등이 생기는 경우가 많다. 이런 경우 개발 담당자들을 현장에 초청해 현장의 소리를 직접 듣게 하고, 현장의 사람들과 함께 해결책을 논의하게 하면 대부분은 태도가 180도 바뀌어 적극적으로 지원하게 된다. 현장을 직접 방문하는 것이 효율적이지 않을 때는 대안으로 Zoom과 같은 온라인 화상 회의 도구들을 활용해 온라인과 오프라인 회의를 병행하는 것도 도움이 된다.

회의가 시작되면 회의 진행(HOW)에서 제일 먼저 해야 할 일은 회의 목적(WHY)과 회의 주제(WHAT)를 다시 한번 알려주는 것이다. 필요할 경우 회의에 참석한 사람들을 소개하면서 어떤 부서의 어떤 사람들이 회의에 참석해 어떤 역할을 하게 될 것인지 회의 참석자들이 파악하게 한다. 이어서 이번 회의의 목적이나 주제와 관련된 지난번 회의록을 먼저 공유하고, 실행 항목의 진행 상황을 공유하면서 본격적인 회의에 들어가기 전에 맥락을 이해하도록 해야 한다. 이러한 준비과정을 거치지 않고 곧바로 주제로 뛰어들면 참석자들은 맥락을 제대로 이해하지 못해 엉뚱한 소리로 회의의 논점을 흐리게 할 수 있다.

비효율적인 회의의 특징은 많은 시간을 들여 정보를 공유하고 논의했지만 어떤 결정도 내리지 못한 채 회의를 끝내고, 다음 회의에서도 같은 과정을 반복하며 시간을 낭비하고 소중한 기회를 잃는 것이다. 회의에서 결정을 내리지 못하는 데는 여러 이유가 있지만, 대부분의 경우는 총괄 책임을 가진 회의의 주인이 없기 때문이다. 특히 수평 조직의 경우는 모든 부서가 동등한 자격으로 자기 부서의 의견을 자유롭게 개진할 수 있는 장점이 있지만, 한 개의 부서라도 부서 이기주의에 매달려 정보를 차단하고, 결정을 반대하고, 실행을 피하면 간단한 문제가 조직 전체의 문제, 고객의 불만이 폭발하는 위급한 문제로 악화될 때까지 해결되지 않는다. 특히 실패 위험이 있는 새로운 제안은 자기 부서의 R&R이 아니라며 책임을 거부하고 끝없이 조리돌리기를 하면서 소중한 기회를 놓칠 때까지 표류하게 된다. 반면 수직적인 조직의 경우는 총괄 책임을 가진 상위 위계질서의 주인이 있어 부분 최적을 제압하고 전체 최적을 유도할 수 있어, 부서 이기주의를 극복할 수 있는 장점이 있다.

회의를 통해 정보를 공유하고, 이해관계자들의 의견을 듣고, 제안이 가진 기회와 위험, 장/단점이 드러났다면 총괄 책임을 가지고 있는 담당자는 결정을 내려야 한다. 비록 정보가 부족하고 의견 차이가 있다고 하더라도 아무 결정도 내리지 않는 것은 무책임하고 무능한 것이다. 드러난 정보를 바탕으로 취할 수 있는 최소한의 실행 항목을 결정해 먼저 실행에 옮기도록 하고, 부족한 정보나 서로 다른 의견에 대해서도 실행 항목을 만들어 좀 더 정보를 수집하고, 서로 다른 의견에 대해 협상을 하여 합의점을 찾아오게 한다. 크든 작든 결정을 내린다는 것은 ① WHO 누가 담당자가 되어, ② WHEN 언제까지, ③ WHERE 어느 부서의 지원을 받아, ④ WHY 어떤 목적으로, ⑤ WHAT 어떤 실행 항목을, ⑥ HOW 어떤 결과를 어떤 수준으로 수행한다는 것을 분명히 정하는 것이다. ① 무엇이 합의되었고 무엇이 합의되지 않았는지, ② 어떤 정보가 충분하고 어떤 정보가 충분하지 않은지, ③ 이러한 현재 모습을 바탕으로 어떤 질문에 대한 답이 필요한지, ④ 전체를 위해 어떤 양보 혹은 희생이 필요한지 정리하고 회의록으로 남기는 것이 회의를 주재하는 총괄 책임 지휘자의 역할이다.

A meeting is a deliberation where hours are wasted and minutes are recorded.

생산성 있는 회의라면 각각의 안건에 대해 정보를 공유하고 다양한 의견을 개진하고 드러난 정보를 바탕으로 결정을 내림으로써 실행 항목들이 도출된다. 회의는 서로 다른 입장의 이해관계자들이 모여 소통하는 자리인 만큼 회의 참석자들은 소통의 원칙에 충실해야 한다. 다름을 인정하고 경청하고 공감하고 협상하며, 때로는 전체를 위해 희생하는 자세도 필요하다.

회의의 마지막 단계는 회의 과정에서 작성된 회의록(Meeting minutes)을 공유하고 확인하는 것이다. 흔히 저지르는 실수는 회의가 끝난 후 나중에 회의록을 작성해서 하루나 이틀이 지난 후에 회의 참석자에게 보내는 것이다. 이 경우 회의에 대한 기억이 희미해져 회의록이 사실과 다르게 작성되어 있기도 하고, 그런 결정이 내려졌는지 어떤 실행 항목인지도 불분명해져 결국 회의의 결과가 왜곡되거나 실행에 옮겨지지 않게 된다. 따라서 회의가 진행되는 동안 반드시 회의록을 작성하는 담당자가 있어야 한다. 회의 중 작성된 회의록은 마지막 단계에서 공유된 사항이나 결정된 사항을 정확하게 확인하는 절차를 거쳐야 한다. 잘못 표현된 부분이 있으면 그 자리에서 수정하고 표현을 보충하여 서로 다른 해석을 할 수 없도록 맥락을 분명히 한다. 실행 항목에 대해서도 담당자를 불러 총괄 책임자임을 명확히 하고 언제까지 어떤 결과를 어떤 수준으로 실행할지를 참석자들 앞에서 확인한다. 이 실행 항목과 관련된 지원부서나 지원 담당자들에게도 지원해야 할 사항이 무엇인지 5W1H 방식으로 구체적으로 확인한다.

회의가 끝남과 동시에 회의록은 RACI를 바탕으로 발송되고, 실행 항목의 실행이 시작된다. 실행 항목은 다음 회의에서 혹은 다른 회의를 통해 점검하고, 결과가 나올 때까지 철저하게 추적 관리한다. 이러한 방식을 통해 실행 항목이 만들어지고 나면 반드시 실행되고 점검된다는 것을 보여줌으로써 효과적이고 효율적인 회의가 완성된다.

회의는 중요한 소통의 자리지만 많은 사람에게 시간 낭비의 대명사로 인식되고 있다. 회의가 시간 낭비가 되는 이유는 잘 준비되지 않았거나, 잘 진행되지 않아서 성과가 없거나, 결론과 실행 항목이 없거나, 결론과 실행 항목이 실행으로 옮겨지지 않기 때문이다. 회의가 잘 진행되고 있는지 파악하는 방법의 하나는 한 사람이 주도적으로 회의를 진행하고(Monopolizer), 나머지 사람들은 공개적으로 의견을 내지 않고 자기들끼리 소곤소곤 이야기하거나(Commentators) 입을 꼭 다물고 말을 하지 않는 사람(The Clam)이 있는지 살펴보는 것이다. 방관자들이 존재하는 이유는 회의가 시작되기 이전에 방향과 결론이 나 있어 회의가 결론을 정당화하는 수단에 불과하거나, 회의 참석자의 의견이 반영되지 않는 구조적 문제 때문인 경우가 많다. 회의를 통해 객관적이고 창의적인 성과를 얻기 위해서는 모든 사람이 참여하도록 하는 촉진자의 역할도 중요하지만, 구조적으로 악마의 대변자(Devil's Advocate)를 두거나, 클린시트(Clean Sheet)에서 출발해 체크리스트를 점검하며 초안을 만들어 가거나, 플랜 B를 반드시 검토하게 해서 회의 결과가 집단사고(Group Thinking)를 통해 한쪽으로 치우치지 않도록 의도적으로 다른 측면을 끌어내고 점검하는 것이 중요하다.

잘 준비되고 잘 진행되고 잘 마무리된 효과적이고 효율적인 회의는 생산성을 향상하는 중요한 소통과 의사결정 수단이다. 좋은 회의는 짧고 간결하게 진행되지만, 이를 통해 중요한 정보와 의견을 공유하고 경청과 멋진 토론이 이루어지고, 답을 얻고 결정을 하고 문제를 해결한다. 따라서 성공적인 소통과 목표 달성을 위해서는 조직 전체가 생산적이고 효율적으로 회의를 준비하고, 진행하고, 실행 항목을 실행하도록 습관화하여 조직 문화로 정착시켜야 한다.

팀의 발전과 유지

팀의 목표 관리

Management by objectives works if you know the objectives.
Ninety percent of the time you don't.

피터 드러커(Peter Drucker)

앞에서 정의한 바와 같이 팀은 팀원 서로가 상호 보완적인 정보, 지식, 전문성을 조합하여 공통의 목표를 달성하기 위해 노력하는 조직이다. 따라서 팀 전체와 팀원 각각이 달성해야 하는 목표(Objective)가 반드시 존재한다. 아무리 뛰어난 역량을 보유한 팀원과 팀장이 있고 훌륭한 조직 구조와 지원 인프라를 갖추었더라도 결과적으로 제때 필요한 목표를 달성하지 못한다면 실패한 팀이 되고 만다.

따라서 팀장과 팀원에게 중요한 덕목은 팀원 자신의 목표와 함께 팀 전체의 목표를 SMART하게 인지하고, 지속적인 목표 관리를 통해 기필코 제때에 제대로 목표를 달성하는 것이다. 실패하는 팀의 가장 큰 특징은 팀원이 자신과 팀 전체의 목표를 SMART하게 인지하지 못하고, 목표 관리도 흐지부지 제대로 하지 않는 것이다. 팀장이 팀원의 목표를 명확히 정의하고 소통하지 않았거나, 팀원과 팀원 사이의 협력 관계를 분명히 정의하고 함께 달성해야 할 목표를 분명하게 소통하지 않았거나, 주기적으로 진척도를 파악하고 필요한 독려와 지원을 제때 제공하지 않아서 팀 전체가 목표 달성에 실패하는 것이다.

큰 조직에 속한 팀의 목표는 상위 조직, 예를 들면 회사 전체의 사업 목표와 실행 전략이 톱다운 방식으로 산하 조직으로 세분되어 할당된다. 따라서 팀의 목표는 상위 조직의 목표와 전략을 기준으로 자신의 팀이 어떤 역할을 담당하는지 명확히 파악한 다음 다시 톱다운 방식으로 작은 팀과 팀원에게 각각의 목표를 나누어 할당하게 된다. 팀, 팀장, 팀원의 목표는 앞에서 언급한 대로 SMART하게 정의되고 관리되고 측정되어야 한다.

목표를 관리하는 가장 고전적인 방식은 MBO(Management by Objective and Self control)이다. 대부분 MBO를 Management by Objective로 알고 있지만, 피터 드러커가 MBO를 언급할 때 불가분의 관계로 지목한 것이 바로 자기 통제(Self control)이다. SMART한 목표를 설정하고 MBO를 통해 팀과 팀원의 목표를 달성하기 위해서는 자기 통제를 할 수 있는 문화 혹은 시스템이 구축되어야 한다. 팀의 목표에 대한 주인의식과 책임감이 자기 통제의 필수 조건이라면, 회의와 같은 팀의 소통 수단이나 일정 관리 툴과 같은 지원 인프라를 통한 견제와 균형(Check and Balance)은 자기 통제를 유지해주는 충분조건이라 할 수 있다. 주인의식을 바탕으로 스스로 목표를 관리하지만, 빠뜨리거나 소홀한 목표가 있을 때 목표 관리 시스템에 의해 체계적으로 경고 신호가 보내지고 주변 팀원에 의해 목표 달성을 지원하고 보완하는 것이다.

돌아보면 1980~1990년대 대부분의 한국 기업의 목표 관리는 완전히 아마추어 수준으로 이루어지고 있었다. SMART 목표 설정 철학이 정립되지 않아 목표 자체가 포괄적이고 애매해서 구체적이지 않았을 뿐만 아니라, 목표 관리 자체도 MBF(Management by Fear) 혹은 MBA(Management by Alcohol)에 의존하던 시절이었다. Management by Fear는 분명한 기준 없이 징벌에 대한 두려움 혹은 책임에 대한 협박으로 목표 관리를 위한 자기 제어를 강요하는 것이다. 목표를 달성하지 못하는 하위 인력들은 평가가 나빠지고 승진이 어려워지고 좌천되고 회사에서 쫓겨나게 된다는 것을 보여주는 방식으로 결과에 따라 처벌함으로써 경주마 달리듯이 달리게 만드는 것이다. Management by Alcohol은 술이라는 매개체를 동원해 소위 "으쌰으쌰" 하는 분위기를 만들어 불만을 해소하거나 억압하고 단결을 강요하고 감성에 의존해 목표 달성을 독려하는 전(前)근대적인, 한편으론 낭만적인 목표 관리 방법이다. 필자도 한때는 MBA를 팀원 사이의 벽을 허무는(Ice Breaking) 수단으로 활용했는데, 아직도 많은 팀장, 관리자들이 MBA에 주로 의존하고 있는 듯하다.

목표 관리의 필요조건은 앞에서 언급한 SMART 목표 설정이다. MBF나 MBA는 자기 통제를 유도하는 나름의 철학을 가지고 있으나 결코 충분조건은 되지 못한다. 모두 열심히 하는데도 불구하고, 효과적이지 않아 조직의 성과는 제자리걸음을 하거나 엉뚱한 방향에 시간과 자원을 낭비한다. 성공적인 목표 관리는 첫째, SMART하게 목표를 설정하고 둘째, 팀원들이 자기 통제를 할 수 있는 환경, 즉 문화와 인프라를 갖추고 셋째, 팀장이 조직의 암세포를 제거하고 팀원들의 노력과 성과에서 시너지가 나도록 한 방향으로 모아 조직의 역량을 제곱으로 만들 때 비로소 이루어진다.

효과적인 목표 관리를 위해 우선순위에 놓고 관리해야 하는 것은 KPI(Key Performance Index)이다. KPI는 구체적인 목표 중에서 ① 가장 중요한 달성 목표(Critical Path)의 현재 수준을 표현하는 종합 지표, ② 최종 목표 달성에 결정적인 병목이 되는 주요 이슈의 현재 진행 현황, ③ 소규모 팀 사이 혹은 팀원 사이의 협력 정도를 표시하는 지표들, ④ 중/장기적인 미래 목표를 달성하기 위해 미리 준비하고 점검해야 하는 지표 등을 선정한다. 주기적인 목표 관리 회의에서 반드시 조직의 KPI를 발표하게 하여, 조직 스스로 KPI를 관리하고 서로 경쟁하게 하고 협력하지 않는 부분이 드러나게 할 뿐만 아니라, 조직의 목표가 달성되고 있는 과정을 보여줌으로써 때로는 질책하고 때로는 경쟁을 독려하고 성과를 칭찬하는 수단으로 활용할 수 있다.

목표 관리가 결과에 대한 관리라면 KPI는 과정에 대한 관리라고 할 수 있다. KPI로 단기적으로 중요한 목표를 선택해, 예를 들어 분기 목표 중에서 성과가 부진한 3개 정도의 핵심 목표를 선정해 집중하도록 유도함으로써 단기적인 성과(Short term objective)도 달성하고 팀의 사기도 끌어 올리는 효과를 볼 수 있다. KPI로 여러 팀원이 협력해 달성해야 할 목표를 선택하여 팀원들이 개인의 목표뿐만 아니라 전체 최적을 위해 협력이 필요한, 시너지를 내는 성과에 집중하도록 유도하고 관리할 수 있다. 매출과 같은 겉으로 드러나는 단기적인 목표에만 집중하다 보면 보이지 않는 손익에 영향을 주는 장기적으로 관리해야 할 목표에 차질이 발생하기도 한다. 따라서 서로 상호 충돌하는 지표들을 KPI로 함께 선정하여 주기적으로 지표를 공유하면서 전체 목표가 조화롭게 달성되도록 해야 한다. 중/장기 매출이나 이익으로 연결되는 수주 현황이나, 입찰(Tender) 성공률, 수익률을 결정하는 부가 매출의 비율, 해지율(Churn rate) 등의 지표도 KPI에 포함해야 한다. KPI는 단기와 장기, 팀원과 팀 전체, 팀과 조직 전체 사이의 균형을 맞춰주는 과정 관리 수단으로 효과적으로 활용할 수 있다.

평가와 보상

팀과 팀원이 주어진 목표를 성공적으로 달성하고 나면, 팀과 팀원의 성과를 객관적으로 비교 평가하고 그 결과를 바탕으로 보상이 이루어진다. 목표 달성, 즉 성과에 대한 평가는 조직의 운영과 관리에서 매우 중요하고 어려운 작업이다.

공정한 평가는 당연히 객관적이어야 하지만 평가자 관점에서는 주관적일 수밖에 없다. 피평가자 관점에서는 절대적인 평가를 요구하지만, 회사나 팀의 관점에서는 상대적인 평가를 통해 보상을 배분할 수밖에 없다. 평가자 측면에서는 팀원의 노력과 성과를 팀원만큼 정확히 파악하지 못해 발생하는 '평가자 인식의 오류'가 발생하고, 피평가자 팀원의 측면에서는 다른 팀원의 노력과 성과, 팀 전체에 대한 기여를 팀장만큼 정확히 파악하지 못해 발생하는 '피평가자 인식의 오류'가 발생하여 평가 결과에 대한 불만과 갈등을 일으킨다. 평가자 인식의 오류는 평가자가 목표 관리 과정에서 피평가자와 성의 있는 주기적 소통을 통해 피평가자의 성과에 대해 제대로 이해하고 판단하는 노력으로만 극복할 수 있다. 피평가자 인식의 오류는 전체 회의와 같은 팀 내의 소통 수단을 활용하여 팀 전체가 어떻게 목표를 달성하고 있고, 다른 팀원이 어떤 성과를 거두었고 그 성과가 얼마나 중요한 성과인지 팀원 모두에게 알리고 인정해주는 과정을 통해 자연스럽게 해소할 수 있다.

객관적인 평가는 측정 가능한 목표를 바탕으로 평가하고, 상대적인 평가는 사전에 공표되고 합의된 기준과 방식을 통해 이루어져야 한다. 주관적인 평가를 피하기 위해서는 피평가자의 보유 역량에 대한 편견을 버리고, 승진과 같은 피평가자의 상황에 대한 배려도 버리고, 오직 피평가자의 성과에 집중해서 평가해야 한다. 평가하다 보면 실제적인 성과의 차이는 얼마 안 되지만(예: 1% 성과 차이 때문에 A와 B의 차이), 평가 배분에 따른 보상의 차이는 상대적으로 큰 경우(A와 B 사이에 10% 이상의 보상 차이)가 발생한다. 필자는 이러한 성과와 평가 그리고 보상 사이에서 발생한 차이는 교환권(Rain Check)을 발행해 차기 평가에 반영한다. 즉 이번 평가에서 손해 본 차이를 차기 성과에 추가하여 평가함으로써 단기적인 성과 평가에서 필연적으로 발생하는 평가 오류(Segmentation Error)와 불만을 장기적인 관점에서 보상하는 것이다.

不敎而誅 謂之虐 不戒責成 謂之暴
가르치지 않고 징벌하는 것을 잔학하다 하고
경계하지 않고 결과만 나무라는 것을 난폭하다 한다.

《설원(說苑)》 중에서

성과에 대해 객관적 상대적 평가를 하고 이러한 평가를 바탕으로 급여 인상, 보너스 혹은 RSU(Restricted Stock Unit) 지급 등 보상이 이루어진다. 따라서 공정한 평가가 이루어지지 않아 보상이 엉뚱한 곳으로 가게 되면 여러 가지 부작용이 발생한다. 특히 능력이 있는 직원이나 다른 팀 혹은 다른 회사로 언제든지 떠날 수 있는 에이스들이 조직을 떠나게 된다. 성과를 낸 직원에 대한 보상은 급여 인상이나 보너스 지급 같은 단기적인 보상 방법을 활용할 수도 있지만, RSU 지급을 통해 장기 근무를 유도하거나 교육 연수, 파견 근무와 같은 성장 기회를 제공하는 장기적인 보상 방법을 함께 활용하는 것이 중요하다.

성과에 대한 보상과 함께 중요한 것은 성과가 모자라는 직원에 대한 팀장의 대응이다. 조직에는 크게 4개 유형의 직원이 존재한다. 첫째, 똑똑하고 부지런한 직원이다. 역량도 뛰어나고 성과도 있는 이러한 직원은 성과에 대해 확실하게 보상하고, 성장 기회를 제공해 회사의 핵심 인재로 키워 간다. 둘째, 똑똑하기는 하지만 게으른 직원이다. 역량은 뛰어나지만 다른 방면에 관심과 노력이 분산되어 있다. 이러한 직원에게는 동기부여(Motivation)를 하여 부지런한 직원으로 바뀌도록 유도한다. 이런 직원이 좋아하고 즐기는 일을 맡기거나, 유인책을 제공해 스스로 움직이게 하고, 뛰어난 성취와 보상의 희열을 맛보게 한다.

셋째, 맹한데 부지런한 직원이다. 이러한 직원은 부지런히 사고를 치고 다니기 때문에, 잘 관리하지 않으면 팀 전체가 피해를 볼 수 있는 위험한 직원이다. 하지만 이러한 직원이 좋은 의도로 부지런한데 단지 능력이나 경험이 부족하기 때문이라면 교육과 성장 기회를 제공해 똑똑하고 부지런한 직원으로 거듭날 수 있도록 유도한다. 실수에 대해서는 질책하지 않고 전환반응(Redirection response)[38]을 활용해 실수의 부정적 효과를 설명하고 해야 할 일을 구체적으로 설명해준다. 신뢰를 바탕으로 이런 직원의 긍정적 에너지를 성과로 연결할 수 있게 도와주고 칭찬하면서 대기만성(大器晩成)형 직원으로 거듭나도록 키우는 리더가 진정으로 뛰어난 리더다. 넷째, 맹하고 게으른 직원이다. 사실 이런 직원은 대책이 없다. 게을러서 사고는 치지 않는데 밥만 축낸다. 평가가 항상 바닥을 맴돌지만 회사를 떠날 생각도 하지 않는다. 겉으로는 조직에 해를 입히지 않는 것 같지만 대개는 조직에 불만이 많고 다른 팀원에게 책임을 다하지 않아도 된다는 인식을 심어 준다. 냉정하게 조직에서 퇴출해야 하지만 현명한 팀장이라면 먼저 분명하게 경고를 하고, 면담을 통해 상황을 파악한 다음 다른 부서로 전출하거나 변화할 기회를 한 번은 제공하는 것이 좋다.

---

38 《Whale Done!》(《칭찬은 고래도 춤추게 한다》)에서 제시한 전환반응(Redicrection response)을 말한다.

심층 조사 관리

見小曰明 守柔曰强
작은 것을 볼 수 있는 것이 밝음이요
부드러움을 지킬 수 있는 것이 강한 것이다.

《도덕경(道德經)》중에서

　　팀의 성과와 발전은 팀원의 역량도 중요하지만, 무엇보다도 팀장, 즉 리더의 역량과 경영 능력에 크게 좌우된다. 소규모 실행 조직의 팀장, 백여 명 전후 조직을 책임지는 임원급 팀장, 수천 명의 사업부 조직 혹은 연구소의 수장(首將) 혹은 수만 명의 기업을 책임지는 CEO 등 넓은 의미에서 팀장, 즉 리더의 역할은 조직 규모나 직급에 따라 필요로 하는 역량과 집중해야 하는 분야, 일하는 방법이 달라진다. 하지만 규모와 역할과 관계없이 좋은 리더가 되기 위해 필요한 일하는 자세와 경영 방식은 개념적으로는 크게 달라지지 않는다.

　　일을 대하는 리더는 첫째, 자신과 팀이 추구하는 업무의 본질에 대한 깊은 성찰(Insight)이 있어야 한다. 왜 이 업무가 존재하며, 이 업무의 본질과 핵심 특성은 무엇인지 이해하고, 계속 화두(話頭)처럼 붙잡고 있어야 한다. 둘째, 업무에 대한 소신과 열정(Motivation)이 있어야 한다. 업무에 대한 철학과 소신을 바탕으로 치열하게 고민하고, 스스로 동기부여를 하면서 열정적으로 끊임없이 도전해야 한다. 성찰과 동기부여가 업무를 대하는 바탕이라면, 셋째, 업무 역량(Capability)과 넷째, 업무의 실행(Implementation)은 성공적으로 업무를 완수하기 위해 필요한 핵심 역량에 해당한다. 업무 역량이 큰 그림을 보고 핵심에 집중하면서 필요한 역량을 보유하고 변화에 대처하는 능력이라면 업무의 실행은 업무 역량을 활용해 문제를 분석하고 해결하고 안팎으로 소통하고 협상하여 함께 목표를 달성하고 뛰어난 성과를 만드는 역량이다. 마지막 다섯째는 팀원과 팀, 성과와 평가에 대해 주인으로서 모든 책임을 감당하는 용기(Accountability)가 있어야 한다.

위와 같은 성찰, 열정, 역량, 실행, 용기와 같은 일하는 자세를 바탕으로 리더로서 반드시 보유하고 실행해야 할 핵심 관리 역량을 ① 보이지 않는 미래[天]에 대한 대비, ② 업무와 문제[地]의 정확한 파악, ③ 스스로 움직이게 하는 소통[人], 즉 천지인(天地人) 관점에서 분류했다. 우선 여기에서는 먼저 지(地) '업무와 문제의 정확한 파악, 어떻게 할 것인가?'에 대해 다루기로 하자.

업무 관리, 조직 경영의 핵심은 우선 업무에 대한 지식, 즉 이론과 경험이 있어야 하고, 업무에 대한 지혜, 즉 '왜 이런 일이 발생했고 이런 일의 본질은 무엇이며 앞으로 어떻게 발전할 것 같다'라는 통찰이 있어야 한다. 필자의 경험으로는 업무에 대한 깊이 있는 지식과 업무를 꿰뚫는 통찰인 지혜는 현장(現場)에서 배우고 문제를 발견하고 심층 조사(Deep dive)하여 원인을 파악하고 함께 결과를 찾아가는 **심층 조**

사 관리로부터 나온다. 심층 조사 관리는 임원이나 CEO가 사원이나 대리처럼 지엽적인 문제에 매달려 일하라는 뜻이 아니다. 판단을 내리는 리더와 현장에서 직접 일하는 직원(WHO)이 함께, 핵심 업무의 본질을 이해하고 문제의 근본 원인(WHAT)을 정확히 파악한 후 전체 맥락을 보고 근거와 논리가 있는 판단을 내리라는 것이다.

이를 위해서는 세 가지 활동이 필요하다(HOW). 첫째는 현장(現場)으로 가는 것이다. 책상머리에 앉아 올라오는 보고를 바탕으로 정보를 취합하고 판단하는 것은 대단히 위험하다. 보고가 올라오는 과정에서 사람들의 사견이 개입되어 사실이 왜곡되고, 사람들의 편견과 이해관계에 따라 중요한 사실이 고의로 빠지고 첨가된다. 현장에서 올라오는 있는 그대로의 소리를 들어야 한다. 기술 개발 현장, 소비자가 사용하는 현장, 영업 현장을 담당자와 함께 방문하여 인내심을 가지고 그들의 관점에서 VOC를 경청해야 한다. 그동안 자신이 알고 있던 편견을 내려놓고 의도적으로 비우면서 묵묵히 경청해야(Stay Foolish) 현장의 소리를 있는 그대로(Transparent) 마음에 담을 수 있다. 감성을 배려하여 때로는 칭찬도 하고 맞장구도 쳐야 하지만, 팀의 관점, 즉 목적과 목표를 분명히 전달하여 현장의 소리가 엉뚱한 방향으로 흐르지 않도록 유도하고, 필요한 내용에 집중하도록 해야 한다.

둘째는 심층 조사(Deep dive)를 통해 현장에서 상황과 문제를 분명하게 이해하는 것이다. 사전에 현장의 상황과 문제에 대해 어느 정도 파악을 하고 출발한다. 현장의 문제는 원인을 정확히 모르는 기술적인 문제와 조직과 사람 간의 이해관계가 복합적으로 얽혀 있는 경우가 많다.

우선 기술적인 문제를 깊이 있게 파고들 때는 질문의 힘을 활용한다. 5-WHY를 통해 문제의 핵심을 파고들어 겉으로 드러난 현상이 아닌 핵심 원인(Root Cause)을 알아내기 위해 노력한다. 변수가 무엇이고 상수가 무엇인지 찾아내고, 변수와 결과의 상관관계가 아닌 인과관계를 파악하고, 변수와 결과 사이의 상호 충돌(trade-off)은 없는지 데이터를 통해 파악한다. 서로 다른 이해관계자들의 답변을 관찰(Observe)하면서 숨기고 있는 것을 찾아내되 절대 질책하지 않아야 감추고 덮어놓은 원인을 찾아낼 수 있다.

기술적인 문제 혹은 사람 조직 간의 이해관계가 얽힌 문제 모두 관찰 수단(Observability)과 제어 수단(Controllability)을 확보하면 문제의 해결방안이 드러난다. 관찰 수단을 확보한다는 것은 블랙박스를 투명한 화이트박스로 만들어, 주관적 주장을 배제하고 객관적으로 문제의 원인을 측정하고 분석할 수 있도록 하는 것이다. 기술적 문제의 원인을 측정할 수 있어야 구체적 원인과 인과관계가 드러나고 담당 부서나 책임자가 결정된다. 이해관계 역시 상대의 IPI를 파악할 수 있어야 상대의 처지를 이해하고 필요한 양보를 할 수 있게 된다. 제어 수단을 확보한다는 것은 관찰 수단을 활용해 문제 해결 수단을 확보하는 것이다. 연구개발이나 사업 경영 모두 관찰 수단을 확보하고 이를 바탕으로 제어 수단을 확보하는 것이 문제 해결의 핵심이다.

현장에서 심층 조사하면서 5-WHY를 통해 핵심 원인을 파고들고, 모든 이해관계자의 IPI를 공유하고, 팀 전체의 관점에서 상호 충돌을 논의하고 토론하는 과정을 통해 문제와 해결 방안에 대한 관찰 수단과 제어 수단을 단계적으로 확보한다. 필자의 경험으로 보면 심층 조사를 통해 문제와 서로의 IPI에 대해 파악하고 팀 전체의 계량기준과 업무 기준 관점에서 최적의 해결책을 논의하다 보면, 서로 다른 의견을 가진 조직들이 자연스럽게 자신의 의견을 조정하고, 스스로 어떤 행동을 취해야 할지 알게 되어 50% 이상의 문제가 현장에서 해결의 단서를 찾게 된다.

셋째는 맥락에 대한 이해를 공유하는 것이다. 심층 조사를 통해 현장 서브 시스템의 객관적인 문제들과 관련된 조직들의 이해관계, 즉 주관적 관점을 충분히 파악하고 나면 리더의 차별화 역량, 즉 전체 큰 그림에 대한 이해를 바탕으로 한 확장된 시각을 이해관계자들과 공유해야 한다. ① 기술 측면에서는 서브 시스템까지 고려하는 균형 잡힌 시각, ② 사업 측면에서는 개발에서 생산, 영업, 서비스까지 모든 관점을 고려한 균형 잡힌 시각, ③ 현재의 환경과 미래의 변화까지 모든 맥락을 고려한 객관적 시각을 모든 이해관계자가 공유하도록 하면서 스스로 균형 잡힌 판단을 하도록 유도하는 것이다.

즉 이해관계자가 스스로 큰 그림을 보고 책임감을 갖도록 유도하되 객관적인 시각을 유지하도록 조정한다. QFCD(성능 Quality, 기능 Function, 비용 Cost, 일정 Delivery)를 함께 고려하여, 기술과 사업, 부서와 부서 사이의 균형을 잡아주고 다른 관점에 대해 질문을 던져서 스스로 상대의 관점에 대해 생각할 기회를 만든다. 중간 결과를 정리하고 공유하여 다시 원점으로 돌아가지 않도록 매듭을 지어주고, 다시 5-WHY 질문을 던지며 각자의 핵심 이슈를 파고들어 이해관계자들이 현장에서 자신의 IPI를 모두 드러내게 하고, 이를 공유하여 해결책에 대한 단서를 함께 모색하도록 조정하며, 공감대를 형성하여 최적의 판단을 유도하고, 실행 항목을 도출한다.

조직 관리의 첫 번째 핵심 역량, '심층 조사 관리'는 현장 업무에 대한 구체적 파악[지(知)]과 전체 맥락을 볼 줄 아는 지혜[지(智)]를 바탕으로 숨어 있는 사실, 모르고 있던 진실을 함께 찾는 여정이다. 책상머리가 아닌 현장에서 마음을 비우고(Stay Foolish) 인내심을 가지고 경청하고, 5-WHY를 통한 심층 조사를 통해 핵심 원인을 파악하고, 전체와 미래의 맥락을 고려하고 논의하는 과정에서 문제와 상황에 대한 관찰 수단과 제어 수단을 확보하여 이해관계자들이 스스로 최적의 판단을 내리도록 하는 것이다.

이러한 현장에서의 진솔한 소통을 통해 자신이 리더로서 내리는 결정과 정책이 말단 현장에서 어떻게 실행되는지 어떻게 왜곡되고 어떤 문제를 일으키고 있는지 있는 그대로 파악할 수 있게 된다. 또한 어디서, 누구에 의해, 어떤 이유로 정보와 소통이 차단되고 왜곡이 생기는지도 알 수 있게 된다. 핵심이 되는 구체적 진실을 놓치지 않는 심층 조사 관리를 위해서 현장을 자주 찾아 소통하는 것이 무엇보다 중요하지만 제한된 시간과 일정으로 자주 방문하기 어렵다면, 중요한 현장에 적어도 2개 이상의 서로 다른 관점의 정보 채널을 두고 주기적으로 소통하면서 객관적 사실(Fact)과 주관적 주장(Claim)을 구별할 수 있는 관찰 수단을 확보해야 한다.

보이는 관리

耳聞之不如目見之 目見之不如手辨之
귀로 듣는 것은 눈으로 보는 것만 못하고
눈으로 보는 것은 손으로 만져보는 것만 못하다.

《설원(說苑)》 중에서

리더로서 반드시 보유하고 실행해야 할 두 번째 핵심 관리 역량은
스스로 움직이게 하는 소통[人]이다. 여기에서는 인(人) '스스로 보고
느끼고 움직이기, 어떻게 할 것인가?'에 대해 다루기로 하자.

아무리 리더가 부지런하고 능력이 있다고 해도 조직이 일정 규모 이
상으로 커지면, 우선순위를 따져 중요한 몇 가지 업무에 집중하고, 나
머지 업무는 팀원들이나 하부 조직의 리더에게 판단과 결정 권한을 위
임하는 권한 위임(Empowering)을 해야 한다. 권한 위임을 하여 자율
권을 부여한 후 최종 총괄 책임을 지는 리더로서 권한 위임한 업무의
진행 경과를 감독하고 결과를 평가할 때 가장 중요한 것은 실행 과정
과 결과가 투명하게 드러나게 하는, 보이는 경영 **보이는 관리**를 체계화
하는 것이다. 실행 과정과 결과가 보이게 하는 핵심은 인과관계가 있

는 KPI를 찾아내어 이를 바탕으로 과정이 보이고, 결과가 드러나게 하는 것이다.

첫째는 WHY를 보이게 하는 것이다. 업무에 대한 비전이 보이고 성공에 대한 확신이 있어야 동기부여가 되어 움직이는데, 리더가 머뭇거리며 총알받이로 자신들을 내모는 듯한 태도를 보이면, 팀원과 조직은 절대 움직이지 않는다. 앞에서 말로만 "예? 예!" 할 뿐 복지부동(伏地不動) 신토불이(身土不二) 바닥에 엎드려 움직이지 않고, 업무를 피하고 책임을 면할 궁리만 하게 된다. 이러한 조직은 실패를 예약한 것과 다를 바 없다. 이를 타개하기 위해서는 리더가 비전에 대해 확신 있는 모습을 보이고, 총대를 메고 솔선수범해서 도전하며, 현장의 애로 사항을 지원하고 앞장서 풀어가는 퍼스트펭귄(First Penguin)이 되어야 한다.

둘째는 WHO WHERE를 보이게 하는 것이다. 목표를 성공적으로 완수할 수 있는 역량과 주인의식을 갖는 총괄 책임자를 선정한다. 리더 자신이 총괄 책임을 지는 업무일 경우는 퍼스트펭귄을 보좌할 '열두 제자'를 선발해 복음을 전파하게 한다. 처음 움직이게 하는 것이 가장 어렵고 많은 노력이 들어간다. 서로 내 공이 아니라고 머뭇거릴 때 '공이 어디 있고 누구에게 가 있는지' 분명히 알려주고, KPI를 통해 일등과 꼴찌가 분명히 드러나게 하되, 앞서가는 사람은 칭찬하고 보상하며 뒤에 처져 있는 꼴찌는 전환반응을 통해 스스로 분발하게 한다.

셋째는 WHAT WHEN을 보이게 하는 것이다. 최고 최초의 목표를 지향하지만, 실패를 두려워해서 주저하지 않도록 달성 가능해 보이는 도전적 목표(Stretch Goal)를 만들어 단계적으로 접근한다. 목표가 원대하고 너무 어려우면 사람들은 시작하기도 전에 포기하지만 자기 능력의 120% 정도의 목표는 달성 가능하다고 여겨 분발하게 된다고 한다. 120%의 85%만 달성해도 102%를 달성해 원하는 성과를 얻을 수 있고, 일정도 절약할 수 있을 뿐만 아니라 팀원들도 할 수 있다는 자신감과 성취감을 맛볼 수 있다. 핵심 성공 요인(KSF)을 함께 모색해 집중하고, 인과관계가 분명한 KPI를 만들어 이를 통해 성과와 일정을 측정하고 관리한다.

넷째는 HOW를 보이게 하는 것이다. 연구개발처럼 남이 가보지 않은 길을 처음으로 시도할 때는 성공 사례(Best Practice)를 수집해 전파하고, 필요한 정보나 교육이 있으면 즉시 제공하여 조직의 기본 역량을 꾸준히 키워 나가야 한다. 문제가 보이면 묻어두거나 머뭇거리지 않고 즉시 그 자리에서 파고들어 분석하고 모델링하고, 바로 문제 해결을 시작하는 문화를 만들고, 필요한 지원이 즉시 제공되는 민첩한 적극성을 보여주어야 한다. 문제, 과정, 성과와 관련된 데이터를 모으고 과학적으로 분석하여 객관적으로 인과관계가 분명한 KPI를 통해 누구나 쉽게 이해할 수 있는 시각 자료(Visual)로 가공하여, 모두가 보고 스스로 움직이게 만드는 것이 보이는 관리의 핵심이다.

조직 관리의 두 번째 핵심 역량, '보이는 관리'는 업무를 실행하는 과정[행(行)]과 목표 달성한 성과[평(評)]를 알기 쉽게 보여주고, 스스로 보고 움직이게 만드는 것이다. 총대를 메고 솔선수범하면서 시작을 만들고, 권한 위임을 통해 분명한 총괄 책임자를 선정하고 열두 제자를 키워 팀 전체로 퍼져 나가는 연쇄반응을 만든다. 달성 가능한 도전적 목표를 만들어 절대 포기하지 않고 나아가게 하고, 문제의 공이 어디에 있는지 현재의 상태를 분명히 알려주어 풀어야 할 사람이 스스로 문제를 해결하게 한다. 성공 사례(Best practice), 실패 사례(Premortem)와 체크리스트(Checklist)로 성공하는 방법을 보여주고, 민첩한 적극성을 보여주어 즉시 움직이게 하고 지원하며, 문제, 과정, 성과를 모두가 이해하고 볼 수 있게 만든다. 앞서가는 일등은 칭찬하고 보상하며, 뒤로 처진 꼴찌는 교육하고 지원해 스스로 분발하게 만든다.

속담에 "백문불여일견(百聞不如一見), 백 번 듣는 것이 한 번 보는 것만 못하다" 했다. 실제로 음성(Audio)이나 음악(Music)의 주파수 폭은 수십 KHz에 불과하지만, 동영상(Video)의 주파수 폭은 수 MHz로 정보량이 100배 정도 차이가 난다. 보이는 관리는 보이지 않는 관리보다 대단히 효과적이며 효율적인 소통 수단으로 전염성이 아주 강하다. 팀원들이나 직원들이 보이는 관리가 얼마나 강력한 소통 수단인지 경험하고 나면 바로 따라 하고 발전시켜, 전체 조직의 소통 문화가 보이는 관리로 전환된다. 팀원들은 회의에서 스스로 "공이 어디에 가 있지?" 서로 묻고 찾아 애매함을 정리하고, 한 페이지의 잘 정리된 시각적인 KPI 자료 한 장으로 많은 것을 쉽게 공유하고 설득하기도 한다.

●

선행 관리

No matter how great the talent or efforts, some things just
take time. You can not produce a baby in one month by
getting nine women pregnant.

워렌 버핏(Warren Buffett)

리더로서 반드시 보유하고 실행해야 할 세 번째 핵심 관리 역량은 보이지 않는 미래에 대한 대비[天]이다. 여기에서는 천(天) '보이지 않는 미래, 어떻게 준비할 것인가?'에 대해 다루기로 하자.

리더의 역할은 전체 조직 관점에서 문제를 해결하고 목표를 달성하기 위해, 정보를 모아 분석하고 결정을 내리고 실행을 독려하는 것이다. 리더의 분석과 결정은 현재의 업무에 집중되어 있지만, 현명한 리더는 다가오는 미래까지 고려한다. 즉 단기 최적이 아닌 장기 최적을 함께 고려한다. '심층 조사 관리'가 깊이 파고들어 숨어 있어 보이지 않는 업무의 핵심과 문제의 원인을 함께 찾는 관리라면, '보이는 관리'는 드러난 핵심과 원인을 알기 쉽게 보여주고 스스로 움직이게 하는 관리이며, **선행 관리**는 보이지 않는 미래까지 고려해 미리 함께 준비하는 관리다. 선행 관리의 핵심은 과거의 경험에서 단서를 발견하고, 현재의 상태를 끊임없이 돌아보고, 미래까지 고려한 결정을 내리고, 중요하지만 시간이 걸리는 일들을 미리 준비하는 것이다.

첫째는 온고이지신(溫故而知新), 과거를 살펴 현재를 위한 교훈을 얻고 미래를 위한 단서를 발견하는 것이다. 배움의 시작은 과거의 좋은 것, 뛰어난 것을 **모방**하는 데서 시작하고, 모방의 과정을 거치면서 본질의 흐름을 **발견**하고 핵심과 노하우를 배우면서 모자란 점도 발견하게 된다.

신입 사원에게 과거의 역사를 가르치는 것은 맥락과 본질의 흐름을 가르치는 것이며 기본적인 업무 매뉴얼을 전수하는 것은 과거에 범했던 실수를 반복하지 않도록 하려는 것이다. 성공 사례와 같은 성공 노하우를 꼼꼼히 기록으로 남기는 것은 뒷사람이 모방할 수 있게 하려는 것이고, 조직이 저지른 중대한 실수는 반드시 실패 분석(Postmortem)해서 원인을 찾아내고 실패 사례(Premortem)를 통해 교훈을 공유해 조직이 절대로 '같은 구덩이에 두 번 빠지는 어리석음'을 저지르지 않게 하려는 것이다. 중요하지만 아직 때가 무르익지 않은 것은 반드시 관리 목록(Overlooked)으로 분류해 보관하다가, 기회가 왔을 때 절대로 놓치지 않게 하려는 것이다.

둘째는 현재의 업무에서 모르고 있는 것, 놓치고 있는 것을 끊임없이 **모색**하고 **발굴**하는 것이다. 리더가 모르고 있는 중요한 단서, 놓치고 있는 위험은 안타깝게도 늘 존재한다. 따라서 리더는 항상 위기의식을 갖고 두려워하며 발생 가능한 위험에 대해 시나리오를 상정하면서 비상 계획, 플랜 B를 준비하고 관리해야 한다.

하고 있는 업무 성과에 절대 만족하지 않고 늘 부족하다는 겸손함으로 경쟁자들에 대해 정보를 모으고 벤치마킹해서 배울 점이 있으면 즉시 배우고, 끊임없는 모색을 통해 새로운 조합을 시도하고, 바꿔야 할 비효율적 관행이나 프로세스가 발견되면 즉시 새롭게 혁신한다.

셋째는 미래를 위해 필요할 때는 과감하게 현재를 희생하고, 창의적으로 **모험**을 감행하는 것이다. 세상은 항상 변하고 있고 과거의 성공이 새로운 시도의 걸림돌이 될 수 있다는 사실을 깨달아야 과거의 성공이 디딤돌이 될 수 있다. 늘 의도적으로 비우고, 낡은 것을 과감하게 벗어던지며 새로운 것에 대한 호기심을 멈추지 않아야 낡은 틀에서 벗어나 창의적인 새로운 틀을 **발명**할 수 있다.

스티븐 코비의 《성공하는 사람들의 7가지 습관》 중의 하나는 "중요하지만 급하지 않은 일을 먼저 하라"는 것이다. 당장 편한 결정을 내리고 쉬운 길을 찾아가기보다는, 지금 당장은 어렵고 시간이 걸려도 전체 비용(Total Cost of Ownership: TCO) 측면에서 옳은 선택이라면 리더는 TCO가 줄어드는 선택을 해야 한다. 미래의 일이 줄어드는 선택을 할수록 미래에 여력이 생겨 경쟁력을 강화할 수 있게 된다.

선행 관리가 잘되고 있는 팀이나 팀원의 특징은 아무리 어려운 목표를 줘도 걸려 넘어져 허둥대지 않고 조용히 목표를 초과 달성한다. 미리 문제점을 예견해 미리 해결책을 준비하여 문제를 피하거나 즉시 해결할 수 있었기 때문이다. 반면 선행 관리가 되지 않는 팀의 특징은 문제가 발생할 때마다 팀 전체가 야단법석을 피우고, 갈수록 일이 많아져 고생하는 팀이다. 겉으로 보기에는 열심히 하고 문제를 잘 해결하는 팀처럼 보이지만 실제로는 엉망으로 관리되고 속이 썩어 있는 것이다.

조직 관리의 세 번째 핵심 역량, '선행 관리'는 리더가 앞장서서 보이지 않는 것을 먼저 모색하고 어려운 모험을 선택하는 모습을 보여주어[용(用)], 직원들이 미래를 내다보고 준비하는 방식을 배우게[훈(訓)] 하는 것이다. 선행 관리를 통해 미래에 대해 고민하는, 미래에 대해 준비된 인재가 양성된다. 오지 않은 미래(未來)는 미리 준비해 놓으면, 미래가 아니다. 먼저 준비할 수 있을 때 먼저 준비하지 않으면, 미래에 해야만 할 때 할 수 있는 시간이 별로 없는 것이 미래가 우리에게 다가오는 방식이다.

성공하는 팀

The Best 도전과 극복

爲者常成 行者常至
(끊임없이 노력하고) 실행하는 사람은 반드시 성공하고
(쉼 없이 계속해서) 걷는 사람은 틀림없이 도달한다.

《설원(說苑)》중에서

대학원 석/박사 과정에서나 연구소 또는 개발실에서 연구개발 상용화 프로젝트를 수행할 때 흔히 맞닥뜨리는 가장 곤혹스러운 상황은 '반드시 해결해야 하는데 도저히 방법이 보이지 않는 문제들에 직면하는 경우'다. 돌아보면 이럴 때 보통 사람들이 오랜 고민 끝에 내리는 선택은 연구 주제를 바꿔 어려운 상황을 피해가거나, 최적(最適)의 해결책 대신 자신들이 할 수 있는 차선책을 선택해 적당히 타협하고 넘어가는 것이다.

사람을 포함한 포유류는 어려운 상황에 맞닥뜨리면 우선 '정지'한 다음 상황을 파악한다. 그 상황이 쉽게 해결될 것 같지 않으면 두 번째는 그것을 '외면'해 버린다. 하지만 외면해도 상황이 해결되지 않고 괴로운 상황에서 벗어나지 못하면 마지막으로 '도피'를 한다. 외면과 도피를 통해 문제가 해결될 수 있다면 천만다행이겠지만, 요즘 같은 글로벌 경쟁 사회에서는 결국 달려들어 돌파해야 문제가 해결되고 앞으로 나아갈 수 있다.

외면과 도피로 얼룩진 과거는 두고두고 사람들의 마음에 아물지 않는 상처를 남긴다. 사람들은 이 상처를 볼 때마다 그때는 그럴 수밖에 없었다고 자기 '합리화'를 하거나, 다른 사람이 저지른 문제라며 '남의 탓'으로 돌리기도 한다. 이도 저도 안 되면 깊은 '망각'의 늪에 숨겨버리기도 한다.

필자가 30년 이상 ICT 기술을 연구개발하고 제품을 상용화하면서 얻은 교훈은 "절대로 타협하지 말고, 끝까지 도전해서 최적의 해결책을 기어코 성취하라"라는 것이다. 물론 이론적으로 불가능한 (Unrealistic and not achievable) 문제에 매달려 인생을 낭비하라는 말이 아니다. 먼저 실현 가능한 도전인지 아닌지를 정확히 파악하고, 도전해서 성취할 수 있는 목표라면 절대 포기하지 말고 해결책을 찾으라는 것이다. 비록 어렵고 시간이 걸리겠지만, 최적의 해결책(Optimum solution)이 성공으로 가는 최선의 길이다.

2017년 6월 3일, 알렉스 호놀드(Alex Honnold)는 미국 요세미티 (Yosemite) 국립공원의 914m 수직 절벽, 엘카피탄(El Capitan) 남서벽을 네 시간 만에 밧줄도 없이 맨손으로 타고 오르는 등반에 성공한다. 일견 무모해 보이는 이 도전을 성공시키기 위해 그는 포기하지 않고 1년 넘게 해결책을 연습했다. 특히 도전을 가로막는 5개의 난코스 중 첫 번째 난관인 프리블라스트 슬랩(Freeblast Slabs)을 통과하기 위해 90번이 넘는 연습을 하며 해결책을 찾아냈다.

최적의 해결책 대신, 어려운 도전을 적당히 피하고 타협해서 만들어낸 차선책은 안타깝게도 다른 비슷한 성능의 차선책들과 함께 최적의 해결책을 택한 최고의 제품에 떠밀려 순식간에 시장에서 도태되고 사라지고 만다. 또한 도전이 무서워 피해 간 사람은 다음에 비슷한 어려운 문제를 만났을 때 도전을 택하기보다는 다시 외면하고 자기 합리화를 하며 낙오자의 길을 가게 된다.

기업에서 연구원들에게 기술을 연구개발시키고, 새로운 제품을 상용화하라고 연봉을 주는 것은 남들이 다 할 수 있는 평범한 일을 하라고 연봉을 주는 것이 아니다. 경쟁자들이 쉽게 할 수 없는 일들을 남들보다 먼저 처음(The First)으로 해내어 시장을 개척하거나, 경쟁자들이 할 수 있는 일보다 훨씬 더 훌륭한 성과(The Best)를 만들어내어 시장 판도를 바꾸라는 것이다.

Many of life's failures are people who did not realize
How close they were to success when they gave up.

토마스 에디슨(Thomas Edison)

어떤 일이 성공하는 조건은 AND에 해당하지만 어떤 일이 실패하는 조건은 OR에 해당한다. 열 개의 다리를 건너야 목적지에 성공적으로 도달할 수 있는데, 각 다리를 성공적으로 건널 확률이 모두 1/2이라고 가정해보자. 열 개의 다리를 모두 성공적으로 건너 목적지에 도달하는 경우[AND]는 오직 한 가지 경우밖에 없고, 성공 확률은 $1/2^{10}$ = 1/1,024, 대략 천분의 일에 해당한다. 하지만 열 개의 다리 중 하나만 건너지 못해도[OR] 목적지에 도달하는 데 실패하기 때문에 실패할 확률은 $1 - 1/2^{10} = 1{,}023/1{,}024$, 대략 1에 근접한다.

어떤 일을 할 때 안 되는 이유, '무엇 때문에(Because of)'를 찾기는 아주 쉽지만, 되는 단 하나의 방법, '그런데도 불구하고(Despite of)'를 찾아내는 것은 목표에 대한 열정과 인내심이 없다면 불가능하다. 하나의 시도는 하나의 실패나 걸림돌로 남는 것이 아니다. 오히려 가능성을 높여주는 중요한 디딤돌이 되는 것이다. 이러한 체계적인 시도, 체계적인 실패, 즉 디딤돌들이 모여 성공으로 가는 징검다리가 만들어진다.

영화 〈댄싱퀸〉에서 남자 주인공이 부인의 스캔들을 염려해 선거 출마를 포기하려 하자 그를 열렬히 지지하던 한 중국집 배달원이 이렇게 이야기한다. "선생님, 짜장면 외상값을 받는 방법을 아세요? 아주 간단합니다. 외상값 줄 때까지 찾아가는 것입니다. 절대 포기하지 마세요. 저도 이렇게 살아갑니다." 세상은 원래 여기저기 난관이 널려 있는 난장판이 정상(定常)이다. 이것을 받아들여 실망하지 않고 포기하지 않고 돌파할 때 남들과 다른 가치를 확보할 수 있다.

빌 클린턴 미국 전(前) 대통령의 어머니가 그를 키우며 수없이 했다는 말, "절대 포기하지 마(Never Give Up)"라는 말이야말로 연구개발하는 사람들이 주먹을 움켜쥐고 가슴에 새겨야 할 치열한 근성이다. 비가 내릴 때까지 정성을 다해 기우제를 지내는 인디언들은 절대 비웃음의 대상이 아니다. 연구개발을 상용화하는 사람들이 뼛속 깊이 배워야 할 방법론이자 교훈이다.

반드시 기억하자.

넘어지는 것이 실패가 아니라 일어나지 않는 것이 실패다.

The First 변화와 혁신

Never let a good crisis go to waste.

윈스턴 처칠(Winston Churchill)

일찍이 석가모니는 깨달음을 얻고

諸行無常 苦集滅道

모든 것은 변하여[諸行] 그대로 머무는 것이 없다[無常].

괴로움은 집착에서 오니 집착을 버릴 때 길이 나타난다.

라고 갈파하며 연구개발하는 사람들에게 소중한 교훈을 남겨주었다.

진리는 모두 정상(頂上)으로 향하는 법,《주역(周易)》도 응답(應答)
한다.

窮則變 變則通

모든 것이 성숙해지면[窮] 변하기 시작하고[變]

변해야만[變] 겨우 새로운 길이 열린다[通].

봄 여름 가을 겨울 계절은 반복되는 것처럼 보이지만 끊임없이 새롭게 바뀌고, 태어나고 성숙하고 늙어가고 사라진다. 세상은 끊임없이 바뀌지만, 대부분의 사람은 살면서 배운 경험과 지식에서 축적한 생존 방법, 자신만의 생존 노하우에 의존하는 관성(慣性)과 집착에서 쉽게 벗어나지 못한다. 하지만 최근의 혁명적인 ICT 기술 변화는 이러한 관성과 집착을 절대 용납하지 않는다. 지난 300년의 변화 중 지난 30년의 변화가 가장 빠르고 중대한 변화였다면, 앞으로 다가올 30년의 변화는 분명 지난 300년의 변화보다 더 거대하고 충격적일 것이다.

세상 변화의 방식

세상의 변화는 먼저 보이지 않는 부분에서 시작한다. 변화의 최전선에 있는 혁신가(Innovator)들이 변화를 주도하고, 변화에 민감한 앞선 사용자(Early Adopter)들이 제일 먼저 변화에 동참한다. 이러한 변화의 가치가 기존의 장벽을 넘지 못할 때는 한번 스쳐 가는 일시적 유행으로 남거나 혹은 Hype로 끝나기도 하지만, 작은 변화들이 누적되고 실용적 소비자들이 새로운 변화의 가치를 받아들이고 변화에 동참하기 시작하면 시장이 서서히 움직이고 솔루션과 서비스가 개발되며, 임계점(Critical Point)을 넘어서면 새로운 패러다임으로 빠르게 부상한다.

패러다임이 바뀌기 시작하면 처음에는 싸우는 방법(기술), 즉 과거의 기술이 새로운 혁신 기술로 바뀌지만, 그다음에는 싸우는 방식(비즈니스 모델)이 바뀌어 과거의 기술을 활용하는 비즈니스 모델을 새로운 기술을 기반으로 한 혁신적인 비즈니스 모델이 밀어낸다. 새로운 기술과 새로운 비즈니스 모델로 무장한 싸우는 상대(경쟁자)는 기존 생태계의 경쟁자가 아니라 전혀 새로운 비즈니스 영역에서 출현하기도 한다.

스마트폰이라는 새로운 지배적 디자인의 출현으로 인한 새로운 패러다임의 도래는 처음에는 서로 다른 휴대전화, 피처폰과 스마트폰이라는 새로운 기술 간의 경쟁으로 시작되었다. 팜(Palm)의 PDA(Personal Digital Assistant)와 같은 초창기 스마트폰은 인터넷 접속이 가능한 새로운 폼팩터의 피처폰에서 크게 벗어나지 못했다. 블랙베리(Blackberry)가 쿼티(QWERTY) 키보드를 장착해 이메일과 SMS를 바탕으로 업무용 시장에서 큰 성공을 거두면서 피처폰이라는 틀에서 어느 정도 벗어나지만, 새로운 싸우는 방식, 즉 새로운 비즈니스 모델을 개척하지는 못했다. 하지만 애플은 아이폰의 혁신적인 터치 UI를 통해 쿼티(QWERTY)의 아성을 무너뜨리고, 더 나아가 앱을 통한 다양한 응용 서비스 제공, 앱스토어(App Store)와 같은 새로운 비즈니스 모델을 선보이며 피처폰 중심의 패러다임을 뒤집고 스마트폰 시장을 완전히 주도하게 된다. 전통적인 휴대전화 업체 관점에서 보면 한물간 PC 업체 애플이 뜻밖의 퍼스트 이노베이터(First Innovator)가 되어 모토로라, 노키아, 블랙베리와 같은 기존 시장의 강자를 무대에서 사라지게 만든 것이다.

2007년 아이폰이 처음 시장에 나올 때만 하더라도 2021년의 세상이 이렇게 스마트폰 중심으로 변화할 것이라 상상한 사람은 많지 않았다. 하지만 혁신의 네 가지 핵심 요소, ① 스마트폰의 기본이 된 새로운 싸우는 기술; 터치 UI와 앱, ② 새로운 싸우는 방식; 아이튠즈와 앱스토어와 같은 고객을 록인 하는 비즈니스 모델과 생태계, ③ PC라는 지배적 디자인(Dominant Design)에서의 실패와 교훈을 바탕으로 휴대전화의 새로운 미래를 꿈꾸고 설계한 새로운 싸움꾼, 스티브 잡스라는 걸출한 혁신가(Innovator), ④ 앞선 사용자(Early Adopter), 즉 새로운 혁신에 열광한 애플 마니아가 연쇄반응을 일으키며 '세상을 바꾸는 방법을 바꾸는' 새로운 패러다임을 개척한 것이다.

Die Schlange, welche sich nicht häuten kann, geht zugrunde.
껍질을 벗지 못하는 뱀은 죽고 만다.

프리드리히 니체(Fredrich W. Nietzsche)

위기의식

변화의 시작은 변화의 필요성을 뼈저리게 직감하는 리더의 위기의식에서 시작된다. 리더는 고객, 시장, 기술의 미세한 변화를 간파하고 조직에 미치는 영향을 위기로 느끼며 올바른 변화를 추진할 수 있는 역량을 키워야 한다. 섬뜩한 위기의식을 느낄 때 사람의 생각은 바뀌며, 비로소 행동을 바꿔 변화에 대응하는 노력을 시작한다. 혁신 기술, 혁신 서비스와 같은 변화의 조짐을 조기에 감지하는 통찰력과 변화의 실체와 파급효과를 제대로 인식하는 판단력, 미래를 위해 변화를 주도하는 용기와 열정, 즉 추진력이 있어야 비로소 진정한 변화가 시작된다.

이제 변화는 어쩌다 한번 일어나는 사건이 아니라 항상 일어나는 이 시대의 일상(日常)이 되었다. 변화의 조짐을 조기에 감지하기 위해서는 스스로 만들어 놓은 편견과 판단의 타성(Inertia)에서 벗어나려는 노력을 계속해야 한다. 꾸준히 정보를 듣고 모으고 배우고 이해하며 과거의 낡은 지식을 버리려는 의도적인 비우기를 계속할 때 과거의 편견과 판단의 틀에서 벗어나는 일이 가능해진다. 타성에서 벗어나 새로운 변화에 앞장서는 것은 이제 선택의 문제가 아니라 생존의 문제다. "껍질을 벗지 못하는 뱀은 죽는다"라는 니체의 말을 새겨야 한다.

조직이 변화하기 위해서는 리더뿐만 아니라 조직 전체가 '변하지 않으면 망하고 죽는다'는 긴박한 위기의식을 함께 느껴야 조직 전체의 행동이 바뀌기 시작한다. 리더가 의도적인 비우기를 통해 갇힌 틀에서 벗어나 변화의 실체를 통찰하는 것처럼, 조직도 꾸준한 학습을 통해 인식을 바꾸고 편견을 걷어내 타성에서 벗어나도록 시스템과 프로세스를 구축한 **학습조직**으로 만들어야 한다. 조직을 학습조직으로 바꾸어 조직 구성원 전체가 스스로 위기를 감지하고, 변화에서 배우고, 스스로 강력하게 혁신을 추진하는 문화를 만들어야 한다.

성공적 조직 변화

외부 환경의 변화로 조직 전체가 위기의식을 느끼면서 내부 변화를 시작하지만, 변화가 습관화되어 조직의 문화가 바뀌지 않으면 대부분의 조직 변화 시도는 실패로 끝나며 다시 과거 방식으로 되돌아가고, 조직은 패망의 길로 들어서고 만다. 성공적으로 조직을 변화시키기 위해서는 첫째, 기존의 타성, 관성을 극복하기 위해 변화 과정 동안 강력한 추진력이 지속되어야 한다. 둘째, 고통스러운 변화의 과정을 극복할 수 있도록 변화를 통해 얻어지는 새로운 가치, 미래 비전을 조직 구성원이 피부로 느끼고 공감할 수 있어야 한다. 셋째, 시스템과 프로세스가 바뀌어 새로운 변화가 조직화, 습관화되어 조직의 문화로 자리 잡아야 한다.

변화의 시작을 알리는 시끌벅적한 출범식은 매우 우렁차지만, 변화의 과정에서 매우 고통스러운 문제들을 만나게 되면 이해관계자들이 꼬리를 내리면서 변화의 추진력이 급격히 떨어지게 된다. 변화의 추진력을 강력하게 유지하기 위해서는 20% 정도의 변화 주도 세력을 먼저 확실하게 만들어야 한다. 리더 주변의 열두 제자, 즉 변화를 열렬히 지지하고 선도할 핵심 세력으로 구성된 추진 본부(Program Office)를 만들어 내부 변화의 방향과 목표, 전략을 구체화하고 실행의 책임과 권한을 주면서 이들을 중심으로 우선 '**20%의 변화 주도 세력**'을 구축하도록 일관성 있게 지원해야 한다. 추진 본부의 역할은 우선 외부 환경 변화에 대한 분석과 고민을 통해 다양한 시나리오를 준비하고 시나리오에 대응하는 비상 계획, 즉 플랜 B를 준비하는 것이다. 외부 환경 변화로 조직에 위기가 닥쳤을 때 사전에 준비된 플랜 B를 통해 성공적으로 위기를 해소하고 새로운 기회를 찾아내는 성공 사례를 만들어 내부 변화와 혁신의 당위성을 검증하는 것이다.

이렇게 20%의 변화 주도 세력이 성공적으로 구축되면 본격적으로 전체 조직의 변화를 추진한다. '**중간에서 눈치 보고 있는 60%**' 구성원들과 지속해서 소통하며 위기의식을 불어넣고, 구성원 모두의 제안을 반영해 변화에 동참시키고, 변화를 위해 필요한 활동을 지원하며, 변화로 얻게 될 성과와 혜택을 경험하게 한다. 핵심 세력을 변화의 현장에 심층 조사 담당으로 투입해 변화에서 파생하는 문제들을 즉시 파악하고 해결하게 하여 '변화에 저항하는 20%' 구성원의 불안감을 해소하고, 분야별 성공 사례를 발굴해 변화의 성과를 보이게 만들면서 변화가 가져다줄 미래 비전과 새로운 기회에 공감하게 만든다. 조직 변화와 혁신에 걸림돌이 되는 관행이라 불리는 비효율은 과감히 정리해 프로세스를 바꾸고, 변화에 따라 필요 없어진 조직은 신속히 없애며 필요한 조직을 새롭게 구성해 조직 구조와 시스템을 바꾼다. 조직 변화와 혁신을 하다 보면 필연적으로 피해를 보는 조직이나 구성원들이 생기게 마련인데, 사전에 위기의식 교육과 소통을 통한 비전 제시를 병행하여 이들의 저항을 최소화해야 한다.

혁신의 습관화

조직의 변화와 혁신의 완성은 새로운 프로세스와 시스템이 조직 전체에 습관화되어, 다시 과거로 회귀하지 않도록 새로운 문화로 정착시키는 것이다. 새로운 경영 문화의 도입과 같은 대규모 조직의 변화와 혁신은 1~2년 안에 쉽게 이루어지는 것이 아니며, 습관화되고 문화로 정착하는 데는 적어도 2년 이상의 지속적인 노력과 관리가 필요하다. 간단한 관행을 바꾸는 시도도 성공 사례를 발굴해 교육하고 프로세스와 시스템을 바꾸더라도 겉만 바뀌었을 뿐 사고방식은 여전히 과거에서 벗어나지 못하는 경우가 많다. 자연스럽게 몸에 배도록 습관화하는 과정은 첫째, 어떤 활동이 필요해졌을 때, 즉 신호(Cue)가 발생하면

둘째, 조직이 새로운 방식으로 행동하도록 동기부여, 즉 열망(Craving)을 만들어주고 셋째, 열망에 따라 습관화된 행동이나 반응(Response)을 지속적으로 알려주고 넷째, 이러한 새로운 방식의 행동에 대해 보상(Reward)하는 과정을 반복하는 강화학습(Reinforcement learning)을 활용한다.

새로운 혁신을 습관화하기 위해서는 목표 달성을 위해 조직과 조직원이 움직일 때 제일 먼저 새로운 일하는 방식과 변화를 프로세스와 시스템에 반영해 눈에 보이게 만들고, 버려야 할 방식들은 일하는 환경에서 모두 사라지게 만드는 것이다. 두 번째는 새로운 일하는 방식과 변화가 과거의 방식에 비해 훨씬 편리하도록 지속적으로 프로세스와 시스템을 개선하고, 과거의 방식은 불편하게 만들거나 아예 할 수 없도록 업무 환경을 바꿔 버리는 것이다.

새로운 변화와 혁신은 기존의 익숙한 방식이 아니라, 익숙하지 않아 낯설고 귀찮은 다른 방식으로 바꾸는 것이기 때문에 습관화가 어려운 것이다. 따라서 세 번째는 새로운 방식을 교육하고, 실행을 지원해 조직 전체가 빨리 익숙하게 만들어주는 것이 중요하다. 이러한 변화와 혁신을 주도하기 위해서는 변화와 혁신을 편리하고 익숙하게 만드는 프로세스의 주인을 지정해 이들이 총괄 책임을 지고 추진하도록 권한을 위임하고, 이들을 통해 지속적으로 습관화를 관리해야 한다. 새로운 상황이 발생했을 때 여전히 과거의 방식으로 대응하는지 아니면 새로운 방식으로 대응하는지 관찰하고, 새로운 변화와 혁신이 실행에 옮겨지면 구성원들의 성과를 격려하고 변화와 혁신의 혜택을 구성원들에게 돌려준다. 반대로 과거의 방식으로 회귀하거나, 여전히 벗어나지 못하고 있으면 분명하게 지적하고 교육하며, 건성건성하며 고민 없이 저지른 잘못에 대해서는 책임지게 만들어야 한다.

Je ferme les yeux pour voir.
나는 보기 위해 눈을 감는다.

폴 고갱(Paul Gauguin)

실리콘밸리를 비롯해 지구촌 곳곳에서 치열하게 벌어지고 있는 혁신 기술, 혁신 솔루션, 혁신 서비스 개발 경쟁은 좋든 나쁘든 5년 후 10년 후의 세상을 상상할 수 없는 모습으로 또다시 바꾸어 놓을 것이다. 이러한 위기의 특징은 가까운 미래조차 예측하기 어렵다는 점이다. 싸우는 방법과 싸우는 방식, 싸우는 상대가 다르기 때문이다. 크고 힘센 조직과 작고 약한 조직의 싸움이 아니라 빠른 조직과 느린 조직의 싸움이기 때문이다.

이러한 변화 속에서 도태되지 않고 변화를 주도하며 살아남기 위해서는 현재에 안주하지 않고, 절대 자만하지 않으며, 등에 식은땀을 흘리며 치열하게 고민하고, 기존 것에 대한 집착을 버리고 새로운 변화에 도전해야 한다. 현재 모습으로는 절대 살아남지 못한다는 위기의식이 강렬해야만 사람이든 조직이든 관성을 버리고 생존을 위한 고통스러운 변화를 선택한다.

개미 집단은 평소에는 20%만 열심히 일하고 나머지 80%는 놀고 있다고 한다. 대단히 비효율적인 집단처럼 보이지만 다른 개미 집단이 공격해 오거나 태풍과 같은 천재지변이 몰려오면 놀고 있던 나머지

80%가 가세해 외부의 충격을 막아내고 위기를 극복한다고 한다. 극심한 변화에 대응하면서 위기를 극복하기 위해서는 평소의 역량, 과거의 방식으로는 절대 극복할 수 없다. 적어도 평소의 5배가 되는 역량을 치열하게 동원해야 겨우 위기에서 살아남을 수 있다는 것을 수백만 년을 진화한 개미들이 웅변하고 있다.

結
결

성공적인 비즈니스

Success is not final. Failure is not fatal.
It is the courage to continue that counts.

윈스턴 처칠(Winston Churchill)

새롭게 떠오르는 신기술과 서비스, 급변하는 시장의 소비자 트렌드를 통찰해 올바른 방향을 찾아내고 새로운 가치를 창출하는 비즈니스 전략을 바탕으로 SMART한 실행 계획을 준비하고 이 계획을 실행할 핵심 역량과 역동적 역량을 갖춘 실행조직을 구축했다면, 마지막 남은 과제는 올바른 방향을 유지하며 올바른 방법으로 효율적이며 효과적으로 성공적인 비즈니스를 경영하는 것이다.

가치를 창출하는 사업(Business)은 우선 필요조건, 즉 외부(Outside)가 중요시하는 가치와 내부(Inside)의 제품 솔루션을 효율적이고 효과적으로 연결하는 연구개발 생산이 성공적으로 이루어져야 한다. 이를 위해서는 우선 고객의 가치, 즉 어떤 동기로 어떤 욕구를 채우고 어떤 문제를 해결하고자 하는지를 철저하게 조사하고 분석하고 이해하여,

제품의 기능, 성능, 디자인, 사용성 등을 더하지도 덜하지도 않게 필요한 만큼 간결하게 설계하고 구현해야 한다.

기본적인 제품(MVP)이 완성되었다면 세대와 지역, 소득과 문화 등 세분된 고객의 다양한 요구 수준, 거주 환경과 사용 방식까지 고려해 차별화된 고객 맞춤형 솔루션으로 발전시켜야 한다. 기업은 제품과 솔루션의 구매에서 시작해 생애 주기 동안 사용, 폐기 그리고 재구매에 이르는 전 과정의 제품 생애 여정과 사용자 경험 여정을 분석하여 사용자 경험을 설계하고 이를 제품 설계, 생산, 품질관리 및 사후 서비스에 반영해야 한다. 이렇게 기획, 설계, 생산된 제품과 솔루션에 대한 고객의 사용자 경험을 수집 분석하여 지속적으로 보완하고 혁신해 나갈 때, 비로소 성공적인 사업을 위한 필요조건이 갖춰진다.

성공적인 사업을 위한 필요조건이 준비되었다고 사업의 성공이 보장되는 것은 아니다. 고객의 가치를 통찰한, 차별화되고 가격 경쟁력이 뛰어난 제품과 솔루션도 좋은 고객, 좋은 거래처를 통해 제대로 된 마케팅과 영업을 거쳐 고객에게 전달될 때 성공적인 사업의 충분조건이 완성되어, 비로소 고객에게 가치를 인정받고 고객의 사랑을 받게 된다. 이를 위해서는 정성 들여 만든 기업의 제품과 솔루션이 고객에게 전달되는 모든 과정에서 의도한 대로 가치가 손상되지 않고 전달되는지, 예상하지 못한 어떤 문제와 왜곡이 발생하는지를 관찰할 수 있고, 필요한 조처를 할 수 있도록 적절한 사전 대책과 데이터 수집 방안이 투명하게 마련되어야 한다. 이러한 필요충분조건의 체계적 구축은 기업의 초기 단계인 스타트업부터 준비하고 시행하고 유지 발전시켜야 한다.

성공적인 사업의 필요충분조건을 구축하고 유지 발전시키기 위해서는 근본적으로 기업의 위생 조건이 갖춰져 있어야 한다. 기업의 성공을 가늠하는 가장 중요한 인자는 CEO, CTO, COO, CSO, CMO 등 기업을 이끌어가는 인재들의 역량과 자세라 할 수 있다. 결국 기업의 핵심 인재들이 미래에 대한 통찰과 현재 변화에 대한 대응, 사업 성공 전략을 만들고 실행하는 주체들이기 때문이다. 인재와 함께 기업의 위생 조건으로 가장 중요한 인자는 안정적 현금 흐름(Cash Flow)의 확보, 즉 필요한 자본의 조달, 매출의 조기 확보, 철저한 비용 절감을 통해 정상적인 운영이 지속되도록 하는 것이다.

기업의 운영을 달리는 자동차에 비유한다면 위생 조건인 핵심 인재는 자동차의 엔진, 자본은 자동차의 연료, 전략은 내비게이터에 해당하고, 필요조건인 차별화된 경쟁력 있는 제품은 자동차의 성능이며, 충분조건인 좋은 고객과 제대로 된 영업은 목적지로 향하는 잘 포장된 도로에 해당한다. CEO는 기업이라는 자동차를 운전하는 운전자로서 내부의 자동차를 잘 관리하고 외부의 도로와 환경을 잘 극복하면서 목적지에 성공적으로 도착하게 하는 책임과 의무를 가진 사람이다.

경쟁력 있는 조직을 구축하고, 올바른 전략을 바탕으로 외부 이해관계자와 내부 이해관계자를 연결하며 일관된 방향으로 경영하는 기업의 얼굴로서의 CEO 역할도 당연히 중요하지만, 기업의 운명을 결정하는 CEO의 마음가짐도 매우 중요하다. 과속운전하다 딱지를 뗄 수도 있고, 잘못된 길을 선택해 진퇴양난에 빠질 수도 있고, 자기 관리를 잘못해 졸음운전을 하다 대형 사고를 낼 수도 있기 때문이다.

結 - I

성공적인 비즈니스를
위한
연구개발

Design for Customer 상품기획

There are three creativities: creativity in technology, in product
planning, and in marketing.
To have any one of these without others is self defeating in business.

아키오 모리타(Akio Morita)

글로벌 사업을 경영하면서 얻은 교훈 중의 하나는 프론트엔드, 즉
연구개발과 상용제품 개발을 통해 좋은 기술과 제품, 인재를 확보하
는 것이 사업 성공의 필요조건(Necessary condition)이라면 백엔드,
즉 생산 GTM 마케팅 영업을 통해 판매 채널을 확보하고 수익성 높
은 고객(Royal Customer)을 확보하는 것은 사업 성공의 충분조건
(Sufficient condition)이라는 점이다. 둘 중 하나만 잘해서는 결코 성공
적으로 매출을 확대하거나 이익률을 올리기가 어렵다. 이 필요조건과
충분조건을 밀접하게 연결하는 중요한 활동이 바로 상품기획(Product
Planning)이다.

상품기획은 타깃이 되는 고객을 목적이 서로 다른 몇 개의 세그먼
트로 나누고 각 세그먼트의 고객이 원하는 요구사항(Gains)과 해결하

고 싶은 어려움(Pains)을 찾아내고 우선순위를 정한 다음 제품, 솔루션, 서비스의 주요 기능과 성능 등을 통해 제공하고, 해결할 수 있도록 기획하는 과정으로 상품과 고객 사이를 중요한 가치를 통해 연결하는 작업(Value Proposition)이다.

시장 진입 Go To Market

혁신적인 기술의 가능성을 믿고 창업을 한 스타트업의 꿈 많은 도전자가 성공적인 기술 확보 및 제품 개발, 즉 필요조건을 마치고 만나게 되는 가장 큰 장벽은 바로 충분조건으로 가는 길목, Go To Market에 놓여 있다. 아직 세상에 존재하지 않는 시장, 즉 블루오션(Blue Ocean)에서는 소비자들의 욕구를 찾아내고 새로운 시장을 만들어 가는 것이 가진 역량과 자본에 비해 너무 어렵고 오랜 시간이 걸린다. 반면에 맹수가 들끓는 레드오션(Red Ocean)에서는 이미 시장을 차지한 탄탄한 경쟁자들과 어떻게 차별화하고 소비자에게 존재를 알려 매출과 이익을 창출할 수 있을지 막막하기만 하다.

혁신 기술을 활용하여 새로운 가치를 제공하면 모든 것이 해결될 것처럼 보였지만 시장은 그렇게 호락호락하지 않다. 레드오션은 말 그대로 피비린내가 진동하는 치열한 경쟁이 벌어지고 있는 전쟁터다. 이미 성능에 만족하고 있는 기능을 획기적 기술로 훨씬 싼 비용으로 제공할 수 있다고 해도 소비자들은 기존의 방식을 쉽게 바꾸지 않는다. 기존의 공급자에게 록인이 된 소비자들을 설득하려면 전환 비용(Switching cost)을 포함한 전체 비용(TCO)이 기존 공급자 대비 훨씬 작아야 한다. 즉 '새로운 기술 솔루션으로 전환하여 얻는 가치의 총합'

이 '새로운 기술 솔루션으로 전환하는 데 들어가는 전환 비용의 총합'
보다 훨씬 커야만 한다. 기존의 기술과 제품이 진화하면서 절감되는
비용, 새로운 기술과 제품으로 전환하기 위한 신규 시설 투자비용 등
겉으로 드러나는 비용의 비교뿐만 아니라, 새로운 기술과 제품의 도입
에 따른 인증 비용, 생산 및 품질 관리 추가 비용, 사용자 교육 비용 등
보이지 않는 비용을 함께 고려해 경쟁 우위를 확보해야 한다.

새로운 기술이나 제품을 들고 시장에 진입하는 GTM 방법은 크게
네 가지로 구분할 수 있다. 첫째는 레드오션에서 경쟁이 덜 치열한 틈
새시장을 차별화된 가치로 공략해 시장에 진입하는 방법이고, 둘째는
레드오션에서 최고의 기술과 제품으로 정면승부를 하면서 시장 점유
율을 늘려가는 방법이다. 셋째는 숨겨진 소비자 가치를 찾아 블루오
션에서 퍼스트 무버로 성공하는 방법이고, 넷째는 레드오션에서 기존
기술로 해결할 수 없는 새로운 가치가 등장하거나, 새로운 기술의 등장

그림 4-1 새로운 기술과 차별화 기술에 따른 시장의 경쟁 구도 변화

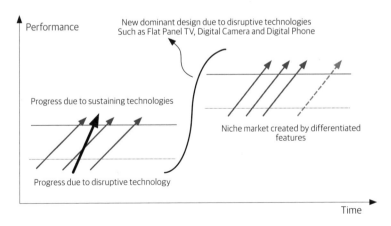

으로 새로운 소비자 가치가 부상하면서 뚜렷한 시장 주도 세력이 없는 혼돈의 시기에 최초의 기회를 포착하는 것이다.

레드오션은 경쟁이 치열하지만 검증된 제법 큰 규모의 시장이 존재하기 때문에 시장의 경쟁 환경이 변하는 기회를 포착하면 속도, 비용, 성능을 차별화해 시장에 진입하고 성공할 수 있다. 그래서 필자는 오히려 레드오션에서 최고로 도전하고 최초로 혁신하는 것을 추천하기도 한다. 레드오션에서 스타트업이 살아남는 비결은 가전계의 애플이라 불리는 발뮤다(Balmuda)와 같은 기업의 사례에서 배울 수 있다. 혁신이 더 있을 것 같지 않은 레드오션 시장에서 발뮤다는 숨어 있는 소비자의 욕구를 발굴해 이를 해결하는 차별화된 특성(Feature)을 제공하여(그림 4-1: 점선 화살표) 틈새시장을 차지하는 데 성공했다. 눈이 따갑지 않은 바람과 나비 날갯짓 수준의 소음, 속은 촉촉하고 겉은 바싹한 빵의 식감 등 숨어 있는 소비자의 욕구를 발굴해 이를 해결한 이중 날개 구조의 그린팬 선풍기와 수증기로 '죽은 빵을 살린' 토스터기를 고급스러운 디자인으로 출시해 레드오션 시장에서 차별화하면서 성공을 거두었다.

거대한 경쟁자가 즐비한 레드오션에서 스타트업이 성공하는 또 다른 방법은 ① 혁신 기술을 활용해 기존의 기능을 월등한 성능과 최소의 비용으로 해결한 다음 TCO 측면에서 최고의 경쟁력을 확보해 경쟁자로부터 시장을 빼앗아 오는 방법(그림 4-1: 굵은 화살표) 또는 ② 천재지변 등으로 갑자기 공급 부족이 발생할 때 보유하고 있는 기술과 자원을 바탕으로 스피드 경영을 통해 공급 능력을 확보해 단숨에 시장 점유율을 높이는 방법이 있다. 이렇게 시장의 판도를 바꾸는 혁신 기술이나 숨어 있는 새로운 기능 또는 경쟁이 없는 시장 장악을 바탕으로 틈새시장을 공략해 스타(Star) 혹은 캐시 카우(Cash cow)를 확보한 다음 여기에서 축적된 자본 이득으로 신기술을 개발해 시장 영역을 넓혀 가거나, M&A를 통해 새로운 유망 분야에 진입해 성장하고 발전해 가는 것이다.

새로운 시장 블루오션을 창출한 퍼스트 무버는 후발 추격자와 비교해 보통 20배의 매출을 얻을 수 있다는 연구 결과가 있지만, 블루오션은 새로운 시장을 창출한다는 측면에서 스타트업이 도전하기에는 훨씬 큰 노력과 위험부담이 따른다. 새로운 시장은 시장에 대한 정보나 시장분석 및 경쟁사 관련 자료가 없어 정상적인 상품기획을 하기 어렵기 때문에 일반적으로 린 스타트업(Lean Start-up) 방식으로 단계적으로 시장에 접근한다. 우선 불확실한 시장에서 잠재 고객의 욕구에 대해 가정(Assumption)을 하고 이를 바탕으로 빠르게 제품을 개발한 다음 시장의 피드백을 받아서 잘못된 가정을 걸러내고 상품기획을 수정하는 간결한 반복 과정(Lean iteration)을 통해 최소한의 비용과 시간으로 빠르게 시장을 개척하는 방식이다. 소프트웨어 기반의 신규 서비스를 발굴하여 시장 진입을 시도하는 스타트업들이 민첩한 소프트웨어 개발과 함께 시제품을 빠르게 개선하고 배포하는 데 많이 활용된다.

그림 4-1과 같이 소비자가 원하는 새로운 기능이 발굴되면 대부분은 기존 기술을 활용한 개발이 진행되고, 시간이 지나면 소비자가 원하는 성능을 충분히 만족시킬 수 있도록 발전한다. 하지만 기존 기술로 소비자가 원하는 새로운 가치를 제공할 수 없는 경우에는, '누가 먼저 새로운 기술을 활용해 더 싼 가격으로 새로운 기능을 통해 새로운

가치를 제공하느냐?'로 시장 경쟁의 축이 전환된다. 이러한 전환의 시기에는 새로운 기술을 발굴하여 새로운 가치를 경쟁자보다 먼저 효율적으로 제공하는 퍼스트 무버가 시장을 주도할 기회를 얻게 된다.

새로운 기술의 출현으로 기존의 지배적 디자인을 몰아내고 완전히 새로운 지배적 디자인이 시장을 차지한 사례는 얼마든지 찾아볼 수 있다. LCD의 등장으로 브라운관 TV가 사라지고 평판 TV가 시장을 주도하던 전환기에 삼성전자가 소니를 제치고 TV 주도권을 잡았으며,[39] CCD 혹은 CMOS 기반의 이미지센서는 필름 카메라를 몰아내고 디지털카메라 시대를 열었는데 이 시기에 기회를 놓친 코닥(Kodak)과 같은 기존 카메라 업체들은 몰락했다. 또한 아날로그 AMPS 전화기에서 GSM과 같은 디지털 이동통신 기술의 출현으로 디지털 피처폰으로 지배적 디자인이 전환될 때 모토로라를 제치고 노키아가 주도권을 잡았다.

상품기획

혁신 기술을 활용한 새로운 지배적 디자인을 만들어 기존 시장을 파괴하는 것이 기술 기반 방식의 시장 진입이라면, 새로운 고객 욕구

---

39 삼성전자는 1998년 처음으로 평판 TV 시장에 진입, 2004년 세계 최대 46인치 LCD TV를 출시하며 LCD TV 시장의 주도권을 잡기 시작했고, 당시 40인치 이상 대형 TV 시장의 강자였던 PDP를 시장에서 사라지게 만든다. 2006년 보르도 LCD TV를 출시하며 글로벌 1위를 차지했다. 새로운 카테고리로 처음 개발한 46인치 LED TV는 13cm가 넘는 두께에 가격도 2,000만 원 정도로 소비자들을 사로잡기에 한계가 있는 제품이었다. 하지만 4년에 걸친 각고의 노력으로 2009년 경쟁사보다 앞서 소비자를 만족시키는 성능과 가격, 3cm 두께에 가격은 400만 원 수준의 LED TV를 내놓으며 평판 TV 시장을 완벽하게 주도하기 시작했다.

를 발굴하고 이를 바탕으로 필요한 기술을 확보해 시장을 창출해 가는 것은 시장 기반 방식의 시장 진입이다. 이러한 Seeds 기반 시장 진입 혹은 Needs 기반의 시장 진입 방식 모두 고객의 욕구를 만족시켜 주지 못한다면, 즉 시장가치를 만들어내지 못한다면 결코 성공할 수 없다.

상품기획은 기술과 시장을 논리적으로 연결하는 체계적 활동이다. 잠재 고객을 설정하고, 제품의 콘셉트를 정의하고 시장의 요구사항을 구체적으로 조사한 다음 활용 가능한 재료와 기술 등 역량을 총동원해서 프로토타입을 제작하고, 테스트 시장에서 검증을 받고 가격을 결정해 시장에 출시한다. 이후 끊임없이 경쟁 환경을 점검하고 고객과 소통하며 제품을 개선하고 진화시켜 매출과 이익을 창출하고, 마지막에는 새로운 후속 제품에 자리를 내어주고, 생산을 중지하며 생애 주기를 마무리한다.

상품기획의 첫 단계는 '제품 개념(Product Concept)'을 정하는 것이다. 잠재 고객이 누구이고, 현재 어떤 문제가 있고 어떤 요구사항이 있는지 구체화하여, 시장 요구사항을 제품 기능과 성능으로 변환하는 작업이다. 회사 내 기술, 생산, 마케팅 등 관련 부서의 전문가가 모인 CFT를 구성해 투자 규모, 매출 규모와 수익 규모 등 다양한 측면에서 아이디어의 허실을 검증하는 것이 중요하다.

상품기획의 두 번째 단계에서는 '시장 조사(Market Study)'를 통해 시장에 어떤 제품들이 있고, 경쟁자는 누구이고, 그들의 강점과 약점은 무엇인지 분석한다. SWOT 분석을 통해 어디에 기회가 있는지, 누구와 경쟁하면서 시장을 차지할지, USP(Unique Selling Point)

는 무엇으로 할지 결정한다. 시장 조사를 바탕으로 타깃 고객(Target Customer)과 타깃 시장(Target Market)이 결정되면 활용 가능한 재료, 기술, 생산 역량 등을 검토해 타깃 제품(Target Product)의 콘셉트 디자인(Conceptual Design)을 진행한다. 기존 시장에 없는 제품을 상품 기획할 때는 〈파괴적 혁신〉에서 설명한 것처럼 다른 접근 방식이 필요하다.

상품기획의 세 번째 단계는 콘셉트 디자인을 기준으로 포커스 그룹(Focus Group)을 선정한 다음 구체적으로 정량적/정성적 '시장 연구(Market Research)'를 실시해 제품 개발과 시장 진입에 필요한 구체적 정보를 수집 보완하는 것이다. 선정한 특성(Feature)이 소비자에게 어떤 새로운 가치를 주는지, 얼마나 중요한지, 구매 의향은 있는지, 얼마나 자주 사용할지를 파악한다. 주요 기능을 가격(Price)으로 변환해 예상되는 제품 가격을 추정한 다음 소비자 가격은 적당한지를 파악하고, 어떤 채널을 통해 어떤 고객에게 어떤 USP를 활용해 시장 진입을 할지도 결정한다. USP를 잘 선정하고, 적절한 가격을 결정하는 것이 가장 어려운 숙제이지만, 올바른 채널을 선정해 이해관계자의 이익을 보장하는 것도 시장 진입과 성공에 매우 긴요한 과제이다. 가치사슬에 이해가 상충하는 이해관계자는 없는지 등 시장 진입의 장애 요소를 사전에 파악하여 비즈니스 모델을 점검하는 것도 잊지 말아야 한다.

상품기획의 네 번째 단계는 '제품의 출시'로, 먼저 시제품 또는 MVP를 소규모로 제한된 시장에서 시험 판매(Trial run)하면서 제품의 기능과 성능은 물론 디자인과 품질 등 시장의 반응을 살피고 고객의 피드백을 받는 과정이다. 여기서 얻은 교훈을 바탕으로 필요한 기능과 성능을 보완하고, 대량 생산(Manufacturing ramp up)을 시작하면서 GTM 광고와 마케팅을 진행하고, 전체 시장에 본격적인 진입을 하게 된다.

이 과정에서 널리 사용되는 개념이 최소실행제품(Minimum Viable Product: MVP)이다. MVP는 초기 고객들을 만족시킬 수 있는 기능, 성능을 갖춘 제품으로 미래의 제품 개발을 위한 피드백을 얻기 위해 제작한다. MVP 개발을 활용해 최소한의 비용과 시간, 인력을 투입해 시장에서 교훈을 얻고, 제품 생산 역량을 다지며, 빠르게 시장에 진입할 수 있는 기반을 마련하는 것이다. MVP는 필요한 기능은 물론 완성도 있는 디자인과 정식 제품 수준의 안정성, 편리한 사용성을 갖춰야 한다.

상품기획의 다섯 번째 단계는 제품 생애 주기를 관리하는 것이다. 경쟁 환경에 따라 가격을 조정하고, 주요 고객을 관리하고, 품질 보완 등 필요한 피드백을 통해 제품 경쟁력을 확대하고 유지한다. 처음 투입한 상품이 경쟁사의 새로운 제품에 밀려 경쟁력을 상실하지 않도록 MLK를 기획해 제품을 보완함으로써 매출과 손익을 개선해준다. 필요할 때는 제품을 고성능(High performance)과 저가(Low price) 제품으로 추가 세분화하기도 한다.

상품기획의 마지막 단계는 제품의 생애 주기가 성숙기(Maturity)를 넘어 감소(Decline)의 단계에 들어서면 제품의 생산, 유지 관리에 드는 비용과 매출 이익 사이의 ROI와 새로운 상품기획 등을 고려해 제품의 단종을 결정하고, 생산을 중지시킨 다음 서비스 부품의 확보 등 필요한 정리 절차를 밟는 것이다.

實事求是

실제 생활, 삶의 현장에서 가치와 존재의 의미를 찾다.

상품기획 과정에서 가장 중요하고 어려운 부분은 어떤 기능을 선택하고 어떤 기능을 포기할 것인지, 선택한 기능 중 어떤 것이 가장 중요한지, 어느 수준의 성능을 제공하는 것이 고객 세그먼트별로 적절한지를 결정하는 것이다. 소비자가 원하는 최소 수준 이상의 성능을 제공하는 것도 중요하지만, 소비자가 원하는 수준 이상의 불필요한 성능의 제공(Performance oversupply), 즉 지나친 과잉은 제품의 가격을 올릴 뿐 경쟁력 강화 혹은 USP에 도움이 되지 않는다(그림 4-2). 소비자가 기꺼이 지갑을 열 만한 기능과 가격의 한도를 정확하게 파악한 다음 소비자 가격에 맞춰 필요한 기능을 선정하고 과잉 성능은 제거하고, 불필요한 기능을 과감히 제거하여 원가를 절약하고 간결하게 설계함

그림 4-2 기능별 소비자 요구 성능 최소 한계와 성능 만족 최대 한계

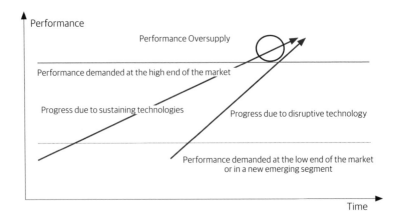

으로써, 같은 가격으로도 최대한의 고객 가치를 제공하는 최고의 가성비를 갖춘 제품을 기획할 수 있게 된다.

고성능 제품을 원하는 고객군과 가격을 중요하게 여기는 고객군을 서로 다른 세그먼트로 구분하고, 원하는 기능의 우선순위와 기능별 요구 성능 최소 한계와 성능 만족 최대 한계를 분명하게 파악해 모든 세그먼트에서 기능과 성능의 낭비가 없도록 상품기획을 해야 한다. 이러한 상품기획 설계가 확정되어야만 이를 바탕으로 적절한 기술의 선정과 시스템 설계 철학의 결정, 소프트웨어 구조 설계, 부품 공용화, 모듈화 등을 최적화해 생애 주기 동안의 TCO를 줄이고, MLK 및 차기 제품 기획에서 재활용이 가능한 상품 설계와 생산을 할 수 있다.

필요조건, 즉 프론트엔드에서 기술을 연구개발하는 사람들은 자신들이 개발한 신기술이나 신제품이 충분조건, 즉 백엔드에서 어떻게 고객에게 받아들여질지 미리 알아야 필요조건을 성공적으로 완수할 수 있다. 아무리 훌륭한 충분조건이 갖추어진 기업도 형편없는 기술과 제품으로는 시장에서 살아남기 어렵다. 다음에 논의하게 될 시스템 통합(Integration) 관점과 생산과 서비스 관점에서 기술과 제품을 바라볼 수 있다면 사전에 고려해야 할 것과 미리 준비해야 할 것을 파악해 좀 더 효과적으로 연구개발을 수행하고, 완성도 높은 제품과 솔루션을 준비할 수 있다.

Design for Solution 솔루션 설계

Focus on the solution, not the problem.

제임스 론(James Rohn)

대학 연구실에서 평생을 연구한, 성능이 뛰어나 시장 가치가 큰 기술을 바탕으로 유니콘 기업을 만들어 보겠다고 스타트업에 도전한 기술 전문가들이 어렵사리 개발한 자신의 기술과 제품을 첫 번째 고객의 솔루션에 적용하려 할 때가 되어서야 '자신의 기술과 제품을 고객의 환경과 솔루션에 적용하기 위해서는 건너야 할 큰 강과 넘어야 할 큰 산이 있다'라는 당혹스런 사실을 깨닫게 된다.

스타트업의 첫 임무는 대개 자신이 가진 차별화된 전문적인 기술을 활용하여 고객의 욕구를 만족시키는 최고의 제품으로 구현하는 것이다. 이 임무를 성공적으로 완수하기 위해서는 앞의 〈Design for Customer 상품기획〉에서 설명한 대로 QFCD 관점에서 ① Function: 시장과 고객이 요구하는 가장 중요한 가치를 우선순위에 따라 선별하고, ② Quality: 사족(蛇足)에 가까운 과잉 성능은 과감히 제거하여, ③ Cost: 불필요한 개발 비용과 재료비를 줄이고, ④ Delivery: 개발 지연에 따른 시장 진입의 실기(失期)를 막는 것이다.

이렇게 만들어진 시제품은 고단한 마케팅(Marketing)과 사업 개발(Business Development)을 거쳐 시장에서 기능, 성능, 가격 경쟁력, 차별화를 인정받고, 드디어 제품 공급자로 채택되어, 설레는 마음으로 고객과 양해각서(MOU)를 체결하게 된다. 고객의 시스템에 기술, 제품을 탑재하기 위해 실무 담당자와 구체적인 시스템 통합을 검토하는 자리에서, 전혀 생각지도 못했던 하드웨어 평가용 키트(Hardware Evaluation Kit)나 소프트웨어 개발 키트(Software Development Kit: SDK)로는 해결할 수 없는, '배보다 더 큰 핵폭탄 배꼽'이 빙산의 본체처럼 계속해서 솟아오르기 시작한다.

Design for Customer's System

대개 스타트업과 같은 소규모 공급자가 개발한 기술, 제품은 소프트웨어 모듈, ASIC과 같은 서브 시스템으로 시스템에서 구체적으로 요구하는 선행 조건(Prerequisite), 즉 큰 그림에 대한 충분한 이해를 바탕으로 개발되기보다는 일반적으로 널리 쓸 수 있게 독자적으로 상상한 가정을 바탕으로 개발된다. 따라서 자세히 알지 못했던 고객의 시스템과 시스템 통합을 시작하고 나면 예상하지 못했던 다음과 같은 문제들이 표면으로 떠오른다.

첫째는 구조적인 문제다. 고객의 시스템이 근본적으로 서브 시스템을 통합할 수 있는 확장 가능한 구조를 갖추고 있지 못하거나, 애플리케이션 프로그램 인터페이스(Application Program Interface: API)와 같은 외부 시스템과 소통하는 오픈 인터페이스가 없어 고객 시스템을 대대적으로 뜯어고쳐야 하는 문제가 드러나는 것이다. 대기업 고객의 경우는 자기 시스템과 인프라에 대한 이해도가 충분하기 때문에 새로운 서브 시스템의 기능을 받아들일 수 있도록 시스템 준비가 되어 있고 외부 솔루션이 갖춰야 할 요구사항도 대부분 구체적으로 준비되어 있다. 하지만 인력이 충분하지 못한 중소기업, ICT에 대한 이해도가 부족한 굴뚝산업 혹은 금융, 예술 등 기술보다는 감성에 의존하는 기업 고객의 경우는 이러한 구조적인 문제에 대해 전혀 준비되어 있지 않은 경우가 대부분이다. 시장에서 좋다는 소문을 듣고, 경쟁사가 채택한다고 해서 덩달아 기술과 제품을 구매한 고객의 시스템을 열어 봤더니 '초가집 뜯어서 빌딩을 지어야 하는 배보다 배꼽이 더 큰 문제'가 떡하니 기다리고 있는 상황인 것이다. 고객의 시스템 문제뿐만 아니라 공급자의 기술, 제품도 고객 시스템 통합과정에서 부족한 기능, 성능이 드러나 설치가 불가피한 상황에 봉착하기도 한다.

이 문제를 사전에 감지하고 미리 대비하기 위해서는 공급자가 자사의 기술, 제품에 대한 전문성과 함께 고객 시스템에 대한 이해, 즉 큰 그림에 대해 충분히 이해하고 있어야 한다. 공급하는 기술, 제품이 탑재될 다양한 시스템과 연결할 수 있는 인터페이스가 준비되어 있을 때 비로소 고객마다 다른 가치를 유연하게 제공할 수 있는 솔루션(Solution)이라고 부를 수 있다. 자사 시스템에 대한 전문성이 부족한 고객이 인지하지 못하는 구조적인 문제를 사전에 지적하고 기술적으로 앞서가며 준비하게 해야 한다. 대기업과 같이 고객이 필요한 선행 조건을 알고 있을 때는 논의 과정에서 충분히 검토된 선행 조건을 역할 분담하여 해결하고, 통합 과정에서 돌출하는 잠재적인 문제점에 함께 대비할 수 있도록, 계약 조건(Terms and Conditions)에 반영해야 한다. 중소기업 고객의 경우는 반드시 시스템 전문가를 초빙하여 고객 시스템을 사전 점검하고, 다양한 예상 이슈에 관한 예외 조항을 삽입하여 뒤늦게 기술적, 법률적 시한폭탄이 터지는 것을 예방해야 한다.

둘째는 비용의 문제다. 앞서 논의한 구조적인 문제가 사전에 검토되어 있다면 이 문제를 해결하기 위해 고객 시스템을 변경하는 데 필요한 자원, 비용, 시간에 대한 충분한 상호 이해가 이루어져야 한다. 이를 바탕으로 합리적인 역할 분담, 비용 분담, 문제 해결에 필요한 기간에 대한 합의가 이루어져야 한다. 이러한 문제는 사전에 충분히 검토된다고 해도 막상 문제를 해결해 나가다 보면 예상하지 못했던 추가적인 문제들이 빙산의 본체처럼 끝없이 솟아올라 역할 분담, 비용 분담, 일정 지연에 따른 분쟁이 반드시 발생한다. 따라서 예상 문제에 대한 사전 합의와 더불어 예상하지 못한 새로운 문제들에 대한 판단 및 합의 기준을 정하는 것이 필요하다.

기술, 제품의 공급자는 고객 시스템의 구조적 문제와 비용 문제를 이해하고, 판단하고, 해결해줄 시스템 전문가와 기술 변호사를 직접 고용하거나 혹은 아웃소싱하여 대비해야 한다. 애써 개척한 대형 고객과의 계약이 예상치 못한 비용 문제와 분쟁으로 번지지 않도록 다양한 상황을 고려하여 플랜 B를 준비하고 있어야 한다. 이러한 준비가 있어야만 기술에서 제품으로 다시 솔루션으로 가는 죽음의 계곡을 건너 성공적으로 상용화하여 안정적인 사업 기반을 구축할 수 있다.

셋째는 성능의 문제다. 구조적인 문제점이 어느 정도 사전에 감지되고, 그 문제를 해결하기 위한 역할 분담, 비용 분담, 통합에 필요한 일정이 원만하게 합의되었다고 해도 마지막에 필연적으로 쟁점이 되는 문제는 통합된 시스템의 성능 문제다. 공급자의 서브 시스템과 고객 시스템 사이의 통합을 통해 솔루션이 완성되는 과정에서 발생하는 성능 문제는 크게 두 가지로 요약된다.

우선 어떤 기준을 가지고 기능과 성능을 테스트하고 결과를 판단할 것인가를 결정하고 합의하는 문제이다. 고객은 시스템의 기존 성능이 열화하지 않기를 바라면서도 서브 시스템이 더 많은 기능과 더 좋은 성능을 제공하기를 바라게 마련이다. 따라서 뒤늦게 다른 부서가 나타나 이런저런 요구사항을 추가하거나, 합의된 기능의 경우에도 불필요하게 과도한 성능을 요구하기도 한다. 따라서 시스템 전문가는 구현될 공급자의 서브 시스템의 기능, 성능과 한계를 명확히 정의하고 분명히 파악하여 이 정보를 고객 시스템 담당자에게 명확히 전달해야 한다. 내부적으로는 영업 직원이 불필요하게 성능을 과장하거나 약속하지 않은 기능을 제시하지 않도록 단속하고, 공급자의 개발자들이 분명한 근거 없이 공급하는 기술, 제품의 성능을 고객에게 과장하지 않도록 고객 소통 창구를 단일화하고 성능 여유(Performance margin)도 충분히 확보해야 한다.

공급자의 시스템 전문가는 지피지기(知彼知己)의 자세로 공급한 자사의 기술, 제품이 고객의 시스템에 통합되고 난 후에 발생하게 될 문제에 대해 정상 환경과 예외 환경을 구분하여 지원 가능한 수준에서 규정하고 합의해야 한다. 독립적인 환경에서 가능한 자사의 기술, 제품의 기능 성능이 아니라, 고객의 시스템에 통합된 후 예상되는 통합 성능을 정의하고, 필요한 테스트 기준을 명확히 합의한다. 예외 환경, 예를 들어 고객의 시스템이 가지고 있을 병목현상(Bottle-neck)으로 인한 문제 혹은 과도한 규모 확대(Scale-up)에 따른 과부하, 제3자의 서브 시스템 통합에 따라 발생하는 시스템 성능의 열화 등은 별도의 기준을 설정해야 한다. 고객에게 공급한 자사 기술, 제품(고객 시스템 기준으로는 서브 시스템)에 필요 이상으로 과부하가 걸리게 되는 상황이나 제3자가 제공한 제3의 서브 시스템이 추가로 연결되고 이로 인해 고객의 전체 시스템에 과부하가 걸려, 제공한 자사 기술, 제품의 기능 성능에 문제가 생기거나 전체 시스템이 마비되는 것까지 책임질 수는 없다.

기능 성능 테스트나 유지관리(Maintenance) 서비스를 위해서 반드시 고객의 시스템에 연결된 기술, 제품에서 일어나는 상황을 관찰하고 판단할 수 있도록 관찰 수단(Observability)을 제공하는 정보 수집 기능을 추가하여 제품을 설계해야 한다. 이러한 시스템 상태 정보의 확보는 차기 제품의 기능 추가, 성능 개선, 제어 수단(Controllability) 확보 및 최적화를 위한 자료로 활용할 수 있을 뿐만 아니라, 제3자의 서브 시스템이나 고객의 전체 시스템에서 발생한 문제로 인한 분쟁을 규명하고 충돌을 해결하는 데 활용할 수 있다.

마지막으로 부품 비용, 소프트웨어 수정(Revision), 유료 서비스 비용 등에 대해서도 생애 주기 동안 발생하는 전체 비용(TCO)을 고려하여 합의 문건 혹은 계약에 명시해야 한다. 고객이 추가로 요구하지만 현재는 지원 불가능한 사항에 대해서는 로드맵을 통해 차기 제품의 기능 성능의 진화 계획과 고객 시스템에서 필요한 요구사항을 함께 제시하여 고객이 예측 가능한 미래 계획을 준비할 수 있도록 도와야 한다.

From Solution to Platform

〈승承: 새로운 구상과 전략〉에서 설명한 대로, 플랫폼을 구축한다는 것은 미래 확장성을 고려한 시스템 구조를 만들고 확장 가능한 오픈 인터페이스를 만들어 이를 특허와 같은 지식재산권으로 지키고, 남보다 앞선 구현과 시장 경험을 바탕으로 축적한 노하우로 최초의 시장을 선점하고 주도하는 것이다. 하지만 소비자의 요구사항이 불투명한 새로운 시장에서 다양한 고객 환경과 미래를 고려해 완벽한 플랫폼 구조와 인터페이스를 단번에 구축하기는 쉽지 않은 일이다. 과거 프린팅솔루션 사업부 사업부장으로 재직하면서 캐나다의 '프린터온(PrinterOn)'이라는 B2B 환경에서 모바일 프린팅 솔루션을 제공하는 소프트웨어 플랫폼 기업을 합병하고 분석하는 과정에서 솔루션을 제공하고 플랫폼을 구축해 나가며 효과적인 표준 API를 만들어나가는 노하우를 배울 수 있었다.

프린터온의 모바일 프린팅(Mobile Printing)은 자신의 PC에 있는 파일을 자기 회사의 프린터를 사용하여 프린트하는 것과 똑같이, 해외 출장을 가서 머무르는 호텔이나 혹은 영업을 위해 방문한 다른 기업의 (보안 시스템으로 보호된) ICT 환경에 놓인 프린터를 이용하여 (자신의 파일 보안을 유지하며) 안전하게 프린트할 수 있도록 해주는 시스템이다. 이를 위해 프린터온은 처음에는 자신들이 알고 있는 일반적인 기업의 ICT 환경과 보안 시스템을 고려하여 모바일 프린팅이 가능한 솔루션 구조와 API를 바탕으로 솔루션을 만들어 자신의 기밀 자료를 보호하면서도 방문한 호텔, 기업의 Firewall을 안정적으로 문제를 일으키지 않고 통과할 수 있는 프로토콜(Protocol)을 구현하였다.

효과적으로 만들어진 프린터온의 초기 솔루션 구조 덕분에 대다수 고객은 기술적 난관 없이 비용과 시간을 거의 들이지 않고 프린터온의 솔루션을 사용할 수 있었다고 한다. 고객 시스템에 대한 폭넓은 이해와 차별화된 기술을 활용하여 첫 단추를 아주 잘 끼운 사례였다. 프린터온은 이러한 강점을 바탕으로 특수한 환경의 새로운 고객을 개척하는 데 필요한 초기 개발비(Non-Recurring Engineering: NRE)를 상대적으로 줄일 수 있었고, 이로 인해 경쟁사보다 적은 비용으로 더 안정적인 솔루션을 빠르게 제공할 수 있었다. 또한 프린터온은 특수한 환경의 고객 솔루션 구축을 통해 배운 기술적 노하우를 축적하여 주기적으로 솔루션 구조와 인터페이스를 개선 확장하고, 프린터온 솔루션의 차기 버전에 반영하였다. 이러한 과정을 통해 좀 더 다양한 고객을 하나의 솔루션으로 추가 비용 없이 지원할 수 있게 플랫폼을 강화하였고, 많은 참조 사례(Reference case)를 확보하면서 시장에서 명성을 얻고 시장을 주도할 수 있게 되었다.

이는 초기 솔루션 구조와 인터페이스를 효과적으로 설계하는 것이 얼마나 중요한지를 보여주는 사례라 할 수 있다. 큰 그림에 대한 이해와 고려, 시스템 전문가가 부재할 경우 애써 개발한 기술, 제품의 기능, 성능의 부족함이 드러나 고객의 시스템에 통합되지 못하고 무용지

물이 될 수 있다. 시스템 관점에서 부족한 문제들이 드러나, 보완하는 데 추가 개발비가 너무 많이 들거나 개발 기간이 오래 걸려 어렵게 개척한 고객을 잃거나 시장 진입이 늦어져 고전하는 스타트업을 흔히 볼 수 있다.

초기 단계에서 제품을 설계할 때 반드시 고려해야 할 사항은 바로 솔루션 설계(Design for Solution) 또는 시스템 통합 디자인(Design for System Integration)이다. 자신의 기술 혹은 제품이 포함되고 연결될 큰 그림을 파악해 자신의 기술 혹은 제품이 공급하게 될 기능과 성능을 전체 시스템 솔루션 관점에서 바라보고 최적의 구조를 설계하는 동시에 전체 시스템의 구조를 고려한 인터페이스를 설계해야 한다. 향후 새로운 기능의 추가와 성능의 개선 로드맵도 고려해서 확장할 수 있도록 초기에 설계해야 한다. 흔히 초기 시장에서 빠르게 시장을 선점하기 위해 준비-발사-조준하라고 하지만 처음 솔루션 구조를 설계할 때는 서둘러 발사하고 조준하면서 시행착오를 반복하기보다는 조준-준비-발사를 통해, 미래 확장성을 고려하면서 신중하게 플랫폼 구조와 인터페이스를 설계하여 시장의 신뢰를 얻고 전체 Time to Market을 줄여나가는 것이 시장 선점에는 오히려 효과적이다.

개발한 기술, 제품을 고객 시스템의 서브 시스템으로 공급하기 위해 하드웨어 평가용 키트를 만들거나 소프트웨어 개발 키트를 만들어 제공하고 지원할 때는 기술을 잘 알면서도 영업 감각이 있는 인재를 모아 기술영업 팀을 구축해 활용하는 것이 효과적이다. 현장 지원을 통해 자사의 기술과 제품이 고객의 시스템에서 어떻게 활용되고 어떤 문제가 발생하는지 또는 어떤 추가 요구사항이 있는지 고객의 소중한 정보를 기술적으로 파악해 피드백할 수 있기 때문이다. 기술을 모르는 영업 인력들은 현장의 소중한 기술적 정보를 흘려듣기 쉽고, 현장의 요구사항을 개발팀에 전달한다고 해도 현장의 맥락을 모르는 기술 전문가들은 요구사항을 정확히 파악하기 어렵기 때문이다.

시스템 통합 과정에서는 전체 시스템과 서브 시스템 간의 구조적인 문제가 무엇인지를 명확히 파악하고 고객과 공유하며, 이로 인해 발생하는 비용에 대해서는 역할을 분담하고 합의를 거쳐 잠재적인 문제들에 대한 판단 기준을 정해야 한다. 마지막으로 통합과정에서 발생할 수 있는 성능 문제에 대해서는 공급자의 기술, 제품 혹은 솔루션이 갖는 기능, 성능과 한계를 명확히 인식해 성능 여유를 확보하고 이를 바탕으로 테스트 기준을 정확히 정해야 하며, 기능 성능 데이터를 수집하는 관찰 수단을 확보해 분석한 다음 최악의 상황에 대응하는 제어 수단을 반드시 확보해야 한다.

Design for Manufacturing, Quality and Service 생산, 품질 및 서비스

Quality is remembered long after the price is forgotten.

알도 구찌(Aldo Gucci)

최종 고객의 욕구를 반영하고 자사의 강점 기술을 활용한 차별화된 상품기획이 성공적으로 이루어져 시장 경쟁력을 갖추고 전체 시스템의 일부로 안착할 수 있는 최적의 제품, 솔루션이 설계, 생산되었다면 시장에서 성공할 수 있는 기본적인 필요조건은 갖춘 것이다. GTM을 거쳐 경쟁력 있는 신제품이 시장에 도입되면 이제 경쟁사들의 견제가 시작된다. 경쟁사들은 신제품이 사용자에게 충분히 검증되지 않은 제품이라며 깎아내리고 고객과 연결되는 중간 채널에 마진을 더 주면서 자신들의 제품을 우선으로 팔도록 강요하거나, 아예 시장 가격을 내려 신제품에서 이익이 나지 않도록 압박할 것이다. 시장에 출시된 신기술이 적용된 신제품이 성공하기 위한 충분조건은 이러한 경쟁사의 견제를 극복하면서 판매 채널을 유지하고, 좋은 품질의 평판을 쌓아

가며 시장 점유율을 늘려 충분한 이익을 내면서 손익분기점을 빠르게 돌파하는 것이다. 이를 위해서는 제품의 생산과 유통 및 사후 서비스에서 품질 문제가 발생해 불필요한 비용이 추가되지 않도록 기술 개발과 제품 설계과정에서 다양한 측면을 미리 반영해 개발하고 설계해야한다.

Design for Manufacturing

일반적으로 연구개발을 거쳐 시제품이 개발되면 이를 바탕으로 MVP를 완성하게 된다. 시제품을 바탕으로 부품 리스트가 만들어지면 협력사들에 RFQ(Request For Quote)할 준비를 한다. 시제품은 대량 생산(Mass Production)에 들어가기 전에 기능과 설계, 생산 검증의 세 단계를 차례로 거치게 된다.

소량의 제품을 실제 생산 과정을 거쳐 생산한 다음 EVT(Engineering Validation Test)를 해서 설계한 규격대로 기능과 성능이 나오는지 검증하고 설계 결함을 수정해서 설계를 확정한다. EVT를 통과한 제품을 소규모로 생산해 DVT(Design Validation Test)를 통해 내구성과 신뢰성을 검증하고 FCC나 UL과 같은 국가 규격을 만족하는지 확인해 부족한 설계를 보완 수정한다. 마지막으로 MVT(Manufacturing Validation Test)를 통해 대량 생산 과정에서 문제가 발생해 기능과 성능이 손상되거나(Quality Assurance: QA), 대량 생산이 어려워 생산 비용이 증가하지는 않는지(Quality Control: QC) 점검하고, 판매 가능한 제품의 대량 생산을 위한 모든 기구와 절차를 확정한다.

전자 제품의 경우는 EVT를 통해 하드웨어와 소프트웨어를 통합해 주요 기능을 검증하고 설계 규격을 만족하는지 확인한 후, 최종 제품과 유사한 형태의 제품으로 DVT를 해서 전체 시스템의 기능성과 호환성, 안정성 등을 검증하고 포장(Boxing)과 패키징(Packaging)을 확정한다. MVT에서 회귀 테스트(Regression Test)를 한 다음 소프트웨어 버그(Bug)를 제거하고 시스템을 안정시켜 골든샘플(Golden Sample)을 완성하고 최종 생산 준비를 마친다. 전자 제품의 경우는 시제품을 대량 생산 가능한 제품으로 보완하고 검증하는 과정에서 상대적으로 재현성이 크게 문제가 되지 않지만, 화학 재료나 화학 제품의 경우는 생산 규모에 따라 화학적 특성이 변해 재현성이 크게 떨어지는 경우가 많기 때문에 규모를 확대할 때는 별도의 정밀한 설계와 검증이 필요하다.

제품의 SRD(System Requirement Document)에서 명시한 규격(Specification)을 만족하기 위해서는 ① 설계 과정에서 성능이 악화되는 특이 사례에 대한 별도의 고려가 이루어져야 하며, ② SoC 구현 과정이나 생산 과정에서 발생하는 성능 감소 요인을 제거하고, ③ 제품의 생애 주기 동안 진행되는 원가 절감 과정에서 성능이 나빠지지 않도록 반드시 고려해야 할 체크리스트(CheckList) 등이 잘 정리되어 있어야 한다.

이동통신 시스템과 같이 신호처리 알고리즘을 설계해서 필요한 기능을 구현할 경우 반드시 특이 사례들을 고려해 성능 여유를 확보해야 할 뿐만 아니라, 이 알고리즘을 SoC로 구현하게 될 경우 양자화에 따른 에러가 누적되어 성능이 떨어지지 않는지 혹은 하드웨어의 복잡도가 너무 늘어나지는 않는지, 파운드리 공정에서 필요한 성능을 보장하는지 실제 구현 과정을 철저히 시뮬레이션하면서 문제를 발견하고 해결책을 구현해야 한다. 알고리즘의 경우 이론적으로는 선택 B보다 훨씬 더 좋은 성능을 보이는 선택 A가 실제 구현을 고려한 고정 포인트 시뮬레이션(Fixed point simulation)을 해보면 선택 B보다 성능이 크게 떨어지거나, 같은 성능에서도 하드웨어의 복잡도가 너무 늘어나 전력 소모도 커지고 SoC의 가격이 크게 올라가기도 한다.

휴대전화의 경우 RF 부품이나 안테나와 같은 고주파 부품의 성능은 주변 전자부품과의 간섭이나 외장재의 재료 특성에 따라 전파 특성이 왜곡되거나 크게 열화되기도 한다. A사의 경우 피처폰 시절 안테나를 내장시켰다가 전파가 약한 환경에서 통화 성능의 열화로 제품 생산을 포기한 사례도 있고, B사의 경우 제품 외관 디자인을 위해 안테나 성능을 떨어뜨리는 금속 재료를 선택하고 안테나의 위치 선정도 소홀하게 처리했다가 통신 성능이 크게 열화되어 안테나 게이트로 비화해서 곤욕을 치른 사례도 있다. 그러므로 제품의 외관과 디자인, 생산 방식의 변경과 같은 외부 요소들이 핵심 기능의 성능에 영향을 주지 않도록 CFT를 구성해 디자인 리뷰(Design Review)가 항상 이루어져야 이러한 치명적 실수와 오류를 피할 수 있다.

대량 생산 과정에서 조립한 기계 부품들의 오차가 누적되거나 혹은 전자 모듈들의 연결과정에서 임피던스 매칭(Impedance matching)이 어긋나 신호가 왜곡되어 설계한 성능 오차 한계 밖으로 벗어나면, 최종 조립된 제품이 품질 테스트를 통과하지 못하고 불량이 된다. 비록 생산 과정에서 품질 불량을 피한다고 해도 소비자가 사용하는 과정에서 마모로 인한 유격과 헐거운 연결, 충격으로 인한 변형이 생기면 결국 기능과 성능에 문제가 발생해 서비스센터로 제품이 되돌아오게 된다.

이와 같은 생산과 조립 과정에서 발생한 부품의 오차나 오차의 누적으로 인한 제품의 품질 하자를 피하기 위해서는 설계 과정에서 부품의 조합과 조립성, 내구성, 사용성을 종합적으로 고려해 품질 여유를 두고 설계하고, 주의해야 할 사항을 체크리스트로 만들어 부품 생산이나 부품 입고, 조립 생산, 설계 변경 과정에서 반드시 점검하도록 해야 한다. 실험실에서 몇 개의 시료를 만들면서 확보한 부품 규격의 정밀도를 기준으로 기능과 성능을 설계하면 대량 생산을 통해 생산되는 부품의 정밀도 오차로 인해 여러 가지 문제가 발생한다.

가격 경쟁력 확보를 위해 원가 절감(VE)하는 과정에서도 문제가 발생할 수 있다. 원가 절감을 위해 성능이 떨어지는 재료로 대신하면서 정밀도 오차가 커지거나, 내구성이 나빠지거나, 다른 부품의 설계 변경 과정에서 이들 부품에 미치는 영향에 대해 충분히 디자인 리뷰가 되지 않아서 문제들이 발생한다. 따라서 VE를 통해 제품의 재료나 생산업체가 변경되거나, 부품의 통폐합 혹은 다른 부품으로 대체되는 경우는 디자인 리뷰를 통해 반드시 처음 설계 기준과 비교해 원하는 기능과 성능이 유지되는지, 내구성은 문제가 없는지, 다른 부품과의 연결 간섭으로 인해 기능 및 성능에 문제가 생기는지 등 체크리스트를 기준으로 빠뜨린 점이 없는지 철저하게 점검해야 한다.

표준화 자동화

부품은 가능하면 표준화된 부품을 선정해 불필요한 검증 과정을 피하고 규모의 경제를 달성할 수 있어야 한다. 특정 회사의 부품만을 사용하는 경우 공급사의 갑질, 생산 규모의 한계, 화재 발생 등 다양한 사정에 따라 부품의 수급에 심각한 문제가 발생하거나 원가가 상승하는 요인이 발생할 수 있다. 따라서 중요한 부품은 반드시 복수의 공급사를 확보하는 것이 필요하다.

내구성과 정밀도를 요구하는 부품인 경우에는 설계와 생산 그리고 품질 관리에 특별한 주의가 필요하다. 정밀 부품의 경우 온도나 습도, 사용 빈도에 따라 정밀도가 영향을 받지 않도록 재료 선정을 신중히 하고, 정온 정습 등 부품 생산 과정을 정밀하게 관리해야 한다. 부품의 입고 검사도 철저히 해서 품질 오차가 설계 기준을 넘지 않도록 하고, 생산 유통 과정에서도 부품의 정밀도가 훼손되지 않도록 처음부터 끝까지 유통과정(Logistics)을 철저히 관리하는 것이 필요하다. 내구성을 요구하는 부품은 움직이면서 주변 부품과 마찰로 변형되어 제 기능을 못하거나 소음을 유발해 시간이 지나면 반드시 교체해야 한다. 따라서 부품의 조립 과정에서 불균형이 발생하지 않도록 반드시 점검하고, CRU 혹은 FRU[40]로 분류해 부품의 제거와 교체가 수월하도록 사후 서비스를 고려해 설계해야 한다.

대량 생산 제품의 경우에는 반드시 자동화를 고려해야 한다. 자동화라고 하면 로봇과 같은 거창한 기계 설비를 이용해 100% 무인화하는 것으로 생각할 수 있지만, 넓은 의미에서는 JIG를 이용해 실수를

---

40 CRU는 Customer Replaceable Unit으로 휴대전화의 배터리나 프린터의 토너처럼 소비자가 직접 교체할 수 있는 부품을 가리킨다. FRU는 Field Replaceable Unit의 약자로 자동차나 냉장고의 주요 부품처럼 전문 서비스 기술자가 반드시 교체해야 하는 부품을 가리킨다.

줄이고 조립 시간을 절약해 생산성을 높이는 것을 포함한다. 자동화는 생산의 자동화와 함께 품질 테스트의 자동화가 이루어져야 비용 절감과 생산성 개선 효과가 커진다. 테스트의 자동화가 이루어지기 위해서는 기능과 성능을 결정하는 설계 요소들이 정확하게 정의되고 측정되어야 한다. 자동화를 가로막는 복잡한 구조는 설계 과정에서 피하고, 조립된 제품을 자동으로 테스트할 수 있도록 구조를 설계하거나, 전자 제품의 경우 쉽게 테스트할 수 있도록 테스트 로직을 별도로 추가한다. 생산과 품질 테스트에서 병목 현상이 발생해 생산성이 떨어지는 것을 피하기 위해서는 생산 흐름을 일정하게 유지해 공정 균형(Line balance)을 맞출 수 있도록 처음부터 제품의 구조 설계는 물론 공장의 생산 라인과 품질 테스트 라인의 설계가 이루어져야 한다.

SoC와 같은 칩 설계에서는 저전력 초고속을 가능하게 하는 데이터 흐름(Data flow) 설계도 중요하지만 한 번에 완벽한 칩이 나와 NRE 비용과 재설계 시간을 절약할 수 있도록 설계하는 것이 필요하다. SoC에서 중요한 실패(Failure)가 발생했을 때 우회하고 대치할 수 있도록 여분의 로직과 메모리를 추가하거나, 중요한 정보나 이벤트를 저장하고 제공하는 테스트 로직을 설계에 포함해 디버깅(Debugging)이나 재설계를 쉽게 하는 것이 중요하다. 이러한 플랜 B와 검증 가능성(Testability)의 확보는 작은 실수로 인한 엄청난 자원의 낭비와 기회 손실을 해결하고, 설계 과정에서 간과한 병목 현상을 찾아내 기능과 성능을 개선하고 SoC의 구조를 혁신하는 데 활용할 수 있다.

Design for Quality

이상적인 사용 환경을 가정해 연구개발한 기술을 바탕으로 설계하고, 다양한 사용자 환경에서 충분한 검증을 거치지 않은 채 출시된 제품이나 솔루션들은 시장에서 심각한 품질 문제들을 겪기도 한다. ① 특이 사례라 부르는 미처 예상하지 못했던 사용자 환경에서 성능이 형편없이 저하되는 경우들이나 ② No Defect Found(NDF)[41]라 부르는 기능이 작동하지 않고 오류 메시지(Error message)가 나오면서 멈추는 데도 재연이 어려워 원인을 규명하기 어려운 경우들이 대표적이다.

일반적으로 특이 사례들은 성능 악화가 예견된 특이한 사용자 환경이나 시나리오에서 성능이 규격 이하로 벗어나는 경우다. 이러한 특이한 상황들은 상품기획 과정에서 시장 조사나 경쟁사 벤치마킹을 통해 찾아낸 다음 설계 과정에서 면밀한 대책을 세워야 한다. 경험 있는 전문가들은 철저하게 사용자 경험 여정을 따라가며 예상되는 문제점들을 예측하고 확인하여 해결책을 마련한다. 하지만 다양한 사용자 환경에 제품이 노출되면서 전혀 예상하지 못했던 사용자 시나리오로 인해 품질 문제가 발생할 수도 있기 때문에, 제품 출시 초기부터 영업 조직이나 서비스 조직을 통해 발생한 품질 문제를 철저하고 정확하게 수집하고 관리하는 체계를 구축해 소프트웨어 업그레이드 또는 차기 버전 제품을 통해 문제를 해결할 수 있는 프로세스를 구축해야 한다. 아주

---

41 No Defect Found(NDF)는 No Fault Found(NFF), No Problem Found(NPF), Retest-OK(RE-TOK) or Could Not Duplicate(CND)로 불리기도 한다. 분명히 품질 문제가 있는데 원인은 규명이 안 되고 재연도 안 되지만 특정 상황이 되면 다시 발생한다.

드물게 발생하는 극단적인 특이 사례를 해결하기 위해 제품의 원가가 크게 증가하는 경우에는 TCO를 고려해 성능보다는 가격 경쟁력을 선택한다. 특정 사용자 환경에서 성능이 보장되지 않는다는 점을 제품에 명시하고, 극단적인 사용자 환경을 피하도록 소비자를 유도하는 경제적 해결을 선택할 때도 있다.

싱가포르와 같은 열대 지방에 있는 선진국에 설치된 장비들은 낮에는 시원한 에어컨 환경에서 작동하지만, 밤에는 사무실 에어컨을 꺼버려 펄펄 끓는 열대야에 고스란히 노출된다. 차가웠던 장비에 열대야의 습도가 이슬로 맺히게 되고, 아침에 직원들이 출근해 장비를 켜고 업무를 시작할 때면 밤새 맺힌 이슬로 인해 전자 회로에 합선(Short)이 발생하거나 기계장치에서 화재가 발생하는 등 일시적으로 이상하게 작동하는 NDF 품질 문제들이 발생한다. 냉대와 열대 환경이 교차하며 발생하는 이러한 극단적인 문제들은 DVT 단계에서도 걸러지지 않고, 재연이 쉽지 않다. 제품 내에 품질 기록(Log)을 수집하고 전송하는 모듈을 설치하고, 전송된 품질 기록을 재연 분석하는 시스템을 구축해 원인을 발견하고 문제를 분석해서 대응책을 마련해야 비로소 해결할 수 있다. 사용자 경험 여정과 제품 생애 여정을 따라가며 문제 발생 순간을 포착하여 품질 데이터를 수집하고, 언제 어떤 환경에서 발생한 문제도 재연 분석할 수 있는 체계화된 프로세스를 구축해야 한다. 이렇게 오랜 세월 축적한 경험과 노하우가 제품 설계, 생산, 품질관리 그리고 서비스에 반영될 때 고객이 감동하면서 꾸준한 시장 점유율 확대와 매출 증가로 연결된다.

NDF와 같은 재연이 지극히 어려운 문제들은 GUI나 소프트웨어 솔루션에서도 많이 발생한다. 스마트폰을 예로 들면, 사용자들이 스마트폰을 사용하는 다양한 UX 환경에서 상상하기 어려운 자판과 UI 입력 조합들이 스마트폰 UI를 먹통으로 만들거나, 전혀 엉뚱한 기능 오류 또는 심각한 보안 문제를 일으킨다. 문제를 일으킬 수 있는 자판 조합들을 걸러내고, 멀티 프로세스 간의 교착 상태(Dead lock)나 허점을 파고드는 문제들은 과거의 경험을 토대로 체크리스트에 넣어 회귀 테스트를 통해 사전에 모두 보완해야 한다. 또한 제품이 출시되기 전 수백 명의 사용자를 동원해 며칠에 걸쳐 다양한 사용 시나리오를 시도하면서 숨어 있는 문제를 발견하고 디버그(Debug)하더라도 여전히 신제품 출시 초기에는 사용성 문제들이 시장에서 튀어나온다. 인터넷 장비 시장에서 독보적인 강자의 자리를 차지하고 있는 시스코(Cisco)는 수십 년간 시장에서 발생한 품질 문제들을 데이터베이스로 축적해 새로운 버전의 제품이 시장에 출시될 때마다 수개월에 걸친 회귀 테스트를 거치며 품질 문제를 해결 보완한 다음 완벽한 제품을 시장에 내보내고 있다.

Design for Service

제품 생산이나 품질 관리에 아주 효과적인 설계 방법들이 때로는 서비스에서 문제를 일으키기도 한다. 품질 문제가 발생해 서비스를 해야 할 경우 기업들은 고객의 불편함을 줄이고 서비스 비용을 최소화하기 위해 일반적으로 다음과 같은 단계적 조치를 통해 해결한다.

첫째, 고객이 간단한 조치를 통해 문제를 해결할 수 있도록 흔히 발생하는 사용성 문제들에 대한 해결책을 제품 판매 과정이나 매뉴얼

등을 통해 알려주는 방식이다. 둘째, 고객이 콜센터에 전화했을 때 간단한 안내를 통해 직접 간단한 문제를 해결하도록 유도해 해결하는 방식이다. 셋째, 콜센터 서비스 직원이 고객의 제품에 원격 접속해 문제를 발견하고 원격으로 해결하는 방법이다. 이러한 원격 지원을 위해서는 제품 내부에 필요한 소프트웨어와 하드웨어, 어플리케이션 솔루션이 설치되어 있어야 한다.

위와 같은 단계를 거쳐 문제가 해결되면 서비스에 큰 비용이 들지도 않고 고객의 불만도 그리 크지 않다. 하지만 이러한 단계로도 해결되지 않는 문제가 발생하면 넷째, 전문 서비스 인력이 직접 현장을 방문해 FRU를 교체하거나 제품의 문제를 해결하게 된다. 이 경우 서비스 비용과 고객의 불편을 최소화하기 위해서는 문제가 해결되지 않아서 다시 방문하지 않도록, 혹은 방문 서비스 시간을 줄일 수 있도록 ① 문제의 원인과 필요한 부품에 대한 정보를 방문 전에 미리 제품으로부터 얻을 수 있도록 제품을 설계해야 한다. 또한 ② 서비스 전문가가 방문해서 문제가 발생한 제품의 모듈을 교체하거나, 프린터 토너처럼 사용 기한에 한계가 있는 CRU, 전문가가 교체해야 하는 FRU 같은 부품들을 교체할 때 조립된 제품의 구조가 서비스에 편리하도록 설계되고 생산되어야 한다.

부품 교체가 필요한 품질 문제들에 대한 빅데이터를 바탕으로 필요한 최소 수량의 부품 재고를 확보하고, 적재적소에 공급할 수 있도록 재고 부품을 관리하며, 단종된 제품의 주요 부품들을 일정 기간 확보하는 것도 서비스 비용을 줄이면서 고객들의 불편을 최소화하기 위해 필요하다. 제품에 따라서는 애플처럼 서비스 대신 제품을 교환해주는 서비스 정책을 채택하거나, 단종된 제품의 서비스 대신 신제품으로 교환해주는 방식으로 단종 제품의 서비스 부담을 해소하기도 한다. 이는 서비스에 들어가는 TCO를 살펴보고 결정하거나 고객을 록인하는 전략의 일환으로 활용할 수 있다.

소프트웨어와 솔루션의 근본적인 품질관리를 위해서는 땜질식의 개선이 아니라 소프트웨어 구조의 분석과 혁신, 소프트웨어 엔지니어링을 통한 소프트웨어 플랫폼의 정비가 필요하다. 소프트웨어 개발체계와 환경을 톱다운으로 정비해 주요 기능들을 모듈화함으로써 불필요한 개발의 중복을 최소화하고, 기능들이 서로 얽히지 않도록 분리해 품질 문제를 원천적으로 방지하는 것이 필요하다. 또한 소프트웨어 품질 문제의 원인과 대응 방안을 교육시켜 코딩(Coding) 단계에서부터 품질 관리의 사각지대를 최소화해야 한다. 품질 관리도 검사 범위를 확장하고 효율화하기 위해 SQE 도구들을 지속적으로 점검해서 개선하고, 소프트웨어 테스트 방법도 품질 문제가 조기에 안정화되어 뒤늦게 시장에서 문제가 되지 않도록 계속 발전시키고 체계화해야 한다.

Quality is not an act; it is a habit.

아리스토텔레스(Aristotle)

생산과정에서 발생하는 품질 문제들과 사용자 환경에서 발생하는 품질 문제들을 알아내기 위해서는 생산 현장과 영업 서비스 현장을 직접 방문해서 현장의 상태를 보고 직접 VOC를 듣는 것이 중요하다. 책상머리에서 문제를 전해 듣고 정확한 정보나 분석 없이 마련한 복잡한 해결책이 현장에서 전혀 먹히지 않기도 하고, 매우 복잡해 보였던 문제가 현장을 방문해서 직접 상황을 파악해보면 의외로 간단히 해결되기도 한다.

생산, 물류, 사용 환경에서 발생하는 많은 문제는 첫째, 청소 정리 정돈과 같은 기본을 지키지 않아서 발생하는 문제들이거나 둘째, 설계의 기준이나 생산의 정석과 같은 기본을 지키지 않아서 발생하거나 셋째, 주인의식이 없어서 눈에 보이는 잘못된 것을 바로잡지 않아서 발생하는 경우가 대부분이다. 고장 수리(Maintenance)를 위해 입고된 제품들은 깨끗하게 청소하고 허접해 보이는 부분들을 다시 조립하기만 해도 80% 이상의 문제가 사라진다. 생산 현장의 문제도 청소 정리 정돈을 통해 깨끗한 상태를 유지하는 것만으로도 많은 문제가 해결되고 감소한다.

VE를 하면서 이전의 제품과 단순히 비교해 별로 문제가 없다고 넘긴 부품이 설계 기준을 벗어나 있는 것은 설계 기준을 확실하게 검증하지 않아서 생기는 문제다. 정밀 부품을 생산하는 과정에서는 항온 항습을 지키고 파손이 일어나지 않도록 소중하게 다루지만, 물류 이동 과정에서 비전문가들의 손에 넘겨져 쉽게 파손되고 변형이 발생하는 것은 처음부터 끝까지 필요한 관리를 요구하지 않았기 때문에 생기는 문제다. 생산 장비가 영점 조정(Calibration)이 되어 있지 않아서 그 장비에서 생산한 제품 전체가 불량이 되는 것은 영점 조정을 하고 샘플 테스트를 통해 오차 추이를 확인하지 않거나 생산의 정석을 따르지 않아서 생기는 문제다. 공장에서 완벽하게 생산된 제품이 비포장도로를 달리는 트럭 위에서 커버도 없이 폭우에 젖는 것은 주인 의식이 없는 유통업자에게 소중한 제품을 맡긴 생산자의 책임이다.

개발에서 설계한 제품이 생산과 유통을 거쳐 최종 소비자의 손에 도달하기까지의 '제품 생애 여정'을 따라가면서 철저하게 점검하고 완벽하게 대안을 마련해야 한다. 매장에서 최종 소비자의 손에 제품이 넘겨져 포장을 뜯고, 행복하게 사용하고, 문제가 발생해 서비스를 받고 마지막으로 제품을 폐기하는 '사용자 경험 여정'을 따라가면서 어떤 설계를 하고, 어떤 기준을 만들고, 어떤 보완을 해야 할지 철저하게 살펴야 비로소 완벽한 설계, Design for Manufacturing, Quality and Service가 가능해진다.

結 - II

성공적인 비즈니스

비즈니스의 필요충분조건

아무리 버스가 붐벼도 앉아서 가는 사람은 반드시 있다.

김기호

대학 재학 4년 동안, 버스와 지하철을 갈아타며 왕복 약 4시간에 걸쳐 수원 집에서 서울 학교까지 통학을 했다. 긴 시간을 버스와 지하철에서 서서 간다는 것은 대단히 고통스러운 일이다. 그래서 어떻게 하면 앉아서 가면서 긴 통학 시간을 유용하게 보낼 수 있을까 고민을 했고, 결국 앉아서 가는 노하우를 발견할 수 있었다.

사업을 하다 보면 경기가 좋은 시절과 어려운 시절이 오고 가는데 어떤 기업들은 아무리 어려운 상황에서도 이익을 내면서 시장을 주도하지만, 어떤 기업들은 많은 노력을 기울이더라도 경기가 좋은 시절에도 이렇다 할 성과를 내지 못하는 모습을 보곤 한다. 마치 경쟁이 치열한 붐비는 버스에서도 앉아서 가는 사람과 종점까지 앉아보지도 못한 채 피곤하게 흔들리며 가는 사람의 차이를 보는 것과 같다.

과연 어떤 요소와 조건이 버스와 기차를 타게 만들고, 붐비는 버스와 기차 안에서도 경쟁을 뛰어넘어 항상 앉아서 가게 만드는 것일까? 사업이 살아남기 위한 필요충분조건은 무엇이고, 사업이 성공하기 위한 KSF는 무엇일까? 과연 성공하는 기업들과 항상 어려움에서 벗어나지 못하는 기업들의 차이는 무엇일까?

사업의 필요조건

버스에서 앉아서 가기 위해서는 우선 버스에 올라타야 한다. 사업이 성공하기에 앞서 사업이 시작되기 위해서는 우선 기본적인 필요조건과 충분조건을 갖춰야 한다. 필요조건은 고객에게 팔 수 있는 가치있는 제품이나 솔루션, 서비스를 확보하는 것이고, 충분조건은 확보된 제품이나 솔루션, 서비스를 고객에게 이익을 내고 파는 것이다. 하지만 이러한 기본적인 필요조건과 충분조건을 갖추지 못해 버스에도 올라타지 못하고 스러지는 많은 스타트업들을 보게 된다.

사무실 주변의 많은 식당이 불과 6개월을 못 견디고 폐업을 하는 사례를 많이 본다. 이러한 식당들은 대개 기본적인 필요조건을 갖추지 못했다는 공통점이 있다. 식당이 되었든 기업이 되었든 사업의 속성은 가치(Value)를 파는 것이고, 고객들은 비용을 지불하고 그 가치와 교환하는 것이다. 하지만 고객이 비용을 지불할 만한 가치가 충분한, 맛있는 음식과 정갈한 반찬, 기분 좋은 서비스를 제공하지 못하는 식당이 너무도 많아 얼마 지나지 않아 결국은 사라지고 마는 것이다.

사업의 필요조건은 시장에서 경쟁 가능한 가치 있는 상품을 개발하는 것이다. 이를 위해서는 ① 핵심이 되는 기술이 내재화되어 있어야 하고, ② 필요한 기능을 선별해서 필요한 만큼의 성능을 제공하는 상품기획이 성공적으로 이루어져야 한다. ③ 적어도 경쟁사가 제공하지 못하는 하나 이상의 차별화된 가치를 제공할 수 있어야 하고, ④ 제품의 원가와 생산 유통 비용이 경쟁사 대비 너무 커서도 안 된다. 가장 기본적인 것 같지만, 많은 스타트업을 멘토링하고 컨설팅하다 보면 기본도 모르거나 혹은 어떻게 해야 하는지 방법을 알지 못해 길을 잃거나, 경쟁력을 확보하지 못하고 시간을 낭비하는 것을 보게 된다.

'핵심 기술의 내재화'는 비용을 절감하고, 시간을 절감하고, 지속적으로 시장에 대응하기 위해 반드시 필요한데 의외로 많은 기업, 특히 스타트업이 핵심기술을 내재화하지 못하고 중요한 기술을 라이센싱해 사용하거나 솔루션 개발을 외부 용역에 의존하고 있음을 보게 된다. 핵심 기술과 솔루션 개발을 내재화하지 못하면 ① 우선 제품과 솔루션의 개발 일정이 외부 변수에 의해 지연될 가능성이 커지고, ② 주요 기능, 성능의 품질을 제대로 검증하지 못해 제품과 솔루션에 결함이 많을 가능성이 커진다. ③ 시장 변화에 따라 제품과 솔루션을 빠르게 개선하지 못해 경쟁력을 잃을 가능성이 크며, ④ 축적한 기술 자산이 없어서 새로운 제품 개발도 다시 처음부터 시작해야 하기 때문에 큰 비용과 시간이 들어가는 악순환에서 벗어나지 못한다. 당장은 외부 용역에 의존하는 것이 좋은 선택처럼 보이지만 장기적인 측면에서 반드시 필요한 핵심기술은 시간 절약, TCO를 고려해 어렵지만 처음부터 내재화하는 '선행 관리'를 해야만 한다.

성공적인 상품기획은 스타트업뿐만 아니라 대기업들도 사실 제대로 하기 어려운 역량에 해당한다. 스타트업은 경험이 없어서 그렇지만, 대대기업은 변화하는 시장과 소비자 눈높이에 맞추기보다는 그동안의 관성에서 벗어나지 못해 제대로 된 상품기획을 진행하지 못한다. 앞서 〈가치의 기획: WHY〉에서 설명한 것처럼, 제품이나 솔루션, 서비스의 주요 기능과 성능은 반드시 타깃이 되는 시장의 고객과 사용자가 중요하게 생각하는 가치, 즉 원하는 요구사항(Gains)과 위험 요소나 불편 (Pains)을 해결할 수 있도록 설계되어야 한다. 선정한 시장과 타깃 고객을 철저하게 예측하고 조사해서 왜(WHY) 제품과 솔루션을 사고 어떤 가치(WHAT)를 추구하는지 우선순위와 세부 속성을 정교하게 규명한 다음 시장에서 데이터로 검증해 최적의 기술을 선택해서 필요한 수준만큼 과도하지 않게 구현해야(HOW) 한다. 이를 바탕으로 고객이 생각하는 수준의 가격을 책정해 제공하는 가치와 고객이 지불하는 비용 사이에 적절한 균형을 맞추고, 목표한 고객이 새로운 제품이나 솔루션, 서비스를 쉽게 만날 수 있는 채널을 통해 GTM과 마케팅을 진행해야 한다.

핵심 기술을 내재화해서 보유하고 있고 성공적으로 상품기획을 해서 제품과 솔루션을 개발할 역량이 있다면, 다음 단계는 시장의 쟁쟁한 경쟁자들과 겨뤄서 살아남고 궁극적으로 성공하기 위해 '차별화된 가치'를 제공해야 한다. 경쟁자들이 집중하지 않는 틈새시장을 차별화된 비즈니스 모델로 독차지하거나, 차별화된 기술과 제품으로 최고의 가치를 제공해 프리미엄 시장을 차지하거나, 새로운 기술을 활용한 차별화된 가치를 최초 시장 선점을 통해 파괴적 혁신을 성공시키거나, 행운이 따른다면 패러다임이 바뀌는 전환의 시대에 새로운 카테고리로 시장을 차지하거나 플랫폼을 장악해 새로운 지배적 디자인을 차지할 수도 있다.

"지피지기 백전불태(知彼知己 百戰不殆)", 경쟁자를 알고 나를 알면 백번 싸워도 위험하지 않다. 하지만 지피지기는 반드시 승리를 보장하지 않는다. 경쟁자도 자신을 알고 나를 알 수 있기 때문이다. 실력과 경험을 겸비한 순발력 있는 맹수들이 득실거리는 정글과 같은 사업 환경에서는 비(非)경쟁전략으로는 절대 승리하지 못한다. 경쟁자를 알고 나를 알아야 하고, 변화하는 사업환경에서 SWOT 분석을 바탕으로 이길 수 있는 경쟁전략을 짜고, 변화에 적응하며 경쟁자가 실수하기를 기다려야 한다.

마지막으로 중요한 필요조건은 '가격 경쟁력을 확보'하는 것이다. 망하는 기업의 90%는 비용을 제대로 관리하지 못해서라고 한다. 회사들을 멘토링하고 컨설팅하다 보면, 가치 제안에 긴요한 활동이 아닌 쓸데없는 활동에 소중한 비용을 낭비하거나, 매출로 도저히 감당할 수 없는 불필요한 인력을 고용해 인건비로 낭비하면서도 CEO와 COO가 전혀 눈치채지 못하고 있는 경우를 보곤 한다.

무엇보다도 제품과 솔루션의 경쟁력이 되는 원가 경쟁력은 출시된 제품의 매출 성장과 적정한 수준 이상의 수익률 확보 그리고 사업의 지속을 위해 반드시 분석하고 확보해야 한다. 타깃 고객이 중요하게 여기는 가치를 우선순위를 정해 제품 기능에 반영하되 성능은 절대 모자라지도 남지도 않을 만큼 제공해 탑재된 기능이나 성능 대비 투입된 비용의 비율, 즉 가성비를 최대로 했는지 분석하고 점검해야 한다. 제품의 개발 생산 품질관리 서비스에 들어가는 고정비와 변동비를 분석해 낭비 요인은 없는지 점검해야 하며, 마케팅 비용과 영업에 들어

가는 관리비용도 투입한 만큼 효과적인지, 낭비 요인은 없는지 분석하고 점검해야 한다.

사업의 충분조건

전략적으로 선정한 시장에서 타깃 고객의 목표를 만족시키는 데 필요한 가치, 즉 기능과 성능, 디자인 등을 최적의 비용으로 구현한 제품과 솔루션을 준비하는 것이 필요조건이라면 사업의 충분조건은 이러한 제품이나 솔루션, 서비스를 최적의 채널을 통해 타깃 고객에게 제공하면서 기업은 지속 가능한 이익을 내며 발전하는 것이다.

이를 위해서는 ① 우량 고객이 최적의 비용으로 편리하게 제품과 솔루션을 알게 되고 구매할 수 있는 우량 고객 접점과의 채널을 확보해야 하고, ② 제품과 솔루션이 고객에게 제공하는 가치와 경험에 걸맞게 제값을 받고 팔 수 있는 영업 관행을 확보해야 한다. 우량 고객 접점을 확보하고 올바른 매출과 수익을 창출하는 영업 관행을 확립하기 위해서는 제품과 솔루션이 고객까지 전달되는 과정과 사용자가 제품과 솔루션을 사용하고 경험하는 현황에 대한 투명한 정보를 먼저 파악해야 한다.

제품과 솔루션을 고객에게 판다고 무조건 성공적인 마케팅을 하거나 영업을 하고 있는 것은 아니다. 고객 중에는 블랙컨슈머와 같은 불량 고객이 있는가 하면 지속적으로 제품과 솔루션을 사용하면서 추가 매출을 만들고 수익을 보장해주는 충성스러운 우량 고객이 있다. 프린터 복합기와 같은 B2B 사업은 복합기와 같은 제품의 매출에서는 큰 이익을 보지 못하는 대신, 토너 같은 소모품에서 매출과 이익을 만드는 비즈니스 모델을 추구하고 있다. 따라서 같은 제품을 구입하는 고객이라도 불량 고객은 적자가 나는 복합기 본체만 사가고, 소모품 매출은 전혀 창출하지 않아 총 매출이 작아 적자를 안겨주는 데 반해, 우량 고객은 소모품을 포함한 총 매출이 불량 고객의 5배 이상으로 큰 이익을 가져다주며 제품도 다시 구매하는 충성 고객이다.

따라서 불량 고객과 연결되는 고객 접점을 가려내 차단하고, 우량 고객과 연결되는 고객 접점을 발굴해 유지하고 확대하는 것이 매우 중요하다. 불량 고객에게 가는 제품은 제값을 받지 못할 뿐만 아니라 비정품을 사용해 사업에 방해가 되는 독초를 키우는 역할을 한다. 비정상적인 채널을 통해 빠져나간 제품들이 역수입(Offshore)되거나 덤핑을 거쳐 시장의 가격을 파괴해 정상적인 채널을 통한 영업을 붕괴시키기도 한다. 예를 들면 두바이를 통해 빠져나간 재고 처리 물량이 전 세계로 퍼져 나가 인터넷에 싼값으로 유통되면서 시장 가격을 무너뜨리거나 신제품의 시장 진입에 찬물을 끼얹기도 한다. 이들의 비즈니스 모델은 정상적인 판매를 통한 수익이 아니라 작은 이익에 많은 물량을 재빨리 유통하는 비즈니스 모델로 단기 금융업을 하는 장사꾼인 경우가 대부분이다. 대개 이러한 채널을 통해 빠져나가는 물량들은 불량 고객과 연결된다.

우량 고객과 연결되는 좋은 채널은 대개 퍼스트 무버들이 점령하고 있고, 후발 주자들의 접근을 전략적으로 차단해 공략이 쉽지 않은 경우가 대부분이다. 하지만 경쟁력 있는 제품, 즉 필요조건을 갖추었다면 USP를 활용해 설득력 있는 가치 제안을 함으로써 합당한 대우를 받으며 제값을 받고 팔 수 있는 채널을 개척하는 것이 가능하다. 이때 필요한 것이 시장의 비즈니스 모델과 가치사슬의 특성을 잘 아는 유능한 영업팀을 확보하는 것이다.

역량이 부족한 영업 인력들은 우량 채널에 적합한 제품 SKU를 선별하지 못해 GTM은 성사시키지만 꾸준한 매출로 연결하지 못하거나, 불필요하게 높은 마진을 제공해 자사의 손익을 악화시키고 채널이 덤핑 세일을 할 수 있는 조건을 만들어 놓는다. 처음에는 매출을 늘려 역량이 뛰어난 것처럼 보이지만, 속을 들여다보면 재고가 쌓이고, 제품이 역외로 빠져나가 시장을 교란시키고 분리해서 손익 계산을 해보면 적자 영업을 하고 있거나 불량 고객과 연결되어 있는 경우가 종종 발생한다. 이로 인해 중/장기적인 매출과 수익 모델의 구축보다는 단기적인 개인의 실적 달성에 급급해 채널과 야합하여 황당한 계약 조건을 만드는 나쁜 선례를 남기기도 한다.

역량이 뛰어난 영업 인력들은 사업의 특성과 채널의 이해관계를 활용해 서로 도움이 되는 중/장기적인 관계를 구축한다. 경쟁사 제품과 솔루션의 강점과 약점, 경쟁사와 채널 사이의 계약 조건의 허실, 채널이 보유한 소매상 혹은 고객들의 특성과 요구사항을 정확히 파악해 서두르지 않고 전략적으로 접근한다. 자사가 강점을 갖는 틈새시장을 파고들어 성공 사례를 만들고 신뢰를 얻고 입지를 넓혀가며, 자사뿐만 아니라 채널도 매출과 이익을 얻는 접점을 찾아낸다. 계약 조건도 노예 계약이 아닌, 하나하나 주고받는 항목을 만들어 0.1%의 이윤도 허비하지 않고, 필요한 고객 정보를 얻어내며 다른 경쟁사와 차별화를 이룬다.

우량 채널과 불량 채널, 우량 고객과 불량 고객, 유능한 영업 인력과 엉터리 영업 인력을 구별하기 위해서는 공장에서 출하된 제품이 물류를 거쳐 채널에 전달되고 고객에게 판매되고 사용자가 사용하는 현황을 투명하게 관찰할 수 있는 데이터 모니터링 체계, 즉 빅데이터를 모으고 분석할 수 있는 위생 조건이 구축되어 있어야 한다.

제품이 출하될 때부터 제품의 일련번호를 체계적으로 관리해서 어떤 일련번호의 제품들이 어느 나라 어느 지역 어느 채널에 공급되고 어느 지역에서 사용자들이 어떻게 사용하고 있는지 추적할 수 있어야 한다. 이러한 과정을 통해 제품이 의도한 대로 판매되거나 사용되고 있는지, 어떤 불량 채널에서 다른 지역 혹은 통제 불가능한 시장으로 빠져나가 정상적인 시장을 교란하고 가격 파괴를 하고 있는지 알 수 있다. 제품과 솔루션의 내부에 장착된 모니터링 체계를 통해 수집한 사용 정보를 (고객의 동의를 받아) 수집하고 분석하여 사용자의 사용 방식과 사용자 경험을 파악함으로써 매출과 손익은 물론 마케팅과 영업의 비용 대비 효과를 측정할 수 있다. 이러한 분석 데이터를 바탕으로 우량 채널과 우량 고객의 비중은 더욱 확대하고 불량 채널과 불량 고객은 비중을 줄여나갈 수 있도록 마케팅과 영업 활동을 평가하고 최적화하는 데 활용한다. 또한 사용자의 사용 방식과 사용자 경험에 대한 빅데이터는 제품과 솔루션의 기능과 성능의 첨삭 개선은 물론 차기 제품의 UX 최적화, 상품기획과 GTM에 활용할 수 있다.

스타트업의 필요충분조건

A lot of times, people don't know what they want until you show it to them.

스티브 잡스(Steve Jobs)

지금까지 비교적 자리가 잡힌, 개발된 제품도 있고 마케팅과 영업이 진행되어 매출이 일어나고 있는 기업의 성공조건을 제품과 영업 측면에서 검토해 보았다. 그렇다면 아직 제품 개발이 끝나지 않은 스타트업이 자리를 잡기 위한, 즉 첫 제품 개발을 완료하고 GTM을 통해 안정적인 매출과 이익을 창출하기 위한 필요충분조건은 무엇일까?

필요조건: 린 비즈니스 모델 캔버스

사업을 분석할 때 사용하는 〈새로운 가치의 정의와 비즈니스 모델〉에서 소개한 비즈니스 모델 캔버스는 아직 제품이 개발되지 않은 스타트업 관점에서는 너무 일반적이다. 첫 제품의 성공적인 개발이 시급한 스타트업 관점에서는 그림 4-3의 '린 비즈니스 모델 캔버스'를 활용하

그림 4-3 스타트업을 위한 린 비즈니스 모델 캔버스

는 것이 자사 비즈니스 모델의 강점과 약점을 빠르게 분석하고 보완해
발전시키는 데 더 효율적이다.

스타트업이 가장 먼저 해야 할 일은 타깃 고객을 정확하게 선정하고
(Customer Segments), 고객의 입장, 특히 앞선 사용자의 입장에서 어
떤 가치를 제공하고 어떤 문제를 풀어야 할지 구체화하고(Problem),
고객에게 어떤 솔루션과 경험을 제공하며(Solution) 어떤 매출을 만
들어 갈 것인지(Revenue Streams) 기본적인 체계를 설계하는 것이
다. 이러한 체계를 바탕으로 스타트업의 제품과 솔루션이 제공하
는 UVP(Unique Value Proposition)를 기존의 경쟁 제품(Existing
Alternatives)과 차별화할 수 있도록 선정하고, 고객이 쉽게 이해할 수

있는 개념(High-level Concept)으로 정리해야 한다. 이러한 과정을 거쳐 스타트업의 필요조건, 즉 선정된 타깃 고객을 위한 독특한 가치 제안과 차별화된 제품과 솔루션이 준비된다.

일단 스타트업의 필요조건이 완성되면 타깃 고객들과 연결할 최적의 소통 채널과 판매 채널(Channels)을 선정 확보하고, 마케팅과 영업의 효과를 측정하기 위한 핵심 KPI를 선정하여(Key Metrics) 사업의 현재 상태를 측정하고 혁신해 나간다. 사업을 진행하는 데 필요한 고정비와 변동비를 UVP와 연계해 분석하고 효과적으로 사용하며, 고객과 시장의 피드백을 바탕으로 자사만의 특별함(Unfair Advantage)을 창출하고 지켜 나간다. 시장에서 경쟁자들이 쉽게 복제할 수 없는 특별한 가치를 제공하는 제품과 솔루션, 차별화된 효과적인 비즈니스 모델을 구축해 충성 고객을 유지하고 확대해 나감으로써 충분조건을 완성한다.

충분조건: 디자인, 데이터 그리고 변화의 속도

수많은 스타트업이 생겨나고 사라지고 이합집산하는 실리콘밸리에서 유명한 투자회사들이 성공할 만한 스타트업을 골라내는 기준은 다음의 네 가지라고 한다.

첫째는 스타트업이 만든 MVP의 '디자인(Design)'을 본다고 한다. 유사한 비즈니스 모델을 가진 기업들이 유사한 새로운 제품들을 쏟아내는 치열한 시장에서 고객의 이목을 집중할 수 있는 특별한 디자인과 고급스러운 UI를 제공하지 못한다면, 사용자의 첫 경험을 이끌어내지 못할 뿐 아니라 향후에도 사용자의 이목을 끌기 어렵다고 한다. 따라서 스타트업은 시장 진입 단계에서 고객과 채널, 투자자의 마음을 사로잡을 수 있도록 제품과 사용자 경험의 디자인에 꼼꼼하게 심혈을 기울여야 한다.

둘째는 '데이터(Data)'를 기반으로 고객의 목적과 취향을 확인하고, 풀어야 하는 문제와 집중해야 하는 가치를 적확하게 분석하여, 제품과 솔루션 그리고 UX 설계에 정밀하게 반영하는지 파악한다고 한다. 고객 자신도 정확히 알지 못하는 고객의 취향, 애매한 욕구를 발라내어 감동을 주는 솔루션을 만들어 가는 여정은 한 치의 어긋남과 불필요한 낭비를 용납하지 않는다. 고객 마음의 과녁에 적중하는 가치를 찾아내기 위해서는 고객이 흘린 스몰 데이터(Small Data)에서 단서를 찾고, 고객이 제품을 사용하며 남긴 발자취를 정밀하게 모아 추적한 스마트 데이터(Smart Data)를 바탕으로 제품의 특별함과 차별화를 선정한 다음 기능과 성능을 최적으로 조율해 최고의 사용자 경험을 설계하고 구현해야 한다.

셋째는 '변화의 속도(Speed of Change)'를 본다고 한다. 스타트업이 대상으로 하는 새로운 시장에서는 고객도 경쟁자도 정확하게 문제가 무엇인지 어떻게 해결해야 할지 몰라, 이리저리 부딪치며 고객의 욕구를 조금씩 눈치채면서 해결책을 찾아가는 변화무쌍한 혼돈의 시장이다. 차별화된 디자인으로 고객과 시장의 첫 경험을 사로잡고 데이터를 기반으로 특별하고 차별화된 만족스러운 경험을 설계하고 구현해 고객을 만족시키는 것은 첫 단계의 성공에 불과하다. 고객의 욕구를 더욱 파고들어 특별한 가치를 추가로 찾아내고, 경쟁사가 발견한 고객이 관심을 보이는 새로운 가치도 자사의 제품에 재빨리 담아 지속해서 고객을 만족시키려면, 시장의 변화에 빠르게 대처하는 역동적 경쟁역량을 보유해야 한다.

넷째는 투자회사들이 스타트업의 성공 가능성을 가늠하는 가장 중요한 판단 기준으로 스타트업 '핵심 인재들의 역량과 성향'을 본다고 한다. CEO, CTO, COO 등 스타트업을 지탱하는 핵심 인재들의 역량과 성향이 디자인, 데이터, 변화의 속도를 통해 시장에 성공적으로 진입하고 환경 변화에 적응할 수 있는 역량의 핵심이기 때문이다.

스타트업이 성공적인 제품, 솔루션 개발을 위한 린 비즈니스 모델을 체계적으로 이해하고, 실행할 수 있는 기본적인 역량을 갖추는 것이 필요조건이라면 디자인, 데이터 기반 설계, 역동적 역량 등 치열한 시장에서 생존할 수 있는(Street Smart) 역량을 갖춘 CEO, CTO, COO 진영의 구축이 충분조건이라 할 수 있다. 필요충분 조건을 갖춘 스타트업이라면 무난하게 투자회사를 통해 시장 조사와 제품 개발을 하기 위한 씨드 펀딩(Seed funding)과 고객 기반을 확보하고 매출을 정착시키기 위한 시리즈-A 펀딩(Series-A funding)을 성공적으로 유치하여 사업 기반을 구축할 수 있다. 다음 단계 시리즈-B 펀딩(Series-B funding)을 통해 회사를 성장시키고, 시리즈-C 펀딩(Series-C funding)을 통해 새로운 제품, 새로운 시장으로 진출할 수 있는 기반을 마련하여 유니콘 기업으로 성장하고 증권 시장 상장(IPO)에 성공할 수 있다.

스타트업에서 기업으로 모습을 갖추고 성장하여 조직 규모가 커지면, 어린아이가 사춘기를 거쳐 어른으로 성장하는 것처럼 기업도 전혀 다른 성격의 문제와 도전을 계속해서 만나게 된다. 이는 초창기의 스타트업 역량과 문화로는 절대 대응할 수 없다. 필요하다면 기업의 규모와 상황에 적합한 최고 경영진을 새롭게 영입하고, 사업의 특성과 조직의 규모에 따른 최적의 조직을 꾸준히 구축하고, 필요한 역량의 인재들을 새롭게 충원해야 한다. 또한 내부의 도전과 외부의 환경 변화에 적응하며 지속적으로 도전하고 혁신할 수 있는 시스템, 프로세스, 기업문화를 구축해야 한다.

비즈니스의 위생 조건

Stay Hungry, Stay Foolish.

스티브 잡스(Steve Jobs)

위생 조건

타깃 고객의 목표에 따라 욕구를 만족시키고 문제를 해결해주는 고객 가치를 제공하는 제품과 솔루션을 확보하는 것이 프론트엔드의 필요조건이라면, 최적의 소통 채널과 영업 채널을 확보해 고객에게 제공하는 가치에 걸맞은 매출과 이익을 창출하는 충성 고객을 확보하는 것이 백엔드의 충분조건이다. 이러한 필요충분조건을 창출하고 유지하기 위해 기본적으로 필요한 요소들, 즉 위생 조건(Hygiene Factor)들이 존재한다.

우선 ① 사업의 필요충분조건을 구현하고 실행하기 위한 인재들, ② 인재들이 핵심 활동에 전념할 수 있도록 해주는 충분한 현금 흐름과 자원의 공급, ③ 인재와 자원을 올바른 방향으로 올바르게 투입하게 만드는 사업 전략, 마지막으로 ④ 기업의 세부 활동을 파악하고 분석할 수 있는 ICT 인프라가 바로 사업의 체질을 건강하게 만드는 네 가지 위생 조건이라 할 수 있다.

첫째는 처음부터 뛰어난 인재들을 확보하고 뛰어난 리더십의 CEO와 팀장들로 조직을 채워 확장해 가는 것이다. 팀원과 팀장을 포함한 인재의 역할과 중요성 그리고 필요한 자질에 대해서는 〈팀의 정의와 구성〉에서 자세하게 설명했다. 사업에 필요하지만 부족한 역량을 민첩하게 배우며 채워 나가고, 사업을 전개하면서 만나고 넘어야 하는 예상하지 못한 난관을 지혜롭게 해결할 수 있는 조직의 능력은 바로 CEO, CTO, COO를 비롯한 조직의 핵심 인재들이 보유한 역량과 리더십에 달려 있다.

뛰어난 역량을 갖춘 인재들로 조직을 구성해 조직력을 최대로 끌어올리는 것은 사업의 첫 단추를 끼우는 가장 중요한 요소인 만큼 아무리 강조해도 부족하다. 다만 다시 한번 강조하고 싶은 것은 새로운 인재를 채용할 때는 아무리 탐이 나는 인재라도 ① 정말로 새로운 인력이 필요한 상황인지를 면밀히 따져보아야 하고, ② 이 인력이 필요한 전문성과 기본 역량을 가진 인재인지 다양하게 평가해야 하며, ③ 새로운 인재가 기존의 팀원들과 잘 화합해서 N^2의 시너지를 낼 수 있는 성향을 가졌는지 아니면 암적인 존재가 될 가능성은 없는지 반드시 숙고하고 채용을 결정해야 한다.

둘째는 적절한 자본 조달과 매출 창출 그리고 비용 관리를 통해 인재들이 성공의 필요충분조건에 집중할 수 있게 하는 것이다. 기업의 매출이 꺾이고 충분한 이익을 확보하지 못하는데 비용을 낭비하면서 현금 흐름이 악화되도록 내버려둔다면 필요한 자원을 지원하지 못하고 미래를 준비할 여력도 없어져, 기업 임직원의 사기가 꺾이면서 조직은 악순환에 빠져들고 만다.

CEO, COO가 해야 할 중요한 업무는 매출과 수익을 유지하고, 제때 필요한 펀딩을 통해 필요한 현금 흐름을 확보하는 것이다. 이를 활용하여 뛰어난 인재를 확보하고, 새로운 자원을 사업 성공에 가장 중요한 업무에 집중적으로 투입하며, 마른 수건을 짜듯이 불필요한 비용은 제거하여 안정적인 현금 흐름을 최대한 오래 유지하고, 다음 단계를 위한 준비에 선행 투자해야 한다.

스타트업의 경우 좋은 아이디어와 좋은 인재로 당차게 사업을 시작하였지만, 비용 관리를 잘하지 못하거나 지분에 집착하다 필요한 자본을 제때 조달하지 못해서 핵심 인재들이 최고의 제품을 개발하고 매출을 창출하는 본업은 제쳐두고, 당장 필요한 운영자금을 확보하는데 매달려 정부 과제나 개발 용역에 시간을 허비하는 바람에 사업 기회를 날려버리는 사례를 종종 보게 된다. 투자자의 소중한 투자금을 과도한 인력 채용이나 불필요한 제품의 중복 개발 또는 핵심 가치 제안과 관계없는 업무, 불필요한 홍보 출장 등에 무심하게 낭비하기도 하고, 때로는 도덕적 해이(Moral hazard)에 빠져 사사로운 용도로 유용하다가 제품 개발과 시장 개척에 실패해 소중한 자본을 탕진하기도 한다.

지분에 집착하여 펀딩을 받지 않는 것보다는 사업의 발전 단계에 맞춰 씨드 펀딩과 시리즈 펀딩을 적절히 실시하는 것이 중요하고 필요하다. 필요한 용도에 맞는 적절한 규모의 자본을 조달할 수 있을 뿐 아니라 사업의 현재 상태와 강/약점을 투자자로부터 객관적으로 평가받을 수 있으며, 액셀러레이터(Accelerator)를 통해 기술 지원과 법무 지원, 시장 개척 등 필요한 지원을 적은 비용으로 제때 받을 수도 있다. 사업 초기 Hype에 편승하여 쉽게 매출과 이익을 얻다가 시장의 거품이 꺼져 죽음의 계곡에 빠지고 나서야 뒤늦게 펀딩을 시도하지만, 회사의 역사에 비해 시장가치를 지닌 기술과 제품은 물론 설득력 있는 비즈니스 모델도 제시하지 못해 펀딩에 어려움을 겪는 스타트업도 있다.

적절한 현금 흐름과 뛰어난 인재로 구성된 팀을 확보했다면 가장 중요한 위생 조건을 확보한 것이다. 이러한 건강한 조직을 바탕으로 사업 성공의 필요조건과 성공조건을 효과적이고 효율적으로 이루기 위해서는 셋째, 인재와 자원을 올바른 방향에 올바른 방식으로 투입하는 '경쟁 우위 전략'을 수립하는 것이 중요하다. 경쟁 우위 전략을 통해 올바른 방향(Do the right things)을 선택해야만 불필요한 활동에 자원을 낭비하는 오류를 피해 효과적으로(Effectively) 인재와 자원을 활용할 수 있으며 올바른 방식(Do things right)을 선택해 자원을 절약하면서 가장 빠르고 효율적으로(Efficiently) 인재와 자원을 활용할 수 있다.

마지막으로 사업의 모든 현황, 즉 기술 제품 생산 품질 마케팅 영업은 물론 인재 매출 비용 및 운영 등 사업 전반에 걸쳐 무슨 일이 일어나고 있는지 앞으로 어떤 일이 일어날 수 있는지 관찰하고 판단할 수 있는 관찰 수단을 확보한 다음 간접적이든 혹은 직접적이든 변수를 찾아내 제어하거나 최소한 위험을 회피할 수 있는 제어 수단을 확보해야 한다. 이러한 관찰 수단과 제어 수단의 확보를 통해 데이터를 수집, 축적, 분석하는 프로세스와 ICT 시스템을 구축해 사업의 눈과 귀와 손발이 되게 만들어야 한다. 항상 관찰 수단과 제어 수단을 어떻게 확보할 것인가를 고민함으로써 사업이 병들기 전에 예방하고, 가벼운 증상이 왔을 때 치료할 수 있는 소중한 면역력을 보유할 수 있다.

B2C와 B2B에 대해

사업을 위험으로부터 예방하고 건강하게 유지하기 위한 기본적인 위생 조건으로 인재 확보, 현금 흐름, 사업 전략, 관찰 수단과 제어 수단에 관해 설명했지만 시장과 고객의 특성에 따라, 즉 가치사슬과 비즈니스 모델의 특성에 따라 추가적으로 필요한 위생 조건들도 존재한다. 여기서는 우리가 접하는 대부분의 사업, 즉 B2C와는 다른 B2B나 B2G 사업의 특성에 대해 좀 더 알아보기로 하자.

일반적으로 가전제품, TV 혹은 스마트폰과 같은 우리가 아는 대부분의 B2C 사업은 제품을 주로 팔고, 규모가 큰 고객을 위해 맞춤 솔루션과 사후 서비스를 제공한다. 하지만 기업이나 정부를 상대로 제품, 솔루션, 서비스 더 나아가 경험을 파는 B2B나 B2G는 B2C 사업과는 사업 특성이 많이 다르다.

첫째, 고객과 최종 사용자가 다른 경우가 많다. 우버의 경우 고객은 우버 운전사(Driver)지만 사용자는 승객(Passenger)으로 원하는 목표가 다르고, 해결해야 할 문제나 제공해야 할 UVP도 다르다. A3 복합기 사업의 일차 고객은 딜러나 리셀러이고, 최종 고객은 은행, 학교, 정부 기관 등이며 최종 사용자는 은행 직원, 학교 교사, 공무원 등이다. 따라서 최종 사용자의 문제를 해결하고 필요한 가치를 제공해야 할 뿐 아니라, 다양한 중간 고객의 문제점과 욕구도 함께 만족시켜야 한다.

둘째, B2B는 소모품도 팔고, 솔루션도 팔고, 서비스도 팔고, 때로는 자금 조달(Financing)도 제공하거나, 이러한 다양한 솔루션이나 서비스를 패키지로 묶어서 제공하기도 한다. 대부분의 B2C는 상품을 팔면 거래가 일단락되고, 고장 등 품질 문제가 발생할 경우 사후 서비스(Break-Fix)는 별도로 공급하면 된다. 하지만 B2B 사업의 경우 제품 혹은 솔루션을 고객에게 파는 것은 단지 솔루션 공급(Offering)의 시작일 뿐이다. 제품과 솔루션이 생애 주기 동안 사용하는 소모품을 공급하고, 솔루션의 소프트웨어를 필요에 따라 수정 보완하며, 최종 사용자가 필요로 하는 서비스를 제공하고 관리하면서 추가 매출을 만들고 큰 이익을 얻는다. 따라서 제품과 솔루션을 파는 것만큼 생애 주기 동안 사후 서비스를 정성스럽게 제공하는 것이 중요하다.

B2B 솔루션의 특징은 솔루션을 제공하는 공급자와 구매하는 고객, 사용하는 최종 사용자가 생애 주기 동안 하나의 팀이 되어 함께 간다는 점이다. B2B 제품과 솔루션은 고객과 사용자의 중요한 시스템 인프라나 사업 도구로 고객 비즈니스의 중요한 핵심 요소이기 때문에 품질에 문제가 생기면 즉시 해결해야 하는 특징을 가지고 있다. 한번 솔루션으로 선정되어 고객 ICT 시스템의 일부로 편입되면 쉽게 바꿀 수 없으며, 바꿔야 할 경우 전환 비용이 많이 들고 시간도 오래 걸린다.

따라서 이미 사용하고 있는 경쟁사의 B2B 혹은 B2G 솔루션을 들어내고 자사의 솔루션으로 교체하는 계약을 따내는 것은 많은 노력과 시간이 들어가는 정말 어려운 과정이다. B2C 제품처럼 기능과 성능, 사용자 경험 등을 단순 비교해 구매하고 교체하는 것이 아니라, 공급자와 구매 고객 사이에 믿고 맡길 수 있는 신뢰를 기반으로 장기적이고 안정적인 관계를 유지하는 것이 B2B 사업의 위생 조건이다. B2C

제품이 쉽게 만나고 언제든 헤어질 수 있는 연애와 같다면, B2B/B2G 사업의 공급자와 구매 고객의 관계는 어지간한 풍파에는 흔들리지 않는 결혼과 같은 것이다. 대부분의 B2B 제품과 솔루션의 경우 퍼스트 무버로 시장을 장악한 소수 업체가 지속적으로 시장을 확고하게 지배하고 있고, 후발 진입 업체들은 틈새시장을 겨우 차지하고 있는 것은 결코 놀라운 일이 아니다.

結 - III

성공적인 경영자

최고경영자 CEO의 역할

'What is our outside?' and 'What is our business?'

피터 드러커(Peter Drucker)

기업의 최고경영자, CEO(Chief Executive Officer)의 역할에 대해 2004년 피터 드러커는 "The CEO is the link between the Inside that is 'the organization,' and the Outside of society, economy, technology, markets, and customers. Inside there are only costs. Results are only on the outside." 즉 "사회, 경제, 기술, 시장, 고객과 같은 외부 Outside를 내부 Inside, 즉 기업 관점에서 바라보고, 이해하고, 옹호하고, 지속할 수 있도록 운영하고, 결과에 대해 책임지는 것"이라고 정의했다.[42]

---

42 **What only the CEO can do** by A.G. Lafley, published in Harvard Business Review, May 2009

CEO에 대한 다양한 관점이 존재하지만, CEO의 가장 중요한 역할은 첫째로 기업이 나아갈 방향을 결정하는 것으로 기업의 비전과 전략을 수립하고 우선순위에 따라 자원을 할당하는 것이며, 둘째는 전략을 실행할 수 있는 안정적이고 빠른 조직을 구축하는 것으로 인재를 적재적소에 배치하고 민첩한 조직문화를 만드는 것이다. 셋째는 조직이 효과적으로 움직이기 위해 필요한 중요한 의사결정을 내리고 조직이 일관되게 나아가도록 경영하는 것이며, 넷째는 기업의 대표로서 이사회와 소통하고 기업의 얼굴로 외부와 소통하는 것이다.

기업 전략 Corporate Strategy

CEO가 기업이 나아갈 방향을 결정하기 위해 제일 먼저 해야 할 일은 '기업에 무엇이 의미 있는 외부(Outside)인지'를 재설정하는 것이다. "기업에게 가장 중요한 외부의 이해관계자는 고객"이라고 말하지만, 실제로 임직원들은 자기 관점에서 내부지향적으로 가장 중요한 이해관계자를 정의하고, 기업 전체 관점에서는 중요하지 않은 일에 집중하며 비용을 낭비하는 경우가 많다. 따라서 CEO는 제일 먼저 외부의 어떤 이해관계자가 기업에 가치를 부여하고 기회를 가져다주는 의미 있는 소중한 이해관계자인지 기업 전체의 관점에서 찾아내고, 임직원 모두가 올바로 이해하고 대응할 수 있도록 해야 한다. 가장 중요한 고객을 포함한 외부 이해관계자에 대한 올바른 이해를 바탕으로 기업의 비전(Vision), 무엇이 기업의 성공인지, 즉 달라진 외부 환경에 맞춰 올바른 방향을 재설정해야 한다.

기업의 비전이 설정되면 두 번째로 할 일은 '무엇이 우리의 사업인지', 즉 미션(Mission)을 결정해야 한다. 현재 우리가 무엇을 하고 있고 무엇을 하고 있지 않은지를 정리하고, 미래에 우리의 사업은 무엇이어야 하는지 어느 공간에서 경쟁할 것인지, 무엇이 우리의 사업이 아니어야 하고 우리의 사업이 아닌 것은 무엇인지를 결정한다. 즉 '무엇이 우리의 사업인지'를 네 가지 판단 기준, ① 기업이 현재 보유한 구조적 매력, 즉 자본 투입 대비 성장률과 수익성, ② 기업이 보유한 강점(Core competence), 즉 혁신 역량, 브랜드와 소비자 장악력, GTM 역량, ③ 이러한 역량의 상대적 경쟁력(Competitive position), ④ 그리고 미래 고객 동향과 글로벌 성장 잠재력에 대한 구체적 데이터를 바탕으로 논리적 근거를 만들어 결정한다. 이러한 결정을 바탕으로 M&A가 이루어지고, 사업 분할과 철수(Divestiture)가 진행된다.

우리의 사업이 무엇인지 결정되면 그다음은 선택된 사업의 우선순위에 따라 전략을 수립하고 자원을 재할당하는 것이다. 의미 있는 외부가 WHY를 결정하고, 선정된 우리의 비즈니스가 WHAT을 결정한다면, 전략을 수립하고 자원을 재할당하는 것은 HOW를 결정하는 것이다. 〈새로운 가치의 기획과 전략〉에서 언급한 방식대로 전략이 수립되면, 더 많은 가치를 창출할 수 있는 전략적 목표에 인력, 예산 등의 자원을 재할당하고, 빠르게 실행에 옮겨 내부와 외부가 모두 신뢰할 수 있는 성과를 만들어내야 한다. 자원의 재할당은 한 번으로 끝나는 것이 아니라, KPI, 계량기준과 같은 정량적 목표와 프로세스에 따라 주기적 혹은 단계별로 자원 투입의 효과와 효율을 판단해서 재할당을 진행해야 한다. 앞 편에서 언급한 명확한 업무 위임과 총괄 책임자의 설정, 성과를 제대로 파악하기 위한 견제와 균형(Check and Balance)

체계의 구축, 보이는 관리를 위한 주기적 회의, KPI 계기판의 운영 등 효과적인 경영 관리가 병행되어야 한다.

비전과 미션, 전략을 세워 목표 달성을 향해 기업을 경영할 때 CEO 가 유념해야 하는 것은 의욕이 앞서거나 외부의 시선을 고려해 비현실적인 목표를 설정하는 유혹에 빠지지 않는 것이다. 현재 사업의 실상을 명확히 파악해 숨어 있는 분식회계를 과감히 내외에 공개하며 외부의 기대치를 적절하게 조정하고, 내부의 목표는 도전적이지만 현실적으로 설정해야 한다. 또한 내부의 목표 관리를 위해 활용하는 도전적 목표(Stretch Goal)가 외부로 공개되지 않도록 철저히 보안을 유지해야 한다. 비현실적인 단기 목표는 조직의 유연성을 가로막고, 내년의 결과를 올해로 가져오는 분식회계를 유도하는 등 많은 부작용을 가져온다.

CEO가 의미 있는 외부를 설정하고, 기업의 사업을 선정하고, 사업 전략을 수립할 때 고려해야 할 가장 어려운 문제는 '어떻게 기업의 미래를 준비할 것인가?', 다른 관점에서는 '현재와 미래 사이의 균형을 어떻게 가져갈 것인가?'라는 것이다. 현재의 충분한 목표 달성과 불확실한 미래를 위해 필요한 투자 사이의 균형을 잡는 것은 다양한 내부와 외부의 이해관계자가 얽혀 있는 매우 미묘한 의사결정 사항이다. 내부와 외부의 대다수 이해관계자의 관심은 단기적이다. CEO 또한 항상 주변에 맴도는 크고 작은 위기 상황을 타개하기 위해 단기적인 성과의 유혹에 빠지면서 결국 투자가 많이 들어가는 새로운 시도나 연구개발을 통한 혁신은 포기하거나 뒤로 미루게 된다.

가장 객관적인 외부의 눈으로 내부를 바라보아야 하는 것, 항상 위기의식을 가지고 현재의 사업을 효시낭고 점검하고 미래를 노심초사 준비해야 하는 것이 CEO의 숙명이다. 따라서 CEO가 앞장서서 객관적 기준과 프로세스를 마련하여 현재와 미래 사이의 균형을 잡아주는 것이 필요하다. 첫째는 현실적으로 충분한, 과도하지 않은 목표를 설정하는 것이다. 과도한 현재 목표의 설정은 미래 준비에 필요한 역량을 현재 목표에 모두 투자하게 만드는 근본 원인을 제공한다. 미래 준비를 압박해서 위축시키지 않도록 각 조직에 여유를 남겨두는 것이 필요하다. 둘째는 조직 전체가 인정하는 미래 준비를 위한 프로세스를 만드는 것이다. 장기적으로 필요한 실험적 시도를 작게 시작하고, 그중 해볼 만한 시도를 발굴하면 중기적으로 계획을 세우고 투자해 최종적으로 성과를 내는 방식으로 예산 및 자원 투자를 단계적이고 효율적으로 할 수 있는 내부 프로세스를 체계화해야 한다. 셋째는 유능한 인재를 미래 준비에 적절히 배치하고 대우하는 것이다. 현재의 성과에만 유능한 인재를 집중적으로 배치하면 미래 준비에 좋은 성과를 내기 어렵다. 유능한 인재 중에서 미래 준비에 강점을 지닌 적절한 인력을 발굴해 배치하고 성공적인 미래 준비에 대한 충분한 보상을 제공해야 한다.

조직 정렬 Organizational Alignment

기업 전략(Corporate strategy)이 구축되면 전략적 목표를 달성하기 위해 전체 조직이 일사불란하게 한 방향으로 움직이는 것이 매우 중요하다. 〈팀의 정의와 구성〉에서 언급한 바와 같이 좋은 실행 조직은 경쟁력 있는 구조와 조직 역량을 함께 가져야 한다. CEO는 우선순위가 높은 전략적 목표에 가장 뛰어난 리더와 인재들을 배치해 조직 역량을 최대로 끌어올리고, 예산 등의 자원을 중요도에 따라 먼저 할당하여 전략적 목표 달성을 최대한 지원한다.[43] 이처럼 전략적으로 중요한 조직은 외부에 잘 보이려 노력하거나 외부의 공격을 방어하는 데 쓸데 없는 에너지를 낭비하지 않도록 배려하고, 내부의 질시나 견제를 받지 않고 관련 조직의 일관된 지원을 받을 수 있도록 기업의 조직 구조를 한 방향으로 정렬해야 한다.

중요한 전략적 목표를 중심으로 조직이 정렬되면 그다음은 변화에 효과적이고 효율적으로 대응할 수 있는 민첩한 조직을 구축해야 한다. 급변하는 외부 변화에 맞춰 전략을 조정하고 자원을 재조정하는 전략적 움직임에 맞춰 내부의 조직도 〈팀의 정의와 구성〉에서 언급한 변화에 선제적으로 적응하는 역동적 경쟁역량을 구축하는 것이 필요하다. 민첩성은 속도와 정확성을 함께 만족해야 하지만 기업 전체 관점에서 경쟁력 있는 조직 구조와 핵심 역량을 손상하지 않도록 안정적으로 대응해야 한다. 변화의 속도와 강도에 따라 민첩하게 업무 흐름에 필요한 임시 조직을 활용해 대응하고, 점차 조직 체계와 프로세스, 나아가 기업 문화에 단계적으로 편입해 가야 한다.

기업의 비전(WHY)과 미션(WHAT) 그리고 전략(HOW)을 정비하고, 기업 전략에 한 방향으로 정렬한 조직을 구축하면서 CEO가 함께 지속적으로 해야 할 중요한 임무는 새로운 **가치(Values)**와 **원칙(Principles)**을 조직의 문화로 발전시키고 편입시키는 것이다. 전략적

---

43 Water-pouring algorithm에 따르면 중요한 업무와 중요도에 비례해 자원을 더 많이 배분할 때 최대의 효과를 얻을 수 있다.

우선순위가 높은 조직을 경쟁력 있는 핵심 역량과 민첩한 역동적 역량을 함께 갖춘 뛰어난 실행 조직으로 구축해 대표적인 성과를 창출하고, 이 과정에서 얻은 성공 사례를 활용해 외부 변화에 대응하는 기업이 추구하는 가치의 효용성을 보여주며, 기업이 기대하는 행동 원칙을 설정하고 정착시켜 나간다.

기업이 추구하는 가치는 기업의 정체성을 결정하고 임직원이 기업에서 행동하는 방식을 결정한다. 기업의 원칙은 가치를 측정하는 기준으로 기업이 임직원에게 무엇을 기대하는지를 보여준다. 기업의 가치와 원칙을 기반으로 모범이 되는 사례(Role Model)를 제시하고, 성공 사례를 발굴하여 공유하고, 가치와 원칙을 기준으로 성과를 배분하면서 조직의 생각과 행동을 바꿔 나간다. 가치와 원칙을 기반으로 작성한 체크리스트와 실패 사례를 통해 방향을 안내하고 실패 분석을 통해 실수에서도 배울 수 있는 학습조직을 구축한다. 이러한 가치와 원칙은 단순히 더 좋아지는 수준이 아니라, 기업의 비전과 미션, 전략과 한 방향으로 정렬해 결과적으로는 기업이 중요하게 여기는 목표를 달성하고 경쟁 우위를 유지하며 강화할 수 있는 기업의 저력이자 기업의 문화로 정착해 나간다.

일관된 경영 Coherent Management

올바른 기업 전략을 수립하고 한 방향으로 정렬한 조직을 구축했다면 그다음은 일관된 프로세스를 통해 효율적으로 기업을 경영해야 한다. 규모가 큰 대기업은 물론 조직 규모가 작은 스타트업도 CEO 이외에 CTO, COO 등이 역할을 분담하며 기업을 경영하게 되는데, 이때

CEO는 업무 위임과 함께 의사결정의 일관성(Coherence)을 확보해야 한다. 업무 위임을 통해 책임을 나누고 필요한 권한을 부여하지만, C-레벨의 임원들이 서로 다른 경영 방식으로 서로 반목하고 견제하며 서로에게 걸림돌이 된다면 하위 조직들은 눈치를 보게 되고 업무는 뒤죽박죽 방향을 잃고 만다. 위에서 언급한 기업 전략이 명확히 수립되고 이해되었다면 기업이 추구하는 가치에 따라 의사결정, 자원 할당의 우선순위를 정하고 일관성 있게 조직들이 협력할 수 있는 조직과 프로세스, 기준을 만들고 CEO가 지도력을 발휘해 조정해 가야 한다.

일단 의사결정의 일관성을 확보할 수 있는 제도적 장치인 조직 구조, 의사결정 프로세스, 결정 기준이 마련되었다면, 그다음은 경영 활동에 역동성(Dynamics)을 부여해야 한다. 첫째는 빠른 의사결정을 내리는 문화를 만드는 것이다. 아무것도 결정하지 않거나, 책임지는 사람과 조직이 없는 질질 끄는 문화를 척결해야 한다. 우선 총괄 책임을 가진 조직이 앞장서서 ① "잘못된 결정을 내렸을 때의 예상되는 파급효과는 무엇인가?", ② "결정을 내려야 할 때까지 얼마의 시간이 남아 있나?"를 질문하고, 필요한 정보를 수집 분석하여, 늦지 않게(In time), 논리와 근거를 바탕으로 최적의 선택을 하고 실행에 옮기는 문화를 만들어 가야 한다.

둘째는 의사결정 과정은 치열하지만 일단 방향이 정해지면 승복하고 따르고 지원하는 문화, 양동이 속의 꽃게들처럼 서로 뒷다리 잡고 늘어지지 않는 문화를 만들어 가야 한다. 의사결정 과정은 객관적인 데이터와 정보를 바탕으로 개인과 당파의 이익이 아닌 기업의 가치와 이익을 기준으로, 상호 존중하는 회의 문화에서 실질적인 토론을 통해 이루어져야 한다. 이 과정에서 읍참마속(泣斬馬謖), 필요하다면 고(高)성과자라도 철학이 맞지 않는 암세포라면 과감히 제거하고 대신 생각이 같은 잠재력이 높은 인재를 수혈해 의사결정의 일관성과 조직의 역동성을 유지해야 한다.

기업이 선택한 방향으로 CEO가 일관성 있게 기업을 경영할 때에는 편견과 집단사고를 가장 경계해야 한다. 특히 CEO의 편견이 기업의 집단사고로 연결되어 기업이 잘못된 결정을 내리는 바람에 스스로 위기에 빠져든 사례는 차고 넘친다. 팀워크를 이뤄 함께 기업을 경영하는 C-레벨 임원들과 서로 믿고 존중할 정도의 친근함은 필요하지만 CEO 주변이 예스맨(Yesman)으로 가득 차지 않도록 객관적 거리감도 필요하다. CEO 주변에 이해관계가 없는 신뢰할 수 있는 조언자 그룹을 두고 다양한 관점의 의견을 경청하는 것이 필요하다. 특히 대단히 중요한 결정을 논의할 때는 ① 과거의 정보를 무시하고 판단하는 클린시트 판단, ② 체크리스트를 통한 모든 관점의 점검, ③ 실패를 피하기 위한 실패 사례(Premortem) 검토, ④ 악마의 대변자 레드팀(Red Team)을 공식적으로 지정하여 토론, ⑤ 플랜 A를 제외한 다른 대안 플랜 B의 논의가 항상 이루어지도록 프로세스를 만들어야 한다.

기업의 얼굴 The Face of the Company

외부와 내부를 연결하는 CEO 최고경영자의 역할 중 가장 독특한 것이 있다면 이사회(Board of Directors)와 소통하고 기업의 얼굴로서 대외 활동을 주관하는 것이다.[44] 이사회는 기업의 경영을 감독하고, 경영진을 지원하며, 특히 CEO를 물색하고 영입하는 역할을 담당한다. 이사회가 기업 경영을 건설적으로 감독하여 최고경영진에 실질적 도움이 되도록 이사회와 CEO의 관계를 우호적으로 설정하려면 이사회에 대한 CEO의 열린 마음이 중요하다. 이사회와 최고경영진이 반목하지 않도록 상호 역할을 명확히 하고, 우호적이고 투명한 관계를 설정하여 상호 신뢰를 유지할 수 있도록 중재해야 한다. 무엇보다 이사회가 제 역할을 할 수 있도록 기업에 필요한 균형 있는 역량을 보유하도록 제안하고, 기업 경영에 도움이 되는 미래 지향적인 의제를 함께 토론함으로써 최고경영진에 도움이 되는 이사회로 유도하여야 한다.

CEO는 이사회와의 소통뿐만 아니라 기업의 대표로서 외부 이해관계자와 소통을 대표하게 된다. 주요 투자자, 핵심 거래처 그리고 현장의 고객을 만나는 활동을 우선순위를 정해 능동적으로 시간을 투자하면서 외부 이해관계자의 진솔한 목소리를 경청해야 한다. 대외적으로 적절한 소통이 필요한 이해관계자인 규제기관, 정치가, 사회 단체와의 소통은 기업이 원하는 목표를 위해 체계적으로 준비한 맞춤형 메시지로 소통하며 서로 상생하는 해결책을 찾을 수 있도록 CEO가 앞장서야 한다. 일자리를 창출하는 기업의 노력과 사회적 관심사에 대한 기업 윤리, 환경 영향 평가 등 ESG(Environmental, Social and Corporate Governance)와 같은 민감한 이슈에 대해서도 기업 위기로

---

44 The mindsets and practices of excellent CEOs by Carolyn Dewar et al., published in McKinsey & Company Strategy and Corporate Finance, October 2019

확대되지 않도록 이해관계자의 눈높이에서 바라보고 대응할 수 있는 내부 체계를 마련해야 한다. 다양한 시나리오에 대한 C-레벨 경영진의 역할과 대응 조직, 대응 지침, 홍보 전략 등 결정적 순간에 효과적으로 대응할 수 있는 위기관리 시스템이 CEO의 관심과 지휘 하에 준비되어 있어야 한다.

畵法有長江萬里 書執如孤松一枝
그림 그리는 법은 장강 만 리처럼 다양하고
서예 쓰는 법은 외로운 소나무 한 가지와 같다.

CEO의 주요 역할은 부임 시기나 기업의 상황에 따라 경중을 달리하게 된다. 봄[春], 기업이 아직 시장에서 경쟁력 있는 제품과 솔루션을 준비하지 못했다면 기업 생존의 필요조건을 갖추는 데 매진해야 하고, 여름[夏], 기술과 제품은 있는데 영업 채널과 우량 고객을 확보하지 못했다면 기업 생존의 충분조건을 확보하는 데 집중해야 한다. 가을[秋], 외부에 많은 기회가 펼쳐진 경영환경에서는 공격적으로 경영하면서 신사업에 진출하고 기존 사업의 매출과 수익을 확장하지만, 겨울[冬], 기업이 위기에 봉착했을 때는 위기관리에 집중해야 한다. CEO의 부임 초기에는 우선 기업 전략 결정에 집중하고, 방향이 결정되면 전략과 정렬한 경쟁력 있고 민첩한 조직을 구축하는 데 집중하고, 그다음은 역동적으로 일관되게 전략을 실행하고 재조정해서 내부와 외부의 이해관계자들에게 구체적인 성과를 보여주어 신뢰를 얻는 데 집중해야 한다. 따라서 기업의 이사회는 현재 상황과 기업 전략을 기준으로 어떤 CEO가 필요한지 먼저 고민하고, 적합한 역량을 보유한 CEO를 찾아서 영입해야 한다.

최고경영자(CEO)는 세월이 흐르면 자신이 세운 성벽, 즉 전략, 조직, 문화에 둘러싸여 안일과 편견에 빠지게 마련이다. 특히 빠르게 변화하는 ICT 산업 분야에서 과거의 작은 성공에 안주하는 것은 미래의 큰 실패로 가는 지름길이다. 기술과 제품에 춘하추동 생애 주기가 있듯이 기업에도 봄 여름 가을 겨울의 변화가 있다. CEO는 내부의 조직과 제품이 고객에게 어떻게 인식되고, 외부의 고객과 환경이 어떻게 바뀌고 있는지 늘 고객의 눈과 새로운 시각으로 바라보면서 언제라도 자신이 건설한 성벽을 과감히 허물어 새로운 방향을 찾고 새로운 조직으로 재정비하며 새로운 문화를 만들 수 있어야 한다. 따라서 때로는 더 적합한 CEO에게 흔쾌히 자리를 넘기고 금선탈각(金蟬脫殼), 굼벵이가 나비가 되는 꿈을 꿀 수 있어야 한다.

최고경영자 CEO의 자세

明主者有三懼 一曰處尊位, 而恐不聞其過
二曰得意, 而恐驕, 三曰聞天下之至言 而恐不能行
지도자가 두려워해야 하는 것이 세 가지가 있으니
첫째는 높은 자리에 앉아 자신의 과실을 듣지 못하는 것을 두려워해야 하며
둘째는 성공에 취해 교만해지는 것을 두려워해야 하며
셋째는 훌륭한 의견을 듣고도 실행에 옮기지 않는 것을 두려워해야 한다.

《설원(說苑)》중에서

최고경영자로 산다는 것은 자신의 선택에 따라 본인은 물론 내부 임직원과 외부 이해관계자에게 아름다운 축복이 될 수도 혹은 돌이킬 수 없는 재앙이 될 수도 있다. 진인사 대천명(盡人事 待天命), CEO 스스로 자신이 짊어진 막중한 책임과 의무를 충심으로 이해하고 온 힘을 다해 실행하면서 빠르게 변화하는 세상에서 치열한 경쟁을 이겨내고 어느 정도 성공을 거두었을 때는 행운이 함께했기 때문이라는 겸손함을 가져야 한다. 자신의 성공으로 착각해 오만과 편견에 빠져들거나 자신이 가진 막강한 권력을 함부로 행사한다면 기업의 운명은 물론 임직원을 비롯한 이해관계자의 미래까지 위험에 빠뜨리고, 결국 자신도 패망으로 이끌 수 있다는 점을 늘 명심해야 한다.

현재 상황에서 기업이 어떤 CEO를 원하는지 정확히 판단해서 자

신의 역량과 강점 그리고 열정을 바탕으로 자신의 경영 철학에 따라, ① 어떤 CEO가 될 것인지, 어떤 CEO로 기억되기를 바라는지, ② CEO로서 어떤 가치를 대변하고 무엇을 남길 것인지, ③ 어떤 원칙에 따라 무엇을 절대로 용납하지 않을 것인지 끊임없이 스스로 질문하고 효시낭고 돌아보며 기업을 경영해야 한다.

오만과 편견

CEO가 과거에 이룬 성공이나 현재에 이룬 업적은 자신만의 성과가 아니다. 가승재적(可勝在敵), 우리가 적을 이길 수 있었던 것은 적이 실수했기 때문이다. CEO 자신이 잘한 것이 아니라 우리, 즉 조직 전체가 혼신의 힘을 다해 최선의 성과를 달성하고, 경쟁자가 틈을 보이는 실수를 했기 때문이다. 겸손함을 잃고 자신의 실력과 행운을 구별하지 못할 때 비극이 시작된다.

자신의 작은 성공에 빠져, 행운과 실력을 구별하지 못할 때 마음속에서 자신감과 함께 오만함이 빠르게 자라기 시작한다. 자기 확신에 쉽게 빠지고 자기주장이 강해질 때 주변에서는 CEO가 좋아하는 말을 하기 시작한다. 어느새 "나는 모른다"라는 말은 사라지고 주변의 도움도 자신의 실력이라 착각한다. 주변에서 바른말 하는 사람을 몰아내고 모든 비판을 무시하며 배척한다. 오만과 편견에 빠져 자신만의 세상에 간히면 현장감은 물론 균형감도 사라진다.

짐 콜린스(Jim Collins)는 2009년 그의 저서《How the Mighty

Fall》[45]에서 어떻게 성공했던 기업이 패망하는 길로 들어서는지 다음과 같이 설명했다.

첫 번째 단계는 성공에서 비롯된 자만(Hubris Born of Success)이다. 거대한 제국도 붕괴의 시작은 조직의 내부에서, 사람들의 마음에서 먼저 시작된다. 기업의 성공은 대부분의 경우 좋은 기회가 왔을 때 자신들의 앞선 판단과 열정적 노력 그리고 행운처럼 다가온 경쟁자의 실수가 겹쳐서 일어난다. 커다란 성공일수록 주변의 찬사가 이어지고, 성공에 대한 내/외부의 분석은 성공을 가져다준 노력과 성과의 긍정적인 측면을 과장해서 포장하고, 경쟁자의 실수가 가져다준 행운은 애써 무시한다. 조직, 특히 C-레벨에서 자신의 역량보다 과도한 자기 확신(Over-confidence)에 빠지기 시작하고 서서히 어떻게 성공했는지는 잊어버리고 '우리는 무엇이든 할 수 있다'는 자만(Hubris)에 물들기 시작한다.

두 번째 단계는 무분별한 확장(Undisciplined Pursuit of More)이다. 과거의 성공 신화로 높아진 내부의 눈높이와 외부 이해관계자의 기대를 충족시키기 위해, 자만에 빠진 조직은 과도한 혁신과 과도한 성장을 향해 때로는 원칙을 무시하고 달려 나간다. 마치 가속페달(Accelerator)만 있고 브레이크(Break)는 없는 자동차처럼 의심 없이 쏜살같이 달려 나간다. 성공이 가져다줄 기대에 눈이 멀어, 무분별한 시도들이 쏟아내는 과도한 비용 지출과 작은 실패들은 무시된다. 반면

---

45 원제는《How the Mighty Fall: And Why Some Companies Never Give In》이다. 한국어 번역본은 2010년《위대한 기업은 다 어디로 갔을까》로 출판되었다.

과거의 성공에 비해 상대적으로 보잘것없어 보이는 기업의 가치와 원칙을 따르는 미래의 씨앗이 될 수 있는 전략적 시도들은 무시당하고, 조직 내부에서 자원의 불균형과 균열이 시작된다.

세 번째 단계는 위험과 위기의 부정(Denial of Risk and Peril)이다. 겉으로는 좋게 포장되어 있지만 속으로는 곪아버린 무분별한 확장이 피할 수 없는 문제들을 드러내기 시작하지만, 자만심으로 가득 찬 청맹과니들은 이 정도의 문제는 충분히 극복할 수 있다며 여전히 위험을 부정한다. 긍정적인 데이터로 미래를 포장하고, 부정적인 데이터는 애써 회피하거나 그럴듯한 이유를 찾아 깎아내리면서 책임을 전가한다. 건설적인 비판은 과거의 성공 신화를 이룬 영웅들의 명성과 고집을 이기지 못한다. 기업은 건설적인 비판을 수용하고 객관적으로 자신을 돌아볼 수 있는 마지막 기회를 놓치고 거대한 벽과 충돌해 멈추거나 깊은 낭떠러지에서 추락할 때까지 돌진한다.

네 번째 단계는 구원을 찾아 헤매는 것(Grasping for Salvation)이다. 드디어 부인할 수 없는 추락이 누구나 알 수 있는 현실로 드러나고, 공황 상태에 빠진 영웅들은 추락을 막아보기 위해 할 수 있는 모든 일을 시도한다. 실패를 인정하고 빨리 멈춰 수습하는 것이 유일한 선택일 때조차, 추락을 멈출 묘책(Silver bullet)을 찾아 검증도 안 된 새로운 기술이나 새로운 시장 진출을 시도하면서 조직을 바꾸고 문화를 바꾸는 위험한 모험을 계속한다. 결국 마지막 단계는 제국의 멸망(Capitulation to Irrelevance or Death)이다. 모든 시도는 실패로 돌아가고 기업은 돌이킬 수 없는 상태로 빠져든다.

이러한 추락으로 끝나는 길로 접어들지 않으려면, CEO 스스로 자

그림 4-4 위대한 기업이 추락하는 다섯 단계

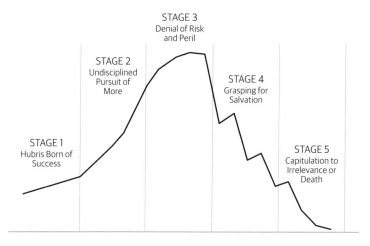

Source: Jim collins, How the mighty fall and why some companies never give in, 2009

신은 자기 생각만큼 똑똑하지 않으며, 자신의 성공 속에는 커다란 행운이 숨어 있었다는 것을 잊지 않으면서 늘 배우려고 노력해야(Stay Foolish) 한다. ① "왜 이런 일이 일어날까?", ② "이것은 내게 어떤 교훈을 던지나?", ③ "이 시도가 실패하면 기업에 어떤 위기가 닥쳐오나?", ④ "우리는 기업의 가치와 원칙에 충실한가?" 자주 이런 질문을 던지며 CEO 자신과 조직이 오만에 빠져 있지는 않은지 돌아보아야 한다. 위기에 빠져 추락하고 있음을 늦게라도 알아차렸다면 먼저 CEO 자신과 조직 전체의 '마음의 태도'를 겸손하게 바로잡고 냉정하게 위기의 원인과 현상을 올바로 파악하고 분석하면서 모든 조직이 한마음으로 혼신의 노력을 다할 때 다시 회생의 기회가 다가온다.

이로움과 의로움

기업이 외부의 고객이 필요로 하는, 열망하는 고객 가치를 내부의 기술과 제품, 솔루션으로 만족시켜 매출을 올리고 이익을 남기는 것은 기업의 기본 조건, 즉 생존의 필수조건이다. 기업은 당연히 올바른 가치와 원칙에 따라서 올바른 전략과 실행으로 매출을 창출하고 이익을 남겨야 하지만, 기업 활동을 하는 과정에서 의도적으로 혹은 방심한 사이에 저지른 위법 행위가 임직원 개인은 물론 기업 전체를 위기에 빠트리고 파멸로 이끈다. 기업 활동을 담당한 수많은 임직원들이 생존을 핑계로 또는 자신의 탐욕을 위해 기업의 올바른 가치와 원칙을 무너뜨리고 얼마든지 법을 위반할 수 있기 때문에 잠깐 방심한 사이 위법(違法)과 탈법(脫法)[46]의 경계를 넘을 수밖에 없는 것이 피할 수 없는 현실이다. 산이 높으면 계곡이 깊고 빛이 밝을수록 그림자는 어두워지는 법, 치열한 경쟁을 뚫고 살아남은 초일류 기업일수록 성장 과정에서 피해를 입힌 경쟁자나 원한을 품은 이해관계자가 늘어나면서 적대적인 집단의 보복 대상이 되는 것이 기업의 운명적 굴레이기도 하다.

'이(利)로움과 의(義)로움'은 CEO가 늘 염두에 두고 균형을 잡고 모범을 보여야 하는, 지속 가능한 경영을 위해 반드시 지켜야 하는 경영 원칙이다. 기업의 관점에서 의(義)롭기는 하지만 전혀 이(利)롭지 않은

---

46 법을 위반하는 것이 범법(犯法), 위법(違法)이라면, 적법한 다른 수단을 활용해 위법에 해당하는 일을 달성하는 것은 탈법(脫法)이다. 위법이나 탈법은 아니지만 법의 헛점를 활용해 목적을 달성하는 것은 편법(便法)이다. 법이 아직 정하지 않은 무법(無法)의 영역에서 행한 기업 활동이 나중에 법이 정해지면 위법(違法)이 되기도 한다.

활동은 과도한 비용을 지출하지 않는 범위에서, 기업의 사회적 책임을 다하는 수준에서 이루어져야 한다. 개인의 탐욕에서 시작해 기업을 파멸로 이끄는 독배(毒杯), 즉 이익(利益)이 되지만 의롭지 않은 활동은 기업의 경영 원칙에 따라 CEO 스스로 모범을 보여야 함은 물론 임직원 전체가 유혹에 빠지지 않도록 교육하고 제도적으로 예방해야 한다. 행여라도 올바르지 않은 수단을 쓰거나 나쁜 영향을 주는 임직원이 나타나면 비록 성과가 뛰어나더라도 과감히 솎아내어 악(惡)의 싹이 자라지 못하도록 하는 것이 CEO의 임무다.

하지만 어떤 CEO는 본인이 앞장서서 주변 임직원들과 공모해 도덕적으로 타락한 행위들; 환경에 유해한 물질의 사용을 묵인하거나, 매출을 위해 공공연히 진행되는 뇌물 수수를 방치하거나, 경영 실패를 숨기고 성과를 과대 포장하는 분식회계를 저지른다. 차기 제품 개발을 중지하면서 비용을 줄여 억지로 이익을 만들고, 시장 가격을 무너뜨리는 헐값으로 밀어내기 영업을 하면서 기업 실적 발표(Investor Relations: IR)를 앞두고 억지로 매출을 만들기도 한다. 반짝 매출을 올려 매출이 증가하고 이익이 늘어나는 것처럼 포장해 마치 만년 적자 사업을 개선한 것처럼 선전하면서 자신은 보너스를 챙기고, 승진해서 다른 곳으로 소위 '먹튀'를 한다. 후임자에게 남겨진 사업은 차세대 제품 부족으로 경쟁력을 잃고, 시장에서는 싸구려 제품을 파는 기업으로 브랜드 가치가 추락하고, 특정 거래처에 밀어낸 악성 재고 때문에 주요 거래처들도 매출과 이익에 타격을 입는다. 모두 개인의 단기적 이익과 회사의 미래 이익을 바꿔 자신은 승진하고 이익을 보지만, 남은 사업과 후임자, 임직원은 사악한 전임 CEO가 벌인 부도덕한 행태로 인해 말로 다 표현할 수 없는 끝도 없는 피해를 보게 된다.

梅一生寒不賣香
매화는 일생 추워도 향기를 팔지 않는다.

부도덕한 행위를 저지른 자신은 단기적으로 작은 이익을 얻었을지 모르지만, 후배들과 후임자에게 파렴치한 인간으로 영원히 낙인찍혀 더 큰 명예와 신뢰를 잃는다. 특히 CEO나 리더들이 불합리한 관행이나 위선적인 행위를 저지를 경우, 기업의 임직원을 오염시켜 투명하지 않은 부패한 기업 문화를 만들어 결국 기업은 안에서부터 무너지고 사업은 추락하게 된다.

삶의 무게

최고경영자의 자리는 기업 내부와 외부의 이해관계자 모두가 주시하고 있는 공인(公人)의 자리이자 엄청난 책임과 의무를 짊어지고 있는 외로운 자리지만 또한 강력한 권력을 쥐고 있는 위험한 자리이기도 하다. CEO는 공인으로서 기업을 경영하는 운전자의 자리에 앉아 자신에게 주어진 강력한 권력을 기업을 위해 올바르고 이로운 방향을 향해서는 가속페달을 밟고, 위험한 파급효과가 예상되는 곳에서는 즉시 브레이크를 밟아야 한다. 특히 CEO는 자신에게 주어진 권력의 파괴력을 인식하고, 파급효과를 절대 과소평가하지 말고 함부로 행사하지 않도록 주의해야 한다.

주변에 던진 작은 돌 하나가 CEO에게는 사소한 일로 생각될 수 있지만, 당하는 상대에게는 목숨을 위협하며 가족의 운명을 바꾸는 산사태와 같은 사건이 될 수 있다. 보수적인 기업에서는 CEO의 분노 혹은 가벼운 질책도 CEO 자신이 전혀 의도하지 않았던 블랙리스트가 되어 인사 불이익이나 직원의 파면 좌천 이직으로 연결되기도 하고, CEO가 싫어하는 과제로 낙인찍혀 중요한 프로젝트가 동력을 잃고 멈추거나 표류하는 일이 일어나기도 한다. CEO가 무심코 드러낸 호불호(好不好)에 대한 표현이 아부를 만들어 과도한 의전으로 변질되기도 하고, 주관적 친소(親疎)관계로 인식되어 객관적 역량과 실적을 뛰어넘어 보상과 승진을 결정하는 요소가 되거나 당파가 만들어져 소외그룹이 만들어지는 파급효과를 만들어낸다. CEO의 이러한 행위는 자신도 모르게 기업의 가치와 원칙을 훼손하면서 CEO의 위세를 악용해 호가호위(狐假虎威)하는 기생충 같은 무리를 만들어낸다.

최고경영자 CEO는 주변에 맴도는, 자신의 이익을 위해 사업을 망치는 못된 짓을 서슴지 않는 사당의 사서(社鼠)나 식당의 맹견(猛犬) 같은 부류, 앞에서는 그럴듯한 듣기 좋은 말만 하는 예스맨에게 속거나 농락당하지 않아야 한다. 이러한 부류들은 최고경영자 CEO를 편견과 집단사고로 몰아가 사서는 안 될 쓸모없는 것을 비싼 값에 사게 만들고, 팔아서는 안 되는 것을 헐값에 팔아버리게 하고는 자신의 업적인 양 부끄러운 줄 모르고 떠벌리고 다닌다.

CEO가 짊어지고 가는 엄청난 책임과 의무는 도외시한 채 자리가 주는 권력을 탐하는 것도 참으로 무책임한 행위지만, 다른 한편으로 'CEO의 무게'에 찌들려 자신의 건강을 잃고 가정의 평화를 해치며 기업에서 CEO가 수행해야 할 책임과 의무를 다하지 못하는 상태에 빠저드는 것도 참으로 불행한 일이다.

　업무에 압도당하지 않고 최고경영자 CEO 역할을 효과적으로 수행하기 위해서는 반드시 수석보좌관(Chief of Staff)을 중심으로 비서 조직을 구성해 CEO만이 할 수 있는, CEO가 해야만 하는 업무 중심으로 균형 있게 우선순위를 설정해 일정 관리와 에너지 관리를 해야 한다. 비서 조직은 회의 주제, 참석자, 사전 준비 등을 관련 부서의 지원을 받아 계획하고 사후 관리를 주관한다. CEO가 혼자 준비할 수 있는 시간을 반드시 할당하고, 에너지 방전이 발생할 때는 CEO가 회복할 수 있는 시간을 할당해야 한다. CEO 자신도 모든 일에 만기친람(萬機親覽)하려는 습관에서 벗어나 적절한 업무를 CTO, COO, CFO, CSO, CIO 등에게 위임하고 필요한 KPI만을 챙기는 것이 필요하다.

　개인의 삶과 CEO 업무 사이의 균형을 통해 개인의 건강도 유지하고, 가족과 친밀한 사람과의 관계도 시기를 놓치지 않고 유지하는 것이 CEO 이후의 삶을 위해 반드시 필요하다. 기업의 대소사에 대한 총괄 책임(Accountability)을 수행하면서 느끼게 되는 실망, 당황, 짜증, 분노, 탈진, 외로움을 빠르게 극복하고 정상으로 회복할 수 있도록 명상, 독서, 운동 그리고 친밀한 사람과 함께 보내는 여유 시간 등 자신만의 노하우를 반드시 준비하고 실행에 옮길 수 있도록 일정 관리에 반영해야 한다.

　"인생은 자신의 건강, 영혼, 가족, 친구라는 삶(Life)을 구성하는 4개의 유리공과 일(Work)이라는 고무공, 즉 5개의 공을 공중에서 저글링하는 것"이라는 전 코카콜라 CEO 더글라스 태프트(Douglas Taft)의 말처럼 무엇을 소중하게 생각하고 바닥에 떨어뜨려 깨트리지 않아야 하는지 반드시 명심하고, 이를 지키기 위한 CEO만의 생활 규범과 원칙을 세워 반드시 실행해야 한다.

CEO 자리를 떠난 이후에도 CEO 자신의 삶은 계속된다. 기업에도 새로운 CEO가 부임해 남은 임직원들은 과거와 크게 다르지 않은 삶을 이어 간다. CEO에게 주어진 삶의 무게를 이겨내고, 자신의 건강과 삶을 지키고, 오만과 편견에 취해 중용을 잃지 않고 객관적 시각을 끝까지 유지하고, 의로움과 이로움 사이에서 유혹에 빠지지 않고, 능력 있고 미래가 창창한 인재들을 키우고, 그들에게 아름다운 기업 문화를 가진 소비자가 사랑하는 초일류 기업을 남겨 잊지 못할 CEO로 모두에게 기억될 수 있다면 이 얼마나 아름다운 인생인가?

SIC PARVIS MAGNA.

약어 및 주요 용어

ADSL	Asymmetrical Digital Subscriber Line
AI	Artificial Intelligence
API	Application Protocol Interface
ASIC	Application Specific IC 전용 칩
BTLE	Bluetooth Low Energy
CAPEX	Capital Expenditures 투자 비용
CFT	Cross Functional Team
CRM	Customer Relation Management 고객 관계 관리
CRU	Customer Replaceable Unit
CTS	Critical To Success 핵심 성공 요소
DTP	Desktop Publishing
DVT	Design Validation Test
ESG	Environmental, Social and Corporate Governance 환경, 사회, 기업 지배구조
EVT	Engineering Validation Test
FRU	Field Replaceable Unit
GTM	Go To Market
GUI	Graphic User Interface
HSPA	High Speed Packet Access
IC	Integrated Circuit 집적 회로
ICT	Information and Communication Technology
IoT	Internet of Things
IPO	Initial Public Offer 주식 시장 상장
KSF	Key Success Factor 핵심 성공 요인
LSI	Large Scale IC 대규모 집적 회로
MIMO	Multi-Input Multi-Output 다중 안테나 기술
MLK	Mid Life Kicker
MOU	Memorandum of Understanding 양해 각서
MVP	Minumum Viable Product 최소 기능 제품
MVT	Manufacturing Validation Test
NRE	Non-Recurring Engineering 초기 개발비
OFDM	Orthogonal Frequency Division Multiplexing
OPEX	Operational Expenditures 운영 비용
PDF	Probability Distribution Function 확률 분포 함수
PLC	Product Life Cycle 제품 생애 주기

QA	Quality Assurance 품질보증
QC	Quality Control 품질관리
QFCD	Quality Function Cost Delivery 성능 기능 비용 일정
ROI	Returen On Investment 투자 수익률
SCM	Supply Chain Management 공급망 관리
SKU	Storage Keeping Unit
SMS	Short Message Service
SoC	System On a Chip
SRD	System Requirement Document 시스템 요구 문서
TAM	Total Addressable Market 판매 가능한 시장규모
TI	Technology Intelligence 기술 첩보
TCO	Total Cost of Ownership
TLC	Technology Life Cycle 기술 생애 주기
USP	Unique Selling Point
VE	Value Engineering 원가 절감
VOC	Voice of Customer 고객의 소리
WLB	Work and Life Balance 일과 삶의 균형

Application Program	응용프로그램
Artificial Intelligence	인공지능
Competitive Architecture	경쟁력 있는 (조직) 구조
Core Competence	핵심 (경쟁)역량
Customer Journey	사용자 경험 여정
Dog Year	개의 시간, Human Year에 비해 7배 빠르다
Dynamic competence	역동적 (경쟁)역량
Early Adopter	앞선 사용자
Early Majority	실용적 소비자
Emerging technology	유망 기술
Enabling technology	구현 기술
Feasibility Study	타당성 조사
Global Optimum	전체 최적
Go To Market	시장 진입
Horizontal Integration	수평 통합
Knowhow	노하우
Late Majority	보수적 소비자
Life Cycle	생애 주기
Local Optimum	부분 최적
Market Driven	시장 주도형
Martet Segment	세분한 시장
Organizational Capability	조직 역량

Paradigm	패러다임, 전범(典範)
Postmortem	실패 분석
Premortem	실패 사례
Product Journey	제품 생애 여정
Stakeholder	이해관계자
Technology Driven	기술 주도형
Transient Period	과도기
Trend	트렌드, 동향, 추세
User Interface	사용자 인터페이스(UI)
Valley of Death	죽음의 계곡, Chasm
Value Chain	가치사슬
Vertical Integration	수직 통합

오늘의 백일몽
내일은 일상이 되다

1판 1쇄 인쇄 2021년 7월 21일
1판 1쇄 발행 2021년 7월 30일

지은이 김기호

펴낸이 최준석
펴낸곳 한스컨텐츠
주소 경기도 고양시 일산서구 강선로 49. 404호
전화 031-927-9279 팩스 02-2179-8103
출판신고번호 제2019-000060호 신고일자 2019년 4월 15일

ISBN 979-11-91250-01-5 03320

책값은 뒤표지에 있습니다.
잘못 만들어진 책은 구입하신 서점에서 교환해드립니다.